문화와 해석학

죽음의 문화와 기억의 문화

문화와 해석학 **죽음의 문화와 기억의 문화**

초판 1쇄 찍은 날 · 2008년 12월 01일 | **초판 2쇄 펴낸 날** · 2011년 03월 25일
지은이 · 정기철 | **펴낸이** · 김승태
등록번호 · 제2-1349호(1992. 3. 31) | **펴낸 곳** · 예영커뮤니케이션
주소 · (136-825) 서울시 성북구 성북1동 179-56 | **홈페이지** www.jeyoung.com
출판사업부 · T. (02)766-8931 F. (02)766-8934 e-mail: edit1@jeyoung.com
출판유통사업부 · T. (02)766-7912 F. (02)766-8934 e-mail: sales@jeyoung.com

ISBN 978-89-8350-496-8 (03230)

값 13,000원

문화와 해석학

죽음의 문화와 기억의 문화

이 책을 학문의 길로 그리고
목사의 길로 이끌어 주신
김영한 스승님께 바칩니다.

» 차례

저자의 인사말 _07

제1부 문화 해석학 _13

제1장 문화 해석학 _15

1. '문화' 개념 이해 _17
2. 리쾨르의 문화 해석학 _27
3. 기어츠의 문화 해석학 _42

제2장 문화 해석학과 신학 _47

1. 문화 신학으로서의 자연신학 _47
2. 문화상대주의 논쟁에 대한 신학적 대답 _63
3. 기독교의 문화 해석학 _76

제2부 죽음의 문화 _85

제1장 죽음의 철학 _87

1. 죽음에 대한 고전 철학적인 이해 _87
2. 죽음에서 자유로운 존재 : 하이데거의 죽음의 철학 _91
3. 죽음에 대한 책임 윤리 : 레비나스의 죽음의 철학 _108

제2장 죽음의 신학 _126

1. 죽음에 대한 성서의 이해 _126
2. 죽음에 대한 신학적인 이해 _132

제3부 기억의 문화 _163

제1장 기억, 역사, 망각 _165

1. 기억의 현상학 _165
2. 역사의 인식론 _172
3. 망각의 해석학 _186

제2장 용서의 종말론 _191

1. 용서의 종말론 _191
2. 한국 교회의 역사바로세우기와 과거사 청산 _213
3. 한국 정치 문화와 기독교 _216
4. 한국의 통일 신학 _231

문화와 해석학 죽음의 문화와 기억의 문화의 결론 _243

참고문헌 _248

찾아보기 _255

저자의 인사말

『문화와 해석학』이라는 제목의 책이 저술될 수 있었던 것은 한국학술진흥재단의 인문저술지원사업이 있었기 때문에 가능했다.* 『문화와 해석학』을 두 권으로 나누어 출간하고자 한다. 제1권은 「죽음의 문화와 기억의 문화」이고 제2권은 「생명의 기독교 문화」라는 제목을 붙였다. 필자는 현대 문화를 크게 다섯 영역으로 나누어 고찰하고자 한다. 즉 죽음의 문화와 생명의 문화, 기억의 문화와 자연과학의 문화 그리고 기독교의 문화로 영역을 분류하여 현대문화를 분석해 보고자 한다. 목차에서 보듯이, 제1권 제1부 '문화 해석학'은 이 책의 전체적인 이론적인 배경을 소개하고 있다. 즉 '문화'에 대해서 논할 수 있는 학문적 근거로 철학적 해석학과 신학적 종말론을 소개하고 있다. 철학적 해석학이 문화를 논할 수 있는 이론적인 근거가 되는 이유는 철학자인 리쾨르(P. Ricoeur)의 「문화 해석학」이나 문화인류학자인 기어츠(C. Geertz)의 「문화 해석학」을 통해서 그 근거를 찾을 수 있다. 또한 신학적 해석학이 문화를 논의할 수 있는 이론적인 근거인 이유는 현대 문화상대주의의 논란에 대한 신학적 대답을 '종말론적인 진리'를 통해 제시할 수 있기 때문이다.

이러한 이론적 근거에 기초해 현대문화를 이해하고자 한다. 필자의 견해로는, 20세기는 세계사적으로 죽음의 문화가 주도했고, 그것은 신의 죽음으로 말미암아 도래한 허무주의로 나타났으며 그 결과로 20세기는 전쟁의 세기가 되었다고 생각한다. 2004년 남아시아 일대를 폐허로 만들었던 쓰나미 참사, 북극이나 남극의 빙하가 녹아나 인간의 생존권조차 위협받게 된 상황, 그리고 전쟁을 통해 죽은 숫자보다 사회

* 이 저서는 2007년 정부(교육과학기술부)의 재원으로 한국학술 진흥재단의 지원을 받아 수행된 연구임 (KRF - 2008 - 812 - A00116)

적 대형사고 때문에 죽는 사람이 더 많은 사회구조 속에서 죽음의 문제는 더 이상 방치해서는 안 되는 화두가 되었다. 지금의 상황은 하이데거의 말대로, 사람이 사람다움을 올바로 알 수 있는 죽음의 문제를 회피할 수 있는 것처럼 사는 평준화시대가 되어 버렸다. 발달한 의료기술은 인간의 죽음을 연장해 줄 수 있는 희망의 근원으로 등장했다. 대안이 필요하다. 필자는 죽음에 대한 책임 윤리를 주창하거나(레비나스) 신의 죽음의 허무주의를 극복하고자 한다(융엘). 십자가의 하나님은 죽은 하나님이 아니라 살아 계시는 하나님이기 때문이다. 우리는 역설적으로 살아 계시는 하나님의 죽음을 고백해야 한다.

또 다른 차원에서 필자는 기억의 문화에 대해 논하고자 한다. 독일을 비롯한 프랑스, 스페인, 남아프리카공화국, 러시아, 일본, 아르헨티나, 칠레, 알제리 그리고 한국 등 세계 각국은 전쟁의 상처를 치유할 과거사 청산 작업을 활발하게 진행하고 있다. 테러, 고문, 학살, 인권유린 등 청산해야 할 과제는 비슷하나 이 과거사를 청산하는 방식과 양상에 대한 논란이 뜨겁다. 프랑스처럼 숙청을 통해 해결할 수 있으나 국민의 분열과 반목 그리고 갈등까지 숙청할 수는 없다는 것도 배우게 되었고, 그렇다고 스페인처럼 관용과 화해를 위해 망각을 요구할 수도 있지만, 망각 또한 역사의 죄라는 유대인의 경고에 주의할 필요가 있다. 현금에 우리는 남북체제인정문제나, 역사바로세우기 차원의 일본과의 외교마찰 그리고 과거사위원회의 활동 등 '인정' 사상이 필요한 정황이다. 헤겔이 요구한 상호인정은 과거사 청산에 기초해야 한다. 그러나 필자는 헤겔의 상호인정에서 과거사 청산의 궁극적 목적이어야 할 용서와 화해 그리고 사랑이 구체화되지 못하고 있다고 생각한다. 따라서 용서와 화해의 전제인 상호인정을 논하기 위해 그 정초작업인 기억인정의 문제를 논하게 될 것이다. 역사학자들이 기억을 역사에서 제외시키는 정황과 달리, 기억만큼 과거를 우리에게 재현해 주는 매체가 없다고 보아 기억의 중요성을 부각시키고자 한다. 기억의 정치화 또는 이데올로기적인 망각 강요는 공동체의 정체성을 위협하기 때문에 우리에게는 오히려 기억의 의무가 요구된다. 과거를 망각한 사람이나 공동체는 미래의 희망을 상실한 사람이고 공동체에 해당하기 때문이다. 또한, 필자는 기억에 따르는 용서의 어려움을 알지만 그럼에도 불구하고 용서의 위대성을 각인시키고자 한다. 필자는 인정할 줄 아는 사람과 사회 또는 인정이 필요한 사람과 사회가 나가야 할 방향을 제시하고자 한다. 그 가능성으로 필자는 들음의 윤리학을 제안하고자 한다. 과거의 목소리, 곧 증언을 들어야 한다. 그리고 필자는 우리 사회의 화두인 교회의 과거사 청산 문제를 해석학적으로 고찰하고자 한다. 과거사 청산은 궁극적으로 용서와 화해를 목적으로 한다. 그래서 필자는 용서의 종말론이라는 이름으로 용서의 문화를 제안하고자 한다.

제2권은 「생명의 기독교 문화」를 주제로 다루게 될 것이다. 그 이유는 죽음의 문화를 극복할 수 있는 생명의 문화를 우리가 창출해야 하기 때문이다. 따라서 필자는 생명의 문화가 어디에 근거하는지 설명하고 그것은 결국 예수 그리스도의 부활과 살리시는 성령에 있음을 말하고자 한다. 오늘날 우리에게 '생명' 개념이 가장 논란이 되는 이유는 생명의료윤리의 논쟁으로 말미암은 것이다. 이에 대한 기독교의 입장이 무엇인지 이제는 밝혀야 한다고 생각한다. 또한 동시에 생명 개념은 자연으로 확대되어 생태계의 문제도 시급하게 논의해야 할 현대문화의 신학적 담론의 주제가 되었다. 한국 교회는 생명 목회, 생명 문화, 생명 살리기 운동 등으로 이 주제의 중요성을 자각하고 있기 때문에 나름대로의 대안을 제시하고자 한다. 그 중심에는 생명의 신학이 있어야 하고, 그것은 바로 부활의 신학이다.

필자는 제1권에서 문화를 하나님과 인간이 함께 만나는 매체로 이해하고 있음을 피력할 것이다. 특별히 요한복음 3장 16절에 근거해 세상(kosmos)을 문화라는 개념으로 대체하여 사용할 것이다. 아우구스티누스는 '세상'을 창조된 피조물(창조론)이라고 했고, 바르트는 하나님이 사람이 되신 곳(그리스도론)이라 했고, 판넨베르크는 성령이 역사하는 장(성령론)으로 기술했으며, 몰트만은 새로운 세계(종말론)에 대한 소망의 위대성을 각인시켰다. 따라서 나는 제2권에서 창조론과 그리스도론 그리고 성령론과 종말론의 이론을 따라 '문화'에 대한 논의를 전개할 것이다.

필자는 문화 속에 계시는 하나님이신 예수 그리스도를 이해하고자 하며, 문화라는 틀 속에서 살아가는 인간을 이해하고자 한다. 문화는 하나님이 자신을 계시하시는 장소이지만, 동시에 하나님을 은폐하는 장소이기 때문에, 문화의 계시와 은폐 구조를 파헤치고자 한다.

유대인인 양켈레비치가 통렬하게 고발했듯이, 히틀러에 의해 자행된 유대인

대학살은 용서의 한계를 뛰어넘는 문화파괴현상이었다. 아도르노의 『부정변증법』(*Negative Dialektik*)에 이르면 "아우슈비츠 이후에는 긴급한 문화 비판은 물론이고 모든 문화가 쓰레기"일 뿐이었다. 짐멜은 근대가 시작된 후 이성이 우선시되면서 신이 퇴각하고 신에 대한 형이상학적 표상이 거부되면서 신의 죽음이라는 허무주의가 문화적 비극의 핵심이라고 보았다. 문화적 전환은 철학과 학문이 유례없는 위기의 극적인 상황에 직면해서 문화의 이론적 토대와 인간 전체 세계에서의 중요성을 사유하도록 요청받고 있다.

현대신학은 자연과학과의 대화의 필요성을 절실하게 느끼고 있다. 기독교의 문화를 다룰 수 있는 가능 근거로 문화신학을 정리한 다음 창조신학과 십자가 신학 그리고 종말론으로 나누어 논의를 전개할 것이다. 창조신학은 자연과학과의 대화 속에서 설명될 것이며, 십자가와 부활의 신학을 통해 죽음의 문화를 극복할 수 있는 근거인 구속의 의미를 해명하게 될 것이다. 그리고 종말론은 하나님의 나라와 파루시아를 중심 테마로 다루게 될 것이다. 그런 다음 기독교 문화와 대중문화와의 관계를 설명하면서 변화하는 교회의 모습과 그리스도인의 모습이 현대문화 속에서 어떠해야 하는지 설명하고자 한다.

필자가 예영에서 책을 출간하고자 하는 이유는 예영이 현대문화신서의 출간을 기획해 오고 있을 뿐만 아니라 기독교 출판의 제일 목적을 이익에 두지 않고 복음전파에 두고 있는 김승태 사장님의 출판 이념에 동감했기 때문이다. 교정하시느라 수고하신 이종열 편집장님과 유선희 님 그리고 표지를 꾸며 주신 박한나 님께 진심으로 사의를 표한다.

『문화와 해석학』 집필 동기 및 목적

필자가 이 책을 저술하게 된 동기나 목적은 문화를 올바르게 이해할 수 있는 학문적 기초를 검토하는 데 있을 뿐만 아니라 현대 문화에 대한 비판과 대안을 제시하려고 했기 때문이다. 19세기에 소위 문화철학이 대두하게 된 배경에는 당대의 문화에 대한 비판이 주목적이었듯이, 서구사회처럼 우리나라의 상황도 서구사회와 다르지 않기 때문에, 한국의 현대 문화를 올바로 이해하기 위해서라도 현대문화의 특징을 비판적으로 고찰할 필요가 있다. 그런 다음 그에 걸맞은 대안을 제시하고자 한다. 다시 말하면, 현대 문화의 가장 큰 특징을 죽음의 문화라 규정하고 거기에서 오는 인간성의 상실과 정체성의 위기를 극복할 '기억의 문화'를 『문화와 해석학』 제1권에서 제시하고 『문화와 해석학』 제2권에서는 '생명의 기독교 문화'를 설명하고자 한다.

『덕의 심장』이라는 책의 저자로도 잘 알려진 도날드 드 마코와 도덕 다원주의를 주창하는 벤자민 와이커는 『죽음의 문화의 설계자들』(2004)이라는 공저에서 현대의 죽음의 문화를 설계한 이들로 공산주의의 아버지 마르크스, 사회주의자 마거릿 미드, 섹스 연구가 알프레드 킨제이, 산아제한운동의 창시자 마거릿 생어, 〈코스모폴리탄〉*(Cosmopolitan)* 전 편집인 헬렌 걸리 브라운, 안락사 운동가 잭 커보키언 등을 언급한다. 혹자들은 현대의 죽음의 문화를 촉진시킨 사람들로 소위 의심의 해석학자들이라 불리우는 사람들을 지목하기도 한다. 신의 죽음을 선포하고 인간으로 하여금 자신의 힘을 의지하도록 만든 독일의 철학자인 니체나, 유토피아를 인간의 힘으로 실현하려 한 세속적인 이상주의자라 할 수 있는 마르크스, 그리고 모든 문제를 성적인 욕망과 연관하여 보려고 한 프로이드 등이 원인제공자라는 것이다. 그러나 필자는 특별히 다윈을 언급하고 싶다. 왜냐하면 그는 우생학적 진화 이론을 자연만이 아니라 인간 사회에 적용하여 죽음의 위협을 감소시키고 말았을 뿐만 아니라 드 마코와 와이커에 의하면, 다윈은 우생학주의자이고 인종주의자이면서 동시에 도덕적인 상대주의자였기 때문이다. 죽음의 순간을 임의로 조정하여 인생의 기한을 결정하기를 원하는 죽음의 유포자들(데릭 험프리, 잭 커보키언, 피터 싱어)이 활보하는 시대가 되었다.

그러면 우리의 경우는 어떠한가? 아도르노나 호르크하이머가 실증주의적 기술문화를 비판하게 된 배경이 나치의 테러가 과학기술에 의해 실행되었다고 생각했기 때문이듯이, 우리도 20세기 한국의 역사가 낳은 비극을 되돌아볼 줄 알아야 한다. 일제 식민지 문화 정책으로 말미암은 한국문화 전통의 파괴는 한국의 정체성에 위기를 불러왔고, 동족상잔의 전쟁은 신앙의 위기를 초래하면서 우리 시대에 신앙이 무엇이어야 하는지 되묻게 만들었다. 5.18 광주항쟁으로 대표되는 민주화 운동은 하나님의 나라와 세상 문화를 어떻게 정립해야 하는지에 대한 숙제를 남겼다. 여러 문화파괴의 위기를 들여다봄으로써 그런 문화가 인간을 어떻게 이해하게 만들었고 신을 어떻게 표상하게 했는지 반성할 수 있어야 한다. 일제식민지 시대의 문화 말살정책 앞에서 문화의 비극과 위기를 경고하고 대책을 세웠는가? '과거사청산위원회'가 그때 했어야 할 작업을 이제야 수행하고 있지만, 아직도 그 일에 대한 합의에 온전히 이르지 못하고 있는 안타까운 현실이다. 6.25 민족동란이 어떤 문화파괴를 불러왔는지 검토했어야 했다. 남북의 대립은 치유하기 힘든 문화적 갈등과 대립을 양산하고 말았다. 경제적·사상적 차이는 두말할 필요가 없다. 더욱 심각한 문제라고 생각되는 것은 종교가 남북을 하나되게 하는 초석이라고 생각했는데, 그 실상이 그렇지 않다는 점이다. 예를 들어 남북의 교회가 서로를 반목하고 있을 뿐만 아니라, 남한 교회의 북한 교회 돕기 운동에 대한 의견일치가 없어 남한 안에서의 교회 간의 대립이 심각하다는 것이다.

5.18 광주항쟁은 많은 문화파괴를 낳았다. 무엇보다 이웃이 사랑의 대상이 아니라 살해자로 다가오는 충격을 겪었다. 총격전이 벌어지는 경우였겠지만 이성이 부재하는 인간상 앞에서 이성주의자인 것에 대한 환멸, 아무리 잊지 않고 싶어도 망각이 인간의 삶에서 참으로 무시할 수 없는 힘으로 작용하는 현실, 기존의 것들이 완전히 타당성을 상실했다는 사실을 경험함으로써 겪는 문화 갈등 자체가 비판의 대상이 되었다.

필자는 문화를 인간존재와 현실에 접근하는 매체로 이해하고자 한다. 필자는 문화를 인간의 정신문화 혹은 물질문화만에 국한시키지 않고 오히려 그 모든 것을 넘어서는 상징문화로 이해하고 있다. 그 이유는 필자가 상징문화라는 말을, 그 모든 것을 포함하면서도 현대의 여러 분야들을 다 포함하는 용어로 이해하고 있기 때문이다. 인간을 인간답게 만드는 수단으로서의 정신문화가 피폐해지고 자연과학의 발달에 힘입은 물질문화가 왜곡시키고 있는 현대 문화를 고발하면서 극복 가능성으로 문화해석학을 제시하고자 한다. 그리고 그것이 결코 문화해석의 상대주의의 이론적 근거가 아니며 동시에 보편윤리를 결코 포기하지 않았음을 논증하고자 한다. 이제는 아무리 세분화되고 전문화되었다고 하지만 통전적인 학문 사이의 대화가 없이는 올바른 분석이 불가능하다는 것을 인정하고 있다. 따라서 필자는 문화라는 개념으로 우리가 살아가는 세계를 올바로 이해하고 진단하며 미래를 개척하고 희망으로 이끌고 싶다.

제1부 문화 해석학

필자는 현대 문화를 올바로 이해할 수 있는 틀인 해석학을 먼저 고찰하고자 한다.

제1장 문화 해석학

지금까지 철학사에서 죽음에 관한 저서 중 가장 많은 분량을 차지하면서도 가장 체계적인 연구를 한 유대인인 프랑스의 얀켈레비치가 통렬하게 고발했듯이 유대인 대학살은 용서의 한계를 뛰어넘는 문화파괴현상이었다.[1] "도구적 이성이 서구문명을 타락시켰다"는 독일의 비판 이론가 아도르노 역시 "아우슈비츠 이후에는 문화비판은 물론이고 모든 문화가 쓰레기"[2]일 뿐이라고 무거운 문화 비판을 가한다. 『돈의 철학』으로도 유명한 독일의 사회학자 짐멜은 문화를 과학적 탐구의 대상으로 삼으면서 근대가 시작된 후 이성이 우선시되면서 신이 퇴각하고 신에 대한 형이상학적 표상이 거부되면서 신의 죽음이라는 허무주의가 문화의 비극적인 핵심을 차지하게 되었다고 진단한다. 세계대전의 대재앙은 분명 문화적 전환의 결정적 사건이 되었다. 제 1차 세계대전이라는 사건 속에서 뚜렷하게 나타난 상실과 전도, 집단의식 내에서 보이는 병적 징후는 그 당시의 문화를 위기요 비극으로 인식하게 만들었다. 문화적 전환은 철학과 학문이 유례없는 위기의 극적인 상황에 직면해서 문화의 이론적 토대와 인간 전체 세계에서의 중요성을 재사유하도록 요청하고 있다. 그런 의미에서 문화철학은 시대의 문제와 함께하는 철학으로서 존재했고 앞으로도 오직 그런 형태로서만 존재해야 할 것이다.

그 한 예로 하위징아의 『호모 루덴스』[3]를 들 수 있는데, 그 책이 세계 제 2차 대전이 발발하기 1년 전인 1938년에 출판되었다는 사실에 주목하면 그것을 분명하게

---

1 Vladimir Jankélévitch, "Von der Lüge", *Das Verzeihen. Essays zur Moral und Kulturphilosophie*, hg. v. Ralf Konersmann, (Frankfurt am Main, 2003), 98.

2 Theodor W. Adorno, "Negative Dialektik," *Gesammelte Schriften*, Bd., 6, 359.

3 하위징아, 『호모 루덴스』, 김윤수 역, (서울: 까치글방, 1998).

알 수 있다. 히틀러의 등장은 유럽을 전쟁의 위험 속으로 몰아가고 있었고, 히틀러 치하에서의 모든 문화 형태들, 예를 들면 독일 청년들의 군사 훈련, 군무(群舞), 정치 선전, 언론이나 지식인들의 경박한 판단 등은 문화를 위태롭게 만드는 요인이었다. 따라서 그는 놀이로서 유지될 수 있는 진정한 문화에 관심을 돌리게 되었고 그것은 다름 아닌 자유라는 문화 창조 공간이어야 한다고 생각하게 되었다. 그것은 정치적 의도나 경제적 의도를 떠나 공동체 그 자체를 유지하고 꾸며 주면서 동시에 규칙을 따라 놀이하는 일을 가능하게 해야 한다고 생각했다. 규칙을 따라 공정하게 놀이하는 사회와 문화가 귀중함을 대변해 주는 경우이다.

그러면 우리의 경우는 어떠한가? 일제식민지 시대의 문화 말살정책 앞에서 문화의 비극과 위기를 경고하고 대책을 세웠는가? '과거사청산위원회'가 그때 했어야 할 작업을 이제야 하고 있지만, 아직도 그 일에 대한 전적인 합의에 도달하지 못하고 있는 안타까운 현실이다. 6.25 민족동란이 어떤 문화파괴를 불러왔는지 검토했어야 했다. 남북의 대립은 치유하기 힘든 문화적 갈등과 대립을 양산하고 말았다. 예를 들어 남북 표준어의 통일화 작업만 봐도 쉽지 않은 일이 되고 있다. 남한의 '표준어'에 해당하는 북한의 용어는 '문화어'인데, 표준어가 교양 있는 사람이 두루 쓰는 현대 서울말이라면, 문화어는 근대 인민 대중이 두루 쓰는 현대 평양말을 뜻한다. 경제적·사상적 차이는 두말할 필요가 없다. 더욱 심각한 문제라고 생각되는 것은 종교가 남북을 하나 되게 하는 초석이라고 생각했는데, 그 실상이 그렇지 않다는 점이다. 예를 들어 남북의 교회가 서로를 반목하고 있을 뿐만 아니라, 남한 교회 안에서도 북한 교회 돕기 운동에 대한 의견일치가 없어 교회 간의 대립이 심각하다는 것이다.

동아시아의 공존의 미래를 여는 역사나 새로운 한일관계 설정 그리고 미래지향적 한국사회건설을 위해서라면 역사바로세우기와 과거사 청산이 무엇보다 필요하다. '과거 청산'은 과거를 대면하여 미래를 창출하는 일이어야 한다. '과거 청산'이라는 용어 속에는 망각한 기억의 복원과 복원된 기억에 대한 성찰이 반드시 필요한데, 그것은 청산행위의 배경이 되는 역사적 상황과 맥락을 이해하는 역사의식을 수반한다. 과거 청산은 진실·정의·화해 세 요소에 기초해서 이루어져야 한다. 진실을 밝히는 일이 과거 청산의 출발점이라면 과거 청산 과정은 정의에 입각해야 하고 화해는 과거 청산의 목적이자 결과가 되도록 해야 한다. 진실의 문제는 다름 아닌 역사·정치적 정체성 확보이어야 한다. 과거사는 기억의 역사이다. 기억을 통해 자신의 정체성과 공동체의 정체성을 확보한다. 정의는 불행한 과거사를 망각하기를 요구하는 망각의 정치를 벗어나 사법적 청산을 전제하면서도 진실한 화해와 용서로 나아가야 한다. 리쾨르의 철학적 인간학에 따르면, 용서는 인간의 일이다. 정의가 균등성을 원칙으로 한다면, 용서는 넘침의 논리를 그 특징으로 한다. 용서와 정의는 이율배반적인 것이 아니라 상호적이어야 한다. 사면에서 보듯이 용서는 정의가 멈추는 곳에서 시작한다. 우리는 용서가 필요한 사람들이고 용서가 필요한 사회에서 살고 있다.

필자가 현대문화에 대한 비판을 가하는 이유는 그것이 하나의 최종적인 진리가 아니라 진리의 다양한 드러남의 일부분일 뿐만 아니라, 바로 오늘날의 진리의 문제는 상대주의에 의해 지배당하다 보니 허무주의의 흐름을 벗어나지 못하고 있기 때문이다. 이미 하이데거가 이 문제를 위기로 보면서 의미 해석에 대한 되물음과 무관할 수 없는 진리의 존재론적 우선성을 진리의 상대성에 대한 대안으로 제시하지 않았는가?

1. '문화' 개념 이해

문화에 대한 개념 정리가 쉽지 않다. 19세기 문화철학의 길을 열어 준 헤르더가 이미 토로했듯이, "이 말[문화]보다 불분명한 것은 없고, 이 말을 민족 전체와 시대에 적용하는 일보다 기만적인 일은 없다."[4] 20세기 문화철학의 선도자인 카시러에 따르면, 문화철학에 대한 개념규정은 철학 내에서 "가장 의문시되고 논쟁의 여지가 많은 영역"[5]이다. '문화' 개념에 대한 정의는 분명 문화인류학과 밀접한 관계 속에서 이루어져야 한다. 문화인류학은 '문화' 개념을 여러 가지로 정의해 왔는데, 그 원인은 '문화는 어디에 위치하고 있는가?' 또는 '문화는 무엇으로 구성되어 있는가?'라는 물음 때문에 생겼다.

---

4 Johann Gottfried Herder, *Ideen zur Philosophie der Geschichte der Menschheit, Erster Teil, Sämmtliche Werke*, hg. v. Bernhard Suphan, (Berlin, 1877-1913), Bd. 13, 4.

5 Ernst Cassirer, "Naturalistische und humanistische Begründung," *Kulturkritik*, 137.

문화를 구성하는 요소들은 크게 세 가지로 나뉜다. 첫째, 문화는 인간의 마음속에, 예컨대 개념, 신앙, 감정, 태도 속에 있다고 주장하는 사람들이 있다. 필자는 이것을 정신문화라 칭하겠다. 둘째, 문화를 사람들 사이의 사회적인 상호 작용의 과정 속에 있는 것으로[6] 보는 시각을 일반적으로 상징문화라고 칭한다. 셋째, 문화는 사람들 마음 밖에 있지만, 그들 사이의 사회적인 상호작용의 제유형의 테두리 안에 있는 물질적인 대상, 이를테면 박물관에 진열되어 있는 문화유산들의 물질문화 속에 존재한다고 말해 왔다.[7]

1) 정신문화

"문화는 사람들 마음속에 있다"고 주장하는 사람들에 따르면, 문화는 "물질적인 대상물이나 관찰될 수 있는 행위가 아니라… 하나의 정신적인 현상이[라는 것이]다…. 예를 들면, 한 인디언의 마음속에 춤이라는 개념이 있다. 이것은 특성(trait)이다. 이 개념이 그의 몸에 영향을 주어서, 그는 어떤 방식으로 행동하게 된다."[8] 문화가 마음속에 있다고 주장하지만, 그 마음으로 무엇을 지칭하고 뜻하는 것일까? 그 마음을 관념과 동일시하고 따라서 문화를 마음속에 있는 관념들로 이루어진 것이라 정의한다면, 이런 관념들은 연구 대상자들의 마음속에만 있게 되는 것이 아닌가? "문화는 인간행위로부터 추상된 하나의 윤리적인 구조물로 그것은 연구자의 마음속에서만 존재한다…. 문화는 아무런 존재론적 실체를 가지고 있지 않다."[9] 문화가 마음속에 있다고만 한다면, 물질적 대상물이 문화일 수가 없게 되고, 이는 물질문화를 부정하는 것이 아닌가? 테일러에 따르면, "엄밀하게 말하자면 물질문화는 문화가 결코 아니다…. '물질문화'라는 개념 자체가 잘못된 것이다. [왜냐하면] 문화는 하나의 정신적인 현상이기

---

6 "문화의 진정한 장소는 개인들의 … 상호 작용 속에 있다. … 개인들의 각각은 이런 상호 작용에 참여함으로써 스스로가 무의식적으로 추상할지도 모르는 의미들의 세계를 가진다." (Edward Sapir, "Cultural anthropology and psychiatry," *Journal of Abmornal and Social Psychology*, 27 (1932), 229-242, 236.

7 반 퍼슨(Cornelis A. van Peursen)은 문화를 물질적인 것으로 이해하지 않을 뿐만 아니라, 박물관에 진열되어 있는 문화 유물처럼 문화를 고정된 "명사"로만 이해하는 것이 아니라, 인간이 자신을 표현하는 방식 및 활동, 곧 "동사"로 이해하기를 제안한다. C. A. 반 퍼슨, 『급변하는 흐름 속의 문화』 강영안 옮김, (서울: 서광사 1994), 21.

8 Walter W. Taylor, *A Study of Archaeology*, (American Anthropological Association Memoir 69, 1948), 98-110.

9 M. E. Spiro, "Culture and personality," *Psychiatry* 14 (1951), 19-47, 24.

때문이다."[10]

고대 철학자인 플라톤이 『프로타고라스』에서 문화를 사람을 사람답게 만드는 예비적인 교육수단(propaideia)의 의미로 사용한 것이 문화를 정의하는 기준이 되었는데, 이런 차원이라면 성서 또한 지혜서나 십자가에 달린 그리스도 안에서의 새로운 존재(고전 1:30; 고후 5:17; 갈 6:15) 또는 복음의 말씀을 통해 그리스도인이 되게 하는 의미로 '문화'의 의미를 사용했다고 볼 수 있다. 고대 사회에서부터 인간은 동물과는 달리 신들의 뜻에 순종하고 자연에 순응해 가는 교육 수단으로서의 문화를 가지게 되었다. 근대 시민사회의 출현과 더불어 인간 정신의 산물로서의 문화는 정신의 도야뿐 아니라, 인류의 문명화나 계몽화로 확장되어 "사람은 문화를 통해서 비로소 사람이 된다"(칸트)고까지 말하게 되었다.

"문화는 인간만이 가진다"라고 말하는 사람들이 있는가 하면, 문화가 인간의 고유한 영역이라는 것을 인정하면서도, 문화가 무엇으로 구성되었는지에 따라 문화에 대한 정의를 달리 하는 사람들이 있다. 이를테면 문화가 인간의 행위이냐 아니면 그 행위에서 도출된 추상으로 볼 것이냐? 하는 물음인데 문화가 학습된 행위라면, 인간에 가까운 다른 동물들도 문화를 가질 수 있다는 가능성을 인정하는 사람들도 있다.

첫째, 최근에 와서 문화의 개념에 관한 토론의 대부분은 문화와 인간행위 간의 차이로 초점이 모아지고 있다. 우리가 문화의 개념을 정의할 때 "문화를 인간만이 가지는가 아니면 동물들도 나름대로 고유한 문화를 가지는가?"라는 고전적인 물음에 대한 대답에 따라 문화에 대한 정의가 달라질 것이다. 인간만이 문화를 가진다는 생각을 피력하고 있다고 단정하기 힘들지만, 인간의 문화에 대한 고전적인 정의로 영국의 인류학자 에드워드 타일러의, 문화에 대한 정의를 즐겨 인용한다. 타일러는 『원시문화』[11]에서 문화를 "넓은 민족지적 의미에서 문화 또는 문명이란 지식, 신념, 예술, 도덕, 법, 관습 그리고 기타 사회구성원으로서 인간에 의해 획득된 모든 능력과 습관들을 포함하는 복합적 전체"로 규정했다. 펠릭스 키싱은 그의 저서 『문화인류학』에서

---

10 Taylor, *A Study of Archaeology*, 102.

11 Edward B. Tylor, *Primitive Culture. Researches into the Development of Mythology, Philosophy, Religion, Art and Custom*, (London: John Murray 1871), 1.

문화를 "학습되고, 사회적으로 전승된 행위의 총체"[12]로 정의하고 있다. 문화를 학습된 행위로 보는 데 있어서의 난점은 만약 문화를 인간 이외의 다른 동물까지 포함하는 학습된 행위로 규정한다면, 우리가 무엇을 인간에게만 있는 고유한 학습된 행위라고 해야 하는지 쉽게 단정할 수 없다는 데 있다.

둘째, 문화는 행위라고 단정할 수 없기 때문에, 행위 자체와 행위의 추상을 구별해야 한다고 말하는 사람들이 있다. 크루버와 크락혼에 의하면, 문화는 "그 자체가 행위가 아니라, 구체적인 인간의 행위로부터 끌어낸 추상"[13]이라는 것이다. 문화를 추상이라고 하게 되면 문화를 직접 관찰하거나 경험할 수 없지 않는가? 직접 알 수 없다면 문화가 실재한다고 말할 수 있는가? 직접 볼 수 없기 때문에 지각할 수 없다고 하지만 그렇다고 없다고만도 할 수 없는 의미에서 문화는 하나의 추상이다. 문화는 "어떤 구체적인 실체가 아니라 하나의 추상을 가리키는 것이고, 보편적으로 사용되고 있는 바와 같이 아주 애매모호한 추상이다."[14] 문화를 행위의 추상이라고 정의하는 작업은 문화를 상징으로 규정하는 일과 아주 밀접하게 연결되어 있다. 인간의 행위와 문화 사이의 논란을 넘어서 그 행위를 상징행위로 보고 상징행위에 의거하여 실제 관찰될 수 있는 사물과 사건들에 대한 논란도 그치지 않고 있다.

2) 상징 문화

문화를 상징체계로 이해하는 길을 열어 준 사람은 다름 아닌 철학자 카시러이다. 그는 칸트 시대 이래로 과학과 문화에 대한 견해들이 크게 변했으므로 칸트의 학설을 더 넓은 인간경험 영역까지 포괄할 수 있도록 수정해야 한다고 생각했다. 그래서 그는 칸트의 이성비판을 문화비판으로 대체한다. "이성비판은 문화비판이 된다. 문

---

12 Felix M. Keesing, *Cultural Anthropology*, (New York: Rinehart and Co., Inc. 1958), 16.

13 A. L. Kroeber & C. Kluckhohn, *Culture: A Critical Review of Concepts and Definitions*, (New York: Vintage Books 1952), 155. 이들은 같은 책 90쪽에서 문화를 상징 행위로 정의한다. "문화는 상징에 의해 획득되고 전승되는 명시적·묵시적 행위 패턴으로 이루어져 있으며 인간집단의 독특한 성취를 형성하면서 그 성취 속에 구체화되어 나타난 인위적 산물까지 포함한다. 문화에 가장 본질적인 핵심은 전통적인 이념들과 그 이념에 의해 획득된 가치들로 이루어져 있다. 다른 한편으로 문화 체계들은 행위의 생산물들로 구성되어 있다."

14 A. R. Radcliffe-Brown, "On social structure," *Journal of the Royal Anthropological Institute of Great Britain and Ireland*, 70 (1940), 1-12, 2.

화의 내용이 단순한 개별내용 이상인 한, 그리고 일반적 형식원칙에 근거를 두고 있는 한, 문화비판은 모든 문화의 내용이 어떻게 근원적인 정신행위를 전제하고 있는지를 이해하고 입증하려고 한다." 그러나 그는 칸트와는 달리 인간의 다양한 문화적 표현 형식에 관한 연구에 관심을 둔 다음, 인간의 본질적 특성이 인간 자신의 상징 활동에 의해 규정된다고 결론지었다. 인간의 실제적 특성은 인간의 형이상학적 본성이나 물리적 본성이 아니라 '언어, 신화, 종교, 예술, 과학, 역사'와 같은 문화 형식에서 나타나는 인간의 활동이기 때문이다.[15] 그는 문화를 인간 '스스로가 만든 지성적 상징물'[16]의 총체로 보면서 그것이 합법칙성에 의해 규정될 수 있는 것이 결코 아니라고 했다. 이 상징의 세계는 의미의 세계로 구성되어 있기 때문에, 인간을 이해하려면 인간이 만들어 낸 여러 문화의 상징체계를 이해해야만 한다고 했다. 그는 다수의 특수한 사례를 추상함으로써 하나의 개념이 형성된다는 견해를 반박하면서, 인간의 지식을 조직하는 도구로서의 개념은 특수한 사례를 분류하는 작업이 이루어지기 전에 이미 존재하고 있다고 주장한다. 인간의 다양한 문화적 표현 형식을 연구한 뒤에 그는 '인간의 본질적 특성이 인간 자신의 상징 활동에 의해 규정된다'고 결론지었다.

카시러도 칸트처럼 '자연적인 문화 이해'와 '학문적 문화 이해'를 나누면서 자연적인 문화 이해를 일상 삶의 실천에서 간격이 없는 활동적인 것으로 파악했다. "자연적인 기술적 감정은 결코 예술사나 문체론을 필요치 않는다."[17] 문화는 인간들의 고유한 상징의 세계이다. 이 상징의 세계는 다양한 의미를 내포하기 때문에 인간의 상징 문화를 올바로 이해하려면 인간이 만들어 낸 여러 상징 문화를 이해해야만 한다. 그래서 그는 문화를 인간의 상징적 보편이라고 했다. "인간은 더 이상 자연적인 보편 속에 사는 것이 아니라 상징적인 보편 속에 산다. 사물들 자체와 함께 진행되는 것이 아니라 인간은 어떤 의미에서는 자기 자신과 함께 계속적으로 대화한다. 인간은 따라서 언어 형식 속에서 산다. 즉 중간 매개들을 통하지 않고는 어떤 것도 경험할 수 없고 조망할 수 없는 예술 작품이나 신화적인 상징들 그리고 종교적인 수수께끼들 속에서 산다."[18]

---

15 Ernst Cassirer, *Versuch über den Menschen. Einführung in eine Philosophie der Kultur*, (Frankfurt am Main, 1990), 110.

16 Ernst Cassirer, *Philosophie der symbolischen Formen, Bd. 1, Gesammelte Werke, Bd.*, 11, 3.

17 Ernst Cassirer, *Zur Logik der Kulturwissenschaft, Göteborg* (1942) ^{3}1971, 76.

18 Ernst Cassirer, *Was ist der Mensch? Versuch einer Philosophie der menschlichen Kultur*, (dtsch 1960), 39.

카시러의 생각을 이어받은 사람이 리쾨르이다. 리쾨르는 카시러처럼 인간의 본질적인 특성을 인간 자신의 상징 활동으로 보았기 때문에 인간을 올바로 이해하려면 인간이 만들어 낸 여러 문화의 상징체계를 이해해야 한다고 보았다. 그러나 상징이 결코 합법칙적으로 설명되는 것이 아니기 때문에 복잡한 의미를 이해하는 해석학이 필요했다. 이 작업은 리쾨르에게서 집중적으로 수행되는데 그 이유는 그가 성서의 상징 언어에 깊은 관심을 가지고 있었기 때문이다. 상징 언어 행위란 문화 행위와 관련되어 있다. 하나님은 문화 속에 존재하신다. 즉 문화는 하나님이 계시하시는 장소이다. 『문화신학』의 선구자가 된 틸리히도 종교를 문화의 본질로 보면서 문화를 종교의 형식이라 했다. 그러나 리쾨르는 카시러처럼 문화가 어떻게 상징체계를 가지며 그것이 무엇인지 해명하는 일에 관심을 집중하지 않았고, 카시러의 실제적인 작업 성과는 상징을 '해석'하는 여부에 달려 있다고 보았기 때문에 그는 이 문제를 해결하기 위해 문화를 텍스트로 읽는 행위와 관련하여 설명하고 있다. 상징적 행위를 이해하기 위해서는 그 행위의 총체가 문화이기 때문에 상징문화 행위를 해석해야 하고 의미를 밝혀내야 한다. 리쾨르는 '기호나 텍스트 그리고 행위를 통한 문화의 생산'인 문화 텍스트를 읽고 해석하는 일을 위한 문화 해석학을 유용한 도구로 제시한다. 문화의 행위가 상징 언어로 분절화된다는 말은 인간의 문화 행위가 다름 아닌 "준-텍스트"(quasi-texte)[19]라는 것이고 따라서 그런 행위는 읽을 수 있는 누구에게나 열려 있다는 것을 뜻한다. 리쾨르에 따르면, 인간의 이러한 문화적인 상징 행위는 시간성을 고유한 특징으로 가진다. 리쾨르는 이 시간을 행위의 지시, 곧 "문화세계"[20]라 하지만, 각각의 문화 세계는 고유한 시간 경험을 특징으로 하기 때문에 "문화를 넘어서는 필연성의 형식"[21]을 찾고자 한다. 이 문제는 보편성 논의와 관련하여 보다 자세하게 논의될 것이다.

리쾨르의 문화 해석학의 이론을 문화인류학에 적용시킨 사람이 바로 기어츠이다. 기어츠는 『문화해석학』에서 리쾨르의 상징개념을 수용하면서 문화를 해석 가능한 상징체계로 본다. "내가 신봉하는 문화 개념은 … 상징으로 나타나는 역사적으로 전승된 의미의 유형, 즉 인간이 그것을 통하여 생활에 관한 지식과 태도를 서로 전

19 Paul Ricoeur, *Temps et recit* Ⅰ, (Paris: Seuil, 1983), 93.
20 위의 책, 83.
21 위의 책, 85.

달하고, 영속화하고, 발전시키는 상징의 형태로 표현되는 전승된 개념의 체계를 뜻한다."[22] 그는 문화를 분석하는 학문을 "법칙성을 추구하는 실험 과학이 아니라, 의미를 추구하는 해석학"[23]이라고 한다.

문화를 인간의 모든 "관념, 신앙, 개념, 행동, 의례, 태도 그리고 대상들 모두 이런 상징 행위과정의 산물"[24]로 규정한 문화인류학자 화이트도 기어츠처럼 문화현상을 그것이 일어난 문화과정 안에 있는, 즉 그것을 구성하고 있는 문화요소들의 상호작용 관계에서만 적절히 설명할 수 있다고 보았다. 그러면서 그는 인간을 문화 과정의 주체로 설명하고자 하는 관점을 인간 중심적인 편견이라고 거부한다. 왜냐하면 인간이 문화를 창조하는 것이 아니라 문화가 인간의 행동을 결정한다고 보았기 때문이다. 이 생각에 충실하자면, 인간의 행동에 영향을 미치는 문화 구조를 올바로 이해하는 것이 바로 인간을 올바로 이해하는 길이 된다. 그는 전승되어 오고 있는 문화를 통찰하는 틀들, 예를 들면 생물학적, 심리학적 그리고 사회학적 접근을 거부하고, 그 대신에 역사 기능적 통시 접근을 제시하는데, 그 이유는 그것이 다른 것들에 의한 형식적 상호작용을 일반화할 수 있는 눈을 가진 영역의 공시성과 연결되어 있기 때문이라는 것이다. 상징을 정신문화로 보는 점에서는 철학자나 문화인류학자가 같으나, 문화인류학자는 철학자들과는 달리 문화가 인간의 행위를 결정한다고 본다.

3) 물질문화

그 다음으로 우리가 규명해야 할 내용은 문화가 물질적인 것이냐의 문제이다. 땅을 일구고 가꾼다는 의미를 가지는 agri cultura라는 단어가 사용되는 경우에서 보듯이 문화는 땅을 경작하는 농경문화의 문맥에서 사용된다. 시니어 플리니우스[25]는 여기에서 더 나아가 대지에 속하는 것(terrenus)과 인공적으로 제작하는 것(facticius)을 나누어 사용하지만, 베이컨은 정신의 경작(georgica animi)[26]이라는 말로 둘을 더 이상 나

22 Clifford Geertz, *The Interpretation of Culture*, (BasicBooks: A Division of HarperCollins Publishers, 1973), 89.
23 위의 책, 4 이하.
24 Leslie A. White, *The Concept of Culture*, (Minneapolis: Burgess 1979), 61.
25 Plinius, *Naturalis historiae* (Naturkunde), XII, 75.
26 Francis Bacon, De augmentis scientiarum, III, 1.

누지 않는다.

근대부터 물질문화에 대한 이해가 달라지면서 현대에 이르면 자연과학의 발달로 말미암은 물질문화의 르네상스기가 도래한다. 물질문화는 농경문화시대에서 과학기술문화의 시대로 바뀌면서 새로운 문제의식을 남겼는데, 필자는 이 문제를 '과학문화의 상대성'이라는 제목으로 자세하게 다루게 될 것이다.

일반적으로 '문화'라는 개념을 설명하고자 할 때, 라틴어 cultura를 사용하는데, 이것이 땅을 경작하는 colere를 뜻했듯이, 이런 의미의 문화 개념이 가지고 있는 이념은 성서에서도 발견된다. 하나님이 인간을 창조하시고 인간으로 하여금 하나님이 창조하신 세계를 경작하라 명하신 데에서 그 모델을 찾을 수 있다. 그러나 땅을 일구는 일은 타락의 결과이기 때문에 문화는 결국 타락한 인간이 하는 일이라고 생각하게 되었다. 그렇다고 해서 땅을 일구는 경작 자체가 타락한 것은 아니다. 따라서 우리는 땅을 경작하는 문화 행위를 하나님과 관련하여 생각할 수 있어야 한다. 죄는 하나님의 구원 행위를 막을 수 없다. 창조가 구속을 배척하지 않는다고 생각하는 칼뱅에 따르면, 세상은 하나님의 영광의 무대(theatrum gloriae Dei)이다(시 19:1).

성서가 '문화'라는 단어를 직접적으로 사용하지는 않지만, 하나님은 하나님의 형상을 따라 창조한 인간으로 하여금 땅을 관리하게 하신다(창 1:28). 물질문화는 농경문화시대에서 과학기술문화의 시대로 바뀌면서 인간성의 상실과 도구적 이성의 이데올로기 문제를 남긴다.

자연도 더 이상 주어진 현실로서만 이해할 것이 아니라 문화적으로 구성된 것으로 보아야 하지 않을까? 자연을 문화와 관련하여 설명해 보면 이를 잘 알 수 있다. 즉 자연은 우주적 있음 자체를 뜻하는 자연(Nature)과 인간의 내적 본성(Nature)을 동시에 뜻한다. 아우구스티누스는 신의 계시를 나타내는 두 개의 책으로 성서와 자연을 들면서 종교문화적인 차원에서 자연이 존재 자체로서가 아니라 신의 형상을 드러냄이라고 가르친다. 그리하여 자연을 하나님의 본질이 드러남이라 했고, 자연의 법은 곧 신의 법이 되었다. 그러나 근대는 신과 자연을 분리하여 신 없이도 존재하는 자연을 등장시키면서 자연 자체가 가지는 자연의 법칙이 무엇인지 말하는 데 관심을 가진다. 성서는 우리가 자연을 어떻게 이해해야 하는지 우리에게 가르친다. 성서는 자연이 하나님의 창조물이라고 가르친다. 그러나 만약 자연이 창조주이신 하나님과 분리될 때, 자연도 구속이 필요하며 따라서 그리스도를 통해 자연의 본성을 회복하게 된다고 가르친다.

4) 문화와 문명

문화라는 개념이 플라톤을 통해 철학적 개념으로 체계화될 때, 문화는 "퓌시스를 통해 인간에게 주어진 아레테를 개발하는 활동(hē pros aretēn paideia)"[27]으로 철학을 통한 교육의 의미로 사용되었다. 인간은 동물과 달리, 신들이나 자신의 환경을 기술을 통해 또는 윤리를 통해 보완해 나갔다. 인간이 신들의 뜻에 순종하거나 자연에 순응해 가는 교육 수단으로서의 문화는 교육을 뜻했다. 교육적인 차원의 도야 개념은 근대 시민사회의 출현과 더불어 헤르더를 통해 인간 정신의 산물로서의 문화에 대한 의식으로 발전된다. 헤르더는 문화를 정신의 도야와 형성(Bildung)뿐 아니라, 인류의 문명화나 계몽화[28]의 단계로 보았다. 칸트도 이를 계승하여 "사람은 문화를 통해서 비로소 사람이 된다"고까지 말한다. 그는 인간의 정신을 자연 상태 그대로가 아니라 자연 속에 주어진 소질과 가능성을 교육을 통해 개발하고 발전시키는 것을 문화로 이해했다.[29]

칸트에게까지는 문명이 문화와 대립 개념으로 사용되기도 했었다.[30] "우리는 무엇보다 예술과 학문을 통해 문명화되었다. 우리는 너무 부담을 줄 정도로 사회적인 공손

---

27 Platon, *Protagoras*, 320 c - 322 e; Aristoteles, *Politeia* 1256 b 3-4.

28 문화를 사회 계몽으로 연결시킨 사람은 호르크하이머와 아도르노(Horkheimer & Adorno)이다. 이들은 『계몽의 변증법』(Max Horkheimer und Theodor W. Adorno, *Dialektik der Aufklärung. Philosophische Fragmente*, Amsterdam 1947/ Frankfurt a/M.)에서 야스퍼스가 주장하는 "가치로서의 문화"를 부정한다. 19세기의 문화의 특성인 '교양' 개념이 20세기에 경제 개념에 의해 대체됨으로써 생기는 문제를 잘 지적했다. 교양 개념이 상실되고 야만적인 무질서가 판치게 되었다는 것이다. 문화 산업에서 계몽이 이데올로기로 어떻게 퇴보하는지는 스포츠 중계를 통해 정치적 위기를 극복하려는 경우를 통해 잘 알 수 있다. 예술이 자율성을 포기하고 상품의 가치로 평가되는 경우를 통해 문화 산업이 대중을 기만하는 계몽이 되었음을 알 수 있다. 이 책에서 그들은 계몽을 통해 문화에 대한 총체적 인식을 새롭게 정립하기를 요구했다.

29 Immanuel Kant, *Über Pädagogik*, 1803, A 1 33.

30 문화라는 단어는 문명이란 용어와 혼동되어 사용되고 있다. 근세의 진보사관에 따라 발달된 진보한 문명은 문화이고, 그렇지 못한 야만적이고 미개한 것은 문명이라는 식의 구분은 정당하지 못한 구분이다. 문화라는 것이 최소한도 문명이란 개념보다는 넓은 점은 인정되어야 한다. 따라서 문명문화와 미개문화라는 용어들은 용납이 되지만, 문명에 의해서 혼동되는 문화와 미개를 양립시키는 구분은 진보사관 속에서도 잘못된 것이다. 또한 우리들 사이에서 교양이란 단어가 문화라는 단어와 혼동되어 사용되고 있다. 어떤 사람이 책을 많이 읽어서 지식이 풍부한 경우, 우리는 그 사람을 교양인이라 부르지 문화인이라 할 수 없다. 교양인과 문화인을 동일시할 수 없다. 그리고 최근에 문화라는 단어와 가장 많은 혼용을 일으키면서 사용되고 있는 것이 언론과 정부에 의해서 주도되고 있는 예술 또는 공연이라는 개념과 문화의 혼동이다.

함이나 예의바름으로 문명화되었다. 그러나 우리는 이미 도덕화된 것으로 여기기 위해 아주 많은 것을 결여하고 있다. 왜냐하면 도덕성의 이념은 문화에 속하기 때문이다. 그러나 이 도덕성의 이념을 사용함으로, 물론 그 이념은 단지 부부 간의 사랑에서나 예의가 발라 도덕적으로 비슷해지게 만드는 것인데, 단순한 문명화가 형성된다."[31] 이 말에서 보듯이 칸트는 외적인 문명과 내적인 문화를 나누어 '외적인 문명'을 "부부 간의 사랑에서나 예의가 발라 도덕적으로 비슷해지는 것"으로 설명했고, '사유 방식의 내적인 형성'을 문화과정이나 문명화를 넘어서는 진정한 도덕화의 전제로 설정했다.

오늘날 주로 사용하는 문명(civilisation)이라는 단어는 18세기쯤에 사용되기 시작한 어휘로써 유럽의 국가형성과 관련되어 사용되었는데, 특히 프랑스에서 식민지 개척과정 중 유럽과 비유럽의 차별성을 두기 위해 사용하기 시작했다. 프랑스가 문명이라는 단어를 주로 사용했다면, 독일은 문화라는 단어로 그 모든 내용들을 담았다. 문명은 고도로 발달한 인류가 이룩한 인간의 문화와 사회를 말하면서 주로 물질적, 기술적, 사회 구조적인 발전이나 자연 그대로의 원시적 생활에 상대하여 발전되고 세련된 삶의 양태를 뜻하기도 했다. 보통 문화를 정신적·지적인 발전으로, 문명을 물질적·기술적인 발전으로 구별하여 사용하려고도 하지만 그리 엄밀하게 구별할 수 있는 것도 아니기 때문에 UNESCO는 2002년에 문화를 정신적, 물질적 그리고 상징적 차원을 다 포함하는 것으로 정의하였다. 즉 "문화는 한 사회 또는 사회적 집단에서 나타나는 예술, 문학, 생활양식, 더부살이, 가치관, 전통, 신념 등의 독특한 정신적, 물질적, 지적 특징"을 가지는 것으로 정의하였다.

지금까지 필자는 특별히 세 가지 차원에서만 문화를 논의했다. 그 이유는 오늘날 정신문화가 무엇인지를 정의해 보고 그것의 위기가 어디에서 기인했는지를 규명하며 발달한 기술문명 시대에 물질문화에 대한 비판의 근거가 어디에 있는지를 찾고자 했기 때문이다. 그리고 이 두 차원을 뛰어넘는 상징문화 개념을 통해 우리시대의 문화를 올바로 이해해 보고자 했기 때문이다.

---

31 Immanuel Kant, *Idee zu einer allgemeinen Geschichte in weltbürgerlicher Absicht* (1874) Akad.-A. 8. 26.

2. 리쾨르의 문화 해석학

문화가 하나님이 자신을 계시하시는 장이듯이, 인간은 문화의 집 속에서 살고 있다. 우리는 하나님을 문화 속에 현존하시는 하나님을 통해 이해할 수 있듯이, 마찬가지로 인간도 문화의 옷을 입고 있는 인간 자신을 찾아야 한다. 그러한 작업이 바로 해석이다. 카시러의 생각에 따르면, 특별히 인간의 정신적 행위를 규정하는 상징 형식을 해석하고 의미를 찾도록 해야 한다.

문화에 대한 정의를 우리의 논제의 출발점으로 삼을 수 있는 근거는 무엇이며, 삶의 총체인 문화를 해석할 수 있는 이론이나 모델은 있는가? "삶이 해석이고 해석이어야 한다"는 논지를 정당화해 줄 수 있는 사람은 바로 프랑스 철학자인 리쾨르이다. 리쾨르는 우리의 논의를 가능하게 하는 문화 해석이라는 말을 사용했고, 그 개념이 그의 해석 이론의 핵심을 차지하고 있다. 해석 문화인류학자인 기어츠는 문화 해석의 모델을 리쾨르를 통해 발견했다고 말한다. 우리는 이 둘을 통해 문화 해석의 가능성과 필연성 그리고 그 성과 여부를 검토할 수 있다. 문화는 우회로의 현상이다. 즉 문화 속에서는 현실이 직접적으로 파악되는 것이 아니라 우리의 해석에 의해서야 비로소 그 의미가 규명된다. 양켈레비치에 따르면, 문화는 '이해'라는 우회로의 형태를 가진다.[32] 『문화철학이란 무엇인가』라는 책에서 콘너스만은 이해라는 우회로만이 아니라 차이의 현상을 통해 문화를 규정한다. "인간은 우회로의 존재이다…. 문화는 우회로의 현상이다. 이 명제는 문화적 사실로 표현된 것뿐만 아니라 문화적 표현세계의 은유적 성격과 지시기능으로부터도 정립될 수 있다."[33]

문화가 하나님이 하나님이심을 드러내는 매체이듯이, 동시에 문화는 인간이 인간임을 드러낼 수 있는 방식이다. 하나님이 문화 속에 현존하시기 때문에 우리는 문화를 통해 하나님을 이해하고자 하는 노력을 경주해야 한다. 이렇듯, 문화는 인간이 자기를 이해할 수 있는 거울(로티)이다. 인간은 문화의 산물이면서 동시에 문화를 창출한다. 문화의 이러한 속성을 리쾨르는 상징 언어의 분절화라는 개념으로 설명한다. 이 개념에 따르면, 문화행위는 언표되면서 동시에 창조적 해석이 필요하다. 하나님이 로

---

32 Jankélévitch, "Von der Lüge," 98.

33 랄프 콘너스만, 『문화철학이란 무엇인가』 이상엽 옮김, (서울: 북코리아, 2006), 207.

고스인 예수 그리스도를 통해 우리에게 자신을 계시하시듯 인간은 언어를 통해 상호이해를 수행한다. 그러나 로고스가 '너희에게'는 계시이지만, '저희에게'는 은폐의 방식이듯이, 인간의 말 또한 상징적이기 때문에 숨겨진 이차적 의미를 캐내는 창조적 해석 작업이 필요하다. 그래서 리쾨르는 인간의 문화행위를 이해할 수 있는 문화 해석학을 제창한다. "나는 해석학이라는 단어의 기본 어의는 우리 문화 공동체의 문자화된 기록을 해석하는 데 필요한 규칙들을 다루는 것이라고 가정한다."

철학에서의 해석학은 슐라이어마허와 딜타이를 통해서 인문과학의 방법문제와 관련해서 새로운 철학적인 의미를 갖게 되었다. 슐라이어마허에 있어서 해석학은 우선 해석법으로서 성서나 기타 고전들의 가장 정당한 이해를 위한 방법을 연구하는 것이었다. 그러나 동시에 그는 인간의 이해 자체를 문제 삼았다. 그는 처음으로 이해 자체의 현상을 주목하고 이해의 보편법칙을 파악하려고 했으며, 이해의 과정을 의식적으로 직접 구체적인 언어와 결합시켰다. 그에 의하면 "해석학에 있어서 가장 먼저 전제되어야 할 것은 언어이고 가장 먼저 발견되어야 할 것도 언어에서 발견"되어야 하며 해석학의 과제는 언어의 과제였다. 슐라이어마허의 뒤를 이은 딜타이는 우선 이해라는 개념을 인문과학의 방법적인 특수성을 논하면서 사용했다. 즉 "자연은 설명하고 정신생활은 이해한다"는 것이었다. 그는 처음에는 자연과학과 구별되는 인문과학의 방법론으로 해석학을 생각했지만 삶에 대한 철학적 연구가 진전됨에 따라 인간의 삶 자체가 해석학적이며 이해한다는 것이 인간의 삶의 가장 본질적인 모습이라는 결론에 이르렀다. 신학자가 성서를 해석하듯이 철학자는 역사적으로 주어진 삶을 이해하는 방법으로 해석한다는 것이다. 딜타이의 사상을 이어받은 하이데거는 이해를 존재론적 문제로 다루면서 인간존재의 실존적 구성으로 파악했다. 그리고 하이데거가 제시한 이해의 순환구조의 존재론적 분석을 기초로 가다머는 그의 주저 『진리와 방법』에서 인식의 지평성, 이해의 역사성을 제시하고 근대적인 방법지식으로서의 진리 개념을 비판했다.

문화를 이해하고 해석하기 위한 모델이 우리에게 있는가? 만약 우리가 해석학을 텍스트 해석학에 국한시키고 말면, 삶을 해석하는 문화 해석학을 논의하는 일이 어려워진다. 그러나 해석학의 영역을 텍스트 해석학에서 인간의 삶이나 행동 또는 문화와 역사를 해석하는 행위의 해석학으로 해석학을 확대하면 이 문제는 해결된다. 리쾨르는 우리가 잘 알듯이 텍스트 해석학에서 행위 해석학으로 해석학의 영역을 확대시켰다. 인간의 역사나 문화 또는 삶의 경험, 그것이 기쁜 일이든 고난이든, 인간의 삶의 경험을 해석하는 일은 필요하다. 해석학을 텍스트 해석학에 국한하여 해석학의 영역을 제한할 필요가 없다고 본다. 해석 문화인류학, 특히 기어츠의 문화 해석학은 리쾨르의 확대된 행위 해석학에 기초하고 있는 데서 보듯이, 또한 철학적 해석학이 다른 학문에 이론적 모델과 토대를 제공해 주는 데서 보듯이, 해석학의 영역을 확대시켜 나가는 것이 필요하다. 해석학의 영역을 텍스트에서 인간의 역사나 행위 그리고 문화의 영역에까지 확대하려면 기존의 텍스트 해석학의 관점에서 중시했던 문제들을 어떻게 다루어야 하는가?

1) 텍스트를 언어화된 것, 특히 기록된 고정화라 하면 인간의 역사나 행위 심지어 우리가 주제로 하고 있는 문화는 텍스트처럼 언어로 고정화되어야 해석할 수 있고 이해될 수 있지 않는가?

리쾨르는 이런 질문에 대한 좋은 답을 우리에게 제공해 준다. 그는 문화를 텍스트로 읽는 행위로 정의한다. 그는 해석학을 늘 우회로로 표현한다. 우리가 일반적으로 해석학을 궁극적으로 인간 존재를 이해하는 길로 여길 때, 그에 따르면, 해석학은 우회로의 특성을 가진다. 인간 존재를 올바로 이해하는 직접적인 길은 없다. 늘 간접성과 매개성을 특성으로 한다. "기호나 텍스트 그리고 행위를 통한 문화의 생산"[34]인 문화적 텍스트를 통한 우회로를 중시한다. 문화 텍스트를 읽고 해석하는 일에 대한 그의 반성은 문화 해석학을 위한 유용한 도구로 사용될 수 있음을 보여 주었다. 그 행위는 문화의 산물, 아니 인간의 행위는 바로 문화이다. 그가 사용하는 '행위 문화'라는 개념은 문화 인류학에도 큰 영향을 미쳤다. 리쾨르에 따르면, 우리는 텍스트에서 인간의 존재를 이해하려는 해석학에 대한 이해를 확대시켜, 언어로 고정된 것에 국한되지 않고 고정되지 않은 인간의 모습들도 이해하려는 해석학으로 영역을 확대시켜 나가야 한다. 그 이유는 텍스트 해석학에 대한 이해와 마찬가지로 인간의 행위나 문화를 이

34 Paul Ricoeur, *Du texte à l'action. Essais d'herméneutique II*, (Paris: Esprit/ Seuil 1986), 31-35.

해하는 일이 중요하기 때문이다. 인간을 올바로 알고 이해하려면 특히 과거의 역사나 문화를 잘 이해하려면, 그것이 고정화되고 언어로 기록되어야 하겠지만, 그렇다고 기록되지 않은 인간의 모습을 배제할 수는 없지 않는가? 물론 배제하려고 한 것이 아니라 그런 모습이 존재했는지 여부조차도 기록되고 전승된 것을 통해서야 알 수 있지 않느냐는 한계를 말하려 할 것이다. 그 어떤 문화나 역사도 지금까지의 영향이나 흔적을 통해 과거의 인간에 대한 종합적인 이해가 가능하지 않았던가?

문화가 행위의 총체라는 말을 철학자들뿐만 아니라 문화 인류학자들도 말한다. 그 개념을 통해 우리가 궁극적으로 드러내고자 하는 의미는 문화를 어떻게 해석하느냐가 필요하다는 것이다. 더구나 인간의 행위나 문화는 분명 상징적이라는 것이다. 이 말은 일의적이지 않고 다의적이며 다양성과 복잡성을 그 본질로 하고 있다는 사실을 뜻한다. 다시 말하면, 다양한 문화와 행위의 복잡성은 이미 해석을 필요로 한다는 것이다. 인간의 문화는 각각의 사람들이 가지는 문화 공동체의 해석틀 안에서 해석되어야 한다.

2) 텍스트는 의미와 지시를 가지는데, 행위와 문화도 의미와 지시를 가지는가?

케빈 반후쩌는 리쾨르를 인용하면서 문화를 비인격적인 우주가 아니라 의미를 가지는 세계라 규정하면서 문화 해석학의 필요성을 강조한다. 문화라고 하는 게 의미의 체계이기 때문에 그 의미의 체계들을 해석함으로써 그와 같은 문화를 탄생시킨 그 정신을 발견해야 한다는 것이다. 이러한 의미화의 작업이 진행될 때 제기될 수 있는 문제들, 예를 들면 텍스트를 의미화하는 작업과 행위를 의미화하는 작업이 같은 것인지 설명해야만 했다. 또한 텍스트가 지시하고 있는 텍스트의 세계가 있듯이 행위의 세계가 있으며 과연 있다면 그것은 무엇인가? 리쾨르는 그것은 바로 '텍스트가 지시하고 있는 경험의 세계이다'라는 점에서 텍스트 해석학과 행위 해석학의 밀접한 관계성을 읽은 것 같다. 텍스트가 지시하고 있는 세계가 텍스트 안에 기록된 세계라는 의미에서 작품의 세계라 말한다면, 행위의 해석학이 말하는 지시는 작품의 세계이면서 또한 언어 밖의 세계이기도 하다고 말해야 할 것이다. 그렇다고 언어 안의 세계와 언어 밖의 세계가 다른 것은 아니다. 언어와 문화의 관계는 밀접성에 국한되는가? 아니면 언어를 제외한 문화를 생각할 수 없는가? 우리의 논의는 어떻게 문화가 언어화되고 언어가 문화를 드러내는 도구인지 등의 관계를 규명하는 일에 관심을 두는 대신에 왜 문화를 해석해야 하는지 또는 어떻게 문화가 해석되어야 하는지, 문화를 해석하는 모델이 무엇인지 찾아보는 것이다. 이런 관심과 노력은 바로 우리가 제기한 핵심적인 물음이었던 문화 행위의 의미를 어떻게 찾아내고 분석하며 이해하여 얻을 수 있을 것인가에 대해 답을 줄 것이다. 텍스트만이 아니라 행위도 의미와 지시를 가진다는 것이 우리의 답이 될 것이고 나아가 행위의 의미와 지시는 텍스트처럼 밀접성을 가지며 분리될 수 없다는 점을 명확하게 지적하고자 한다. 그러나 문제는 프레게의 지적처럼 어떻게 둘을 혼동하지 않고 명확하게 나누어 차이를 잘 설명할 것인가에 우리의 노력의 성패가 달려 있다.

리쾨르는 행위의 의미를 상징론과 의미론으로 나누어 설명한다. 상징론과 의미론을 다 포함하는 이론이 해석학이다. 즉 상징의 의미를 캐내는 작업이 해석학이다. 문화 행위가 각각의 문화 양식 속에서 상징적으로 언어화된 것이라 하지만, 상징의 의미는 복잡한 의미론의 이론을 따라 분석되어야 한다. 행위의 의미론이란 행위의 질서가 가지고 있는 의미 구조를 분석하는 이론인데, 그때 인간의 행위를 단순히 물리적 움직임이나 생리적 태도들과 구분하여 행위하는 동물(animal agens)에 따라 규정한다. 인간의 행위는 행위 주체, 목적, 동기, 원인 등의 복잡한 행위의 여러 개념 망들로 이루어진다. 이 복잡한 행위 개념 망들이 언어로 분절화될 때 그 의미 구조를 행위 의미론은 분석한다. 문제는 행위가 상징성을 띠고 있다는 것이다. 인간의 행위가 각 문화의 고유한 특성을 가지면서 표현되기 때문에 상징 속에 복잡하게 숨겨져 있는 의미를 해석하고 캐내는 작업이 필요하다. 그러려면 행위를 텍스트처럼 "읽을 수 있게"(lisibilité)[35]끔 행위가 문자적으로 고착되어야 한다. 행위를 문자적으로 읽을 수 있는 "유사-텍스트"(un quasi-texte)[36]라 함으로써 문화 행위가 "읽을 수 있는 누구에게나 열

---

35 위의 책, 190.

36 Ricoeur, *Temps et récit I*, 93.

려 있게 된다."[37] 이것이 바로 리쾨르의 문화 해석학의 핵심이고, 따라서 많은 학자들이 리쾨르의 문화해석학을 인용하는 이유이다.

리쾨르에 따르면, 인간의 이러한 문화적인 상징 행위는 바로 시간성을 고유한 특성으로 가진다. 각 문화마다 시간성에 따라 고유한 문화와 다른 가치를 가지는데, 그 시간 경험에 다가갈 수 있는 직접적인 길은 없다. 다시 말하면, 각각의 사회나 문화가 가지는 행위의 시간은 늘 어떤 상징적인 체계 속에서 여러 가지로 복잡하게 구조화되고 표현되기 때문에 쉽게 접근하기 힘들다는 것이다. 다시 말하면, 각각의 문화마다 나름대로의 고유한 시간 경험을 가질 뿐만 아니라 그러한 일상적인 시간 경험이 "뒤섞여 있고, 흐트러져 있으며, 그리고 제한되어 있고 말이 없기"(consuse, informe et, la limite, muette)[38] 때문에 그 문화를 직접적으로 이해하는 일이 쉽지 않다는 것이다. 리쾨르는 이 시간을 바로 행위의 세계 또는 행위의 지시(référence)라 했다. 지시란 "상호 소통되는 것은 작품의 의미를 넘어서서 궁극적으로 작품이 기획하는 그리고 작품의 지평을 형성하는 세계다."[39] 이 세계가 바로 우리가 "읽고 해석하며 사랑하는 텍스트들을 통해 접근 가능한 지시의 전체이다."[40] 리쾨르는 바로 "문화 세계"(un monde culturel)[41]를 지시에 포함시킨다. 우리는 이러한 우리의 일상적인 삶의 세계를, 상징으로 표현되는 행위의 세계를 이야기해야 한다. "인간의 삶은 이야기를 필요로 한다."[42] 문화 세계를 경험하는 시간 특성과 그 세계의 역사를 이야기하는 사이에는 어떤 상호 관계성이 있는가? 즉 각각의 문화가 가지는 고유한 틀이 있을 것이고, 그것을 무시하지 않으면서 각각의 문화를 보편적으로 연결해 줄 그런 어떤 형식이 있는가? 만약 "문화를 넘어서는 필연성의 형식"(une forme de nécessité transculturelle)[43]이 없다면 어떻게 그런 작업이 가능한가?

리쾨르는 우리의 논의 중 어떻게 보면 핵심적인 질문이 될 수 있는 문화의 보편

---

37 Ricoeur, *Du texte à l'action*, 190.
38 Ricoeur, *Temps et récit I*, 13.
39 위의 책, 122.
40 위의 책, 121.
41 위의 책, 83.
42 위의 책, 115.
43 위의 책, 85.

성 또는 타문화를 해석할 수 있는 틀이 없다고 말한다. 그러면 그는 문화 상대주의를 주창하는가? 또는 해석 상대주의를 고수할 수밖에 없다고 보는가? 그렇다면 우리의 또 다른 중요한 질문인 해석학의 필요성, 또는 해석학의 작업의 정당성, 곧 의미성을 밝히는 작업을 무시할 수 없지 않는가? 어떻게 보편성을 잃지 않으면서도 그렇다고 상대성을 배제하지 않을 수 있는가? 이 문제는 이제 해석학의 논의 안에서 결론이 난 이야기이다. 즉 가다머나 리쾨르는 해석학의 의미 보편성과 해석의 다양성을 해석학의 고유한 특성이라 인정했다. 어떤 문화가 가지고 있는 고유한 의미의 보편성과 그 문화의 의미를 다양하게 해석하는 것 사이를 갈등으로만 인식하는 것이 아니라, 그 사이의 갈등을 정당한 것으로 이미 인정하는 것이다. 이미 인정하면서 논의되어야 할 문제거리는 문화를 해석할 때 그것이 다양하게 해석될 뿐만 아니라, 불트만이 올바르게 언급한 것처럼 "선 이해"[44]에 의해 문화를 해석할 뿐만 아니라, 그 해석을 다양하게 적용할 수 있다는 것이다.

리쾨르는 의미의 보편성과 해석의 다양성을 해석학의 고유한 특성이라 보았기 때문에, 어떤 문화가 가지고 있는 고유한 의미의 보편성과 그 문화의 의미를 다양하게 해석하는 것 사이를 갈등으로만 인식할 것이 아니라, 경쟁적인 해석들 간의 충돌과 갈등을 정당한 것으로 이미 인정하자고 제안한다. 그러나 우리는 근대 해석학사를 살펴보면 해석학적인 진리가 다양하게 전개되어 왔음을 볼 수 있다. 슐라이어마허가 저자의 의도를 찾는 해석의 작업을 해석학의 과제로 설정하면서 그 작업이 개방성을 특성으로 하고 있음에 주목했지만, 어떤 해석자가 내린 해석의 결론이나 의미 결정이 너무 일방적인 방식에서 해석자의 주관이나 심리적인 면에 치우치지 않았는지 따져 보아야만 하고 따라서 잘못된 주관주의에 대한 대체가 필요하다고 본 것에 대해, 딜타이는 진리에 대한 개방성이 이해 자체의 완결이나 도달 불가능성을 함축한다고 보아 이해의 객관성을 보증하는 역사적 이해로 관심을 돌린다. 이러한 이해의 객관성에 반대하면서 가다머는 이해가 방법이 아니라 일어나는 사건이고 역사성의 속성을 가지기 때문에 완결이 아닌 진리를 향한 끊임없는 개방성의 특징을 가지고 있음을 강조한다. "텍스트가 법전이든 혹은 구속의 선포이든 간에 … 모든 구체적인 상황에서 새롭게 그

44 Rudolf Bultmann, "Ist voraussetzungslose Exegese möglich?" *Glauben und Verstehen III*, (Tübingen, 1960), 142-150.

리고 다르게 이해되어야만 한다. … 정신과학의 이해가 본질적으로 역사적이기 [때문에]… 텍스트가 매번 다르게 이해되는 곳에서만 텍스트가 이해된다."[45]

3) 적용의 다양성은 문화 해석에서 어떤 의미를 가지는가?

해석학에서 '적용'이라는 개념은 가다머를 통해 체계화된다. 그 개념을 잘 설명하기 위해서라도 이해와 해석의 관계성에 대해 먼저 살펴보아야 한다. 하이데거는 인간을 이해하며 해석하는 존재로 규정했지만 어떤 해석학자에 따르면, 이해와 해석은 자연과학의 정신을 따라 객관적이어야 한다고 보았다. 반면에 어떤 해석학자는 자연과학이 추구하는 방식으로는 이해와 해석을 올바르게 정의할 수 없다고 생각했다. 하지만 이러한 차이에도 불구하고 해석학이란 이름으로 그들이 공통적으로 추구한 것은 인간과 텍스트 그리고 세계와 신에 대한 이해와 해석이었다.

또한 여기서 우리는 이해와 해석의 다양성을 언급하지 않을 수 없다. 신이 아니고 인간인 한 우리는 절대 유일한 이해와 해석을 가질 수 없다. 왜냐하면 우리는 자신의 문화나 전통, 가치관이나 역사 그리고 종교나 선입견에 따라 그 사태를 이해하고 해석하기 때문이다. 따라서 누군가가 해석학은 자연과학의 정신을 따라 다양성을 거부하고 획일성이라는 의미의 객관성을 추구해야 한다고 요구하면 아마도 우리는 이를 쉽게 긍정할 수 없을 것이다. 그럼에도 불구하고 해석학을 공부하거나 공부하려는 사람은 이해와 해석의 타당성 또는 보편적 이해와 해석을 찾고자 애쓸 것이다. 그러한 작업을 하는 것이 바로 해석학의 임무라고 생각할 수 있기 때문이다.

가다머는 이해와 해석을 분리하여 생각하지 않는다. 뿐만 아니라 이해된 해석 또는 해석된 이해는 해석자의 상황에 텍스트를 '적용'하는 문제와 밀접하게 연결되어 있다. 적용은 특별히 성경 해석학이나 역사 해석학에서 유용하게 사용되고 있다. 역사를 인식하거나 해석할 경우에 적용의 계기는 역사가의 상황으로부터 이해되고 해석되는 데에 있으며, 동시에 역사가 자신의 상황에 이르기까지 이해되고 해석되는 데에 있다. 가다머는 영향사 의식을 통해 이 문제를 설명한다. 즉 그는 이해를 영향사 의식을

---

45 Hans-Georg Gadamer, *Wahrheit und Methode*, (Tübingen: Mohr Siebeck, 1972), 292.

통해 정의한다. 이해란 '과거와 현재가 지속적으로 매개되고 있는 장(場)인 전승사건에 몰입하는 것'이다. 영향사 의식이란 해석학적 상황 의식이다. 이해 자체는 텍스트의 과거의 지평과 해석자의 현재 지평의 융합보다 선행한다. 따라서 이해는 과거를 현재와 어떻게 융합시킬 수 있을지 관심 두어야 한다. 그러기 위해서 이해는 영향사 의식 안에서 지평의 융합을 이룸으로 가능하게 된다. 이렇듯 가다머는 이해를 역사성의 차원에서 규정했다.

가다머는 해석과 이해와 적용을 분리하지 않는다. 이해는 해석을 수반하고 모든 해석은 적용을 포함한다. "이해는 이미 적용이다."[46] 이때 적용이란 텍스트의 의미를 현재와 관련시키면서 해석하는 기능이다. 적용의 기능은 해석자와 텍스트 사이의 시간 간격을 극복하고 텍스트에 놓여 있는 의미 소외를 극복하는 작용에서 기능한다. 적용은 이해나 해석처럼 "해석학적 과정을 통합하는 중요한 부분"[47]이다. 그러나 해석자와 텍스트의 두 지평이 융합할 때 독자가 텍스트를 오해할지도 모른다는 의심을 해결하지 않는 한 그런 작업은 행복한 과정임에 틀림없다. 리쾨르는 가다머의 적용 개념을 그대로 수용한다. 그렇다면 굳이 행위 해석학으로 영역 확대니 하며 텍스트 해석학의 제한성을 언급할 필요가 없지 않는가? 그러나 리쾨르가 말한 해석학의 과제를 직접 읽고 나면 그 문제는 쉽게 해결될 것이다. "해석학의 과제란 저자에게서부터 독자에게로 옮겨가기 위해, 즉 [독자가] 작품을 읽고 따라서 자신의 행위를 변화시키기 위해 삶이나 행위 그리고 고통 등의 여러 복잡한 배경이 있음에도 불구하고 작품의 뜻이 온전히 나타나게 하는 전과정 전체를 재구성하는 것이다."[48] 자신의 행위를 변화시키고 따르는 것이 적용의 핵심이다. "그 자체에 적용되는 문화의 작업에 의해" 주체가 변형되는 것이다.[49]

필자는 가다머가 '적용'이라는 개념으로 설명한 내용을 리쾨르가 수용미학을 통해 '독서' 기능으로 설명하고 있는 것을 따라 적용의 문제를 더 살피고자 한다. 수용미학이 독서라 했던 것의 내용은 이미 아리스토텔레스가 청자나 독자에 의해 모방하는

---

46 위의 책, 292.

47 위의 책, 291.

48 Ricoeur, *Temps et récit I*, 86.

49 Paul Ricoeur, *Temps et récit. Le temps raconté III*, (Paris: Seuil 1985) 356.

행위인데, 이것들은 수용미학을 주창한 야우스나 독서 행위 이론으로 발전시킨 이저를 통해 새롭게 발전되어 오고 있다. 이저가 독서 과정에서 개별 독자들의 반응에 관심을 두었다면, 야우스는 개별차원이 아닌 공공의 차원에서 공동체의 반응, 곧 집단적인 기대 때문에 공공의 반응을 분석하는 일에 집중했다. 개별적인 독서이든 그것이 공공의 수용이든 간에 그것들은 일단 텍스트의 세계와 독자의 세계의 상호 관계성을 전제하고 있기 때문에, 리쾨르는 텍스트의 세계와 독자의 세계 사이를 매개하는 독서의 역동적인 과정을 분석하기에 이른다. 이러한 역동적인 과정 속에서는 낯설음과 자기 것으로 만드는 일이 동시에 일어나게 된다. 이처럼 낯설은 것을 자기 것으로 만드는 일을 리쾨르는 가다머가 '적용'이라 했던 것으로 이해한다. 예를 들어 우리가 성서를 읽으면서 성서가 말하고 있는 세계와 의미를 나의 세계에 적용하면서 그 의미를 나의 삶의 세계에서 드러내고자 한다. 구체적으로 예를 들어 보자. "네 이웃을 사랑하라"는 말씀을 읽을 때, 적용이란 구체적으로 나의 이웃을 사랑하는 일이다. 물론 말씀 자체인 "네 이웃을 사랑하라"가 가지는 의미성이나 가치 그리고 중요성이 없는 것은 아니지만, 수용미학은 그 말씀이 독자의 현실에서 적용될 때 비로소 의미성을 가진다는 것이다. 말씀을 읽고 그 말씀을 삶에서 적용한다는 말은 말씀을 읽는 행위를 통해 이미 자기를 변형하고 동시에 새로운 존재 개시를 따라 자기를 새롭게 이해하기 시작한다는 것을 함축한다. 그런 의미에서 적용이란 단순히 성서라는 텍스트를 읽는 행위로 끝나거나 그 성서가 말하는 의미성만을 귀담아 듣는 일에 멈추지 않고 그것을 나의 현실에서 적용함을 해석학의 과정으로 여긴다는 뜻이다.

그러나 동시에 우리는 그러한 적용이 다양하다는 것도 인정해야 한다. 텍스트를 읽고 그 텍스트가 말하는 바의 의미를 캐내려고 할 때, 획일적인 의미만이 아니라 다양한 의미의 세계가 있고, 그 텍스트를 읽을 때 다양한 해석들이 있을 수 있듯이, 적용 또한 마찬가지라는 것을 인정해야 한다. 단일한 획일적인 적용만을 정당한 것으로 여기려고 하는 사람들도 있겠지만, 다양한 문화나 가치관 또는 인생관에 따라 다양한 적용도 있을 수 있다는 것을 인정해야 할 것이다. 이러한 태도가 바로 진리를 향한 개방성이라는 종말론적인 진리관을 존중하는 태도일 것이다. 이러한 태도에는 해석학도 예외가 아니다.

4) 텍스트 해석학은 분명 기록된 문서이기 때문에 과거의 역사와 문화를 해석하는 데 중점을 두게 되지 않는가? 그렇다면 문화와 행위의 해석학은 시간 개념 중 과거뿐 아니라 미래의 문화도 중시하는가?

문화는 시간과 공간에 따라 그 개념을 정의하는 일이 크게 달라진다는 결론에 도달하게 되고, 그러한 사실을 인식함을 통해 문화의 시·공 개념과의 연관성을 분석할 필요가 있다. 우리가 문화를 해석하는 작업의 궁극적인 의미는 과거의 역사와 문화를 올바로 해석하고 가치를 부여하는 일로 끝마쳐서 안 되고, 그런 해석과 분석에 기초해 우리 미래의 문화를 건설하고 발전시켜 나가는 일에 이바지하는 데서 드러난다. 또한 과거의 문화와 역사 그리고 사회가 가지고 있는 아픔과 질병을 치료하고 현재의 우리 자신을 진단하고 조명하는 데서 우리가 문화를 해석하는 일의 의미가 드러날 것이다. 이제는 문화를 해석하는 일에 그치지 않고 문화를 변혁하여 삶의 정체성을 새롭게 규정하고 새로운 세기의 인류의 상존성(相存性)의 어떤 근거를 제공해야 할 것이다.

5) 시간과 문화 해석

인간의 문화에는 시간 의식이 깊이 스며 있다. 시간의 흐름을 인간이 의식하고 있다는 사실은 짐승과 인간을 구별짓는 중요한 특성이다. 어떤 문화든지 시간이 흐름에 따라 변하여 생긴 문화의 다양성은 시간적인 차원을 가지고 있다. 문화는 시간이 경과함에 따라 변할 수 있고 또한 변한다. 어떤 사회나 문화가 어떻게 변화하고 바뀌었는지 그 과정을 시간을 통해 이해하려는 방식이 통시적 접근(diachronic approaches)이라면, 공시적 접근(synchronic approaches)은 인간이 어떤 일정한 행동의 질서나 규범 아래, 그들의 사회적인 삶을 영위하고 있는지 이해하려는 문화 연구 방식이다. 일반적으로 문화를 해석할 때 시간 개념을 통해 어떻게 접근하느냐에 따라 여러 학파들로 나눠진다. 진화론학파는 시간의 연속과 과정을 중시하는 통시적 접근 방식을 취하지만, 기능주의 혹은 구조주의학파는 공시적 접근 방식을 따른다. 문화를 보는 관점이 다르면, 동일한 문화적 현상일지라도 연구의 접근방법이 달라질 수밖에 없다. 그리고 그러한 연구 결과로써 얻어지는 문화의 해석도 당연히 달라지게 될 것이다. 따라서 문화의 본질마저도 궁극적으로는 다르게 보게 될 것이다.

16세기에 널리 회자되었던 "진리는 시간의 딸"(veritas filia temporis)이라는 말에서 보듯이, 시간은 문화의 본질, 또는 문화의 진리를 낳는다. 그러나 19세기에 기차가 발명되어 엄밀한 시간의식을 정형화하기도 했지만, 20세기 접어들어 상대성 이론에 의해 진리 자체가 고정불변한 영원한 것이 아니라 시간에 매우 의존적이라는, 즉 상대적이라는 견해가 지배적이 된다. 21세기를 사는 우리는 시간의 변화가 문화의 형태나 문화의 내용을 너무 빠르게 변용한다는 것을 체험하고 있다. 신학적인 차원에서도 이 문제를 숙고해 볼 수 있다. 예를 들어 융엘은 하나님을 존재 차원보다는 되어감, 곧 변화를 통해 설명할 수 있음을 잘 보여 주었다. 프랑스 철학자인 베르그송은 궁극적인 실체가 존재도 아니고 그렇다고 변화만도 아닌 변화의 연속적인 과정 그 자체라고 하여 그것을 지속(la durée)이라 불렀다. 20세기 현대신학은 화이트헤드의 과정의 철학에 근거해 과정 신학을 화두로 삼았었다. 그러나 과정 신학은 기독교의 하나님이 창조주 하나님일 수 없다는 생각을 가지게 만들었다. 조셉 브랏캔이 지적했듯이, "사물을 화이트헤드의 도식에 의해 이해하게 되면 하나님을 창조주로 이해하는 전통적인 이해를 정당화할 것이 없게 된다."[50] 몰트만도 이와 비슷한 비판을 가하는데, 과정 신학이 무로부터의 창조 교리를 배제하면 이 세계를 신격화하는 문제점을 노출하고 만다는 것이다. 또 다른 차원에서 과정 신학의 문제점을 지적하자면, 하나님의 불변성이 과정 신학자들에 의해 간과될 수 있다는 점이다. "만일 하나님이 끊임없이 변화한다면, 도대체 과정 신학자들은 어떻게 하나님이 항상 사랑하신다거나 선의 특징만이 아니라 악의 특징도 가지고 있는 이 세계에 대하여 하나님은 도덕적으로 다르다고 주장할 수 있는가?"[51] 악의 문제와 과정 개념 사이에서 생기는 어려움은 과정 사상이 이 세상과 함께 고통하는 하나님에게 초점을 맞추고 있다 보니 악의 극복을 신적 경험의 문제로만 격하시키고 있는 점이다. 문화 속에 계시는 하나님만이 아니라 문화를 초월해 계시는 하나님에 대해서도 이야기해야 하지만, 필자가 명백하게 밝힌 것처럼, 문화 속에 계시는 하나님

50 Joseph A. Bracken, "The two process theologies: A reappraisal," *Theological Studies* 46/1 (1985), 127.

51 Bruce A. Ware, "An esposition and critique of the process doctrines of Divine Mutability and Immutability," *Westminster Theological Journal* 47/2 (1985), 175-196.

을 이야기하는 것이 우리의 목적인 만큼 그 관점에 따라 시간이 문화의 옷을 입는다는 것을 여기에서 언급하고자 한다.

(1) 문화권마다 시간의 창조를 통해 문화의 기원과 발달 과정이 다양하게 개되고 해석된다

인간의 역사와 문화가 시간 속에 자신의 흔적을 남기고, 시간을 통해 인류의 문화와 문명을 들여다보게 만든다. 모든 문화가 똑같은 방식으로 시간을 정의하거나 경험하는 것은 아니다. 달의 차고 이지러짐, 낮과 밤의 연속, 별들의 규칙적인 출몰, 계절의 변화 등에서 보듯이 자연계에는 시간이 본질적으로 순환적 성질로 나타난다. 그러나 사물의 쇠락이나 노화 과정의 예에서 보듯이 시간은 직선적으로 나타나기도 한다. 대부분의 사회는 시간의 순환적 측면과 직선적 측면을 둘 다 포함하는 계시(計時) 체계를 만들었다. 문화에 따라 시간은 직선적으로 이해되기도 하고 순환적으로 이해되기도 한다. 유대, 기독교는 신에 의해 창조된 시간은 종말로 직선상의 화살표 방향성을 가진다. 그러나 동양의 문화는 윤회적인 시간관에 따라 전개된다. 낮과 밤을 변화로만 이해하지 않고 연속으로 보거나 계절의 변화를 수용하면서 신과 인간을 분리하지 않는 순환적 시간관을 가지는 문화권도 있다.

시간 의식 없이도 잘 살아가는 사회도 있다.[52] 시간을 개념화하지도 않은 문화도 있다.[53] 의인화된 시간의 이미지가 관례화되는 데에는 많은 시간이 걸렸다.[54] 서양과는 달리, 대부분의 다른 문화에는 시간의 신이 존재하지 않는다. 호프는 호피어 語에는

---

52 수단의 누에르족은 '시간'이라는 단어가 없다. G. J. 휘트로, 『시간의 문화사』 이종인 옮김, (서울: 영림카디널 1998), 25.

53 오스트레일리아 원주민의 '알티에렝게'(Altyerrenge)의 시간관은 아주 다르다. 영어로는 '드림 타임'(Dream Time)으로 해석되는 이 시간은 미래완료형, 즉 목적이 없는 시간으로 무한하고 영원하다. 무한은 현재의 일부일 뿐이고 역사상의 시간과 무한 사이 거리가 없다. 드림 타임은 과거이자 현재이며 미래다. (움베르토 에코/ 에른스트 곰브리차/ 크리스틴 리핀콧 외, 『시간의 박물관』 김석희 옮김, (서울: 푸른숲 2000), 268.)

54 "시간을 사람에 견주어 묘사한 형상으로 가장 유명한 것은 '시간 영감'일 것이다. 등에는 날개가 돋아 있고 손에는 낫을 쥐고 있는 꼬부랑 노인의 낯익은 형상은 약 천년 동안에 걸쳐 의인화된 시간의 요소들을 조금씩 짜맞추어 비교적 근대에 꾸며낸 것이다. 고대 그리스-로마인들은 시간 자체를 의인화하지 않았다. 그 대신 날개 달린 알몸의 젊은이로 묘사되는 카이로스는 인간의 운명이 바뀔 수 있는 결정적인 순간을 상징했다. … 시간을 뜻하는 그리스어 낱말 크로노스(chronos)는 그리스의 신들 중에서 가장 나이든 신의 이름 크로노스(Kronos)와 발음이 같았다. 크로노스는 티탄족 중에서 가장 연장자였고 제우스의 아버지였다. 그는 인간의 황금시대를 지배했으며 농업을 관장했다. 그는 긴 머리와 턱수염에 낫을 든 노인으로 묘사된다. … 크로노스(로마 시대에는 사투르누스라고 했다)의 낫은 모든 것을 베어 죽여 버리는 시간을 상징한다. 사투르누스의 뱀은 1년을 상징하며, 뱀이 제 꼬리를 물고 있는 것은 시간이 제 자신을 먹는 것을 표현한다. 즉 '시간은 모든 것을 먹어치운다'(tempus edax rerum)를 형상화한 것이다." (움베르토 에코/ 에른스트 곰브리차/ 크리스틴 리핀콧 외, 『시간의 박물관』 김석

시간 혹은 시상(時相)과 관련된 단어, 문법형태, 구문, 또는 표현이 전혀 없다는 것이다. 동사에 시제가 없다. 호피족은 공간이나 시간을 가리키는 단어를 필요로 하지 않는다.[55]

(2) 시간을 어떻게 측정하느냐에 따라 문화가 여러 방식으로 발달한다.

인류가 시간을 체계화하고 측량하며 이를 삶에 적용하는 방식에 따라 문화가 다양하게 전승되고 있다. 인간은 수량을 헤아림으로써 자연의 리듬을 이해하려 했다. 하지만 수량을 정확히 헤아려야 할 기본적인 필요성은 종교에서 비롯된 듯하다. 고대인들은 자연계의 양상이 신들의 뜻을 반영한다고 믿었다. 수량을 헤아림으로써 인간은 비로소 신성한 존재와 가까워질 수 있었다. 그 수단으로 계수(計數)와 계시(計時), 달력과 시계 등이 사용되었다.

달력의 원리와 사용법은 정치적·사회적·문화적 또는 종교적 함의와 밀접하게 연결되어 있다. 시간이 각 시대 문화의 사고방식과 생활양식에 미친 영향은 거의 절대적이다. 이 시계가 몰고 온 파급효과는 심원한 것이었으며 궁극적으로는 현대문화를 지배한 시간의 중요성을 널리 인식하게 만들었다. 시계가 일반화되면서 인간들의 삶도 크게 바뀌었다. 가장 큰 변화는 사람들이 시간을 지배한 것이 아니라, 오히려 시간의 구속을 받기 시작한 것이다. 1916년, 시간을 한 시간 앞당기는 썸머 타임제가 영국에 최초로 도입되었을 때, 대중소설가 마리 코렐 리가 말했듯, 소위 '신의 시간'에 개입하려는 그 같은 제도에 많은 반대가 제기되기도 했다. 1752년 영국 정부가 다른 서유럽 국가의 달력과 일치시키기 위해 9월 2일 다음 날을 9월 14일로 변경한다고 선포하

희 옮김, (서울: 푸른숲 2000), 169). 인간이 그토록 시간에 관심이 많은 이유는 아마도 영국박물관에 소장된 페리에의 동판화 '큐피드의 날개를 붙잡고 있는 시간 영감' 속에 압축될 것이다.『시간의 박물관』 174. 시간을 관장하는 늙은 시간영감이 사랑의 신 큐피드의 날개를 잘라버리는 장면이 동판화 처리되었다. 페리에는 그림 밑에 '사랑은 모든 것을 정복하지만 시간은 사랑을 정복한다'는 글을 덧붙였다. 잠바티스타 티에폴로의 '진리를 드러내는 시간 영감'은 긴 자루가 달린 낫과 등에 돋아난 날개, 토실토실한 어린애가 갖고 있는 모래시계 등이 스케치되어 있다. 여자는 진리를 상징하는데, '진리가 시간의 딸이다'는 관념은 아울루스겔리누스의『아테네의 밤』에 나온다. "시간이 어둠 속에서 진리를 끌어내는 것은 그리스 희극에 흔히 등장하는 공식이고, 로마의 스토아 철학자인 세네카의 저서『분노에 관하여』 제 2권 2장 3절에도 등장한다. 기독교의 교부들도 이 관념을 채택하여 마태복음 10장 26절: "감추어진 것이 드러나지 않은 것이 없고, 숨긴 것이 알려지지 않을 것이 없느니라"에 그것을 귀속시켰다." (움베르토 에코/ 에른스트 곰브리차/ 크리스틴 리핀콧 외,『시간의 박물관』 김석희 옮김, (서울: 푸른숲 2000), 173).

55 휘트로,『시간의 문화사』, 25.

자, 많은 사람들은 자신들의 수명이 그만큼 줄어들었다고 생각했다.[56] 서구 산업사회의 발달로 체계화된 시간 개념이 얼마나 특수한 것인지 잘 알려 주는 일화가 있다. 캐나다 정부의 한 관리가 에스키모족의 한 갈래인 이누이트족을 모아 놓고 "시간이 돈"이라 하면서 능률의 중요성을 설명했다. 그러나 딱히 들어맞는 그런 시간 개념이 없는 그들에게 통역자는 "시계는 비싸다"고 통역했다 한다.

'문명화된' 시간이 우리를 통제하고 있다. 현대는 "시간을 경영하라!"는 격언이 지배하는 시대다. "시간이 돈이다"라는 말을 많은 사람들이 일상생활에서 즐겨 사용하며 그 말에 공감하는 이유는 시간을, 잘 관리하고 경제적으로 사용해야 하는 현대인의 삶의 원칙이라 생각하기 때문이다. 19세기에 청교도들에게는 시간을 낭비한다는 것은 일종의 죄악이었다. 리처드 박스터는 1664년에 간행된 『기독교도 지침』이라는 저서에서 시간을 낭비하지 말고 아끼라고 말한다. "시간을 구원한다는 것은 시간을 헛되이 내버리지 않는다는 것이다. 시간은 1분 단위까지도 아껴 써야 한다. 시간은 일단 지나가면 되돌릴 수 없다는 것을 늘 생각해야 한다. 지금 그것을 잡지 않으면 영원히 사라지고 만다. 아무리 권세가 높고 지혜가 많은 사람이라 할지라도 이미 흘러간 시간은 단 1분도 되돌리지 못한다."[57] 시간의 문화가 현대인의 삶에서 중요한 역할을 차지하고 있다. 우리들은 모두 빠름만을 미덕으로 여기며 산다. '빠름'이 지닌 창조성을 인정하지 않을 수 없고, 현대문명은 그 산물이기도 하다. 그러나 빠름은 동시에 "사회를 파괴하는 폭력"으로 변할 수 있다. 정보도, 기술도, 모든 매체도 시간이라는 굴레를 벗어나지 못한다. '나는 바쁘다. 고로 나는 존재한다'는 20세기의 전형적인 정체성을 '나는 머무른다. 고로 나는 존재한다'로 바꿔야 한다. 느림은 창조적 사고의 전제다. 속도사회에 살고 있는 많은 현대인들은 빠른 것만이 최고의 가치라고 생각한다. 자신의 삶을 되돌아볼 여유가 없다. 느림에도 나름의 가치가 있다. "시간의 풍요란 항상 휴식의 풍요이기도 하다."[58]

---

56 위의 책, 17.
57 위의 책, 259.
58 칼하인츠 A. 가이슬러, 『시간』 박계수 옮김, (서울: 석필 1999), 33.

3. 기어츠의 문화 해석학

리쾨르의 문화 해석학의 이론을 문화인류학에 적용시킨 사람이 바로 기어츠이다. 기어츠는 『문화해석학』에서 리쾨르의 상징개념을 수용하여 문화를 해석 가능한 상징체계로 보면서 문화를 분석하는 학문을 "법칙성을 추구하는 실험 과학이 아니라, 의미를 추구하는 해석학"이라고 하였다.

인도네시아 자바(Java) 섬에 대한 민족지학(民族誌學)의 대가인 기어츠는 문화를 해석하는 작품 때문에 유명하다. 그는 문화의 변화나 문화에 대한 연구를 체계적으로 수행하면서 특정 문화가 가지는 의미를 해석하는 일을 중시했다. 그는 무엇보다 의미체계인 상징에 대한 중요성을 다른 어떤 문화인류학자보다 더욱 강조했다. 문화인류학 안에서 문화 해석학을 창출했고 그 문화 해석학을 통해 상징의 의미가 문화와 밀접하게 관계하고 있음을 잘 해명해 주었다. 그는 구조주의의 학문 분석 방법을 문화인류학에 사용했다. 구조주의를 따르면서도 역사 서술의 범위를 넘지 않았다거나, 행동에 관해 논의하면서도 완전히 관념 세계를 중시한 점 또는 해석의 문제를 조사자와 피조사자 간 관계의 해석으로 대체시킨 점은 아주 독창적이다.

그가 체계화한 문화 개념을 크게 세 가지로 정리할 수 있다. 첫째, 문화는 인간의 삶의 총체적인 방식이다. 다시 말하면, 인간이 살아가면서 느끼고 생각하고 믿는 그 모든 방식을 지칭한다. 그 모든 방식을 행위라 하고 그런 행위를 상징 행위라 하면, 문화는 상징체계이고 그 상징의 사회적인 의미 그물망이다. 둘째, 그는 문화를 개체들이 사회 공동체로부터 얻을 수 있는 사회적 유산으로 이해하고 있다. 다시 말하면, 문화는 역사의 침전물이며 그것들이 가지는 의미가 공적인 것이기 때문에 '문화를 공적인 것'으로 보았다. 문화적 행위는 공적인 것으로 인식되기 때문에 관찰 가능한 실재로 등장한다. 그는 문화를 사람들이 자기가 속한 사회에서 가지는 방식이라고 생각함으로써 인류학자가 문화를 중심으로 다루어야 한다고 주장한다. 문화는 외적 환경이나 다른 사람에 순응하기 위한 일련의 기술들로 취급되어야 한다. 셋째, 문화는 학습된 행위이다. 그렇다고 행위 자체는 아니고 오히려 행위의 추상이다. 문화를 학습된 행위라 함은 행위를 규범에 맞게 만드는 조정 기구로 이해하는 것이다.

기어츠는 문화를 사람들의 경험을 해석하고 행동을 유도하고 규제하는 의미와 상징의 체계로 정의한다. 종교나 이데올로기도 그에게는 하나의 문화체계이다. 이때 문화라 함은 상징으로 구체화되고, 역사적으로 전승되는 의미의 유형이며, 사람들이 그들의 생활과 세계에 대해 갖고 있는 지식을 발전시키고, 의사소통을 가능하게 하는 상징적 형태의 개념체계이다. 그는 '해석적 문화 이론을 향하여'에서 문화를 "해석 가능한 부호들(상징들)의 상호 연결될 체계"로 규정한다. 이때 상징이란 '인간이 삶에 관한 지식과 삶에 대한 태도를 전달하고 유지하고 전개하는' 의미를 전달하는 수단으로 '의미 있는 상징의 질서 있는 복합'이 축적된 전체이고 텍스트의 집적이다. "내가 신봉하는 문화 개념은 … 상징으로 나타나는 역사적으로 전승된 의미의 유형, 즉 인간이 그것을 통하여 생활에 관한 지식과 태도를 서로 전달하고, 영속화하고, 발전시키는 상징의 형태로 표현되는 전승된 개념의 체계를 뜻한다."[59]

문화를 공유된 상징과 의미의 체계[60]로 간주하고 있는 기어츠의 문화 상징론은 문화의 물질적 측면보다는 이념적 측면에 연구의 초점을 둔다. 문화 상징론[61]은 사람들이 그들의 세계에 의미를 부여하는 과정과, 이같이 세계가 어떻게 문화적 상징들로 표현되는가에 대한 연구에 관심을 갖는 분야이다. 기어츠는 상징을 의미를 전달하는 도구로 간주한다. 그래서 그는 상징이 어떻게 사람들이 그들의 세계에 관해서 생각하는 방식에 영향을 미치고, 문화의 전달수단으로 어떻게 작용하는가? 등을 해명하는 일에 초점을 두었다. 상징을 한다는 것(상징행위)은 곧 의미를 창조하고 부여하는 것일 뿐만 아니라 그것을 이해하는 것을 포함한다. 상징에 관심을 갖는 인류학자들은 사회제도나 인간의 행위가 갖는 사회적 기능에 대한 관심보다는 그것이 주는 상징적 의미를 파

---

59 Geertz, *The Interpretation of Cultures*, 89.

60 기어츠는 상징의 의미 체계로서의 문화의 예를 윙크를 통해 설명한다. 저 사람이 나에게 윙크한 것의 의미가 무엇일까? 왜 윙크를 했을까? 이런 문화적 행위를 해석할 때, 그 해석이 쉽지 않을뿐더러 그 해석은 문화적 사회적 맥락을 고려하지 않으면 안 된다. 윙크의 의미를 올바로 알기 위해서 우리는 윙크가 가지는 상징적 문화 체계를 잘 알아야만 한다. "문화가 사회적으로 설정된 일련의 의미구조와 의미체계로 이루어져 있다. 사람들은 그러한 의미체계에 의거하여 (윙크를 통하여) 남에게 어떠한 음모가 있다는 것을 암시할 수 있으며 또한 그러한 음모행위에 가담하기도 한다. 뿐만 아니라 그러한 사회적 의미체계가 있음으로써 사람들은 어떤 경우에 자신이 모욕당했다는 것을 감지하기도 하고 그것에 대처할 수도 있게 된다. … 그러나 사람들이 하고 있는 것[윙크]을 금방 알 수 없는 것은 인지체계가 어떻게 작용하는지 우리가 모르기 때문이 아니라, 그들의 행위 하나 하나가 어떤 신호의 의미를 가지게 하는 그들만이 공유하고 있는 상상의 세계에 우리가 아직 익숙하지 못하기 때문이다." (위의 책, 12-13).

61 "문화 패턴이란 '모델'이며, 모델이란 일련의 상징들인데, 이 상징들 간의 상호 관계는 물리적, 유기적, 사회적, 심리적 체계 안에 있는 실체, 과정 등 사이의 관계를 병행시키거나, 모방하거나, 흉내내거나 함으로써 모델을 만든다. 모델이라는 용어는 두 가지 의미('에 대하여'의 의미와 '를 위하여'의 의미)가 있다. … 문화 패턴은 그 자신을 사회적, 심리적 실재에 맞게 만드는 동시에 사회적, 심리적 실재를 자신들에게 맞게 만드는 과정을 통하여 사회적, 심리적 실재에 의미, 즉 객관적 개념 형식을 부여한다." (위의 책, 90-93).

악하고자 하였다. 이들은 인간을, 도구를 만들기도 하지만 의미도 만드는 존재로 간주한다. 상징 인류학자들은 상징체계를 사회·문화적 맥락 속에서 이해하고자 한다. 문화를 상징체계로 규정할 때, "문화는 의미의 과학이다"는 것이 기어츠의 기본 생각이다. 문화의 의미를 해석하고자 하는 문화 해석학으로 논의의 방향이 바꾸어져야 한다.

기어츠는 인간을 '스스로 엮은 의미의 그물에 구속되는 동물'로, 문화를 '그러한 그물의 망'이라 하여 인간을 문화적 동물이라는 용어로 설명했다.[62] 그는 문화를 분석하는 학문을 '법칙성을 추구하는 실험 과학이 아니라 의미를 추구하는 해석 과학'이라 했다.[63]

그는 문화인류학과 해석학을 어떻게 상호 연관시키는가? 문화인류학이 정의하는 문화가 행위라고 하기보다는 행위에서 추상된 것이라 할지라도 행위의 추상으로서의 문화를 어떻게 해석학과 연결시킬 수 있는가? 행위가 아니라고 대답한다 해서 그 어려움이 해결되는 것은 아니다. 무슨 다른 개념이나 정의가 필요할 것이다. 즉 행위를 텍스트처럼 글자로 고정된 것, 언어화된 것이라고 하거나 혹은 행위도 그냥 행위가 아니라 해석을 요하고 다양한 의미를 내포하는 상징적인 행위라고 해야 문화인류학과 해석학의 연결이 가능하다. 문화인류학과 해석학이 합쳐질 수 있는 개념이 문화 해석학이라고 한다면, 문화 해석학의 진정한 중요성은 문화가 도대체 무엇이냐? 라는 물음에 답하는 데 있지 않고, 문화가 삶의 총체이고 의미의 총체성이라는 사실뿐 아니라 문화의 중요성이 무엇이고 문화의 의미가 무엇인지를 해명하는 일일 것이다.[64]

---

62 기어츠는 거미와 거미집의 비유를 통해 문화와 개인의 관계를 설명했다. 거미는 개인에 해당되고 거미집은 문화를 지칭한다. 거미가 자신의 몸에서 실을 뽑아내어 거미집을 만들 듯이 개인은 문화의 창조자인 동시에 '문화의 소재지'(locus of culture)가 되는 것이다. 그리고 그 개인은 그 자신이 자아낸 거미집인 문화를 벗어나서는 존재할 수 없다.

63 "나 자신이 제시하는 … 문화 개념은 본질적으로 기호론적인 것이다. 인간을 자신이 뿜어낸 의미의 그물 가운데 고정되어 있는 거미와 같은 존재로 파악했던 막스 베버를 따라서 나는 문화를 그 그물로서 보고자하며, 따라서 문화의 분석은 법칙을 추구하는 실험 과학이 되어서는 안 되며 의미를 추구하는 해석 과학이 되어야 한다." (위의 책, 4-5).

64 "인류학적 조사작업은, 바꾸어 말하면 마치 외국어로 쓰인, 오래 되고 낡아 잘 해독하기 어려우며 일관성이 없고 여러 군데 수정이 가해지고 여러 주장이 엇갈리는 그러한 원고를 읽는 작업과 유사하다고 할 수 있다. 일반적인 원고 해독작업과 다른 점은 다만 인류학 조사의 경우, 그것은 문자로 쓰인 것이 아니라 일정한 형태를 갖춘 일회적인 행위들로 이루어졌다는 것뿐이다. 문화는 행위로 기록된 문서이며, … 그것은 비록 관념적이긴 하지만, 그렇다고 해서 어느 누군가의 머릿속에 존재하는 것이 아니며, 또한 비록 실체로 존재하지 않는다고 하더라도 불가사의한 것도 아니다. … 우리가 인간의 행위를 상징적 행동, 즉 말의 경우 발음 내지 발성, 회화의 경우 색채, 글쓰기의 경우 획, 음악의 경우 음 등이 가지는 의미를 지니는 행동으로 본다면 앞의 문제, 다시 말해서, 문화라는 것이 패턴화된 행동인가 아니면 정신적인 틀인가 또는 그 두 가지가 혼합되어 있는 것인가 하는 의문은 의미를 상실하게 된다. … 우리가 가져야 하는 의문은 그것의 중요성이 무엇인가 하는 점이다." (위의 책, 9-10).

문화인류 해석학은 행위나 텍스트의 해석을 통하여 의미를 찾고자 하는 해석학적 접근방식을 피한다. 인류학자의 작업은 행동하는 사람들이 자신이 쓴 텍스트를 스스로 어떻게 읽고 파악하는가를 알아내는 일이다. 즉 그들은 현지인(natives)들이 자기들 문화를 설명한 것을 중시하고 그것을 해석하는 것이 인류학자들이 할 일이라고 주장한다. 그런 점에서 문화 해석학은 철학적 해석학과 다르다. 철학적 해석학이 그 주제가 문화든, 역사든, 또는 존재든, 텍스트이든 관계없이 그 대상을 철학적으로 해석하는 작업을 학문적으로 하듯이, 문화 해석학도 생물학이나 물리학처럼 해석 과학이라고 한다. 또한 문화 해석학과 철학적 해석의 차이는 또 다른 데에도 있다. 문화 해석학은 철학적 해석학보다 훨씬 더 현실에 근접한 이론화를 요구한다. 문화를 추상적으로 대하지 않고 '기호론적 접근'을 통해 연구 대상이 되는 사람들이 살고 있는 개념 세계에 잘 접근하여 보다 폭넓은 언어로 대화하려고 한다. 문화 이론은 엄밀한 의미에서 예측 가능하지 않지만 사후 해석적인 의미를 가지는 것으로만 받아들여져서는 안 되고 문화 이론의 준거틀에 따라 새로운 사회나 문화 현상을 적절히 해석할 수 있는 길을 추구한다. 그 점에서 기어츠에 따르면, 문화 연구의 목적은 치료가 아니라 사회적 담론의 분석이다.

문화 해석학은 어떻게 사람들이 그 사회에 살고 있는 개인들이 하는 행위의 의미만큼 행동하느냐에 관심을 두지 않는다. 왜냐하면, 이들 의미는 단지 가치, 암호, 또는 규칙 등을 나타내는 상징의 사용을 통하여 전달되기 때문이다. 문화인류 해석학은 리쾨르의 철학적 해석학의 경우처럼 문화를 해석할 수 있는 가능 조건으로 행위를 유사-텍스트로 보는 것이다.[65] 문화인류 해석학[66]의 특징은 다음과 같이 정리할 수 있다. 상징과 의미의 결합은 문화에 따라 결정된다는 점이고, 그 의미는 전체 사회와의 관련에서 이해되어야 한다는 것이다. 또한 해석은 단순히 원주민들이 '이야기하는' 내용을 기록하는 것이 아니라 그들의 삶과 문화와 행위를 텍스트로 보고 그 텍스트를 이해하려는 작업이어야 한다는 것이다. 그 해석은 부분과 전체의 해석학적 순환처럼, 민족지

---

65 "사람들의 문화는 일련의 텍스트들의 집합이며, 인류학자들은 이 텍스트들을 소유하고 있는 사람들의 어깨 너머로 그 텍스트들의 의미를 파악하고자 애쓴다."

66 "해석 인류학의 본질적 임무는 우리의 가장 심오한 질문 "어떻게 삶의 실존적 딜레마를 외면하고 탈 감정화된 어떤 형태의 영역으로 갈 수 있는가?"에 대답하는 것이 아니라, 다른 사람들이 준 대답을 우리가 이용할 수 있도록 만드는 것이며, 나가서 그것들을 인간이 말한 것에 대한 참고 기록 속에 포함시키는 것이다."

학적 세부 항목과 전체 개념 사이를 오가면서 항상 현지 행위자의 의미를 추구하는 순환적 작업을 한다는 것이다. 문화의 해석과정에서 닭싸움 뒤에 감춰진 어떤 상징의 의미를 찾기보다는 단지 닭싸움의 의미에 대한 발리인들의 이해를 해석하고 있는 것이다. 해석의 유효성에 대한 문제, 발리 닭싸움에 관한 기어츠의 해석이 유효하다는 근거는 어디에 있는가? 이 해석과 모순되는 사례의 존재는 그 해석의 기반을 위협하는 것인가? 삶이나 사회들은 "그들 자신의 해석을 그 안에 포함하고 있다. 단지 어떻게 그 해석에 접근할 수 있는가를 배우면 그만이다"라는 말로 『문화의 해석』을 끝맺는다.

제2장 문화 해석학과 신학

1. 문화 신학으로서의 자연신학

자연신학은 필자가 논의하고 있는 문화신학의 한 장을 차지하고 있다. 최인식 교수가 『예수와 문화』라는 저서에서 "자연이라는 텍스트를 통해 하나님의 말씀을 듣고자 하는 것을 우리는 자연신학(Theology of Nature)"[67]이라고 부르듯이, 필자 또한 자연신학을 문화신학의 범위 안에서 다루고자 한다. 20세기에 펼쳐진 자연신학에 대한 논쟁은 신학 안에서 문화신학이 논쟁할 수 있는 주제였다. 자연신학은 신 인식의 문제와 결부되어 있다. 신 인식에는 크게 두 가지 흐름이 있다. 하나는 초대 교회가 수용한 방식으로 피조된 자연으로부터 신 인식이 가능하다는 입장과, 또 하나는 소위 하나님의 말씀의 신학으로, 우발적인 계시로부터 신 인식의 정당성을 찾는 신 인식의 방법들이 논의되어 오고 있다. 후자는 소위 자연신학을 거부하는 입장이다. 20세기 들어서 바르트와 부르너가 계시신학과 자연신학이라는 타이틀로 신 인식의 정당성에 대해 논쟁을 한 일은 아주 유명한 이야기이다. 따라서 필자는 이 입장을 대변하고 있는 융엘과 판넨베르크를 통해 신 인식과 계시의 문제를 살피고자 한다. 그러나 반드시 명백하게 해야 할 사항은 융엘이 자연신학을 거부하지 않았듯이 판넨베르크 또한 계시신학을 그의 신학의 기저로 하고 있다는 점이다. 그럼에도 판넨베르크를 자연신학의 범주에서 논의하고 있는 이유는 그가 자연신학을 우리 시대에 새롭게 자연과학과의 대화 속에서 개진하고 있다는 점이며, 필자 생각으로도 그것이 아주 시의적절하기 때문이다.

---

67 최인식, 『예수와 문화』, (서울: 예영커뮤니케이션, 2006), 47.

자연신학의 궁극적인 목적은 하나님을 세계의 현실성으로부터 이해하려는 데 있다. 그러한 자연신학이 정당할 수 있는 성서적인 근거는 하나님이 성육신하셨기 때문이다. 그리고 그 근거의 정당성은 '하나님이 만물을 지배하는 현실성이다'라는 데 기초한다. 성서는 하나님과 세계의 현실성의 관계를 분리하지 않는다. 따라서 그 관계성 속에서 '하나님이 존재하신다'는 사실을 '말씀으로 존재하신다'고 증언한다. 칸트도 이와 비슷한 말을 했다. "성서 신학은 하나님이 존재한다는 사실을 하나님이 성서 안에서 말씀하고 계신다는 것으로써 증명한다."[68]

자연신학의 주요 관심사는 신 인식론이다. 바울의 선교 보고에 의하면, 세상은 십자가를 싫어하고 미워한다. 다르게 설명하자면, 세상은 십자가를 통해 신을 인식하는 것을 원하지 않는다. 그러나 우리는 십자가를 통해서 하나님을 인식할 수 있음을 잘 알고 있다. 특히 하나님의 고난에 대해서는 오로지 십자가를 통해서라야 올바로 알 수 있다. 왜 십자가를 통해서라야 하나님을 올바로 알 수 있는가? 왜냐하면 하나님은 십자가를 통해 자신이 어떤 분이심을 증명하셨기 때문이다. 다시 말하면, 하나님에게 낯선 것으로 생각될 수 있는 죽음이란 더 이상 존재하지 않을 뿐 아니라 또한 죽음이 우리를 더 이상 주관할 수 없다는 것을 제시했다. 십자가는 죄로 말미암은 죽음이 더 이상 우리를 주관하지 못함을 공시했다. 따라서 우리는 하나님의 영광을 위한 죽음을 말할 수 있게 되었다. 또 다른 이유는 십자가가 없이는 부활이 있을 수 없고, 부활이 없이는 예수 그리스도를 통한 신 인식이 불가능하기 때문이다. 그러나 부활은 결코 연대기적인 역사의 시간이 아니라 종말론적 시간, 곧 하나님의 시간이다. 하나님의 시간은 현재에서 펼쳐지는 미래가 아니라, 현재를 새롭게 포함하며 미래를 열어 주는 종말론적 시간이다. 루터는 계시하시는 하나님과 은폐되어 있는 하나님의 이중성을 말하면서도, 십자가 신학을 제안하여 신 인식의 가능성을 제시했다. 바르트는 『바르멘 선언』에서 이렇게 말했다. "성서가 우리에게 증거해 주고 있는 바대로 예수 그리스도는 우리가 들어야 하며, 삶이나 죽음에서도 신뢰하고 복종해야 하는 하나님의 말씀이다. 세력, 형태 혹은 진리를 하나님의 계시로 인정할 수 있고, 인정해야 한다는 거짓교리를

68 Immanuel Kant, "Der Streit der Fakultäten," *Schriften zur Anthropologie, Geschichtsphilosophie, Politik und Pädagogik*, 1964, 285쪽.

우리는 배격해야 한다." 바르트는 「교회와 문화」에서 "인간들은 인간들이 되어야 한다. 그 이상도 그 이하도 아니다"(376)고 말함으로써 자연신학에 대한 자신의 입장을 분명하게 표명했다.

1) 바르트와 브루너의 자연신학에 대한 논쟁

1934년에 바르트와 브루너는 자연신학에 대해 논쟁했다. 바르트는 계시신학을, 브루너는 자연신학을 옹호한다. 브루너가 옹호하는 자연신학은 일반계시를 수용하지만, 바르트의 계시신학은 특별계시만을 중시한다. 브루너의 『자연과 은총』(*Natur und Gnade*)[69]에 대해 바르트가 『아니오!』(*Nein!*)[70]라고 답함으로써 하나님과 인간의 관계 문제로 자연신학에 대한 논쟁이 시작된다. '유한은 무한을 포함할 수 없고'(Finitum non capax infiniti), '죄인인 인간은 하나님의 말씀을 알 수 없기'(Homo peccator non capax verbi Domini) 때문에 하나님의 은총으로만 하나님을 알 수 있다고 주장했다. 그러나 브루너는 인간이 죄를 짓고 타락했지만 하나님을 이해할 수 있는 가능성인 하나님과 인간 사이에 접촉점(Anknüpfungspunkt)이 남아 있다고 보았다. 두 사람의 입장은 이렇게 극명하게 대립되었다.

융엘은 '하나님과 인간 사이에 어떤 접촉도 불가능하다'는 사상을 구약의 은폐성 개념과 연관시켜 설명한다. 그의 분석에 의하면, 우리는 절대적 은폐성과 적확한 은폐성을 구분할 수 있어야 한다.

하나님의 형상(Imago Dei)의 문제가 이 논쟁의 핵심이었다. 먼저 브루너는 하나님의 형상을 형식적(formal) 형상과 내용적(material) 형상으로 나누었다. 내용적 형상은 죄로 말미암아 완전히 파괴되었지만, 형식적 형상은 인간의 죄와 타락으로 교란되기는 했어도 완전히 파괴되지 않고 남아 있어서 하나님을 알 수 있다는 것이다. "하나님의 은혜와의 접촉점이 없다고 부정할 수 없다. 단지 이것을 잘못 이해해서 부정할 수는 있다. … 하나님의 말씀이 인간에게 말씀의 수용 능력을 만들어 주는 것은 아니

69 Emil Brunner, *Natur und Gnade. Zum Gespräch mit Karl Barth*, (Mohr: Tübingen, 1934).
70 Karl Barth, *Nein! Antwort an Emil Brunner*, (Kaiser: München, 1934).

다. 인간은 결코 말씀의 수용 능력을 잃지 않았다. 말씀의 수용 능력은 인간이 하나님의 말씀을 믿도록 만든다. 다시 말해서 하나님의 말씀을 오직 신앙으로 받아들일 수 있는 그런 방법으로 듣도록 만든다. 이처럼 접촉점이 있다는 주장으로 인해 오직 은혜라는 교리가 손상되지 않는다. 이것은 명백한 사실이다." 이때 브루너가 말한 형식적 형상은 물질적인 것이 아니다. 그가 말한 형식적 형상은 순수 형식적인 것으로 언표성(Wortmachtigkeit)과 책임성(Verantwortlichkeit)을 지칭한다. 따라서 인간은 주체적으로 하나님과 대화할 수 있으며 하나님과 관계할 수 있다.

브루너는 자연과 양심과 역사 안에 일반계시가 있다고 보았다. 일반계시를 수용하고 있는 우리는 자연을 통해 하나님의 영원하신 능력과 신성을 알 수 있으며, 양심을 통해 율법을 수행하고 하나님을 탐구할 수 있다. 또한 인간은 타락했지만 세계를 유지시키시고 역사를 지속시키시는 하나님의 보존과 지속의 은혜에 참여하게 된다. 세상 창조는 하나님의 자기교류요 계시다(「자연과 은총」, 12). '창조가 계시이다'라는 것을 부정하는 것이 아니다. 창조를 일반계시라 하고, 예수 그리스도를 특별계시라 할 때, 어떻게 자연 안에 있는 계시와 그리스도 안에 있는 계시가 연결되어 있을까? 바로 이 점은 논의해야 한다. 브루너는 자연 안에 있는 계시가 인간에게 구원을 가져다 줄 만큼 충분치 못함을 지적했다(「자연과 은총」, 13–5). 그러나 바르트가 보기에 브루너가 말하는 하나님은 예수 그리스도 안에 있는 특별한 계시나 성령 없이 알려진 하나님일 뿐이었다.

바르트는 계시신학의 관점에서 자연신학의 실재뿐만 아니라 그 가능성도 거부한다. 바르트는 자연에서 은총으로의 길은 없다고 보았다. 바르트는 브루너처럼 창조관계의 연속성을 인정하지 않는다. 죄인인 인간은 하나님에 대하여 말할 수 없다. 인간 속의 그 어느 것도 하나님의 계시의 가능성과는 아무런 관계가 없다는 것이다. 창조자 자신이 그의 은혜를 관철시키기 위하여 필요로 하는 어떤 인간적인 행위를 바르트는 상상할 수가 없었다. 바르트는 존재유비를 철저하게 거부한다. 따라서 그는 예수 그리스도를 통한 계시와 은총 외에 하나님과 인간 사이의 어떤 접촉점도 허락하지 않는다. 그런 점에서 브루너의 입장에서 보면, 바르트에게는 특별계시만이 있을 뿐이다. 물론 바르트가 예수 그리스도 안에 나타난 하나님의 계시에 신학의 토대를 두고 있듯이, 브루너 역시 바르트처럼 하나님은 오직 계시에 의해 알려지고 계시는 예수 그리스도 자신임을 강조한다. 하지만 '예수 그리스도 이외에 하나님에 대한 지식에 접근할 수 있는 길이 있느냐?'는 문제에 대해서, 바르트는 완전히 부정한다. 반면에 브루너는 긍정한다.

하지만 바르트의 자연신학에 대한 극단적 부정은 후기 『교회교의학』 제4권(IV/3-1)에 와서는 상당 부분을 수정하고 있다. 바르트는 '생명의 빛' 교의에서 자연신학의 근거가 되는 자연계시를 빛, 말, 진리 등으로 표현하며 그 가치를 인정한다. 이러한 단어들은 예수 그리스도를 통한 절대적이고 유일한 빛, 말씀, 진리 등에 대응하여 사용한 것들이다. "피조물[우주]은 자신의 빛과 진리와 말들이 있다. 이것은 창조주의 신실함 때문에 사라지지 않는다. 자기 증거와 빛들은 인간의 죄와 교만과 게으름과 거짓에도 불구하고 하나님과 인간 사이의 관계의 왜곡에 의하여 소멸되지 않는다. 인간이 아무리 타락했어도 그것들은 인간을 조명한다. 따라서 그의 타락의 심연에서도 인간은 그것들을 보고 계속 이해한다. 예수 그리스도 안에 있는 하나님의 자기 계시에 의하여, 생명의 유일한 참 빛의 비춤에 의하여 그것들은 피조된 우주의 빛, 말 그리고 진리가 된다. 이것들은 유일한 빛과는 구별되는 피조된 빛으로서 드러나고 특징지어진다. 그러나 피조된 빛은 소멸되지 않으며, 그 힘과 중요성은 파괴되지 않는다." 그런데 바르트는 이미 『교회 교의학』 제3권 (III/1) 「창조론」(1945)에서 하나님과 피조물의 불가분리적인 관계를 주장함으로써 그의 자연신학의 근거를 형성한다. 곧, 그는 하나님에게는 피조적 파트너가 있다는 것을 발견했다. "하나님은 시공 밖의 어떤 진공 속에 존재하는 것이 아니다. 하나님은 한 분이시지만 그것이 하나님이 하나라는 뜻은 아니다. 이것은 그가 창조자가 될 수 있다는 것이다. 그러므로 자신 밖에 자신의 내적 본질과 전혀 모순 없는 상대자가 있다는 의미이다."

자연신학을 거부하고 계시신학을 옹호한 바르트의 이러한 극단적인 초월적인 입장에 대해 하르낙은 "영지주의이고 새로운 마르시온주의"일 뿐이라고 비판했다. 고가르텐 역시 바르트의 이런 입장에 대해 회의했으며, 판넨베르크는 '신학의 역사 상실'로 받아들인다. 그러나 바르트의 후기 사상에 대해서 헬레는 바르트의 자연신학의 근거를 예수 그리스도 안에서 일어난, 세상이 하나님과 화해한 사건이라고 해석했다.[71]

---

71 Wilfred Härle, *Sein und Gnade. Die Ontologie in Karl Barths Kirchlicher Dogmatik*. (Walter de Gruyter. Berlin. New .

2) 융엘의 자연신학

일반적으로 우리는 자연신학을 신앙을 이해할 수 있는 전제에 대한 반성이라고 규정해 왔다. 이 논란을 피할 수는 없다. 융엘도 오늘날의 신학이 신경 써야 하는 중심으로 자연신학을 들고 있다. 예수는 우리에게 세계의 현실을 인식할 수 있는 눈을 열어 주었다. "우리가 이미 수없이 지각했던 것이 새로운, 그러나 지금까지 다루지 않았던 방식으로 말할 수 있게 되었다. 그것은 바로 하나님과 우리와의 관계, 우리와 하나님과의 관계에도 타당하게 되었다." 가톨릭 바티칸 공의회는 이 문제를 신앙의 선물이라고 했다. 이로써 "신은 자신의 은혜 없이는 불가능하지만 이성을 통해서 불가피하게 인식된다"는 점을 밝혔다.[72] 카스퍼는 자연신학을 "신앙을 이해하는 전제에 대한 반성"으로 규정한다.[73] 자연신학의 스콜라 전통에 따르면, 창조와 구속의 상호연관성은 "은혜가 자연을 지배하에 두지만 파괴하지 않듯이(gratia supponere naturam)," "신앙도 이성을 지배하에 두지만(fides supponit rationem)" 파괴하지 않는다라는 두 공리로 표현된다. 그러나 근대에는 신앙의 전제를 문제 삼았다. 합리주의는 신앙도 이성의 법정 아래 있는 것으로 보았다. 반면에 경건주의는 하나님은 오로지 신앙 안에서만 인식할 수 있다고 보았다. 자연신학을 기독교의 틀에 따라 보려면, 성서가 세계를 자연으로 보는 것이 아니라 피조물로 본다는 점을 강조해야 한다.

바르트와 브루너의 논쟁에서 융엘은 바르트의 입장을 따른다. 그는 계시신학에 근거해 자연신학을 거부한다. 자연신학은 계시 개념 없이도 접근 가능한 자연적인 질서 속에 있는 하나님을 증명하고자 한다. 융엘은 이런 의미의 자연신학을 거절한다. 융엘은 자연신학은 기독교 계시의 특수성을 손상시킨다고 보았다. 하나님을 인식할 수 있는 오직 유일한 길은 예수다. 융엘은 예수에 집중되고 있는 기독교의 계시가 모든 인간에게 영원히 적용될 수 있는 절대적인 진리라고 보고 있다. 그에 따르면, 예수는 하나님이 우리들에게 말씀하시는 계시적인 하나님의 말씀이다. 하나님은 전적으로

York, 1975), 282-3쪽

72 1. Vatikanums: Deum, rerum omnium principium et finem, naturali humanae rationis lumine e rebus creatis certo cognosci posse. DS 3004. 만물의 근원이요 목적이신 하나님은 인간 이성의 자연적 빛과 창조된 사물을 통하여 확실하게 인식될 수 있다.

73 Walter Kasper, *Der Gott Jesu Christi*, (Mainz. 1982), 92.

인간성과는 다른 분이기 때문에, 융엘은 “우리가 오로지 예수를 통해서만 하나님을 안다”라는 사실을 강조한다.

그러나 몰트만은 “자연신학이야말로 기독교 신학의 목적이며, 기독교 신학자체는 진정한 자연신학”이라고 주장한다. 이러한 주장을 통해 몰트만은 「교회와 문화」(1926)라는 논문 속에 표현된 바르트의 근본사상을 ‘계시신학 안에 자연신학이 존재하는 것’으로 그리고 ‘인간 없이 존재하는 하나님의 불가능성’을 강조하고 있는 것으로 보았다. 만약 이러한 몰트만의 바르트에 대한 이해가 맞다면, 그것은 그가, 칼뱅이 이미 강조했듯이, ‘이 세상을 하나님의 영광이 드러나는 장소’로 보고 있기 때문이다. 일반적으로 우리는 자연신학에 대해 신앙을 이해할 수 있는 전제에 대한 반성이라고 본다. 오늘날 전개되고 있는 이런 반성은 많은 논란이 있다. 그러니 피할 수 없는 핵심임에 틀림없다. 그래서 융엘도 자연신학을 문화신학의 중심에 둔다. 예수는 우리에게 세계의 현실을 인식할 수 있는 눈을 열어 주었다. “우리가 이미 수없이 지각했던 것을 새로운, 그러나 지금까지 다루지 않았던 방식으로 말할 수 있게 되었다. 그것은 바로 하나님과 우리와의 관계, 우리와 하나님과의 관계에도 타당하게 되었다.”[74]

성서는 자연신학의 논쟁을 모른다. 예수는 비유를 통해 하나님의 나라를 말씀하셨다. 그는 우리가 살고 있는 세계의 일상 경험으로 하나님의 나라를 알 수 있도록 했다. 예수의 비유에 의해 우리의 일상 경험은 전적으로 새로운, 그러나 기대하지 않았던 빛 속에서 드러나게 되었다. 바울은 로마서에서 하나님을 알 만한 것을 우리에게 주셨고, 하나님이 창조하신 자연과 또한 양심을 통해서 하나님을 알 수 있다고 말한다. 자연신학을 근거로 해서 성서를 제시하는 데에는 나름대로 이유가 있다. 특별계시와 자연계시와의 관계정립 문제로 논란을 벌이는 것에 대해 왈가왈부할 필요는 없다. 특별계시만을 주장하는 사람도 문제지만, 자연계시만을 중시하는 사람도 경계해야 한다. 물론 융엘은 바르트를 따라 자연계시를 부정하고 오로지 예수 그리스도를 통해서만 이해되는 특별계시를 옹호한다. 그러나 아쉽게도 융엘은 반대편의 입장을 고려하고자 애쓰지 않았다. 필자의 견해는 성서가 자연계시와 특별계시 중에서 하나만을 주창하지는 않았다고 본다. 성서가 두 계시를 모두 인정하는 이상 우리는 양자택일을 강요

74 Jüngel, *Gott als Geheimnis der Welt*, 400.

해서는 안 된다. 그럼에도 융엘의 입장은 예수 그리스도의 특별계시에 대해 가치부여를 거부하는 시대적 조류 속에서는 더욱 정당성을 가지고 있다. 따라서 필자는 융엘에게 우리 시대의 문화와 문제의식에 대해 신학이 대응 방안이 될 수 있는 가능성을 열어 달라고 부탁하고 싶다.

3) 판넨베르크의 자연신학

판넨베르크가 논하는 '자연신학'이라는 개념을 융엘과 대비하여 설명하기 위해서라도, 판넨베르크는 자연신학이 아니라, 자연의 신학을 주제로 하고 있다고 해야 정확하다. 판넨베르크는 자연의 신학을 자연과학을 통해 신학의 주제들을 설명하는 것으로 이해하고 있다. 그러나 필자가 앞에서 이미 언급했듯이, 이 세계 속에 오신 하나님을 인식하고자 하는 것이 바로 자연신학의 주제이기 때문에, 판넨베르크의 자연의 신학을 자연신학이라고 해도 별 어려움은 없을 것 같다. 즉 필자는 자연신학을 신 인식의 방법론 논쟁으로 이해하고 있기 때문에 판넨베르크나 융엘을 자연신학이라는 큰 범주에 포함시킬 수 있다고 생각한다. 판넨베르크는 우리말로 이미 번역된 『자연신학』[75]이라는 저서에서 자연과학의 방법론이 신학에도 유효한지 검토한다.

각 시대와 시기마다 학문 분야들은 우리에게 시간에 대한 여러 단초들과 이론들

75 판넨베르크, 『자연신학』, 박일준 옮김, (한국신학연구소, 2000).

76 고대에 아리스토텔레스는 시간이 존재자인지 아니면 비 존재자에 속하는지 물었다. 그러나 그는 시간이 존재자에 속할 수 없다는 것을 논증했다. 왜냐하면 그렇게 되려면 시간은 적어도 비존재자의 부분이어야 하기 때문이다. 시간의 한 면은 지나가지만 존재하지 않고 또 다른 면에서 보면 시간은 오지만 아직 존재하지 않는다. 우리는 이미 지나간 시간과 오는 시간 사이의 결합을 지금 순간이라고 할 수 있다. 캐플러(Johannes Kepler)는 시간속에서 무한한 크기를 보았다. 그는 중세 시대의 종교적으로 각인된 시간 파악과 자신이 이해한 시간 파악에 간격을 두면서 시간은 신적인 본질처럼 존재하지 않는다는 것을 보여주고자 했다. 이러한 노력은 뉴턴(Isaac Newton) 경에게서도 지속된다. 뉴턴은 절대적 시간에 대해 말한다. "절대적이고 참이며 수학적인 시간은 그 자체로, 동일한 형태로 그리고 외적 대상과의 연관 없이 자연에 힘입어 흐른다." 시간은 우리가 일어난 사건을 측량하거나 정돈시킬 수 있는 절대적인 것이다. 만약 우리가 그 어떤 점 옆에 공간과 시간 좌표를 줄 수 있다면 우리는 이 점을 연대기적으로 정리시킬 수 있게 된다. 모든 지나간 사건들은 모든 미래의 사건들에 영향을 미칠 수 있다. 이 사실에 의할 것 같으면 뉴턴은 두 좌표들, 한 공간좌표와 시간좌표의 모든 대상들을 정돈할 수 있게 된다고보았다. 시간은 시간의 본질상 동일한 형태로 그리고 외적 대상과의 연관 없이 흐른다. 그러나 특수 상대성 이론 안에서는 시간이 그러한 절대적 특성을 상실하고 만다. 왜냐하면 그것은 관찰자의상태에 따라 달라지기 때문이다. 엔트로피의 발생은 시간의 시작과 시간화살을 예시한다. 닫혀진 체계 안에서 우주는 대체로 그리고 늘 엔트로피를 받아들여 다양한 에너지 상태들을 제거하는데 이 과정이 바뀌질 수는 없다. 비-직선적 방정식들은 카오스 체계들을 결정한다. 원인들은 다양한 작용들을 불러일으킨다. 그리하여 반복되는 수나 리듬이 중심적인 의미를 가지게 된다.
칸트는 시간의 문제를 철학적으로 풀어나갔다. 그는 시간을 경험으로 도출될 수 있는 실험 개념으로 정의하지 않았다. 그렇다고 시간이 순수 이성 개념만이 아니라 내적 감각의 감각적인 직관 형태임에 틀림없음을 논증했다.

을 제시했다.[76] 바버는 『과학이 종교를 만날 때』[77]라는 책에서 과학과 종교는 서로 적인지 아니면 이방인인지 또는 동반자인지 각각의 가능성에 대해 고찰한다. 그는 두 학문의 관계를 갈등이론과 독립이론 그리고 대화이론과 통합이론으로 분류해 여러 가지 가능 관계를 설정한다. 우리 시대의 위대한 물리학자나 자연과학자들은 종교적이다. 그러나 대부분의 과학자들은 기독교의 인격적인 신에 대한 표상을 거부한다. 아인슈타인처럼 그들은 '우주의 신'을 신봉한다. 그럼에도 신학자들과 물리학자들의 대화는 놀랄 만한 열매를 맺고 있다.

아인슈타인의 신[78]은 기독교의 인격적 신이 아니라 우주적 신이다. 아인슈타인은 우주의 질서에 대한 유대인들의 직관을 스피노자의 우주적 범신론과 결합시켰다. 그래서 그는 자연법칙의 이성과 파악가능성에 대한 깊은 신뢰를 가지고 있었다. 그에게 자연과학과 종교는 서로 분리된 영역으로 보였을 뿐이다. 상대성 이론을 대표하는 유명한 말인 "신은 주사위 놀이를 하지 않는다"는 명제 안에는 우발성이나 자유가 중요한 역할을 하지 않는다. 여기서 우발성은 통일적인 작용을 뜻하지 않고 창조의 생성 속에서의 다양함을 뜻할 때 사용된다. 양자물리학은 결코 우발성을 허락하지 않는 엄밀한 결정론적인 카오스와 철저하게 연결되어 있다. 물리학에서 미립자(해당 단위의 백만분의 일) 영역 속의 양자역학 그리고 거시영역 속의 카오스 이론이 나온 이후로 라플라스적인 악령, 곧 가정의 신은 사라지고 말았다. 우발성은 설명을 위한 궁극적인 원칙으로 족하게 되었으며, 그 결과 더 이상 신이 필요치 않게 되었다. 우발성과 함께 모든 것이 그리고 무도 설명될 수 있게 되었다. 만약 우리가 단지 '우발성'만을 말하게 된다면 양자역학이나 카오스 이론으로부터 도출되지 않는 한 영역에 대해 반박할 수

칸트는 시간과 공간을 나눠서 공간을 외적 직관의 형식으로 그리고 시간을 내적 직관의 순수 형식이라 했다. 그렇지만 역시 외적 현실성의 순수 형식이기도 한다. 그에 따르면 시간은 객관적 관계를 말하게 된다.
베르그송은 두 가지 시간 개념, 곧 시간과 지속 개념을 사용한다. 시간이라 하면 시계의 측량 가능한 시간을 지칭하는 것이고 이 시간은 정적 계기의 모음으로 생겨난다. 그러나 그는 진짜 시간을 지속으로 생각한다. 진짜 시간이란 인간의 의식에 항상 그리고 생생하게 흐르는 시간이다. 동질의 그러면서 외적으로 측량 가능한 시계시간은 그에 따르면 모든 내용들로부터 풀어질 수 있는 형식이고 따라서 고유한 시간이 아니다.

77 Ian G. Baubour, *When Science Meets Religion*, 『과학이 종교를 만날 때』 이철우 옮김, (서울: 김영사, 2002).

78 1929년 4월에 아인슈타인은 뉴욕시의 한 랍비인 골드스타인(Herbert Goldstein)으로부터 전보를 받는다. 그 랍비는 보스턴의 한 추기경이 상대성 이론에 대한 연구를 한다고 랍비 교회에 알려 왔기 때문에 깜짝 놀란다. 왜냐하면 그는 상대성 이론이 신과 창조에 의문을 제기할 뿐만 아니라 전체 사상이 무신론적인 경향을 가지고 있다고 생각했기 때문이다. 골드스타인은 단도직입적으로 다음과 같이 묻는다. "신을 믿느냐?" 단지 50단어로 답하라는 식이었다. 아인슈타인은 단지 29단어로 답한다. 그는 전보를 친다. "나는 존재자의 법칙에 조화를 이루는 속에서 계시되는 스피노자의 신을 믿는다. 나는 인간의 행위나 운명에 관계하는 그런 신을 결코 믿지 않는다"는 말로 답한다.

있게 되었다.

우리는 판넨베르크를 연구하다 보면 자연과학의 연구 성과가 그대로 신학에 영향을 미치고 있음을 알게 된다. 판넨베르크는 우주가 무한하나 시작이 없다고 보는 호킹의 이론을 논박하는 데 전념을 쏟는다. 그러면서 그는 우주의 종말에 대한 이론으로 논의를 바꾼다. 왜 우주 속에서 인간의 삶이 계속 지속하는 것이 허락되지 않았는가? 왜냐하면 우주에 "인간학적 원칙"[79]이 본질적인 것이기 때문이다. 다시 말하면, 인간의 삶은 전체 세계 과정을 파악하고 규정하는 상태로 존재해야만 한다. 이런 요청은 예수 그리스도의 부활을 새로운 인간의 고양으로 믿는 토대 위에서 채워져야 한다. 자연과학적 종말론은 판넨베르크가 말한 부활의 "이성적"[80] 현실성을 제거하고 만다. 창조사상은 세계의 정초를 신 안에서 찾고 따라서 일종의 우주론으로 기술하지 않는다. 따라서 판넨베르크는 일면적으로 보면 형이상학의 틀에 머물러 있다.

그러면 피조된 현실성의 어떤 규정이 자연과학적인 세계진행과의 대화를 통해 유대-기독교의 창조신학적 사고와 부합하는가? 창조의 신에 대해 말하기 위해서는 어떤 전제들이 고려되어야만 하는가? 판넨베르크는 창조의 우발성 개념을 예로 든다. 판넨베르크는 아우구스티누스가 정식화한 무로부터의 창조(creatio ex nihilio)와 계속적인 창조(creatio continua)를 기독교 창조 신앙의 본질로 이해한다.[81] "성서가 말하는 창조는 무엇인가?"라는 질문에 플라톤의 형성설[82]과 플로티누스가 주장한 유출설[83] 그리고 신학적인 무로부터의 창조를 주장한 신학적 창조설 등으로 대답되어 왔다. 이 중에서 아우구스티누스는 무로부터의 창조설을 지지한다. 그 이유는 무로부터의 창조설이 하나

---

79 Pannenberg, *Systematische Theologie II*, 183. "근대 물리학적 우주론은 우주의 팽창에 대한 표준모델과 더불어 적어도 우주의 시작을 위해 유한성을 수용한 것에 가깝다. … 시간 속에서 세계과정의 유한성은 시간진행의 불가역성 때문에 처음과 끝의 구별성을 포함하고 있다."

80 위의 책, 186.

81 이정배, 「판넨베르크의 자연신학 연구」, 『신학사상』 제 119, 2002, 150.

82 Platon, *Timaios*, 51e-52d. 플라톤의 『티마이우수』 대화편에 세계 기원에 대한 이야기가 전해 오고 있다. '데미우르고스'라는 신이 이미 선재했던 영원한 질료에, 그러나 아직 질서 있게 정돈되어 있지 않은 질료를 영원한 이데아를 따라 형상을 부여하여 질서를 세운다. 그러나 플라톤은 '데미우르고스'를 기독교적인 의미인 절대적 전능의 창조자로 규정하지 않았다. 또한 질료도 기하학적인 연장을 가진 것으로 결코 무로부터 창조된 것이 아닌 이미 선재한 것으로 설명하고 있다.

83 Plotinus, *Enneads*, VI. ix. 세계는 완전한 존재인 일자(qeov.)로부터 존재성을 분유(分有)하여 유출된다. 그러나 기독교의 창조는 하나님의 존재의 형식적인 본질로부터 결과되는 것이라기보다도, 하나님의 권능에서 생긴 것이다. 아우구스티누스는 하나님이 시간을 초월하여 계신다는 신 플라톤주의적인 입장을 견지하고 있지만, 하나님과 세계의 관계를 하나님의 권능의 관점에서 보려는 유대 기독교적 관점을 따르고 있다. 아우구스티누스는 플로티누스 학파가 주장한 하나님의 실체가 세계 안에 계신 것이 아니라, 하나님의 권능을 통해 자신을 계시하신다고 주장했다. 아우구스티누스 이전까지는 플라톤의 전통인 세계의 영원무궁한 근거를 권능과 의지로 설명

님의 주권과 세계에 대한 하나님의 초월성을 강조해 준다고 생각했기 때문이다. 만약 물질 혹은 원초적 질료도 하나님으로부터 창조되지 않았다면, 하나님이 만물의 창조주라고 주장할 수 없게 된다. 하나님이 선재하는 질료로 세계를 만들었다고 주장하게 되면, 그때는 하나님이 마치 인간의 장인과 다를 바 없게 된다. 또한 물질이 창조되지 않았다면, 물질이 불변성을 가지게 되나 그것은 우리의 일상경험과 상반된다. 무로부터의 창조설은 하나님께 절대 의존성과 우발성을 잘 드러내 준다. 우발성이란 피조물이 존재할 수도 있고 또한 존재를 상실할 수도 있음을 뜻한다. 우발성은 따라서 하나님에 대한 절대 의존성을 이미 전제하고 있다. 그래야만 행복을 누릴 수 있고 시간의 변화를 초월할 수 있다. 이를 아우구스티누스는 『고백론』에서 다음과 같이 표현한다. "하나님에게 항상 의존해 있음으로써 행복을 누리고 있는 그곳은 시간의 변화와 연장을 초월해 있는 것이다"(12권 15장 22절). 판넨베르크는 여기에서 창조의 '우발성' 개념을 자연과학자들이 사용하는 우발성 개념과 비교하여 설명한다.

무로부터의 창조설은 모든 피조물이 무로부터 창조되었으니 무로 돌아가는 가변성(mutability)[84]을 가지고 있음을 강조하고 있다. 가변성은 시간의 존재론적 근거가 된다. 반면에 창조주는 완전한 존재이시고 영원불변하시며 항상 동일하신 분이시기 때문에, "어떤 형상이나 운동의 변화에도 영향을 받지 않으시며, 당신의 뜻은 시간의 경과에 의해 변하지 않는다"(12권 11장 11절). 모든 피조물은 무로부터 지음 받았기에 항상 무로 되돌아갈 가변성 아래 있다. "모든 것은 정해진 운동과 형상이 변화로 인하여 시간의 무상성의 지배를 받도록 되어 있습니다"(12권 12장 15절). 형체가 없는 질료는 무엇으로 형상화될 수 있는 가능성(capax)을 가지고 있다. 이처럼 무엇이 될 수 있다는 가능성이 바로 가변성의 조건이 된다. 다시 말하면, 무형의 질료가 모든 변화의 주체가 되고 가변성의 원리가 된다. 그래서 아우구스티누스는 무형의 질료와 가변성을 거의 같은 뜻으로 사용하기도 한다. "그래서 나는 사물 자체들을 보고 그들의 가변성을 깊이 음미해 보았습니다. 그들은 가변성에 의하여 과거에 있었던 그들의 모습이 없어지

하지 않았다. 그러나 아우구스티누스는 이제 영원한 하나님과 하나님의 시간 속에서의 섭리를 분리하지 않고 생각해야 하는 과제를 떠안게 되었다. 그는 '선은 자기 확산적'(bonum est diffusivum sui)이라는 플로티누스의 유출설을 '사랑은 자기 확산적'(amor diffusivus sui)이라는 창조론으로 대체한다. 아우구스티누스가 유출설을 거부하고 창조론을 말하게 된 이유는 유출설이 범신론으로 변하는 경향을 가지고 있다고 생각했기 때문이다.

84 Augustin, *De nat bon.*, I. 질료는 그것이 영적인 것이든 물질적인 것이든 본래 무에서 창조함을 받았기 때문에 무로 다시 돌아가려는 자연적인 경향을 가지고 있다(informitate quadam tendit in nihilum).

고 과거에 없었던 새로운 모습을 갖게 됩니다. 이처럼 하나의 형태에서 다른 형태로 변화하는 것은 본래의 무가 아닐 어떤 무형의 질료와 관계되어 있는 것으로 생각해 보았습니다"(12권 6장 6절).

또한 무로부터의 창조설은 창조의 목적을 종말론적 목적(telos)을 향해 가는 역사적 시간을 통해 설명한다. 존재의 형성 과정이나 역사의 운동과정이 우발이거나 맹목적이거나 순환적 반복 행위가 아니라, 하나님의 영광에 참여하는, 즉 안식에 이르는 목적을 지향한다. 창조 때 시작된 시간은 유한한 것으로서 종말론적인 목적을 향해 나아가는 역사적인 시간이다. 역사의 시간은 전자시계처럼 자동으로 진행하는가? 아니면 섭리 속에서 시간이 진행되는가? 섭리는 시간의 흐름에 따라 점차로 성취되어 가는 목적인가? 개별적 역사 사건 속에 하나님의 특별한 섭리가 일어나지 않는가? 하나님의 섭리가 개별적인 역사 사건 속에 일어남으로써 그 의미를 갖지만, 하나님의 섭리는 영원하고 시간에 따라 변하지 않는다. "창조주의 본체는 시간에 의해서 변하지도 않고 또한 그의 뜻과 분리되어 있지 않다. 그러므로 그는 한때는 이것을, 다른 때는 저것을 뜻하시지 않으시고 뜻하신 것은 모두 한 번에 동시적으로 항상 의도하신다. 그는 자기의 뜻하는 것을 또다시 반복하시지 않으시고 지금은 이것을 뜻하셨다가 나중에 저것을 뜻하시지 않으신다. 또한 그는 이전에 뜻하시지 않으신 것을 후에 뜻하시지 않고 이전에 뜻하신 것을 후에 바꾸시지 않으신다. 그렇게 변하는 뜻은 영원한 것이 될 수 없다. 그러나 우리 하나님은 영원하시다"(12권 15장 18절).

일반적으로 사람들이 판넨베르크의 변증법적 역사신학을 헤겔의 사상이라고 이해하고 있지만, 아마도 판넨베르크는 그 생각에 동의하지 않을 것이다. 판넨베르크의 역사신학의 핵심은 『역사로서의 계시』라는 저서의 제목을 통해 설명되어 오고 있다. 이때의 역사 개념은 헤겔에게서 기인하지 않느냐는 비판이 있지만, 사실 그는 하나님을 역사 속에서 행위하시는 분으로 인식하고 있는 폰 라드의 역사 이해를 수용하고 있음을 밝힌다.[85] 그러면서 동시에 계시 개념도 바르트의 이해방식을 벗어난다고 말한다. 물론 바르트는 예수 그리스도를 통한 하나님 이해를 강조하는 특별계시를 강조하지만, 판넨베르크는 바르트가 말하는 계시 개념은 성서적 근거를 결여하고 있다고 생각

85 판넨베르크 김균진, 「신학과 철학 그리고 과학의 대화」, 『과학사상』 제 39호 2001, 26.

하기 때문에, 그런 점에서 자연신학도 옹호하고 있다고 말할 수 있을 것이다. 판넨베르크가 중시하는 계시 개념은 로마서 제16장 끝에서 언급되고 있는데, 즉 "선지자의 예언이 예수 그리스도의 역사 속에서 성취되었다"는 사상에서 유래한다.

신학에서 말하는 '세계'라는 개념은 근대 자연 과학이 사용한 의미에서의 인식 대상으로서의 '세계'를 뜻하는 '자연'과 단순히 일치시킬 수는 없다. 세계는 늘 인간 환경과 인간을 통해 형태를 가지는 자연의 의미 계기를 가진다. 판넨베르크는 세계를 무엇보다 인간 사회를 포함하는 개념으로 이해하고 있다. 근대는 창조와 창조의 생성을 구분하여 세계 생성의 전 과정을 창조와 분리시킨다. 그러나 이런 분리가 성서에 없을 뿐만 아니라 계몽주의 때까지도 이런 구분이 없었다. 오히려 창조는 우주 진화론에 기초한 세계 생성으로 이해되어 오고 있었다. 창조는 세계의 기원을 이야기하는 한 인간의 삶의 조건을 가능하게 하는 이 세계의 질서를 타당하게 하는 시초의 사건을 서술하고 있다.[86] 이 점에서 판넨베르크는 자연과 인간의 세계를 하나님의 창조 영역 안에 포함시키고 있고, 사건의 진행을 "A 다음에 B라는 식의 일반 연관 법칙에 따라 파악하는 것이 아니라, 역사로서 파악한다."[87] 즉 일회적인 불가역적 진행으로 파악한다. 그렇지만 링크의 지적에 따르면 자연 과학의 법칙 가설에서 사건의 우발성이 전제되지만, 어떻게 자연 사건의 질서가 "하나님의 창조적인 자유를 우발적인 정립"으로 파악할 수 있을 것인지에 대해 다루지 않았다.[88] 판넨베르크는 그 해결을 위해 물리학의 '우주적 시·공간 에너지 장' 개념을 사용한다. 그가 그토록 물리학적인 장 이론을 자신의 신학 안에 수용하는 이유는 다음과 같다. 하나님의 영은 장 이론을 통해 생명의 힘으로서, 살아 있는 유기체를 초월함과 동시에 그 개체 속에 가장 내밀하게 현존한다는 성서의 개념이 현대의 어휘로 표현될 수 있기 때문이다. 그는 시간의 기능과 세계를 무엇보다 종말론적 미래의 관점에서 조망한다. 즉 '장'이란 진화를 완성하는 하나님의 종말에서 규정한 공간이다. '역장 개념이 자연 현상들 속에 현시하는 하나님의 영적 현존을 보다 이해하기 쉽게 만들어 줄 수 있다'고 그는 보고 있다. 그러면 그는 정말로 성서가 말하

86 Carl Friedrich von Weizsäcker, *Die Tragweite der Wissenschaft, Bd. 1. Schöpfung und Weltentstehung. Die Geschichte zweier Begriffe*, 2. A. 1966, 20-37.

87 Wolfhard Pannenberg, "Schöpfungstheologie und moderne Naturwissenschaft," *Gottes Zukunft- Zukunft der Welt*(FS Moltmann), (München, 1987), 280.

88 Christian Link, 「창조 신학과 시간문제」, 『신학 이해』 제 16권(1998), 425.

는 종말을 자연과학이 말하는 우주의 종말 개념을 대비하여 이해할 수 있다고 보고 있는가? 이 문제에 대답하기 위해서는 먼저 기독교의 종말 개념의 핵심을 설명할 필요가 있다.

초대교회는 "세계의 완성"(consummatio mundi)을 "세계의 변형"(transformatio mundi)으로, 정교회는 "세계의 신격화"로 그리고 루터는 "세계 파멸"로 이해해 왔다. 현대 물리학은 우리에게 세계의 파멸을 비과학적인 사고라고 지적한다. 판넨베르크는 세계의 완성인가 아니면 폐기인가의 문제를 '역사 안에서의 완성과 역사를 넘어서 이뤄지는 완성'의 문제로 바꿔 생각한다. 이 문제는 그가 『역사로서의 계시』 머리말에서 스스로 제기한 것과 같다. 역사가 하나님의 계시라는 사실이 단지 전체 역사 속에 존립한다면 역사 속에 있는 특수 사건, 예를 들면 예수의 운명과 같은 것은 어떻게 계시로서 절대적 의미를 가질 수 있는가? 그 답은 "예수 부활이 세계 마지막에 있을 죽은 사람들의 부활의 선취(Porlepse)이며 예수의 선포는 하나님 나라의 종말론적인 예기(Antizipation)이다"는 문장 속에 있다. 판넨베르크에서 부활은 이 세계에서 접근할 수 없는 새로운 세계로 넘어감을 기술한 것이기 때문에, 부활은 실재하는 사건(wirkliches Ereignis)이지만 이 사건의 사실성(Faktizität)의 문제는 세계의 끝까지 분분하게 남아 있다.[89] 이 문제를 더 깊이 있게 다루려면 그의 역사신학을 논해야 하기 때문에 여기서는 그의 자연신학을 더 설명하고자 한다.

우리는 판넨베르크가 자연신학을 향하여 나가고 있음을 천명했다. 그 말은 자연법과 개별 사건의 우발성의 관계를 자연신학 안에서 논하고 있음을 함축한다. 그는 자연법의 명제가 필연적으로 그 자료를 우연히 주어진 것으로 전제하고 있음을 목도한다. 즉 우리가 자연법이라고 생각하는 것이 실제로 우연히 일어난 자연적인 사건의 구체적 과정으로부터 온 추상적인 원칙이라는 것이다. 이것은 자연이 역사적으로 이해되어야 한다는 것을 의미한다. 왜 그런가? 만약 우리가 자연법이라고 취한 것이 우발적인 사건의 실제 과정에서 가지고 온 것이라면, 그 사건은 시간적으로 유일한 것이기 때문이다. 이 점을 판넨베르크는 『조직 신학』 2권에서 시간의 불가역성(Unumkehrbarkeit der Zeit)으로 설명한다. 시간의 불가역성을 그가 중시하는 이유는

89 Pannenberg, *Systematisch Theologie II*, 436.

우리가 시간을 이해할 때 영원성에 우선성을 두어야 한다는 사실을 각인시켜 주기 때문이라는 것이다. 우리는 그가 자연이 본질적으로 역사적 차원을 가진다고 주장하면서 창조 신학과 역사 신학을 매개하는 것을 긍정적으로 평가해야 한다. 하나님의 행위는 역사적 사건이고 이 사건은 시간적으로 유일하며 우발성의 특성을 가진다는 것을 신학자들이 주장할 때 비로소 신학의 작업이 생산적이 되기 때문이다.

판넨베르크는 비록 하나님이 정당하게 언급되지 않더라도, 과학 이론은 그 이론이 설명하고자 하는 세계의 현실을 전적으로 이해할 수 없다는 것을 지적한다. 누구나 과학적 탐구가 합리적이고 실험에 따라 수행되어야 함을 지적한다. 비록 자연 과학자들이 자신의 탐구 영역에서 신을 배제하더라도, 신학자들은 신을 배제하고 가치와 도덕을 논할 수 없다. "만약 성서의 하나님이 우주의 창조자라면, 그 하나님을 언급하지 않고 자연 과정들을 완벽하게, 혹은 적절하게, 이해한다는 것은 불가능하다. 역으로, 만일 자연 과정들이 성서의 하나님을 언급하지 않고도 적절하게 이해될 수 있다고 한다면, 그 하나님은 우주의 창조자가 될 수 없을뿐더러, 결국 그 신은 진정한 하나님이 될 수도 또한 윤리적 가르침의 근원으로서도 신뢰받을 수 없을 것이다."[90]

1920년경의 현대 신학은 시간과 역사의 끝에 대한 종말론 논의를 자연 과학과의 대립 속에서 진행시켰다. 판넨베르크는 그로 인해 신학과 자연 과학 사이의 희망 없는 대립이 생기게 되었다고 보고 신학과 자연 과학의 상호 관계성과 대화를 요구했다. 그 한 예가 바로 미국 물리학자 프랑크 티플러의 "물리학의 우주론과 기독교 종말론 사이의 논의의 열려 있음"[91]이다. 판넨베르크는 기독교 종말론의 핵심 주제인 마지막 때의 완성의 문제를 현대 물리학의 우주론에 기초해 새롭게 설명한다. 그는 자연과학과의 관계를 인정하는 일을 신학자로서 우리가 해야 할 과제로 본다. 왜냐하면 자연을 창조하신 하나님을 우리가 올바로 이해하고자 원할 때, 우리가 자연과학 분야들이 제공해 주고 있는 것들을 넘어서서 우리의 하나님 이해를 자연 이해에 포함시켜야만 하기 때문이다.

판넨베르크는 신앙이 자연과학의 지식이 아님을 분명하게 밝히면서도 자연과학

---

90 판넨베르크, 『자연신학』, 37.

91 Wolfhard Pannenberg, "Die Aufgabe christlicher Eschatologie," *ZThK* 92 (1995), 74.

의 세계가 삼위일체 역사에 상응한다고 말한다. "자연 법칙은 창조의 삼위 일체 역사(trinitarische Geschichte) 속에서 없어서는 안 될 봉사 기능을 가진다."[92] 물론 부활은 제외되어야 하지만, "세계"는 자연 법칙에 따라 "자연 과학적으로 서술"되어야만 한다.[93] 창조물 속에 모든 존재자들의 통일성과 다양성에 대해 신학이나 자연 과학이 나름대로 규정하고 있기 때문에[94] 판넨베르크는 물리학의 우주론에 기초한 세계 이해를 신학이 정당하게 선별하여 받아들여야 한다고 생각한다. 또한 그는 물리학의 우주론이 종말론적 세계의 완성의 문제를 현대 신학에게 심각하게 논의하도록 만들어 주었다고 생각한다. 그리하여 그는 『자연신학』에서 삼위일체적 자연의 신학을 제창한다. "오직 삼위일체론적 신학만이 뉴턴이 마음 속에 그리고 있었던 세계 개념의 해방, 즉 이론적 구성물에 불과하면서도 세계 자체의 현실 과정들을 그대로 반영한다고 여겨졌던 기계론적 자연 설명으로부터의 해방을 효과적으로 충족시켜 줄 수 있다. 기독교 창조 신학은 이 세계 과정의 해방을 정당화시켜 줄 수 있는 기술, 그래서 구원사의 관점에서 삼위일체의 신학을 전개함으로써 세계와 하나님과의 관계성을 분리시키려는 경향을 극복할 기술을 발전시켜 나갈 수 있다고 본다"(번역본, 117).

우리의 주제는 신 인식론의 가장자리에 있는 계시신학과 자연신학의 논쟁에서 자연신학만을 택했다. 글의 전개의 편리를 위해 어쩔 수 없이 계시신학을 신봉하는 융엘과 자연신학을 수용하는 판넨베르크를 같이 다루었다. 필자의 입장은 어느 편을 옹호하는 것이 아니었다. 또한 성서 역시 마찬가지로 양자 중 어느 하나만을 선별하여 취하지 않는다. 그러나 두 사람을 통해 필자는 여러 점을 배우게 되었다. 융엘을 통해 왜 계시신학이 신학의 중심에 굳건히 자리 잡아야 하는지 생각해 보게 되었고, 판넨베르크를 통해 현대신학이 현대문화를 올바로 이해하기 위해 현대문화의 특징인 과학의 문화 속에 계신 하나님에 관해 관심 가질 필요가 있음을 알게 되었다. 전혀 다른 새로움을 창출할 하나님의 미래는 결코 과거의 사건들에 의해 추론될 수 없기 때문에, 사건 과정들 속에서도 무제약적으로 자유롭게 활동하시는 창조자 하나님의 계속적인 창조는 우발성으로 특징지어질 수밖에 없다는 것이다. 또한 우리는 창조, 곧 시간을 이

92 Pannenberg, *Systematisch Theologie II*, 92.

93 위의 글, 78.

94 위의 글, 79ff., 89.

해할 때 영원과의 관계 속에서만 이해해야 하고, 시간보다 영원의 우선성을 중시해야 한다는 점이다. 역장 개념을 통해 자연 현상들 속에 현시하고 계시는 하나님의 영적 현존을 올바로 이해할 수 있다는 것이다. 그런 점에서 바르트처럼 예수 그리스도라는 특별계시를 통해서만 하나님을 알 수 있다는 계시신학을 판넨베르크는 거부하고 자연 신학을 옹호하고 있다. 그러나 필자는 이 글의 처음부터 끝까지 견지하고 있는 논의의 전제, 즉 그는 결코 계시신학을 거부한 것이 아니며 오히려 그의 신학의 기저는 계시신학이라는 점을 강조하고자 한다.

2. 문화상대주의 논쟁에 대한 신학적 대답

오늘날 문화에 대한 논의의 핵심에는 늘 문화상대주의 논쟁이 중심을 차지하고 있다. 문화 보편성과 문화 상대주의는 우리가 정립해야 할 과제로 등장했다. 필자는 문화상대주의의 논쟁에서 문화상대주의의 이념을 부분적으로 수용하면서도 그것을 넘어서는 대안을 제시하고자 한다.

문화상대주의는 현대 여러 분야에서 논쟁을 불러일으키고 있다. 필자는 해석학과 자연과학 그리고 철학과 윤리학의 관점에서 문화상대주의가 어떻게 논쟁의 화두가 되고 있는지 살필 것이다.

1) 문화해석의 상대성

근대 해석학의 아버지로 불리는 슐라이어마허의 경우에 해석학은 성서나 기타 고전들의 가장 정당한 이해를 위한 방법을 연구하는 해석법이면서도 동시에 인간의 이해 자체를 문제 삼는 철학적 해석학이었다. 그는 이해 자체의 현상을 주목하고 이해의 보편법칙을 파악하려고 했으며, 이해의 과정을 의식적으로 직접 구체적인 언어와 결합시켰다. 그는 저자의 의도를 찾는 해석 작업을 해석학의 과제로 설정하면서, 어떤 해석자가 내린 해석의 결론이나 의미 결정이 너무 일방적인 방식에서 해석자의 주관이나 심리적인 면에 치우치지 않았는지 따져 보아야만 하고, 따라서 잘못된 주관주의에 대한 대처가 필요하다고 보았다. 그는 저자의 의도를 찾는 해석 작업을 해석학의 과제로 설정했으나, 그 작업이 열려 있다고 보았다.

딜타이는 그러한 슐라이어마허의 이해술이 너무 심리적이라고 비판하면서 진리에대한 개방성이 이해 자체의 완결이나 도달 불가능성을 함축한다고 보았기 때문에 '이해의 객관성'을 보증하는 역사적 이해로 관심을 돌린다. 그리하여 그는 "자연은 설명하고 정신생활은 이해한다"는 이해의 방법론을 정신과학의 방법론으로 정식화한다. 그는 처음에는 자연과학과 구별되는 인문과학의 방법론으로 해석학을 생각했지만 삶에 대한 철학적 연구가 진전됨에 따라 인간의 삶 자체가 해석학적이며 이해한다는 것이 인간의 삶의 가장 본질적인 모습이라는 결론에 이르렀다. 이 점을 주목한 사람이 바로 하이데거이다.

하이데거는 과학적 진리를 정당화해 주는 방법보다 존재를 이해하는, 곧 존재를 향한 개방인 이해 문제로 관심을 돌린다. 그리하여 그는 존재의 역사성을 정당하게 알고자 하는 과학의 정신에서 벗어나 해석자가 해석 대상에 오히려 속해 있다는 존재론적 귀속성 개념에 안착한다. 하이데거에 따르면, 이해는 현존재의 능력 속에 있는 존재양식이지 방법이 아니다. 따라서 이해 자체가 일어나는 가능구조를 해명하는 데 관심을 둔다.

가다머는 하이데거의 후기 해석학에 기초해 해석학만이 철학에게 자연과학의 방법적 지배로부터 도피처를 제공할 수 있다는 확신에서 종래의 문헌학적·신학적 해석학의 전통을 새롭게 개진한다.[95] 가다머는 철학적 해석학을 제창하여 "이해라는 현상을 깊이 연구"[96]하여 이해는 결코 인식론적 기술이나 방법이 아님을 밝힌다. "이해는 그 자체 주관성의 행위로 생각될 수 없고 전승사건 속으로 들어감으로, 즉 과거와 현재를 매개하는 행위로 생각해야 한다."[97] 이해가 방법이 아니라, 일어나는 사건이고 역사성의 속성을 가지기 때문에 완결이 아닌 끊임없는 진리를 향한 개방성의 특성을 가진다. 따라서 가다머에 이르면, 이해와 해석은 완전한 절대성을 가지기보다는 진리를

---

95 박순영, 「한스-게오르그 가다머, 진리와 방법: 해석학의 실천적 적용을 수행한 명저」, 『철학과 현실』 제 65권 2005.5. 210.

96 Hans-Georg Gadamer, *Wahrheit und Methode*, 이길우 이선관 임호일 한동원 옮김, 『진리와 방법』, (서울: 문학동네, 2000), 20.

97 위의 책, 22.

향한 개방성의 특성을 가진다. 여기에서 우리의 논의 주제에 대한 논란이 제기된다. 즉 해석학은 상대성을 주창한다는 오해를 어떻게 풀어야 하는가? 필자는 이러한 문제 제기에 대해 리쾨르를 통해 답해 보고자 한다.

해석의 인식론 자리를 이해의 존재론이 차지하게 된 배경은 무엇인가? 그것은 무엇보다 해석학을 자연과학의 방법만큼이나 힘들여 싸워 얻어야 할 방법을 찾는 작업으로 생각하지 않았기 때문이다. 이런 사유의 전환은 의미가 있다. 그러나 자연과학만이 '방법'을 얻으려고 한 것이 아니라 역사과학도 '방법'을 찾는데, 그 방법은 다름 아닌 해석학의 방법이라는 영미 분석 역사 철학자들의 생각도 귀중하게 취급되어야 한다. 그렇더라도 이해에 어떤 방법을 제공한다는 것은 이해를 객관적 지식으로 보려고 하기 때문이라는, 즉 그것은 칸트의 인식론의 편견에 사로잡혀 있기 때문이라는 하이데거의 지적은 정당하다. 이제는 이해하며 존재하는 존재자에 대한 물음으로 이해와 해석의 물음이 바뀌어야 한다.

하이데거는 후설의 『위기』에서 존재론의 바탕에 현상학이 있음을 발견한다. 그것은 바로 현상학이 객관주의를 비판한 점이다. 즉 자연과학의 인식 방법을 정신과학에 그대로 적용하는 것을 못마땅하게 생각하는 현상학은 존재론과 같은 생각을 가지고 있다. 그리고 주객 관계보다 우선하는 체험의 층인 삶의 세계는 이해의 존재론이 드러내고자 하는 세계이다. 그러나 그 세계는 의미의 체계 안에 갇힌 관념의 주체 대신에 생생하게 살아 있는 삶의 세계이고, 그것은 인식하는 주체가 갖는 객관성보다 앞선다. 그 삶의 세계는 어떤 정당한 인식 방법을 통해서보다 한 사람이 다른 사람들과 함께 존재하는 방식에 대한 해명을 통해 드러난다. 이제는 존재의 역사성을 정당하게 알고자 하는 과학의 정신에서 벗어나 해석자가 해석 대상에 오히려 속해 있다는 존재론의 특성이 귀중하게 다루어져야 한다. 하이데거는 과학적 진리를 정당화해 주는 방법보다 존재를 이해하는 문제, 곧 존재를 향한 개방인 이해 문제로 관심을 돌린다.

그러나 리쾨르는 하이데거식의 질문 방식에는 본문을 해석할 때 허쉬가 제기한 해석의 타당성 물음에 올바르게 답할 수 없다고 생각한다. 그리고 하이데거 생각에 머물러 있게 되면 해석학은 자연과학과 아무런 대화를 할 수 없게 된다. 무엇보다 리쾨르는 해석들 사이의 갈등 문제에 대해 하이데거가 어떤 언급도 하지 못한다고 보았다.

만약 우리가 하이데거의 해석학에 충실하게 머물러 있고자 할지라도, 존재 이해는 딜타이가 평생 작업해 왔던 역사 이해와 어떻게 다른지 설명해야 한다. 리쾨르는 이 작업을 이해가 일어나는 차원인 언어의 차원에서, 즉 의미론의 차원에서 언어를 고찰함으로 해낸다. 그런 의미에서 우리는 의미론의 차원에서 이해와 해석의 문제를 살피게 될 것이다. 리쾨르는 또 다른 차원에서 언어 이해와 해석을 위한 의미론의 필요성을 느낀다. 이해의 인식론에서 존재론으로 전환하는 일이 가능하려면 아무런 인식론적 전제 없이 존재자의 존재를 서술할 수 있어야 거기에서 이해가 존재하는 한 양태라는 사실을 밝힐 수 있지 않느냐고 리쾨르는 생각한다. 그는 '이해가 존재 양태이다'라는 것을 밝히기 위해서 다시 한 번 언어를 들여다봐야 한다고 생각한다.

지금까지의 논의는 문화 해석이 상대주의자들의 이론적 근거가 될 수 없다는 것을 밝히는 것이었다. 이제 필자는 과학문화의 위기를 논하고자 한다. 도구적 이성의 기초는 다름 아닌 과학문화로 그것은 인간성 상실 뿐 아니라 전쟁과 살해의 매체였고 가치의 상대화를 촉진하고 있다.

2) 과학문화의 상대성

아도르노나 호르크하이머가 실증주의적 기술문화를 비판하게 된 배경에는 나치의 등장이 있었다. 나치의 테러가 과학기술에 의해 자행되었기 때문이었다. 그러나 필자가 보기에 과학문화의 위험성의 요인에 상대주의가 뿌리 깊게 자리 잡고 있다. 20세기 들어 상대주의가 세상을 이해하도록 촉구하게 된 계기들 중에서 자연과학의 변화만큼 중요한 요인도 없는 듯하다. 근대 뉴턴의 물리법칙은 결정론적 세계관을 구축했다. 결정론적 세계관은 진리의 절대성을 확고히 하는 지대였다. 그러나 자연과학 안에서 고전적 결정론을 거부하는 이론이 생겨나면서 객관적 실재성을 거부하게 된다. 이제는 다음과 같은 질문을 다시 해야만 했다. 인간의 의식과는 무관하게 자연의 객관적 실재가 존재하는가?

아인슈타인의 상대성이론은 객관적 진리를 다시 검토하도록 만들었다. 시·공간이 관찰자에 의해 달라지듯 대상은 보는 자의 주관에 따라 달라지기 때문이라는 것이다. 빛의 속도가 문제가 되었는데, 즉 움직이는 관찰자가 보거나 정지해 있는 관찰자가 봐도 빛은 항상 일정한 속도여야 한다는 것이다. 그는 신의 주사위 놀이를 거부함으로써 자연의 객관적 실재성을 승인하고자 했다. 그럼에도 세계가 확률과 우연에 의해 지배받는다는 생각을 "신은 주사위 놀이를 하지 않는다(이때 신이란 자연 또는 물리법칙을 그리고 주사위 놀이는 확률을 뜻한다)"는 경구로 대답하고 만 아인슈타인이 노년에 후회했다는 일화는 유명하다. 이 사상은 상대성이론을 설명하기보다는 보어가 주장한 양자론에 해당하기 때문이다. "종교가 없는 과학은 절름발이이고 과학이 없는 종교는 장님"이라 말했던 그는 지난 1954년 1월 3일 철학자 에릭 굿카인드에게 보낸 이 편지에서 "내게 신(God)이라는 단어는 인간의 약점을 드러내는 표현 또는 산물에 불과하다"고 털어놓았다 한다.

보어를 비롯한 양자역학을 주창하는 사람들은 객관적 실재를 거부한다. 왜냐하면 인식주체(예를 들어 특정장치)에 독립하여 존재하는 객관적 실재란 불가능하기 때문이라는 것이다. 미시세계와 측정 장치 간의 상호작용, 즉 무엇을 측정할 것인가와 관련한 측정 장치와의 결합 없이 객관적 실재의 상을 얻는다는 것은 불가능하다고 본다. 객관적 실재를 인식함에 있어서 대상객체와 인식주체가 상보적 관계를 갖게 된다는 것이다. 이제 양자이론이라는 새로운 이론체계는 뉴턴의 결정론적 세계관을 깨고, 모든 일은 운명적이지 않고 확률적이라는 생각, 다시 말해서 더 열려진 세상을 볼 수 있는 가능성을 제공한다.

물리학만이 상대주의적 사고를 지향하는 것이 아니라 생명공학의 경우는 더하다. 사회 생물학을 주창한 윌슨에 따르면, 인간 생명의 핵심은 결국 유전자이고 유전자는 물질에 불과하며 종교와 도덕 유전자도 진화한다고 한다. 이런 사고 속에서 인간의 존엄성은 논외거리일 뿐이다. 그렇다면 인간의 정체성을 세우기 위해 인간을 물질이나 분자로 환원하는 과학적 지식은 전혀 불필요한가? 과학적 지식과 윤리적 가치는 병존 불가능한 선택을 강요하는가? 왜냐하면 우리는 과학이 가져다 준 삶의 질적 향상과 공리복지 속에 살고 있지만, 동시에 그것의 부산물인 원자폭탄의 피해자이고 자연파괴의 주범이기 때문이다. 더구나 생명공학의 경우에도 보듯이, 복제의 문제도 윤리적인 접근보다는 과학발전과 경제원리가 지배하는 시장경제체제를 따르게 되고 따라서 가치 상대화와 영리추구수단일 뿐이기 때문이다. 인간을 분자와 물질로 환원하여 보는 현재의료기술의 공리주의적 사고 속에는 질병치료를 위해서라면 인간을 목적으로 대우하기보다는 수단으로 취급한다. 이제는 도덕적으로 옳은 것보다는 경제적으로 효율적인 것 혹은 생산적인 것이 더 중요하게 평가받게 되었다. 현재 생명복제기술의 추진 주체는 선진각국 및 다국적 기업들로서 이들이 상업화에 가장 적극적이다. 기술이 거대 기업이나 권력의 의도에 맞게끔 진행되면 일반 시민들은 그로부터 소외될 것이다. 이에 따라 각국은 생명복제기술을 포함하여 생명공학을 미래 국가 경쟁력을 좌우할 전략산업으로 선정하고 이의 육성에 상당한 관심을 보이고 있는 것도 사실이다. 사실 미래의 국가 운명에 상당한 영향을 미칠 이 기술에 대한 연구개발을 소홀히 한다면 기술적 종속국으로 전락할 우려가 있어 우리나라도 엄청난 부작용에 대한 우려에도 불구하고 이를 완전히 금지시키지 못하고 있다.

자연과학의 이론 안에서의 객관적 실재성에 대한 논란은 우려의 대상이 되었을 뿐만 아니라 철학에도 지대한 영향을 미친다. 특별히 영미 계통의 언어분석철학에서 활발하게 이 문제가 논의되고 있다.

3) 상대주의를 주장하는 철학적 전통

상대주의를 주장하는 철학들 중 콰인과 쿤 그리고 로티의 주장들을 살펴본 다음, 이에 반대하는 합리주의자의 대표로 합의문화공동체를 주창한 하버마스를 소개하고 마지막으로 이 두 입장을 매개하는 사상가로, 대상이 객관적으로 존재한다는 것을 부인하지 않는 실재론자이면서도 개념적 상대성을 주장하는 퍼트남에 대해 검토하고자 한다.

콰인은 '가바가이'(gavagai)가 토끼(rabbits)나 토끼와 분리될 수 없는 일부분 또는 토끼에 관한 감각자료(rabbit sense−data)로 번역되어야 하는지 알 수 없다면서 원초적인 번역 불확정성을 주장한다. 그는 "세계에 대한 어떠한 진술체계가 유일하게 참인 진술체계라고 할 수 없다"는 존재론적 상대성을 주장한다. 그러면 그의 진리의 상대성은 문화상대주의자들의 주장의 근거인가? 그러나 다음의 문장은 그것을 의심하게 만든다. "문화 상대주의자에 의하면 진리는 문화에 상대적이다. 그러나 만약 그렇다면, 그 자신은 그의 문화의 테두리 안에서는 그 자신의 문화에 상대적인 진리를 절대적인 것으로 보아야만 한다. 그는 그것을 극복하지 않고는 문화 상대주의를 천명할 수 없으며, 그것을 포기하지 않고는 극복할 수 없다."[98] 문화상대주의자들이 모든 문화의 등가성을 주장하는 명제 자체도 상대주의 명제의 틀을 벗어날 수 없음에도 불구하고, 마치 이 주장 자체가 절대주의 명제인 것처럼 여기는 것이 문제라고 콰인은 보고 있다. 그러나 만약 콰인이 주장한 원초적 번역 불확정성과 존재론적 상대론을 수용하여 "아무런 기준도 존재하지 않는다"는 허무주의적 상대주의와 연결시킨다면, 이는 퍼트남이 경고했듯이 일종의 "정신적 자살"[99] 행위에 해당한다.

쿤의 『과학혁명의 구조』에서 제기된 과학의 '통약불가능성'(incommensurability)에 따르면, 한 체계로 진술된 이론이나 주장이나 명제를 서로 다른 체계로 이해하고 해석하고 번역할 수 있는 하나의 '보편적으로 타당한' 체계는 존재하지 않는다. 로티도 실재와의 진리대응설을 거부하면서 진리를 언어 공동체 안에서 허용된 것이라고 주장한다. 스스로를 극단적 상대주의자라고 칭한 굿맨에 따르면, 언제나 해석만 있을 뿐이지 탐구의 끝에 존재하는 실재란 있지 않다는 것이다. 굿맨과는 달리 어떤 합리적인 선택과정의 가능성을 거부하는 듯이 보이는 파이어아벤트는 '어느 것이든 좋다'(Everything goes)는 말로 상대주의적 반합리주의를 주창한다.

이러한 상대주의적 경향을 비판적으로 보는 사람들도 많다. 포퍼도 그 중의 한 사람으로 문화 상대주의를 현대에 비합리주의의 가장 위험한 형태라고 비판한다.[100] 현대철학의 상대주의적 경향에 우려를 표명한 미국 브라운대 김재권 교수 역시 상대주의의 이념에서 벗어나 자신의 문화와 전통의 가치를 인류의 문화로 고양시킬 것을 촉구한다. "우리들 대부분은 상대주의적 사고의 유혹에 의해 어느 정도 흔들려 왔다고 생각한다. 그렇지만 상대주의의 경우는 지나치게 과장되어 왔다. 지금은 우리 자신의 개념적 체계로 후퇴하여 상대주의에 호소함으로써 우리의 이론과 체계를 보호하려고

98 W.V.O. Quine, "On Empirically Equivalent Systems of the World," *Erkenntnis*, v. 9, 313.

99 H. 퍼트남, 『이성, 진리, 역사』, 김효명 역, (서울: 민음사, 1987), 145.

100 Karl Popper, "The Myth of Framework," E. Freeman (ed), *The Abdication of Philosophy and the Public Goal*, (La Salle, 1976), 25.

시도할 시기가 아니다."[101] 그는 포스트모더니즘이 주도하는 상대주의가 초래한 허무주의 문화 또는 합리성을 부정하는 일종의 인식론적 무정부주의가 철학계의 흐름을 주도하고 있을 뿐만 아니라 인간의 가치와 종교 그리고 진리를 근거로 내세우는 언어의 진리성을 부정하는 것을 경계한다. 독일 뮌스터 대학의 송두율 교수도 합리주의가 제시하는 보편성을 상대주의가 비판하면서 학문의 화두이게끔 만들고 있지만 우리는 그것을 과대평가해서는 안 된다고 경고하고 있다.[102] 하이데거는 문화의 대화 가능성에 대해 우리에게 다음과 같은 조언을 남긴다. "우리는 각자의 나라를 떠나 본래의 기원으로 돌아가야 한다. 다시 말해서, 문화들의 대 토론에 정식 협상 상대자가 되기 위해 우리의 그리스 기원, 우리의 히브리 기원, 우리의 기독교적 기원으로 되돌아가야 한다는 것이다. 자아와 다른 존재를 대면하기 위해서, 자아를 가져야 한다. 막연하고 일관성 없는 혼합주의보다 우리 문제의 해결에서 더 멀어지는 것은 아무것도 없다."[103]

그러면 합리주의는 문화를 어떻게 인식하도록 하는가? 막스 베버의 통찰에 의하면, 합리주의는 서구에서 자본주의 문화 정신 속에 나타났었는데, 데카르트가 이해한 서구 정신에 의하면, 신의 완전성이 인간에게 현현되어 인간이 합목적이기를 원한다는 것이다. 서구 근대 철학은 이성의 합리주의를 주창해 왔다. 20세기 마지막 이성의 옹호자라고 칭함을 받는 하버마스는 보편적인 인식이 지향하는 의견의 일치(합의, konsensus)가 가능하다고 주장하여 서구문화의 가능근거를 제시한다. 이에 대해 반대하면서 리오타르는 불일치(dissens)를 주장한다. "우리는 전체나 하나에 대한 동경심을 지니고 있고, 개념과 감성의 화해나 투명한 대화적 경험을 위해서 너무나 많은 대가를 지불하였다. 긴장 완화와 안정을 갈망하기 때문에 여전히 테러를 계속하고 있다. 이에 대한 해결책은 전체에 대한 투쟁, 표현할 수 없는 것을 생산하고 차이를 활성화시키는 것이다. … 우리는 상호소통적인 평준화와 단일화에 저항한다."[104] 리오타르는 하버마스의 합의보다는 비트겐슈타인의 삶의 형식 이념에 따라 보편적인 질서를 담는 하나의 거대담론은 있을 수 없기 때문에 하나의 언어와 다른 언어, 하나의 삶의 형식과 다

101 김재권, 「현대철학의 상대주의적 경향에 대한 반성」, 『철학과 현실』 제 8권 1991, 34.

102 송두율, 「합리주의와 상대주의」, 『철학과 현실』 제 8권 1991, 52-63.

103 폴 리쾨르, 『역사와 진리』, 박건택 옮김, (서울: 솔로몬, 2006), 362.

104 J.-F., Lyotard, "Beantwortung der Frage. Was ist Postmodern?" *Tumult* 4 (1982), 142.

른 삶의 형식 사이에는 단절이 있을 수밖에 없다고 본다. 이러한 상대주의에 대해 하버마스는 일치가 '양립될 수 없는 것'(Inkompatibilität)을 의미하는 것이 아니라고 반박하고 있고, 루만은 합의는 의견의 일치는 물론 의견의 불일치를 통해서도 가능하다고 보고 있으며, 아펠은 내가 말하고 싶은 대로 말할 테니 너도 그렇게 하라는 식의 태도는 대화 자체에 관심이 없는 비인간적인 행위라고 비판한다.

상대주의와 토대주의의 양 극단을 피하고 중도적인 입장에서 새로운 합리성 개념을 말하는 사람이 있다. 그는 한 상황에서 동시에 양립 불가능한 기술들 중에서 "어느 것이 올바른지를 판별할 사실이란 존재하지 않는다"[105]고 개념적 상대성을 옹호하면서도, 진리가 문화의 틀 안에서만 타당하다고 주장하는 문화상대주의자들을 비판한다. "내가 말하고자 하는 것은 어떤 문화나 하부문화가 명시적으로나 암묵적으로나 받아들이는 기준들은 이성이 무엇인가를 정의할 수가 없다는 것이다. 왜냐하면 그 기준들이 해석되기 위해선 이성을 전제하기 때문이다."[106] 따라서 문화상대주의자들이 주장하는 것처럼, 즉 모든 문화인식의 객관성과 절대적 합리성을 우리가 가질 수 없다는 견해에 대해 퍼트남은 "그것들 [합리성]은 우리의 개념이며, 무엇인가 실재로 있는 것에 관한 개념이다. 이 두 개념에 의해 객관성이 정의될 수 있는데 이때의 객관성은 우리에 대한 객관성이지 신의 눈에 비친 형이상학적인 객관성은 아니다. 인간적으로 말할 때, 객관성과 합리성이란 바로 우리 자신들에 속한 것으로서, 없는 것보다는 낫다고 할 수 있는 성질의 것이지 어떤 절대적 성질을 가진 것은 아니다"[107]라고 말한다. 따라서 그는 문화보편주의가 상대적 문화를 인정하지 않듯이, 문화상대주의자들도 자신이 생각하는 진리기준으로 타문화를 평가하기 때문에 결국은 타문화를 그 자체로 인정하지 않는다고 보아 다른 문화의 존재를 인정하고 있는 한 문화 제국주의나 문화상대주의는 모두 거부되어야 한다고 말한다. "내가 어떤 것을 '참'이라고 말할 때, 그것은 나의 문화의 기준들에 따라서만 올바르다는 것을 의미하게 된다."[108]

---

105 Hilary Putnam, "Truth and Convention: On Davidson's Refutation of Conceptual Relativism," *Dialectica* 41.1-2 (1987), 76.

106 Hilary Putnam, *Realism and Reason*, (Cambridge: Cambridge University Press, 1983), 234.

107 Hilary Putnam, *Reason, Truth, and History*, (Cambridge: Cambridge University Press, 1981), 54-55.

108 Putnam, *Realism and Reason*, 237.

4) 진리의 보편성만도 상대성만도 아닌 종말론적 진리

필자는 진리의 보편성도 아니면서 그렇다고 진리의 상대성도 아닌 종말론적 진리를 제시하고자 한다. 이 개념은 리쾨르가 말한 개념이다. 모든 문화는 그 문화의 패러다임 안에서 보편성과 규범성 그리고 초월성을 간직하고 있다. 그러나 다양한 다른 문화들을 부정할 수는 없다. 문화의 다양성을 인정해야 하지만 그렇다고 그것이 바로 상대주의적 다원주의라고 할 필요는 없다. 문화 상대주의가 모든 문화에 적용될 수 있는 어떤 보편적인 가치와 인식의 체계 그리고 발전의 법칙이 있다는 사실을 부정하고 개념 문화의 자율성과 독자적 가치체계를 강조하는 것은 각자 문화의 고유성을 무시한 보편 문화이념에 반대하기 때문인데, 특히 서구적인 가치를 보편적 가치로 여기려는 입장에 반대하기 때문이다. 서구문화 보편주의는 서구문화를 보편문화로 설정한 것에 지나지 않는다. 서구문화를 보편문화로 정립할 수 있었던 배경에는 정치력과 경제력 같은 문화 외적인 힘의 작용이 있었음을 중세에 서구문화가 보편문화로 정립되어 가는 과정을 통해서도 알 수 있다. 따라서 우리는 문화보편주의가 갖는 정치적이고 이데올로기적인 위험성도 경계해야 한다.

문화가 가지는 보편성과 상대성에 대한 논란은 절차적인 보편주의와 문화 상대주의와의 관계성 정립에까지 확대 발전되고 있다. 그러나 리쾨르가 보기에 롤스와 드워킨으로 대표되는 절차적인 보편주의와 문화적 상대주의 사이의 대립은 무익한 소모전일 뿐이다. 그 대신에 그는 "맥락주의가 보편화의 요구를 진지하게 받아들이라"[109]는 대안을 제시한다. 이 대안에 충실하자면 보편성과 역사성, 곧 진리의 종말론과 역사의 종말론을 '반성적으로 균형'잡도록 노력해야 한다.[110] 옳음의 목표나 절차주의 자체가 제대로 작동할 수 있기 위해서도 사회 구성원들이 공유하는 좋음이 전제되어야 한다. 이것은 절차적 자유주의가 집합적 의사결정과정에서의 능동적 참여나 인민의 자기실현이라는 민주주의의 목표를 제대로 담보하지 못하고 있기 때문이다.

문화적 대상의 진리는 경험적으로 직접 주어지는 것도 아니고 관찰자로부터 독

---

109 폴 리쾨르, 『타자로서 자기자신』, 김웅권 옮김, (서울: 동문선, 2006), 379.

110 위의 책, 382.

립해 있는 것도 아니라 나와 세계 사이의 지속적인 대화의 산물, 곧 해석의 산물이다. 이 세상에 단 하나의 문화만이 존재하는 것이 아니라 여러 문화들이 존재하기 때문에, 인간의 경험을 총괄할 수 있는 보편적인 문화를 주장할 수는 없다. 그런 의미에서 리쾨르도 문화의 진리를 종말론적 진리라 하지 보편적 진리라 하지 않는다. 왜냐하면 종말론적 진리는 궁극적인 보편성을 말하면서도 역사 속에서 종말론적 진리를 향한 개방성 속에 있는 이상 다양성과 상대성을 인정하기 때문이다. 이런 차원에서 리쾨르는 헤겔의 전체성 개념을 비판한다. 헤겔의 전체성 개념 속에는 인간의 유한성, 곧 죄악이나 잘못이 무시되기 때문이다. 리쾨르가 말하고자 하는 종말론적 진리란 절대성을 가지면서도 지금 우리의 역사 속에서 개진되는 각각의 문화의 고유성을 인정해야 할 뿐만 아니라 그것이 미래의 도상에 있는 한 그리고 그 진리에 대한 우리들의 지식과 다른 사람들에 대한 지식이 임시적인 한, 대화를 향한 노력을 경주해야 함을 함축한다.

이제는 보편문화가 논란이 될 수 있듯이, 문화의 상대성도 경계하자는 제안을 보편윤리와 연결지어 논하고자 한다. 왜냐하면 보편윤리의 논제도 우리의 문제와 아주 밀접하게 연관되어 있기 때문이다.

5) 보편윤리

모든 가치와 규범에 대한 객관적 진술의 가능성을 배제하는 실증주의와 가치와 규범의 문화, 역사적 특수성을 강조하는 상대주의적 사고의 영향이 상존하는 상황, 곧 21세기 다변화시대 속에서 인류의 존속과 번영을 촉구하는 차원에서 상이한 문화와 사회가 공동으로 받아들일 수 있는 관념과 가치들의 종합을 창출하기 위한 노력들이 경주되고 있다. 그러나 모든 형태의 보편주의를 서구적 제국주의의 이데올로기로 환원하려는 시도와 함께, 오늘날 서로 다른 여러 이유에서 로티 같은 신실용주의자들이나 푸코나 리요타르 등의 포스트모더니스트들도 보편 윤리를 부정하고 있다. 왜냐하면 이들 생각에 보편주의는 서구 패권주의의 도구였기 때문이며 이제는 모든 문화의 다양성과 가치를 존중해야 한다고 생각하기 때문이다. 이러는 와중에도 가톨릭 신학자 한스 큉은 인류가 당면하고 있는 지구적 문제들을 대처할 수 있는 윤리적 가치와 원칙에 대한 합의점을 찾고자 한다. 세계 종교회의는 1993년에 130여 개 세계 종교 대표들을 통해 『보편 윤리를 향한 선언문』을 채택했다. 바로 이러한 합의점이 가치 규범 및 도덕적 태도에 대한 기본적 최소한의 합의 즉 보편 윤리의 기초가 된다는 것이다. 그러나 보편윤리가 다시금 이데올로기적으로 작용하거나 패권주의의 도구에 이용될 수 있다는 이유로 최소한의 보편윤리를 주창하는 경향도 일고 있다. 영미 철학자인 햄프셔의 『정결과 경험』이나 독일 철학자인 아펠의 우주적 거시윤리가 그 대표적 예이다.

그러면 다양한 문화와 종교에서 폭넓게 인정되는 도덕적 가치와 원칙들을 사실적으로 확인할 뿐만 아니라 합리적 견지에서 필요하다고 인정되는 가치와 원칙들을 추출하고자 하는 방법은 무엇인가? 즉 보편 윤리는 보편성과 다원성의 관계를 어떻게 정립해야 하는가? 문화적 다원체제 안에서의 보편성 이념의 정립이 과제가 되었다. 우선적인 과제는 보편주의와 패권주의의 관계 재정립이 없이는 논의가 더 이상 어렵게 되었다. 다양한 문화나 가치를 인정하는 보편성 이념이 어떻게 가능한가?

캐나다 철학자인 테일러는 인권에 관련된 규범에 대한 범문화·사회적 합의와 문화별로 상이한 정당화 방식과의 구분을 통해서 다원성의 틀과 보편주의 관계를 밝히고자 하는 흥미로운 시도를 하고 있다. 그는 문화의 다양성에도 불구하고 남녀평등이나 생명 존중과 같은 인간의 보편적 인권의 존재를 인정한다. 보편을 말하지만 그 보편도 공동체적 가치와 개인의 자유를 함양하는 상호인정의 형태 속에서 자리 잡는다. 그는 공동체의 정체성과 문화적 다양성 그리고 표현적 개인주의가 담보하려는 다양한 개인의 존재를 인정하면서도 상대주의로 나아가지 않고 인류가 함께 지켜야 할 공통의 가치를 추구한다. 그 한 예로써 사이월드(Cyworld)를 제시할 수 있는데, 물론 사이버의 세계 안에서이지만, 개인주의의 영역임에도 다른 사람들과의 관계맺기를 통해 자신의 진정성을 실현할 수 있는 매체로 등장했다. 우리가 개인과 공동체가 연대되는 자기 진실성의 이상을 회복함으로써 도구적 이성이 지배하는 신자유주의 파도 속에서 인간의 경제 자본의 수단으로만 여기지 않는 자기 주체적 진실성을 성취할 수 있어야 한다.

지금까지 필자는 문화상대주의의 논쟁에 관해 논했다. 문화에 대한 논의는 문화우월주의의 기준과 가치를 다시금 평가하게 만들었다. 그 논의는 우리 시대에도 우월한 문화로 인정받을 수 있는 것이 무엇이냐고 묻게 만드는 긍정적인 기회임에 틀림없다. 또한 문화상대주의가 나의 진리만이 옳다는 특정 지식체계의 배타성을 완화시켰음에 틀림없다.[111] 그러나 상대주의자들은 진리의 상대성을 극복하고 진리의 보편성을 획득하고자 하는 철학의 모든 작업을 무효화시키거나 약화시키고 있는 것으로 보인다. 서구 문화의 이데올로기적 헤게모니에 대한 치료제로서 문화다원주의의 이념이 가지는 장점이 있지만, 만약에 상대주의가 참이고, 상충되는 진리와 가치에 대한 주장을 판가름할 수 있는 것이 특정 문화적 전통일 뿐이라고 한다면, 그것 또한 하나의 이데올로기일 뿐일 수 있다. 그런 의미에서라면 문화상대주의자 역시 위협적인 문화제국주의자로 변신할 수 있을 것이다.[112]

농경문화시대에 자연을 경작하는 일의 중요성을 문화로 보았듯이, 고전철학의 시대에는 인간을 인간답게 교육시키는 수단으로 문화를 지목했다. 이러한 물질문화나 정신문화는 20세기에 접어들어 복잡한 사회 구조 속에서 다의적인 상징체계를 문화로 볼 수밖에 없게 되었다. 세계 대전과 아우슈비츠는 용서조차 받을 수 없는 문화파괴현상이었음을 문화철학자들이 고발했듯이, 필자 또한 일제식민지 시대의 문화말살정책과 6.25 민족동란 그리고 5.18 광주항쟁이 왜 용서받을 수 없는 문화파괴였는지 문화비판의 장(제3부 기억의 문화)을 제안하고자 한다. 문화철학이 진리의 다양성을 진리의 보편성의 자리에 위치시킬 때 하이데거는 해석학적 진리가 진리의 존재론적 우선성에 기초한다고 반박한다. 해석학의 전통 안에서도 이해의 객관성과 개방성에 관한 논쟁이 전개될 때, 이해의 상대성을 뛰어넘는 해석학적 존재론(리쾨르)을 제시했다. 필자는 리쾨르의 해석학적 존재론에 기초해 진리의 상대성과 보편성 논쟁을 넘어서는 종말론적 진리를 소개했다.

종말론적 진리는 언어분석철학(콰인, 쿤, 로티) 안에서의 문화상대주의의 논쟁, 상대론(아인슈타인)과 양자론(보어)의 인식 주체와 무관한 실재의 존재여부 논쟁 그리고 사회생물학(윌슨)에 기초한 생명공학이 가져온 가치 상대화와 물질로 환원되는 생

111 M. Herskovits, *Cultural Relativism*, M. Herskovits (ed.), (New York: Vitage, 1973), 76-77. "문화상대주의의 핵심은 바로 차이의 인정과 상호 존경에서 오는 사회적 훈련에 있다. 수많은 삶의 방식의 가치를 강조하는 것은 곧 각 문화 속에 있는 가치를 긍정하는 것이다. 왜냐하면 문화상대주의는 각자의 삶을 영위하기 위해 각 문화가 설정한 가치를 인정하면서 풍습마다 각각 지니고 있는 존엄한 가치와, 자신이 따르는 규칙과는 비록 다르다 할지라도 다른 약속체계에 대해서 관용할 것을 강조하는 철학이기 때문이다."

112 김여수, 「상대주의 논의의 문화적 위상」, 『철학과 현실』, 제 8권 1991, 79 이하.

명의 존귀성 상실을 대체할 대안이다. 종말론적 진리는 보편윤리를 지향하면서도 문화상대주의의 정당한 주장을 포함한다.

3. 기독교의 문화 해석학

기독교의 문화가 무엇인지에 대한 명확한 규명 작업을 통해, 비기독교 문화의 핵심인 무신론의 문화를 기독교 복음에 의해 대응할 수 있는 가능성을 탐구하고자 한다. 기독교의 문화는 해석학을 통해 새롭게 이해될 수 있다. 문화는 곧 시간의 집인데, 시간에 대한 이해는 문화를 이해하는 첩경이 되고 따라서 다양한 문화를 인정하라는 해석학의 요구는 종말론을 통해 완성되기 때문이다.

우리가 논의해야 할 주제는 복음과 문화이다. 복음과 문화와의 관계는 해석학의 도움으로 몇 가지로 정리된다. 복음은 문화 안에 있지만, 죄악의 문화가 있을 뿐만 아니라 그것이 복음 전파를 방해하기 때문에 복음은 문화의 변혁을 요구한다. 그러면 문화 안에 있는 복음은 어떻게 문화를 변혁할 것인가? 죄악의 문화 중심에는 니체에 의한 신의 죽음의 문화가 자리 잡고 있는데 그러면 기독교의 문화는 이러한 무신론의 문화에 어떻게 대응해야 하는가? 복음과 문화를 접근할 수 있는 길에 대해 묻게 되고 그 길로 신학은 자연계시, 곧 일반은총론을 말해 왔는데, 그 이유는 복음과 문화를 분리시키지 않을 뿐만 아니라 창조의 선함과 죄로 말미암은 타락이라는 도식을 견지시킴으로써, 우리의 논의를 위한 가능성을 열어 주기 때문이다. 문화와 복음의 일치는 서구 제국주의적 선교 태도이다. 더구나 문화와 복음을 동일시하게 되면 문화 속에 있는 죄를 상대화시키고 말아 죄에 대한 경각심이 감해지고, 문화의 심판자로서의 복음이라는 견해를 회의하게 만든다. 대립과 일반은총은 문화이해의 중요한 두 원리이다. 그러나 필자는 일반은총론에 의해서만 복음과 문화와의 관계를 전개하지 않고, "문화는 시간 속에 존재한다"는 아우구스티누스의 명제에 기초해 전개하고자 한다. 아우구스티누스는 문화를 시간론에 기초해 고찰한 선구자이다. 그는 '창조-타락-구속'이라는 틀을 따라 기독교의 문화를 설명하고 있다. 이 도식은 필자가 기독교의 문화를 말할 수 있는 근간이 되었다.

그러면 복음이 세속 문화를 변혁할 수 있는 모델은 무엇인가? 필자는 리쾨르의 이야기 신학을 그 모델로 제안하고자 한다. 이야기 신학은 아우구스티누스에게 기초하고 있다. 그 근본 이념은 시간을 이야기하겠다는 것인데, 시간 이해의 출발은 창조론이지만 그리스도를 통한 구속과 종말론적 완성을 그 뼈대로 하고 있다. 기독교의 문화를 해석할 수 있는 가능성을 제시한 아우구스티누스와 리쾨르에게 공통적인 것은 종말론이다. 시간 속에 존재하는 문화를 종말론적으로 고찰할 수 있는 단초는 요한복음 3장 16절이다. "하나님이 세상을 이처럼 사랑하사 독생자를 주셨다." "예수 그리스도의 성육신의 사건은 계시가 문화 속에 들어온 원형적 사건이다. 문화신학은 그 신학적 이념을 이 예수 그리스도의 성육신에서 찾아야 한다."[113] 바르트는 성육신한 말씀의 시간을 "계시의 시간"[114] 곧 하나님의 시간이라 한다. 하나님이 우리를 위해 시간을 가지신 이유는 하나님의 시간 계시를 통해서야 하나님의 시간이 우리의 시간 속에 존재하기 때문이고, 시간 속에서 피조물과 함께 하시기 위해 하나님은 시간을 가지셨기 때문이다. 마가 기자는 이를 "때가 찼고 하나님의 나라가 가까웠으니"(막 1:15)라고 한다. 종말론적인 하나님의 나라가 임하심이 바로 시간이 충만해짐이다. 이런 의미에서 우리는 문화 변혁의 주체가 하나님이시고 하나님이 보내신 그리스도임을 말해야 한다. 갈라디아서 4장 4절에 따라 하나님이 그 아들을 보내신 사건으로 인해 "하늘에 있는 것이나 땅에 있는 것이 다 그리스도 안에서 통일되게 하려 하셨다"(엡 1:10). 따라서 우리는 바르트처럼 하나님이 주신 시간과 "시간 속에 있는 죄인"(KD III/2, 623)의 시간의 차이를 충분히 고려하지 않으면 안 된다.[115]

1) 복음과 문화

복음과 문화와의 관계를 설명하고자 할 때 제기되는 질문들이 있다. 기독교의 문화가 도대체 무엇인가? 설령 '기독교의 문화가 무엇이다'라고 하는 통일된 합의가 있더라도, 기독교의 문화는 거룩하고 세상 문화는 타락한 문화이기 때문에 그리

---

113 김영한, 『한국기독교의 문화신학』, (서울: 성광문화사, 1992), 5.

114 Karl Barth, *KD I/2*, 50 ff.

115 Wolfgang Pannenberg, *Systematische Theologie Band III*, (Göttingen, 1993), 646.

스도를 통해 세상의 문화가 변혁되어야 한다고 주장하는 근거는 무엇인가? 변혁을 위한 가장 타당한 모델이 무엇인가? 다원주의적 인본주의에 기초하고 있는 민속지학적(ethnography) 또는 미시사(micro-history) 문화 연구 방법론을 기독교의 문화변혁 모델로 수용할 것인가? 문화과학 방법론과 기독교의 문화 연구 방법론에 공동으로 해당하는 방법론이 있다고 하더라도, 하나님 중심의 문화 이해가 어떻게 비신앙인에게 정당하게 이해될 수 있는가? 문화의 절대성과 상대성 논란, 복음이라는 텍스트와 문화라는 문맥성과의 관계에 대한 정확한 정립이 필요하다.

복음과 문화는 시간 속에서 일어난다. 아우구스티누스는 시간을 하나님의 창조라고 했다. 복음이 시간 속에 오신 예수 그리스도를 지칭하듯이, 문화는 시간의 양식이다. 문화는 시간, 공간 개념을 통해 정의된다. 시간을 개념화하지 않은 문화도 있지만, 문화권마다 시간의 창조를 통해 문화의 기원과 발달 과정이 다양하게 전개되고 해석된다. 아우구스티누스는 기독교의 문화로 종말론적 시간관을 제시했다. 시간을 어떻게 측정하느냐에 따라 문화가 여러 방식으로 발달한다. 플라톤이 시간을 "영원의 상"[116]이라고 말한 것에서 볼 수 있듯이, 고대인들은 자연계의 양상이 신들의 뜻을 반영한다고 믿었다. 플라톤의 생각에 충실하자면, 인간의 시간은 신의 영원과 분리될 수 없다. 문제는 '타락한 시간' 개념이다. 위에서 보듯이 신과의 분리가 바로 타락이다. 아우구스티누스에 따르면, 시간 자체가 타락한 것이 아니라, 인간이 영원하신 하나님을 떠나 불완전하고 변화무쌍한 피조물 세계로 향함으로 말미암아 시간이 타락하게 되었다.[117] 그는 이런 타락한 시간을 흩어짐(dissiliatio)이며 분산(multiplicatio), 곧 무상성이라 했다. 그래서 그는 이러한 시간의 존재론적 결함을 극복하기 위해 영원 개념을 사용한다. 하나님의 영원성은 시간의 양적인 연장이 아니라, 모든 시간을 초월하면서 항상 머물러 있는(semper stans) 영원한 현재(nunc stans)를 뜻하는 그 탁월성을 특징으로 가진다. 따라서 하나님의 영원이 시간 안으로 들어오심으로 말미암아 시간이 다시금 거룩해진다. 이것이 바로 우리가 문화를 기독교 관점에서 고찰해야 하는 근거다. 여기서 우리는 기독교의 문화라는 말을 사용할 수 있게 된다. 아우구스티누스는 이렇게 기독교

---

116 Platon, *Timaios*, 37 d.

117 Augustinus, *De lib. arb.*, 1, XVI, 35.

의 문화를 창조와 타락 그리고 구속의 틀 안에서 설명한다.

아우구스티누스는 시간의 존재(존재론)를 세계 창조와 관련하여 설명했고, 주관적인 마음(심리주의)에서 파악했으며, 영원과 관련해서 인간의 가변성을 실존론적으로 규정했다. 그가 시간문제를 중시한 것은 인간의 영적 신앙생활과 그 의미성을 찾기 위한 종교적인 관심 때문이었다. 시간문제를 통해 인간과 하나님의 관계를 설명함으로써, 창조주를 떠난 피조물인 인간은 늘 불안하고 결국엔 소멸할 수밖에 없는 존재이므로 영원하신 하나님께 의지하며 사는 것이 행복함을 밝힌다. 아우구스티누스가 무로부터의 창조(creatio ex nihilio)를 기독교 창조의 중심에 놓은 이유는 창조된 세계가 하나님께 절대 의존한다는 것과 우발성을 잘 드러내 준다고 생각했기 때문이다. 우발성은 아리스토텔레스의 설명에 의하면 필연성의 반대가 아니기 때문에, 가능성과 불가능성의 관계로 설명되어야 한다. 즉 피조물이 존재할 수도 있고 존재를 상실할 수도 있다. 그런 의미에서 우발성은 하나님을 향한 절대 의존성을 이미 전제하고 있다. 그래야만 행복을 누릴 수 있고 시간의 변화를 초월할 수 있다. "하나님께 항상 의존해 있음으로써 행복을 누리고 있는 그곳은 시간의 변화와 연장을 초월해 있는 것이다."[118] 어떤 피조물도 하나님이 지켜 주시는 능력 없이 자신이 존재의 근원이 될 수 없고 또한 존재의 능력을 가질 수도 없다. 무로부터의 창조설은 모든 피조물이 무로부터 창조되었으니 무로 돌아가는 가변성(mutability)을 가지고 있음을 강조하고 있다.

2) 이야기 신학

리쾨르의 이야기 신학은 세속문화를 기독교의 문화로 바꿀 수 있는 가능성을 내포하고 있다. 먼저 '이야기' 개념부터 설명할 필요가 있을 것 같은데, 그가 말하는 이야기란 우리의 삶의 시간 경험, 곧 문화 경험을 변화시키는 창조적인 힘을 가지고 있다. 이야기가 가지는 창조성은 일상적인 사건들의 다양성과 다양한 시간 경험들을 통일시킬 때에 인간의 삶을 새롭게 재구성하는 이야기의 기능에 있다. 이야기의 이러한 속성은 우리의 문화적인 시간 경험을 새롭게 통합하는 능력을 가진다.

---

118 Augustinus, *Confessions*, 『고백록』, 선한용 옮김, (서울: 대한기독교서회, 1990), 제 12권 15장 22절.

20세기 후반에 신학사에 등장하는 이야기 신학이란 독일의 튀빙엔 신학자 융엘이 프랑스 철학자 리쾨르와 연합으로 저술한 『은유』라는 저서의 부제를 이야기 신학이라 붙인 데서 그 기원을 찾아볼 수 있다. 이들이 이야기 신학이라는 부제로 뜻하는 바는 이야기가 은유처럼 신학의 언어라는 점과 예수께서 비유 외에는 말씀하시지 않으셨던 것처럼 이야기가 하나님의 나라를 전하는 매체라는 이유 때문이다. 언어로 세계 속에 오신 하나님은 은유로 자신을 말씀하신다. 세계 속에 오신 하나님과 예수 그리스도로 세계 속에 오신 하나님에 관한 담론으로서의 기독교의 신앙 언어는 특별히 은유적이고 비유적이며 이야기 형식을 가진다. "그리스도는 포도나무이다"라는 은유나 "예수는 비유 외에는 말씀하시지 아니 하셨다"라는 비유 그리고 "예수가 제자들과 이야기하셨다"의 이야기는 예수에 의해 전파되는 하나님 나라의 매체이다. 리쾨르나 융엘은 그 누구보다도 비유나 은유 그리고 이야기가 하나님의 나라를 전파하는 매체임을 알아차렸다. 엄밀하게 분석하자면, 비유나 은유 그리고 이야기는 분명 다른 언어적인 기능을 가지고 있다. 그러나 이것들의 공통점은 이것들이 다함께 예수에 의해 하나님의 나라를 이 땅에 임하게 하는 매체로 사용된다는 것이다. 필자는 이미 예수가 전파한 하나님의 나라가 바로 문화의 핵심 내용이라고 언급했다. 이를 좀 더 언급해 보겠다.

예수는 비유 속에서 하나님의 통치가 가까이 왔음을 선포한다. 하나님 통치의 도래는 시간적인 근접으로 하나님 통치의 미래적인 도래를 표현한 것이다. 우리는 여기에서 시간 속에 임하신, 곧 문화 속에 계시는 하나님의 나라를 이해할 수 있는 가능성으로 이야기를 잘 이해할 필요가 있다. 이야기는 곧 시간의 이야기이다. 여기서 시간이란 예수에 의해 이 땅에 임하는 하나님의 나라, 곧 우리가 문화라고 했던 것의 내용이다. 따라서 시간은 인간의 시간이지만 하나님의 시간이기도 하기 때문에 그것이 시간을 새롭게 하는 기능에 주목해야 한다. 새롭게 하는 기능은 예수의 죽음 속에서 명백하게 드러난다. 즉 예수의 죽음은 인간 예수와 하나님의 영원과의 통일로서 하나님이 이 죽음의 시간을 극복함으로써 새롭게 하는 기능이 무엇인지를 밝히셨다. 이를 신학적으로 설명하자면, 하나님은 십자가에서 세계와 화해하신다.

하나님의 통치가 예수의 비유 속에서 가까운 하나님의 통치로 표현되는 동안,

하나님의 통치는 하나님의 미래를 인간의 현재와 관계시킨다. 하나님이 예수와 자신과의 통일에서부터 경험되기 때문에 예수에 의해 선포된 하나님의 통치는 하나님이 가까이 임하셨음을 뜻한다. 특별히 미래에서부터 일어난 사건으로서의 역사에 하나님이 가까이 임하셨음을 뜻한다. 미래로서 이미 초래했고 예수의 말씀 속에서 선포된 하나님의 통치 시간은 우리가 살고 있는 이 문화의 시간과 동일시된다. 예수의 죽음에서 인간적 지금과 미래로서 이미 초래된 하나님의 통치의 시간의 동일화가 이루어진다. 따라서 우리는 문화에 대해 이야기할 수 있는 신학적인 가능성을 가지게 되었다.

오늘날에 우리 주위에서는 '예수의 이야기를 상실한 현대인들에게 예수의 이야기를 다시금 하자'는 시도로 이야기 신학이 회자되고 있다. 하나님을 이야기하고자 하거나 예수가 이야기하는 하나님에 대해 알려고 하면 이야기 속에서 시도되어야만 한다. 하나님을 이야기하는 것이 이야기 신학의 정수이다. 하나님의 감추인 비밀을 이야기하는 것이 오늘날 우리들의 신학적인 과제에 해당한다. '이야기하는 사람이 어떻게 하나님의 통치로부터 이야기된 사람과 이야기하는 사람에 대하여 이야기할 수 있는가?'라는 문제의식이 이야기 신학이 해결해야 할 핵심이다. 이 물음은 결국 하나님의 존재 물음을 이야기가 묻는다는 것을 함축한다. 하나님이 사람이 되셨음을 알기 위해서는 하나님이 스스로 이야기되어야만 가능하다는 것을 우리는 잘 알고 있다. 하나님의 인간성은 자신을 세계 안으로 이야기하면서 이끄신다.

3) 문화에 대한 종말론적 이해

기독교 복음과 문화는 결국 종말론의 관점에서 고찰되어야 한다. 종말론적이라 하면 '하나님의 나라'와 관련하여 설명해야 함을 말한다. 문화변혁의 지향점은 하나님의 나라여야 한다. 하나님의 나라의 임하심으로 문화를 이해하고 문화에 대응해야 한다. 이것이 필자가 제안하는 내용의 핵심이다.

모든 문화는 그 문화의 패러다임 안에서 보편성, 규범성, 초월성을 설정하고 있다. 다른 문화들과의 만남, 즉 모든 문화에게 치명적이지 않은 만남은 어떻게 가능한가? 문화의 다양성을 인정해야 한다. 그러나 문화의 다양성을 인정하는 것이 바로 상대주의적 다원주의는 아니다. 문화 상대주의가 모든 문화에 적용될 수 있는 어떤 보편적인 가치와 인식의 체계, 발전의 법칙이 있다는 주장을 부정하고, 개별 문화의 자율성과 독자적 가치체계를 강조하는 것은 각자 문화의 고유성을 무시한 보편 문화이념에 반대하기 때문인데, 특히 서구적인 가치를 보편적 가치로 여기려는 입장에 반대하기 때문이다. 서구문화 보편주의는 서구문화를 보편문화로 설정한 것에 지나지 않는다. 서구문화를 보편문화로 정립할 수 있었던 배경에는 정치력, 경제력과 같은 문화 외적인 힘도 작용했다. 따라서 우리는 문화보편주의가 갖는 정치적이고 이데올로기적인 위험성도 경계해야 한다.

리쾨르에 따르면, "우리는 우리의 모든 문화 활동을 총괄하는 뜻있는 외형으로서의 총체적 의미가 있기를 바라지만, … 절대적 다원주의를 생각해서는 안 된다."[119] 리쾨르는 모든 문화나 문명, 예술, 과학 등을 통합하는 절대적 기독교의 문화가 세워지는 것을 하나님의 나라로 이해하지 않는다. "기독교는 기독교 예술, 기독교 과학 등이 통합되는 '기독교 문명' 또는 전체주의적 '기독교 국가'의 역사적 구현을 제안하지 않는다. 기독교 국가의 일치는 여전히 세상 안에서의 일치이거나, 또는 다른 세계들 사이에 있는 하나의 세계, 곧 기독교 세계의 일치이다. 만일 기독교 세계의 일치가 구현된다면, 이 일치는 폭력적인, 어쩌면 전체주의적이나 전체적이지 못한 일치일 것이다. 성서가 '그리스도 안에서의 갱신'이라고 부르는 최종적 일치는 우리 역사에 내재하는 기간이 아니다. 이 일치는 우선 일치가 아직 오지 않았다는 것, 모든 다른 일치는 시기상조요 폭력적이라는 것을 의미한다. 그것은 우선 역사가 여전히 열려 있다는 것, 다수가 여전히 논쟁 중이라는 것을 의미한다. 다음으로 그것은 그리스도의 사랑의 일치가 이미 다수의 숨겨진 의미이며 이 일치는 마지막 날에 나타나리라는 것을 의미한다."[120]

리쾨르의 이러한 종말론에 대한 이해는 아우구스티누스의 종말론에 기초하고 있다. 리쾨르에 따르면, "우리에게는 이 많은 양식들의 공존을 생각할 수 있는 무엇이 없으며, 공존의 문제를 풀어낼 수 있는 역사 철학이 없다."[121] 리쾨르는 종말론에 기댄다. "역사의 기독교적 의미는 세속사 역시 거룩한 역사가 전개하는 이 의미의 일부를

119 리쾨르, 『역사와 진리』, 215.
120 위의 책, 240 ff.
121 위의 책, 363.

이루며, 결국 하나의 역사만 있으며, 그리하여 모든 역사가 거룩하게 된다는 소망이다. … 그리스도인은 의미를 종말론적이라고 말한다. … 마지막 날에 일치된 의미가 나타날 것을 바라며, 모든 것이 어떻게 그리스도 안에 있는지 보기를 바라며 … 어떻게 그리스도 안에서 총괄될지 보게 될 것을 소망한다."[122]

리쾨르가 종말론에 기초해 기독교 문화의 의미를 찾고자 하는 것과 달리, 하이데거는 우리에게 문화와 문화의 대화 가능성을 제시해 준다. "우리는 각자의 나라를 떠나 본래의 기원으로 돌아가야 한다. 다시 말해서, 문화들의 대 토론에 정식 협상 상대자가 되기 위해 우리의 그리스 기원, 우리의 히브리 기원, 우리의 기독교적 기원으로 되돌아가야 한다는 것이다. 자아와 다른 존재를 대면하기 위해서, 자아를 가져야 한다. 막연하고 일관성 없는 혼합주의보다 우리 문제의 해결에서 더 멀어지는 것은 아무것도 없다."[123]

하이데거식의 문화대화도 고려해 볼 필요가 있다. 그럼에도 필자는 아우구스티누스와 리쾨르의 종말론적인 문화 이해를 제시했다. 그 근거와 이유도 이미 설명했다.

122 위의 책, 113.
123 위의 책, 362.

제2부 죽음의 문화

필자는 오늘날 우리의 시대를 감싸고 있는 '죽음의 문화'를 고찰하고자 한다. 그런데 '죽음의 문화'라는 말은 무엇을 지칭하는가? 그것은 우리 시대의 문화 속에 죽음을 불러오는 요인들과 구조들이 있음을 뜻한다. 죽음은 우발적 사건인가? 아니면 정해진 사건인가? 전쟁과 같은 죽음의 폭력 앞에서 우리는 무엇을 해야 하는가? 대형사고를 통해 많은 사람들이 죽어 가고 있다. 사람들을 놀라게 하는 살인사건들이 매일 벌어지고 있다. 정치·사회적인 차원에서만이 아니라 생태학적인 차원에서도 죽음의 문화가 우리의 생존을 위협하고 있다. 빈부격차나 빈익빈 부익부의 사회 현상이 죽음을 촉발하고 있다. 우리에게는 죽음의 위협을 중지시킬 그 어떤 것도 가지고 있지 못하다. 매일 신문지상이나 전파 매체를 통해 우리나라뿐만 아니라 세계 각처에서 자행되는 죽음의 소식에 이제는 익숙해졌을 뿐만 아니라 그저 단순한 일상사로 취급하게 되는 습관에 젖어 버렸다.

필자는 현대의 문화가 죽음의 문화임을 고발하고자 한다. 단순한 고발과 비판에 머무르지 않고 대안과 새로운 세계를 제시하고자 한다. 필자의 목적은 결코 죽음을 장려하는 데 있는 것이 아니라, 오히려 죽음을 강요하는 문화를 거부하고자 한다. 그 일을 위해서라면 죽음 자체가 무엇인지 알아보고 그것에 대해 우리가 할 수 있는 일 그리고 우리가 해야 할 일을 찾아보고자 한다. 그러기 위해서는 먼저 죽음에 대한 올바른 이해가 필요하다. 그래서 필자는 여러 차원에서 이 일을 수행했다. 성서나 철학의 차원에서 또는 신학에 기초해 죽음에 대한 분석을 시도했다. 필자의 결론은 이러한 죽음의 문화를 극복할 대안을 예수 그리스도의 죽음을 통해 제시하는 데서 드러난다.

제1장 죽음의 철학

죽음의 철학이란 죽음의 문제에 대해 지금까지 철학은 어떠한 사고를 개진했는가를 설명하는 것을 뜻한다. 죽음에 대한 철학적인 이해는 신학에도 깊은 영향을 미친다. 신학적인 죽음에 대한 고찰을 위해서도 죽음에 대한 철학적 설명을 올바로 이해할 필요가 있다.

1. 죽음에 대한 고전 철학적인 이해

죽음을 영혼과 육체의 분리로 규정해 온 죽음의 형이상학(플라톤)과 영혼불멸설에 대한 기독교 대응여부에 대한 신학적 논란이 분분하다. 서구의 기독교 전통은 플라톤의 죽음의 이해에서 유래하는 영혼불멸설을 긍정했다. 플라톤의 죽음에 대한 이해에 의하면, 죽음은 영혼이 육체로부터 떠남(htēs psychēs apotou somatos apallagē)[124]이며, 영혼이 육체를 벗어나 홀로 독립해 존재함(auten kath hautēn einai)이다. 그런 의미에서 죽음이란 육체로부터 영혼의 해방이며 분리이다.[125] 이런 의미에서 철학이란 바로 죽음의 연습이다(to philosophein meletē thanatou).[126] 그는 죽음을 육체에서 벗어나 자유를 향한 여행으로 이해함으로써 죽음으로부터의 진정한 자유를 말한 사람이었다. 죽음은 육체의 감옥에서 벗어 나와 본래 세계로 돌아가는 것이기 때문에 죽음은 새로

124 Platon, *Phaidon* 64.c.4. 박종현 역주,『플라톤의 네 대화편. 에우티프론/소크라테스의 변론/크리톤/파이돈』, (서울: 서광사 2003).

125 위의 책, 67.d. 4-5.

126 위의 책, 67.d.

운 세계로 변환을 가능하게 하는 가능성이고, 새로운 생명 탄생의 가능조건이 된다. 플라톤에게는 영혼의 불멸성이 육체의 소멸성과 허무성을 극복하게 해 주는, 그렇기 때문에 신적이고 정신적인 속성으로 이해되고 있는 게 사실이고 따라서 죽음이 파괴, 소멸, 허무, 없음 등의 부정적인 회피의 대상이 아니라, "과오나 불확실성, 불안… 그리고 모든 다른 인간의 악들로부터 자유로운 행복"[127]의 일이 될 수 있는 가능성을 내포한다. 기독교에서도 죽음을 부정적으로만 이해하지 않고 하나님을 향한 열림이 가능한 계기로 본다.

그러나 아리스토텔레스의 질료형상론에 따르면, "생물은 영혼과 육체의 합성물"[128]이기 때문에 영혼과 육체는 분리될 수 없다. 따라서 죽음은 결코 육체의 죽음만이라고 해서는 안 된다. 그에 따르면, 죽음은 인간의 통일성과 전체성의 소멸을 의미한다. 죽음은 영혼과 육체의 분리만도 아니고, 그렇다고 기관이 작동하지 않는 것과 같은 조용한 상태를 뜻하는 것도 아니고, 전체 인간의 소멸을 뜻하는 과정의 끝이다.

하이데거는 플라톤보다는 아리스토텔레스의 이해방식을 따라 죽음을 전인격적 사건으로 받아들인다. 따라서 하이데거는 영혼과 육체의 분리로서의 죽음보다는 죽음에 대한 존재론적인 해석의 틀을 우선적으로 세우고자 한다. 그 이유는 "죽음의 차안적 존재론적 해석이 모든 존재적·피안적 사변에 앞서 놓여 있다"[129]고 보았기 때문이다. 예를 들어 "죽음에 대한 생물학적·존재적 탐구도 존재론적인 틀"을 전제하고 있고, "죽은 뒤에 무엇이 있는가 하는 물음"도 "존재론적 본질에 기초해 개념을 파악한 뒤에야 비로소 의미"를 가지며, 더욱이 "죽음의 형이상학"이라는 명칭 아래 논의됨직한 것들, 예를 들면 "어떻게 그리고 언제 죽음이 이 세상에 찾아왔는가?" 하는 물음 자체도 "죽음의 존재 성격에 대한 이해를 전제"하고 있기 때문이라는 것이다.[130] 이를 위해 하이데거는 계산하는 기술적 사유 방식에 기초한 형이상학을 극복하고 자각적 사유를 뜻하는 근원적 사유를 가능하게 하는 존재사유의 필요성을 역설한다.

가톨릭 신학자인 라너도 죽음 속에서의 육체와 영혼의 분리라는 고대 철학의

---

127 위의 책, 81 a.

128 Aristoteles, 『영혼에 관하여』 유원기 역주, (서울: 궁리, 2002), 412a 18-21,

129 Martin Heidegger, *Sein und Zeit*, 『존재와 시간』 이기상 옮김, (서울: 까치, 1998), 248(332 옮김 쪽수).

130 위의 책, 247-248.

죽음 이해를 비판하는데, 그 이유는 "인간의 죽음의 고유한 방식, 곧 삶 속에서 만나게 되는 자유결정의 유한성이 죽음의 내적 계기로서 타당하게 반성되지 못하게 되기"[131] 때문이라는 것이다. 라너는 인간에게 육체와 영혼의 차이가 있다는 주장을 부정하지는 않지만, 죽음은 단지 육체일 뿐이라는 주장에 대해 그것이 구약성서 전통과 맞지 않는다는 이유를 들어 죽음을 인간 전체의 사건으로 받아들인다. 라너는 구약성서만이 아니라 신약성서의 빌립보서 1장 23절이나 디모데후서 4장 6절에 언급된 '떠나서'가 '집에 가다'는 의미로 사용되고 있음을 주목하여 죽음을 육체와 영혼의 분리로 이해하는 가톨릭의 교리 전통을 신학적인 서술일 뿐이라고 평하면서 그것이 죽음에 대한 올바른 정의가 아니기 때문에 보다 고유한 죽음의 의미를 찾아 나선다. 그리하여 그는 죽음을 전인(全人)의 사건으로 보아 "전 우주적(allkosmisch)"[132] 개념을 사용한다. 이 '전 우주적 영혼'은 인간의 죽음 이후에도 남아 있어서 인간의 정신영혼으로 질료와 연관되어 있게 한다. 따라서 이 개념은 라너의 신학적 인간학을 표현하는 핵심이 되었다. 이러한 신학적 인간학에 의하면, 죽음은 모든 인간에게 닥치는 돌발사건(Vorkommnis)이다.[133]

개신교 신학자인 융엘 또한 하이데거나 라너처럼 죽음을 전체의 사건으로 이해한다. 다시 말하면, 죽음을 단순히 육체에만 적용하는 입장을 거부한다. 따라서 그는 죽음을 완전한 관계상실이라 정의한다. 죽음은 "생명과의 관계를 완전히 부수어 버리는 관계없음(Verhältnislosigkeit)의 사건"[134]이다. 그러나 이러한 정의가 성립하려면, 그가 죽음을 "그 자체에 있어서 하나님의 심판이 아니며, 그 자체로 그리고 그 자체로서 하나님의 심판의 표징"[135]으로 이해하고 있지 않음이 전제되어야만 한다. 그보다는 죽음이 하나님의 은총의 표징으로 우선적으로 이해되어야만 한다는 것인데, 다시 말하면, 죽음은 하나님을 올바로 이해할 수 있는 가능성을 열어 주며 또한 그것이 저주가 아니라 하나님과 영원히 함께 거할 수 있는 가능성을 열어 준다고 의미를 부여한다.

---

131 Christiane Baunhorst, *Karl Rahners Theologie des Todes des Grundlage einer praktischen Begleitung von Sterbenden*, (Berlin, 1997), 176.

132 Karl Rahner, *Zur Theologie des Todes, Mit einem Exkurs über das Martyrium*, (Herder Verlag: Freiburg, 1958), 22.

133 위의 책, 15.

134 Eberhard Jüngel, *Tod*, (Gütersloh: Gütersloher, 1971), 147.

135 Karl Barth, *KD III/2*, 770.

따라서 죽음은 그 자체에 있어서 유한한 현존재가 지니는 한계의 형태일 뿐이며 그 자체로서 인간의 본질에 속한다. 이처럼 죽음을 가능성으로 이해하면서 전인의 사건으로 보는 점에 있어서는 하이데거나 라너 그리고 융엘 모두가 동일하다.

이러한 이해들에 대해 필자는 다음과 같은 필자의 생각을 덧붙이고자 한다. 육체와 영혼의 분리로서의 죽음은 헬라사상임에 틀림없고 구약의 이해방식과는 너무 다르다. 뿐만 아니라, 육체의 부활을 모르는 헬라사상이기 때문에 이에 기초해서는 기독교의 부활을 온전하게 설명할 수 없다는 것을 분명하게 지적해야 한다. 그러나 우리는 육체와 영혼의 분리로서의 죽음에 대한 이해가 성서적인 이해와도 일치함을 부정할 수 없지 않는가? 다시 말하면, 예수께서 십자가에서 한 강도에게 "오늘 나와 함께 낙원에 이르리라"고 하신 말씀은 육체는 죽으나 영혼은 죽지 않고 낙원에 거하게 됨을 뜻하지 않는가? 예수께서는 몸은 죽일지라도 영혼은 죽이지 못하는 이를 두려워하지 말고 영혼도 몸도 둘 다 멸망시킬 수 있는 분을 두려워하라고 말씀하셨다. 육체의 부활이 없는 철학의 죽음관을 부정해야 한다고 해서, 그것이 죽음에 대한 다양한 이해를 언급하는 성서의 죽음관을 거부하는 예증이 되어서는 안 되지 않겠는가?

지금까지 필자는 죽음에 대해 생각해 보아야 할 몇 가지를 정리했다. 이제는 우리의 상황을 점검해 볼 차례이다. 일반적으로 20세기를 전쟁의 세기라 칭한다. 세계 각국은 전쟁의 소용돌이 속에 휘말렸고 죽음은 세계 문화의 지도를 완전히 바꾸어 놓았다. 이 시기에 죽음의 문제를 자신들의 철학의 화두로 삼은 철학자가 있었다. 그 중에서 필자는 하이데거와 레비나스를 검토하고자 한다. 그 이유는 그들의 죽음에 대한 고찰이 전통적인 의미의 철학적인 죽음에 대한 이해를 넘어서서 우리 시대가 맞은 죽음에 대한 새로운 이해를 촉구했기 때문이다. 그러나 그들 사이의 죽음에 대한 이해는 너무나 달랐다. 그러면 죽음이 불러일으킨 존재이해와 죽음에 대한 책임윤리 사이에서 우리가 해야 하는 일이 무엇인가?

이들의 죽음의 철학은 우리시대의 죽음의 신학에도 결정적인 영향을 미쳤다. 올바른 죽음의 신학에 대한 이해를 위해서도 그들의 죽음의 철학에 대해 알아보는 일이 필요하다. 그들은 죽음의 문제를 신학의 관점에서만이 아닌 문화적인 차원에서 고찰하도록 동기부여했다. 현대 문화가 직면하고 있는 죽음의 문화에 대한 올바른 진단과

처방이 필요하다. 그 일을 위해서 하이데거의 죽음의 철학부터 살펴보고자 한다.

2. 죽음에서 자유로운 존재 : 하이데거의 죽음의 철학

일차적으로 논의의 사적 배경을 살핀다는 차원에서 플라톤 이래로 죽음에 대한 이해의 핵심문제였던 '죽음의 형이상학'을 하이데거가 거부하고 존재 일반의 의미를 이해하기 위한 지평인 죽음의 존재론을 제시하지만, 그것은 결국 타자의 죽음을 허락할 수 있다는 레비나스의 통찰을 필자는 수긍하게 되었다. 그 다음 근대적 죽음 이해의 특징인 자연적 죽음은 죽음의 의미를 묻지 못한다는 하이데거의 통찰 앞에서 그 한계성을 분명하게 드러냈다. 하지만 오늘날 회자되고 있는 생물학적인 죽음의 문제의 심각성을 감안할 때, 우리가 자연적 죽음의 문제를 어떤 식으로든 논의해야만 한다. 또한 하이데거가 죽음의 본질을 '나의' 고유한 죽음에 기초해서 세워 나가지만, 필자는 레비나스를 통해 '타자'의 죽음을 배제하고 지배하는 나의 죽음의 우위성의 위험성을 목도하게 되었다. 란트베르크의 지적에 따르면, 계산적 사유 방식이 아닌 본질적 사유 속에서 도출되는 하이데거의 죽음 자체에 대한 지식은 '알 수 있는 알지 못함'(wissendes Nichtwissen)이지만, 필자는 양켈레비치를 따라 '죽을 수 있는 살아 있는 자'가 '죽음을 다르게 생각할 수 있는' 가능성을 2인칭의 죽음을 통해 제시할 수 있다고 본다. 하이데거가 죽음을 시간을 통해 규정함으로써 '죽음이 시간의 종말의 사건이다'는 사실을 우리가 잘 알게 되었지만, 필자는 죽음이 시간의 종말로 끝나지 않고 죽음 이후에도 지속되는 공적인 시간이 있음을 리쾨르를 통해 알게 되었다. 하이데거는 죽음을 현존재의 가장 고유한 가능성이라 말한다. 그러나 사르트르는 죽음을 불가능성의 가능성이 아니라 나의 죽음의 현실성에서 이해함으로써 하이데거의 죽음 이해와 대립한다. 끝으로 필자는 마르쿠제를 통해 하이데거가 체계화한 죽음의 존재론화에서 벗어나서 죽음의 사회화로 눈을 돌릴 필요성을 고찰했다. 그 이유는 죽음의 이데올로기의 문제가 죽음에 대한 논의의 필요성을 더 절실하게 요구하기 때문이다.

1) 죽음의 존재론

플라톤 이래로 죽음의 형이상학은 영혼과 육체의 "분리"[136]라는 죽음에 대한 이해를 고수해 왔다. 플라톤에게는 영혼의 불멸성이 육체의 소멸성과 허무성을 극복하게 해 주는, 그렇기 때문에 신적이고 정신적인 속성으로 이해되고 있는 게 사실이다. 그는 죽음을 육체에서 벗어난 자유를 향한 여행으로 이해함으로써 죽음으로부터의 진정한 자유를 말한 사람이 되었다. 또한 죽음 이후의 세계를 사유하여, 철학하는 삶은 다름 아닌 죽음을 "수련"[137]하는 삶이라고 정의하기에 이른다. 죽음은 육체의 감옥에서 벗어 나와 본래 세계로 돌아가는 것이기 때문에 죽음은 새로운 세계로 변환을 가능하게 하는 가능성이고, 새로운 생명 탄생의 가능조건이 된다.

하이데거는 이러한 죽음의 형이상학의 내용들이 죽음의 존재론적 분석을 전제하고 있기 때문에, 죽음에 대한 존재론적·실존론적 분석을 우선적으로 수행했다. 죽음의 형이상학, 특히 플라톤은 죽음을 영혼불멸과 관련하여 설명해 왔지만, 하이데거는 이러한 죽음에 대한 이해보다는 죽음이 현존재의 존재를 구성하는 범주일 뿐 아니라, 존재 일반의 의미를 이해하기 위한 지평이 된다는 차원에서 죽음의 존재론을 체계화하는 일에 관심을 두었기 때문에, 에벨링의 지적에 따르면, "하이데거에게는 영혼의 불멸에 대한 논의가 없다."[138] 스승인 하이데거의 죽음에 대한 논의의 핵심이 어디에 있는지 잘 알고 있던 가다머는 하이데거의 생각을 심화시키기 위해서라면 하이데거의 생각과는 달리 우리가 전통적인 죽음의 형이상학의 문제의식을 무시해서는 안 된다고 생각한다. 그리하여 가다머는 「물음으로서의 죽음」이라는 논문에서 철학자들의 죽음에 대한 사유의 시도를 결국 "죽음을 참으로 더 이상 가지기 원치 않음"[139]을 밝히려는 노력으로 본다. 따라서 철학자들의 죽음에 대한 사유는 '물음'에서 시작해야 한다. 그러나 '죽음이 무엇인지?' '우리가 죽음을 경험할 수 있는지?' '우리가 죽음을 알 수 있는지?' 등의 죽음에 대한 '물음'은 죽음의 경험과 함께 진행되어야 하는 조건 때문에 죽

---

136 Platon, *Gorgias*, 523 e.

137 위의 책, 67e.

138 Hans Ebeling (Hrsg.), *Der Tod in der Moderne*, (Frankfurt a/M., 1984), 11.

139 Hans-Georg Gadamer, "Der Tod als Frage," *Kleine Schriften IV. Variationen*, (Mohr: Tübingen, 1977), 67.

음에 대한 사유 자체가 가지는 그 한계성을 보여 줄 뿐이다. 왜냐하면 우리는 결국 죽음에 대한 사유가 죽음의 "파악 불가능성에 대한 지식"을 가질 뿐이기 때문이다.[140] 따라서 우리는 하이데거가 부딪혔던 문제처럼 죽음에 대한 지식의 문제를 해결해야 하는데, 그것을 위해서는 죽음을 물음으로 규정할 수밖에 없다. 이러한 물음으로서의 죽음의 이념이 죽음의 전통 형이상학 속에도 내재하고 있다는 것이다.

죽음이라는 존재 사건이 존재론적 이해를 전제하고 있음을 밝혔으면, 그 다음 존재론적 이해에 기초해 죽음의 형이상학의 내용들을 개진해야 하지 않는가? 21세기가 제기한 죽음의 위협들, 예를 들면 생태학적 죽음, 생명 의료적 죽음, 정치·사회적 죽음 등의 죽음의 사건에 대해 하이데거의 죽음 이해가 어떤 의미를 주는가? 레비나스는 하이데거가 존재를 이해하기 위해 "존재자를 중립화시키고 말아 타자와의 어떤 관계도 불가능하게 만들고, 타자를 자기에게로 환원"하고 말았기 때문에 하이데거의 존재론을 "타자와의 어떤 평화도 없이 타자를 소유하거나 억압하는 … 권력의 철학"[141]이라 규정하면서 나의 지배와 소유의 틀 안으로 환원할 수 없는 타자와의 관계와 그것에 관한 사유를 형이상학이라 하면서 존재론을 극복하고자 한다. "하이데거에게서 존재가 맺는 기본 관계는 타인 또는 타자와의 관계가 아니라 죽음과의 관계이기 [때문에] 타인과의 관계란 대수롭지 않게 되는데 [그 이유는] 사람은 혼자 죽기 때문이다."[142] 필자에게는 레비나스가 하이데거의 죽음의 존재론을 떠남으로써 남긴 죽음에 대한 사유의 영향이 더 강력하게 남아 있다. 왜냐하면 우리는 타자의 죽음을 통해서만 자기의 죽음을 인식할 수밖에 없다는 한계 때문만이 아니라, 타자의 죽음을 용인하는 권력의 철학이 현존함을 보기 때문이다.

그러나 이러한 플라톤으로부터 전승되어 온 죽음에 대한 이해는 근대에 이르면 완전히 달라진다. 그러면 근대가 말하는 자연적 죽음은 전통 형이상학의 무엇을 비판하는가?

---

140 위의 책, 72.

141 Emmanuel Lévinas, *Totalité et Infini. Essai sur l.'Exteriorité*, (Nijhoff: La Haye, 71980), 16.

142 엠마누엘 레비나스, 『윤리와 무한: 필립 네모와의 대화』, 양명수 옮김, (서울: 다산글방, 2005), 72.

2) 자연적인 죽음

하이데거는 근대의 유산인 기계론적 죽음 이해에 기초한 자연적 죽음을 비판했다. 왜냐하면 근대는 죽음을 기계화의 차원에서 이해하려고 했을 뿐이지 결코 죽음의 의미를 말하지 않았기 때문이다. 그러나 근대적인 죽음 이해도 일면에서는 필요할 수 있다. 즉 죽음의 육체적 진통 중에 있는 사람에게 하이데거의 죽음의 이해가 어떤 의미를 줄 수 있겠는가? 특히나 안락사의 경우에는 더욱 그렇다. 그러나 그렇다고 할지라도 하이데거의 근대의 죽음 이해에 대한 비판은 중요성을 가지고 있다.

하이데거는 죽음을 자연적 현상으로 받아들였는가? 근대가 시작되면서 기계론적 환원주의는 플라톤의 죽음에 대한 이해를 배제한다. 영혼이 삭제된 육체의 죽음에 제한되다 보니, 육체는 기계가 수명을 다하면 멈추는 것과 같은 더 이상 "운동의 원칙이 작동하지 않는 파괴된 것"이 되고 만다.[143] 그러니 죽음은 자연 인과원인에 따른 변화로 간주될 뿐이었다. 이제부터는 죽음은 시간이 지나면 자연스레 오는 사건이 되었다. 죽음으로부터의 자유나 죽음의 긍정, 행복 그리고 죽음 이후의 문제 등을 논의에서 제외시켰다. 그렇지만 칸트까지만 해도 죽음 이후의 계속적인 삶을 실천 이성의 요청 속에 두었다.

하이데거는 근대적 죽음 이해를 거부하면서 아리스토텔레스의 죽음 이해를 수용하고 있다. 아리스토텔레스는 영혼과 육체를 두 실체로 보지 않고 죽음을 존재자를 규정하는 원리로 이해했다. 아리스토텔레스에 따르면, 죽음은 인간의 통일성과 전체성의 소멸을 의미한다. 죽음은 영혼과 육체의 분리도 아니고 기관이 작동하지 않는 조용한 상태도 아니고 전체 인간의 소멸을 뜻하는 과정의 끝이다. 그는 경험적 탐구로 설명되는 죽음에 대해 관심을 두지 않았기 때문이다. 죽음을 자연적 사건으로 받아들이는 자연과학적 사고에 젖어 있는 사람들에게는 하이데거의 죽음을 통한 인간전체 존재 이해 노력은 굉장히 낯설 수 있다.

사실 근대철학사까지 죽음의 문제는 논의의 핵심주제가 아니었다가 하이데거에 이르러서야 중심개념으로 등장한다. 그렇지만 하이데거 사상 속에는 생물학적 죽음이

---

143 Rene Descartes, *Über die Leidenschaften der Seele*, Art 6.

주제가 되지 않았다. 왜냐하면 하이데거가 생각하기에 생물학적·의학적 죽음 규정은 사망, 곧 "끝나버림"[144] 그 이상을 말해 주지 않기 때문이고, "죽음의 본질"[145]을 규정하지 않기 때문이다. 하이데거는 객관적인 사건으로서의 죽음을 아는 것을 목적으로 하지 않았을 뿐만 아니라, 죽음 자체에 대한 해명에도 관심을 두지 않았다. 하이데거가 관심을 가지는 죽음은 현존재의 전체성을 의미 규정하는 존재양식이다. 하이데거가 죽음에 대한 이해를 통해 밝히고자 하는 것은 죽음에 이르는 존재가 가지는 죽음에 대한 불안이 단순한 생리적 감각이나 심리적 정서 그리고 대상 없는 느낌의 흐름이 아니라, 대상 없이 있다는 사실 자체가 중요한 현존재를 느끼고 발견하는 존재론적인 방식이기 때문에, "현존재의 종말을 향한 존재의 존재론적 구조를 끄집어내는 것"[146]이었다.

그러나 오늘날 자연적 죽음 이해는 자연과학의 발달로 말미암아, 특히 의료기술의 발달로 말미암아 생명연장의 논란을 불러일으키고 있다. 이러한 자연적 죽음 이해는 죽음 이후의 문제를 죽음의 문제의 핵심으로 보았던 사상과는 대립하고 있다. 죽음 이후에 계속되는 삶을 의료적 생명연장으로 쉽게 받아들이는 현대인들에게, 비록 과학기술 발전의 맹목성과 도치된 관계설정을 비판하기는 했지만, 하이데거의 죽음을 통한 존재 이해는 어떤 의미를 줄 수 있는가? 자연과학적 죽음 이해는 하이데거가 추구한 '죽음의 의미'에 대해 침묵할 것이다. 즉 병원에서 차라리 죽여 달라고 소리치며 발광해 본 적이 있거나, 진통제를 맞고 잠을 자고 나서야 죽음에 대해 생각한 적이 있었던 사람에게, 아무리 철학사에 남을 만한 죽음에 대한 고찰이라고 하더라도, 하이데거의 죽음에 대한 고찰은 진통 중에는 유용하지 않을 것이다. 그런 의미에서 하이데거의 죽음의 이해와 의미 물음은 평안할 때, 철학적 사고를 하는 사람들이 할 수 있고, 해야 하는 죽음에 대한 고찰이 아닌가? 죽고 싶은 진통 중에는 죽음에 대한 사고보다 진통제가 필요함이 틀림없다.

그러면 근대의 자연적 죽음에 대한 이해가 논의에서 제외시켜 버린 죽음의 본질은 무엇인가?

---

144 하이데거, 『존재와 시간』, 240.
145 위의 책, 246.
146 위의 책, 249.

3) 죽음의 본질

하이데거는 죽음 '자체'에 대한 규명보다는 죽음의 본질, 다시 말하면, 죽음의 의미를 되묻고 있다. 그 이유는 그것이 진정으로 죽음에 대한 올바른 이해에 도달하기 위한 전제라고 보았기 때문이다. 죽음이 가지고 있는 존재론적 구조를 들여다봤더니, 죽음에 대한 본래적 이해가 가능하게 되었고, 그것은 죽음에 대한 고유한 이해를 가져 왔다는 것이다. 그러나 우리가 그가 말한 죽음의 본질 특성에 쉽게 동의하기 어려운 이유는 죽음의 본질이 죽음 앞에서 불안해하는 현존재는 사라지고 죽음을 이기는 현존재만을 통해 성립되지 않았는지 의문이 들기 때문이다.

하이데거가 제기한 "어떻게 죽음의 본질이 삶의 존재론적 본질로부터 규정되느냐?"[147]는 죽음의 본질에 대한 물음은 '죽음이 삶 속에 현재하는가? 아니면 죽음은 삶 밖에 존재하는가?'라는 문제와 연관되어 있다. 죽음의 본질에 대한 물음이 '삶 속에서의 죽음'이냐는 물음이라고 할 때, 하이데거에게 "죽음은, 현존재가 존재하자마자, 현존재가 떠맡는 그런 존재함의 한 방식,"[148] 곧 "삶의 한 방식이다."[149] 그렇다면 죽음이 삶 속에 현재한다고 말하는 것의 의미는 무엇인가? 토이니센은 "죽음 자체의 삶 속의 현전성"[150]이 단순히 의식이어서는 안 되고, 의식을 통해 삶 속에 죽음이 현전함을 밝히는 일이어야 한다고 말한다. 그런 의미에서 죽음에 대해 말하는 것은 삶에 대해 말하는 것과 같다. 토이니센은 삶 속에서 죽음의 현재에 대해 물을 때 세 가지 점을 따져야 한다고 제안했다. 첫째, 어떻게 우리가 죽음에 대해 말할 수 있는가? 둘째, 어떻게 우리가 죽음에 대해 말해야 하는가? 셋째, 어떻게 우리가 사실적으로(실제로) 죽음에 대해 말하는가? 죽음에 대해 말할 수 있음은 죽음의 인식의 차원으로 어떻게 우리가 죽음과 관련하여 경험을 이해해야만 하느냐는 문제이다.

우리는 하이데거처럼 죽음의 본질을 '삶 속의 죽음'으로 봐야 함에 틀림없다. 우리가 삶을 올바로 이해할 때에만 비로소 죽음에 대해서도 올바로 이해할 수 있기 때

---

147 위의 책, 246.

148 위의 책, 245.

149 위의 책, 246.

150 Michael Theunissen, "Die Gegenwart des Todes im Leben," *Negative Theologie der Zeit*, (Suhrkamp: Frankfurt a/M., 1991), 204.

문이다. 그런 점에서 그가 '인간은 죽을 수밖에 없는 존재'라는 것을 철학적으로 규명하면서 '인간은 죽음을 향한 존재'라든가, '죽음을 남에게 양도할 수 없다'라든가 또는 '죽음에 대한 정확한 앎은 현존재의 본질을 올바로 규정한다' 등의 내용으로 죽음의 철학을 설명한 점은 옳다. 더구나 그가 죽는다는 사실에서부터 죽음에 대한 고찰을 시도하고 있기 때문에 죽음을 피하지 말고 죽음 앞에서 기획하라고 촉구하는 새로운 삶의 태도를 요구하기도 했다.

그러나 죽음은 밖에 있는 것이지 이미 현존재 안에 있는 것이 아니지 않는가? 죽음은 가장 외적인 면전에 있는 것일 뿐만 아니라, 도적처럼 슬며시 오기 때문에 불확실한 것이 아닌가? 죽음의 본질을 하이데거와는 다른 차원에서 이해하고 있는 레비나스에 따르면, 삶 속에서 죽음을 피하지 않고, 죽음 앞에서 자유로운 존재기획을 할 수 있는 나의 죽음이 아니라, 죽음은 자신 밖에 있는 것이기 때문에, 즉 자신으로서는 통제할 수 없는 그런 의미에서 절대적 타자성과의 관계이기 때문에, "죽음의 도래에서 중요한 것은 우리가 특정한 순간부터 더 이상 할 수 있음을 할 수 없다는 점이다. 바로 여기에서 주체는 주체로서 자신의 지배를 상실한다. 주체는 계획을 세울 수 없음이다. 이러한 죽음의 도래를 통해 알 수 있는 것은 우리가 절대적으로 다른 것과 관계 맺고 있다는 사실이다."[151] 죽음을 있음의 지평, 곧 존재사건으로 이해하다 보니, 현존재의 전체성을 규정하는 존재양식이라는 하이데거의 죽음에 대한 이해와는 달리, 레비나스는 죽음을 무화가 아닌 고통이고 폭력으로, 존재기획이 멈추는 사건으로 본다. 하이데거는 죽음에서 자유로운 본래적 실존으로서 자신의 존재를 기획할 수 있다고 말하지만, 레비나스는 죽음 앞에서 아무것도 할 수 없는, 절대적 수용의 폭력을 보기 때문에, 죽음을 향한 존재가 죽음에도 불구하고 또는 죽음의 폭력에 대항하는 존재만이 할 수 있는 정의로운 사회 건설과 타인의 죽음에 윤리적 책임을 지도록 요구한다.

또 다른 차원에서 죽음의 본질을 설명할 수도 있는데, 예를 들어 죽음의 본질에 대한 물음은 '고유한 죽음이 무엇이냐?'는 물음과 연관되어 있기 때문에, 그때 우리는 고유한 죽음과 대립되는 비고유한 죽음을 통해 죽음의 본질을 유추해 볼 수 있다. 하이데거는 비고유한 죽음을 '그들의 일상성'이라는 말로 표현하면서, 그들에게 "죽음

---

151 엠마누엘 레비나스, 『시간과 타자』, 강영안 옮김, (서울: 문예출판사, 1996), 62 이하.

이 하나의 사건으로 평준화"[152]되어 버리고 있음을 지적한다. 일상적인 죽음을 향한 존재는 '죽음 앞에서 도피'하지만, 죽음 앞에서 존재 기획을 하는 현존재는 고유한 죽음을 인식한다. 그렇지만 죽음의 본질을 다르게 이해하는 사람이 있다. 모랭에 따르면, "죽음의 '본질'에 대한 인식은 존재하지 않을 뿐 아니라 죽음이란 '존재'를 갖지 않으므로 죽음의 본질은 결코 사람들에 의해 알려진 적이 없고 앞으로도 그럴 것이다. 그러나 죽음의 실체는 존재하는데, 죽음은 '존재'는 없지만 실제로 있는 것이고, 그리고 일어나고 있고, 이 실체는 곧이어 죽음이라는 자신의 고유한 이름을 발견할 것이고, 그런 다음에는 피할 수 없는 법으로 인식될 것이다."[153] 죽음의 본질적인 문제는 결국 죽음에 대한 지식과 밀접하게 연결되어 있음을 알게 되었다. 이렇듯 죽음의 본질이 죽음에 대한 지식과 분리될 수 없다면, 우리는 죽음에 대한 어떠한 지식을 가지고 있는가? 죽음은 정말로 사유 가능한가?

4) 죽음의 사유가능성

하이데거가 죽음에 대한 정확한 지식이 현존재의 본질을 올바로 규정한다고 주장한 것과는 달리 죽음의 본질에 대한 지식은 불가능하다(모랭)고 말하거나 심지어 푹스는 죽음의 지식 내지 의식이 언제나 "사회적 산물"임을 주장한다.[154] 그러면 하이데거의 죽음의 지식에 대한 입장은 무엇인가? "어느 누구도 사람이 죽는다는 사실을 의심하지 않는다." "죽음 자체가 다가온다는 것은 확실하다." 그러나 "무조건적으로 확실한 것은 아니기" 때문에 경험적인 확실성만을 서술해야 하지만, "죽음을 그것이 있는 그대로 확신할 수는 없다." 일상인들은 "죽음의 확실성을 알고 있으면서도 그 확실함을 피해간다." 죽음이 확실히 오지만 당장은 아니기 때문에, "그들은 죽음의 확실성을 부인한다." "그들은 죽음이 어느 순간에건 가능하다라는 이 죽음의 확실성의 고유함을 은폐한다. 죽음은 확실하기는 하지만 언제인지는 규정되어 있지 않다."[155]

152 하이데거, 『존재와 시간』, 253.
153 에드가 모랭, 『인간과 죽음』, 김명숙 옮김, (서울: 동문선, 2000), 28.
154 W. Fuchs, *Todesbilder in der modernen Gesellschaft*, 1969, 117 이하.
155 하이데거, 『존재와 시간』, 257-259.

하이데거에게 죽음에 대한 지식의 문제는 '확신'이라는 개념으로 설명됨으로써, 죽음에 대한 확신은 고유한 죽음을 가능하게 하는 근원이 될 수 있었다. 본래적 현존재란 "죽음의 확실성"[156]을 가진 존재이다. 다시 말하면, "죽음이 어느 순간에건 가능함"[157]을 확신하는 존재이다. 그러나 죽음은 확신이긴 하지만 규정되어 있지 않는 가능성으로서의 죽음이다. 죽음의 때, 곧 언제 죽느냐는 시간에 대한 정확한 지식은 불가능하다. 죽음의 지식이라 하면 그것은 죽음의 때와 관련되어 있지 않고, 죽는다는 존재론적 사건에 대한 언제가 죽는다는 확실함을 지칭하는 것인데, 이러한 죽음에 대한 확신을 통해서야 미래의 죽음을 현재에서 선취하여 존재 기획할 수 있게 되고 이렇게 의미가 부여된 죽음을 통해서야 죽음의 본질성인 고유성이 획득된다는 것이다. 하이데거는 죽음의 확실성에서 확실성 자체의 근원을 본다는 점에서, 즉 이런 확실성을 타자의 죽음의 경험에서부터 나타낼 수 있다는 것이다. 죽음의 확실성은 확실성이 모든 양심의 근원을 형성하는 그런 확실성이다.

이렇듯 죽음의 사유가능성에 대한 논란에서 하이데거가 죽음에 대한 확신으로서의 죽음의 확실성을 언급하고 있는 것과 달리 죽음은 참으로 사유 가능한가? 아니면 사유 불가능한가? 물어야만 한다. 에피쿠로스는 죽음을 지각과 관련하여 설명했다. 그에 따르면, 우리에게 선이나 악은 지각에 근거해서만 존재한다. 아무것도 지각하지 못한다면, 어떤 것도 알지 못한다면, 그것이 죽음이든 무엇이든 간에 우리에게 주어질 수 없다. 왜냐하면 "내가 살아 있는 동안은 나는 아직 죽지 않았고, 내가 죽은 후에는 나는 이미 존재하지 않기 때문이다."[158] 그는 죽음을 인간의 지각 능력의 상실이라 했다. 우리가 살아 있는 한 우리는 죽음과 어떤 일도 할 수 없다. 따라서 죽음은 분명히 현존하지만 부재한다. 란트베르그는 하이데거의 "부재성 속에 현존"[159]하는 죽음에 대한 지식을 알 수 있는 알지 못함(wissendes Nichtwissen)이라고 요약해 준다.

양켈레비치는 570쪽이 넘는 죽음에 대한 기념비적 저술 『죽음』[160]에서 '우리가 죽음을 사유할 수 있는지'를 묻는다. 그에 따르면, 우리는 죽음을 결코 사유할 수 없

---

156 위의 책, 256.

157 위의 책, 258.

158 Epikur, "Brief an Menoikeus," *Briefe. Sprüche, Werkfragmente*, (Stuttgart, 2000), 43.

159 Paul Ludwig Landberg, *Die Erfahrung des Todes*, (Frankfurt a/M., 1973), 14.

160 Vladimir Jankélévitch, *Der Tod*, (Suhrkamp: Frankfurt a/M., 2005).

다. 왜냐하면 죽음의 한계점에서 가장 외적인 인간 경험은 중지되고 말기 때문이다. 죽음의 비밀, 죽음을 말할 수 없음, 죽음의 불확실성 등의 경험은 죽음의 과정에서 오히려 멈추고 만다. 따라서 죽음에 대한 지식이 죽음에 대한 실제 인식인지 물어야 한다고 보았다. 죽음에 대한 지식은 죽음의 침입 순간에만, 그것도 거의 아무것도 얻을 수 없는 지식일 뿐이다. 죽음은 '철저한 낯선 외부 주무관청'일 뿐이다. 즉 하이데거 용어를 빌리자면 "죽음으로의 존재"이게 만드는 형식일 뿐이다.

양켈레비치는 죽음을 이해하거나 죽음에 대한 지식을 얻기 위한 엄청난 노력에도 불구하고 파악되지 않은 채 있는 죽음의 스캔들, 즉 전대미문의 사건을 주제로 한다. 죽음이 결코 사유될 수 있는 게 아니라면 어떻게 우리는 죽음을 알 수 있는가? 그는 이 문제를 해결하기 위해 두 가능성을 보았다. 죽음에 관한 숙고는 다르게 생각할 수 있는 가능성을 내포하지 않는가? 여기에서 출발해 보면, '죽을 수 있는 살아 있는 자'는 '죽음을 다르게 생각할 수 있는' 가능성을 알고 있다. 여기서 밝혀지는 것은 죽음에 대한 사고가 죽음을 보편적으로가 아니라, 절대적인 나의 죽음(la mort mienne)이 되도록 촉구한다는 점이다. 그는 이 차이를 문법 차이를 통해 설명한다. 3인칭에서 죽음은 일반적으로 고통이 없으나, 1인칭에서는, 즉 나의 죽음일 때는 죽음은 정말 놀랄 수밖에 없는 충격적 사건이다. 보편적 합법칙성과 직접적 경험이 일어날 수 있는 유일한 상황은 바로 2인칭에서의 죽음이다. 양켈레비치는 이 경우를 하이데거의 타자의 죽음에 대한 숙고에서 힌트를 얻는다.

하이데거는 죽음을 존재자의 일어남(사건)이라 봄으로써 우리에게 죽음이 일어나는 존재사건을 이해하도록 촉구했다. 죽음은 존재 물음, 곧 존재의 의미 물음을 통해 존재를 이해하게 한다. 죽음의 의미 물음은 죽음의 사건을 이해하고 해석할 수 있는 가능성을 열어 주었고, 따라서 죽음을 무시하거나 대항할 수 없는 존재의 사건으로 받아들이게 만들었다. 죽음은 존재의 사건인 이상 아무것도 아닌 것이 아니고, 존재자를 '죽음으로의 존재'로 규정하게 만들었다. 그런 의미에서 죽음이야말로 존재자의 가장 고유한 가능성인 것이다.

그러나 양켈레비치는 하이데거와는 달리 죽음의 '사유 불가능성'에서 논의를 시작한다. 우리는 죽음과 지식이 상호 간에 어떤 방식으로 관계하는지 알아보아야 한다. 죽음에 관한 반성의 가장 고유한 대상은 바로 삶이지 않는가? 그렇다면 죽음을 생명과의 관계 속에서 설명해야 하는데, 생명과 관련하여 볼 때 죽음은 일종의 기관, 즉 형식이 없는 상태인 죽음이 생명에 형식을 강요하는 차원에서 이해해야 하는 그런 기관이다. 그에게 죽음은 인간의 과거와 미래를 구조화하는 질서를 부여함이다.

5) 죽음과 시간

아인슈타인 이래로 사람들은 시간을 장소 개념과 연결하여 생각한다. 시간의 절대적 독립성을 강조한 뉴턴의 고전물리학과 달리 아인슈타인은 시간의 상대성 그리고 장소와의 비분리를 그 특성으로 규정한 이후에 시간을 여러 가지 자연과학적 접근 가능성들로 설명하는 것을 우리는 익히 알고 있다. 그러나 죽음의 시간을 끝이라 보지 않도록 만드는 그리고 새로운 시작을 열어 주는 죽음은 결코 자연과학적 죽음 이해와 시간이해를 통해서는 불가능하다. 하이데거는 그 점에서 죽음과 시간을 자연과학적 입장에서 이해하지 않았다. 자연과학적 죽음과 시간 이해는 새로운 가능성을 말하지 못하기 때문이다.

하이데거는 시간을 죽음을 통해 규정한다. 이때의 죽음의 시간 구조는 '아직 아님' 속에 있다. 죽음은 분명 시간의 종말 사건이다. 하이데거에게 시간은 죽음을 통해서야 비로소 의미가 규정된다. 시간의 의미는 죽음의 의미의 한 측면인 죽음의 계기와의 관계 속에서 드러난다. 하이데거처럼 우리가 시간을 죽음으로부터 규정하게 될 때, 더구나 죽음으로부터 시간의 본질과 의미가 산출되게 하려면, 시간의 근원이 측량가능한 자연과학적인 시간이어서는 안 되는데, 그 이유는 자연과학적 시간이 죽음의 의미를 되묻지 않을 뿐 아니라, 죽음의 의미 속에서 죽음으로 향하는 존재의 본질적 특징을 기술할 수 없기 때문이다. 하이데거의 사상의 특징은 죽음을 향한 존재를 시간의 근원으로 기술하는 데서 나타난다. 하이데거는 여기에서 과거로 되돌아갈 수 없는 과학적 시간이 본래적인 시간이 될 수 없는 이상, 미래의 죽음을 선취하여 현재에서 새롭게 존재기획할 수 있는 가능성을 함축하고 있는 것으로 본다.

따라서 우리는 하이데거의 죽음의 시간이 가지는 미래의 우위성을 눈여겨보아야 한다. 미래는, 특히나 죽음의 시간이 가지는 미래는 현재를 지배한다. 죽음이 이미 현재에 임했을 수도 있지만, 아직 아님 속에 있기 때문에, 죽음의 이중의 시간구조 속에서 현존하는 현존재는 현재에서 미래의 시간인 죽음을 "선취하여" 존재 기획할 수 있게 된다. 존재 기획이라는 말은 "자유"를 통한 본래적 존재 가능성의 조건이 된다. 물론 죽음으로부터 자유로워 존재기획할 수 있는 자가 누구인지 알고 싶지만, 설령 그런 자가 아무도 없다고 하더라도 하이데거가 생각하는 구조자체가 틀린 것은 아니다. 아직 오지 않은 미래를 알 수 없고(아우구스티누스), 더구나 죽음의 시간을 붙잡을 수 없다(레비나스)는 생각과 달리 죽음의 시간인 미래를 현재에서 선취하여 일상인처럼 죽음을 망각하려거나 회피하지 않고, 주체자로서 죽음에 맞서 죽음에 대한 의미 되물음을 통해 자신의 존재의 고유성과 본래성을 세워 나가고 그때에야 비로소 현존재의 전체성을 확보할 수 있다는 하이데거의 생각은 분명 타당한 것이다.

그렇지만 리쾨르는 하이데거의 죽음의 시간 이해에 다른 시각을 첨가한다. 하이데거처럼 도래와 현재 그리고 기재라는 시간의 통일 속에서 도래가 가지는 중요성을 각인시키는 것도 중요하지만, 죽음의 시간은 사적 시간일 뿐이고, 죽음 이후에도 남아 있는 시간, 즉 리쾨르의 용어로 표현하자면 공공의 시간이 고려되어야 한다. 이 점은 리쾨르가 보기에 하이데거를 통해 해결할 수 없는 문제점이다. "인간이 시간 속에 산다고 하는 것은 우리의 가사성의 사적 시간과 언어의 공공의 시간 사이에 사는 것을 뜻한다."[161] 하이데거에게 죽음은 나의 죽음이다. "죽는다는 것은 모든 현존재가 언제나 스스로 자신으로 받아들여야 한다. 죽음은 그것이 있다고 한다면, 본질적으로 언제나 나의 것이다."[162] 죽음에 대한 하이데거의 언급에서 개별의, 그리고 개개의 죽음과 집합적 사회적 죽음 사이의 관계가 어떻게 설명되어야 하는지가 의문시된다.[163] "만약 가장 철저한 시간성이 죽음으로 각인된다면, 어떻게 인간이 죽음을 향한 존재를 통해 그렇게 정초된 사유화된 시간성으로부터 공공적 시간으로 넘어갈 수 있는가?"[164] 더구나 리쾨르가 이해하기에 하이데거의 운명과 숙명 개념 분석 속에는 개별 운명에서 공동 숙

161 Paul Ricoeur, "Myth as the bearer of possible worlds II", *Dialogues with contemporary continental thinkers*, ed., by R. Kearney, (Manchester, 1984), 20.

162 하이데거, 『존재와 시간』, 240.

163 정기철, 『해석학과 학문과의 대화』, (서울: 문예출판사, 2004), 480.

164 Ricoeur, *Temps et récit I*, 128.

명으로 갑작스럽게 넘어가고 있다. 공동체 영역에서 죽음을 향한 존재의 "조심성 없는 옮겨감"[165]은 윤리적 사회적 무책임성 논란을 불러일으킨다. 리쾨르는 죽음을 "나의 존재 가능의 중단"[166]으로 본다. 우리의 존재 가능의 중단은 모든 실제적 부재를 뜻하고 죽음의 실재를 실천화한다.

6) 죽음의 가능성

하이데거에게 죽음은 "더 이상 거기에 존재하지 않는다는 가능성"[167]이다. 죽음은 우리가 더 이상 어떠한 가능성도 가질 수 없게 되는 가능성, 곧 '불가능성의 가능성'이다. 죽음이 '가능성'이다는 말은 다음을 뜻한다. "현존재의 종말로서의 죽음은 현존재의 가장 고유하고 무연관적이고 확실하며 그리고 그 자체로서 무규정적이고 건너뛸 수 없는 가능성이다. 죽음은 현존재의 종말로서 자신의 종말을 향한 이 존재자의 존재 속에 있다."[168]

그러면 하이데거가 말하는 가능성이란 사실성의 가능성일 수 있는가? 죽음을 가능성으로 규정함은 죽음이 사실적으로 구체화되어야 하지 않겠는가?라는 문제점을 남긴다. 이 점을 눈여겨보았던 사람이 바로 사르트르였다. 사르트르에 따르면, 죽음이 나의 가능성일 수 없다. "죽음은 결코 나의 고유한 가능성일 수 없다. 단 한 번도 나의 가능성일 수 없다." 죽음은 나의 가능성이 아니기 때문에 나는 그것을 기대할 수 없다. 나를 죽음에다 던질 수 없다. 나의 주체성을 멈추어야 한다. 왜냐하면 죽음은 나의 삶에서는 발견할 수 없기 때문이다. 죽음 앞에서 주체가 사라지고 타자 속에서 만나게 된다. '죽음의 관점에서부터 나의 삶을 숙고한다는 말은 타자의 관점에서부터 나의 주체성을 고찰함을 뜻한다.' 사르트르에게 죽음은 사실성이지 결코 가능성이지 않다. 죽음은 탄생처럼 사실이다. "그러므로 우리는 하이데거에 반대하여, 다음과 같이 결론지어야 할 것이다. 즉, 죽음은 나 자신의 가능성이기는커녕 그것은 하나의 우발적

---

165 Ricoeur, *Temps et récit III*, 112

166 위의 책, 108.

167 하이데거, 『존재와 시간』, 335.

168 위의 책, 258 이하.

인 사실이다. 이 사실은 그러한 것인 한도에서 원칙적으로 나로부터 벗어나는 것이며, 근원적으로 나의 사실성에 속하는 것이다. 나의 죽음에 대해서 하나의 태도를 취하지도 못할 것이다. 왜냐하면 나의 죽음은 발견될 수 없는 것으로서, 스스로를 열어 보이는 것이며, 모든 기대들을 쓸데없게 하는 것이며, 모든 태도 속으로, 특히 자기 죽음에 대해서 취하게 될 것인 태도 속으로 스며들어가며, 그런 태도들을 외면적이고 응고된 행위로 변화시켜서, 그 행위들의 의미를 영구히 우리 자신에게가 아니고 타인들에게 맡겨지게 함으로써 열어 보이기 때문이다. 죽음은 바깥으로부터 우리들에게 다가오는 것이며, 우리들을 바깥으로 변화시킨다. 사실을 말하자면 죽음은 탄생과 조금도 구별될 것이 없다. 우리가 사실성이라고 부르는 것은 탄생과 죽음과의 동일성 그것이다."[169]

사르트르의 이런 지적이 옳다면 여기에 기초해 우리는 다른 문제도 이의를 제기할 수 있다. 죽음과 현존재 전체성과의 관계문제인데, 어떻게 죽음의 개념이 전체성 개념으로 안내될 수 있는가? 죽음은 '아직-아님'이지만 죽음이 인간 삶의 전체를 완결하기 때문에, 즉 현존재의 종말의 사건이기 때문에 전체성의 차원에서 고려되어야 한다는 게 하이데거의 취지이다. 전체를 이해하기 위해서는 반드시 그 끝을 이해해야만 한다.[170] 현존재의 끝, 곧 "세계-내-존재의 '종말'은 죽음이다. 존재가능, 다시 말해서 실존에 속하는 이 종말은 각기 그때마다 가능한 현존재의 전체성을 제한하며 규정한다."[171] 하이데거에게 전체 존재는 죽음을 향한 존재와 동등한 것으로 설명되고 있는데, 그 이유는 그가 죽음을 향한 존재를 시간의 통일 속에서 이해하기 때문이다.

7) 죽음의 사회화

하이데거는 마르쿠제가 지적하는 죽음의 사회화의 문제에 관심을 갖고 있지 않았다. 하이데거의 관심은 죽음이 현존재의 본래적 고유성에 이르는 길임을 밝히는 것이었다. 하이데거의 죽음 이해는 "죽음을 극복"[172]하려는 데 있지 않고, 죽음을 거부하

---

169 사르트르, 『존재와 무』, 양원달 역, (서울: 을류문화사, 1976), 제 4부 제 1장 제 2절, E 나의 죽음, 736 이하. 번역은 역자의 번역을 그대로 따르지 않았다.

170 이기상, 구연상, 『『존재와 시간』 용어해설』, (서울: 까치, 1998), 264.

171 하이데거, 『존재와 시간』, 234.

172 위의 책, 310.

지 않고 죽음 앞에서 어떻게 존재 기획할 것인가를 제시하는 데서 그 특징이 드러나는데, 그러한 현존재를 고유한, 본래적 죽음이라 했다. 따라서 죽음을 극복하려는 태도나 노력 그리고 죽음을 무시하는 일상인의 태도를 비본래적이라고 한다. "이런 맥락에서 철학은 마치 죽음의 불안으로 유도하는 전초 학교로 보인다. 이는 죽음의 불안만이 본래성으로 유도하기 때문이다."[173] "죽음이 인간의 자기 '본래성'에 이르는 길이라면, 인간의 생명을 파괴하고 그들을 죽음으로 몰아가는 전쟁 미치광이들은 '본래성으로의 인도자'라고 보아야 할 것이다. 한마디로 죽음의 의식에 대한 하이데거의 실존론적 해석은 '죽음에 저항하는 철학'이 아니라, '죽음을 장려하는 철학', '죽음에 순응시키는 철학'이다. 그것은 수백만 명의 젊은이들이 전쟁에서 당하는 죽음과 죽음의 고통을 존재론적 구조로서 정당화시키며, 그들의 죽음에 대하여 침묵하도록 방조할 수 있다. 그것은 이 세계에서 일어나는 수많은 '억울한 죽음들'을 '본래성에 이르는 길'로 승화시키며, 억울한 죽음들이 일어나는 이 세계의 현 상황을 있는 그대로 받아들일 수 있게 하는 위험성을 가진다."[174] 에벨링의 지적에 따르면, 하이데거에게는 죽음의 이데올로기에 대한 멈춤 장치가 없다. 하이데거에게는 죽음이 인생의 최고관청임에 틀림없지만, 그것이 죽음의 테러를 막아 주지는 못한다. 다시 말하면, "부당한 죽음"[175]에 대한 비판이 없는 것이 문제이다.

"전쟁, 고문, 살인, 대량 학살, 착취, 가난, 굶주림, 질병, 각종 사고 등으로 … 말미암은 인간의 죽음이 과연 인간의 존재론적 구조에 속한다고 말할 수 있는가? 히틀러의 명령으로 독 가스실에서 죽음을 당한 600만 명의 유대인들은 그들의 죽음을 그들의 삶에 속한 존재론적 구조라고 말할 것인가? 만일 그들의 죽음을 존재론적 구조라고 말한다면, 그것은 그들의 죽음을 일으키는 원인자와 사회 체제, 정치 체제를 간접적으로 방조하는 것이며, 억울한 죽음을 당한 사람들에게는 치가 떨리는 모욕으로 들릴 것이다. 죽음에 대한 하이데거의 분석은 현대 사회에서 죽음을 일으키는 모든 원인들을 분석하고 이것을 제거하며, 죽음을 일으키는 모든 세력들에 대하여 정하는 일을 불필요한 것으로 만든다. 죽음은 결국 인간의 존재론적 구조에 속한 것으로

---

173 윤병렬, 「하이데거의 죽음-해석학과 그 한계」, 『해석학 연구』 3 (1997), 34.

174 김균진, 『죽음의 신학』, (서울: 기독교서회, 2002), 32.

175 김희봉, 「현존재의 실존성과 죽음의 문제」, 『해석학 연구』 3 (1997), 66.

생각되기 때문이다."[176]

마르쿠제는 하이데거의 죽음의 존재론, 곧 "죽음의 열광적인 수용"을 은폐의 도구로 보았다. 즉 정치나 국가, 법 또는 신 등의 "죽음의 주인에게 굴복하는 것"일 뿐이다.[177] "죽음을 영광스럽게 받아들이면서 동시에 정치질서를 인정하는 태도는 철학적 도덕성의 탄생을 뜻하는 것이다."[178] 어떤 억압도 없는 사회라는 유토피아는 약속을 배반하는 것이다. 아도르노는 하이데거의 죽음의 존재론화를 거짓 생명이라 한다. "바그너가 말한 사랑의 죽음 또는 구속의 죽음처럼 동물적인 죽음의 고통과 악취를 잘못 씻겨 준 것이다."[179] 사람들이 죽음을 더 이상 몰아붙이지 못한 아마도 다르게 죽음을 경험할 수 있게 하는, 즉 불안해하는 사회적 상태의 가능성을 숨기는 것이다. 죽음의 존재론 대신에 죽음의 사회학이 우리에게 죽음에 대한 고찰에 새로운 의미를 부여할 것이다.

지금까지 필자는 하이데거의 죽음 이해에 대해 비판적으로 고찰하였다. 우선적으로 죽음의 존재론과 죽음의 형이상학의 관계성을 살펴보았다. 하이데거는 죽음이 현존재의 존재를 구성하는 범주일 뿐 아니라, 존재 일반의 의미를 이해하기 위한 지평이 된다는 차원에서 죽음의 존재론을 세우는 일에 관심을 두었지만, 레비나스는 하이데거의 죽음의 존재론을 타자를 소유하거나 억압하는 권력의 철학으로 보아 나의 지배와 소유의 틀로 환원할 수 없는, 타자를 중시하는 죽음의 형이상학을 세워 나간다. 필자의 견해로는 지금 우리에게는 하이데거가 세운 죽음의 존재론이 가지는 의미성만큼이나 레비나스의 타자의 죽음에 대한 숙고가 필요하다.

그 다음 근대에서 태동한 자연적 죽음에 대해 논의했다. 하이데거는 근대의 자연적 죽음에 대한 이해가 죽음을 기계론적으로 이해하기 때문에 결코 죽음의 의미 물음을 제기하지 않을 뿐 아니라 생물학적-의학적 죽음 또한 죽음의 본질을 규정하지 못한다는 이유로 논의에서 제외했다. 그러나 이 문제는 오늘날 우리에게 배제될 수 없는 중요성을 가진다고 지적했다. 우리 사회는 생물학적 죽음의 이해가 더 사회문제가

---

176 김균진, 『죽음의 신학』, 31.

177 Herbert Marcuse, "The ideology of death," H. Feifel (ed.), *The meaning of death*, (New York/London 1959, 21965), 66.

178 위의 책, 68.

179 Th. W. Adorno, *Jargon der Eigentlichkeit*, 1964, 129. *Gesammelte Schriften*, hg, R. Tiedemann 6 (1973), 517.

되고 있기 때문이다.

하이데거의 입장은 죽음의 본질이 '삶 속의 죽음'에서 해명이 가능하고, 죽음에 대한 정확한 지식이 현존재의 본질을 올바로 규정한다는 데서 나타난다. '삶 안에 있는 죽음 속에서야 죽음의 본질이 드러난다'는 생각에 반대하는 레비나스에 따르면, 그것이 결국 미래의 사건이지 현재의 사건이 아니기 때문이고, 죽음에 대한 지식을 거부하는 모랭에 따르면, 죽음은 존재가 아니기 때문에 죽음의 본질이 사람들에게 알려지지 않는다. 죽음의 본질이 죽음의 의미를 되묻는 일과 연관되어 있다는 것은 틀림없는 사실이지만, 레비나스나 모랭처럼, 죽음이 현재의 사건이 아니거나 죽음에 대한 명확한 지식이 불가능할 때는 상황이 달라지지 않는가?

하이데거의 죽음 이해에서 가장 논란이 되고 있는 문제 중의 하나가 바로 죽음의 사유가능성이다. 란트베르크에 따르면, 하이데거의 죽음의 지식은 '알 수 있는 알지 못함'(wissendes Nichtwissen)으로 요약된다. 그러나 근본적으로 죽음에 대한 지식이 불가능하다는 데서 문제가 발생한다. 죽음에 대해 알지 못하는데 죽음을 말할 수 있느냐는 것이다(양켈레비치). 죽음은 다 밝혀지지 않은 수수께끼라는 것이다. 필자에게는 죽음이 수수께끼, 곧 신비일 뿐이다. 필자에게는 죽음의 본질을 깨달은 하이데거가 죽음을 이긴 신처럼 보인다.

하이데거는 죽음을 통해 현존재가 시간 속에 현존하는 존재임을 밝힌다. 죽음은 시간의 종말적인 사건이다. 따라서 현존재에게 죽음은 '아직 아님'이지만 '이미' 현존재에게 다가와 있는 존재 사건이다. 종말의 사건인 죽음을 통해서야 인간 전체성을 올바로 이해할 수 있다는 생각이었다. 그러나 리쾨르는 인간을 가사성(可死性)의 사적 시간과 죽음 이후에도 계속되는 언어라는 공공의 시간을 함께 가지는 것으로 보아 죽음을 통해 인간 전체성을 이해하려는 하이데거의 기획을 확장해 나간다.

하이데거의 죽음 이해에서 논의해 봐야 할 또 다른 문제점은 그가 죽음을 현존재의 가장 고유한 가능성이라 한 점이다. 죽음의 가능성은 '불가능성의 가능성'이라는 죽음에 대한 존재론적 접근 방식에서 도출된다. 그러나 사르트르는 하이데거가 말한 가능성이 나의 가능성일 수 없다고 잘라 말한다. 왜냐하면 사르트르는 죽음을 사실성 속에서 이해하고 있기 때문이다. 그러나 필자가 하이데거는 그르고 사르트르는 옳다는 차원에서 사르트르를 인용한 것은 아니다. 사르트르를 언급한 이유는, 만약 우리가 죽음을 사실성의 차원에서 접근할 때 죽음에 대한 의미가 더 명확해지지 않을까 생각했기 때문이다.

끝으로 하이데거의 죽음의 존재론화 대신에 죽음의 사회화로 시선을 옮길 것을 요구하는 사람들이 많다. 에벨링은 하이데거에게는 죽음의 이데올로기를 멈추게 할 장치가 없다고 보았다. 마르쿠제는 하이데거의 죽음 이해를 죽음에 굴복하는 것이라 보았다. 필자가 하이데거의 죽음에 대한 이해에 안주할 수 없는 궁극적인 이유는 다름 아닌 죽음의 이데올로기 문제 때문이다.

3. 죽음에 대한 책임 윤리 : 레비나스의 죽음의 철학

이제는 죽음에 대한 책임윤리를 주창하는 레비나스의 죽음의 이해를 살펴보고자 한다. 로젠츠바이크의 『구원의 별』과 하이데거의 『존재와 시간』은 레비나스의 죽음에 대한 이해의 근간을 형성한다. 레비나스는 로젠츠바이크의 생각 속에서 죽음의 문제를 무시한 전체화 시도가 불가능함을 깨닫고, 하이데거의 죽음의 존재론을 죽음의 폭력을 촉진하는 권력의 철학으로 규정한다. 그래서 레비나스는 하이데거처럼 죽음 앞에서 본질적인 존재기획을 촉구하기보다는, 죽음의 폭력에 저항하는 정의와 타인의 죽음에 대한 윤리적 책임을 말하게 된다. 우리는 이러한 레비나스의 죽음 이해가 가지는 함의를 무시해서는 안 된다. 왜냐하면 20세기 대량학살 사건들과 광주항쟁 등의 죽음의 비극이 인류의 행복과 번영을 방해하는 현실에서 레비나스의 죽음의 이해는 대안이 될 수 있기 때문이다. 또한 레비나스의 이러한 죽음에 대한 이해는 현대문화가 겪고 있는 죽음의 문제에 대한 대답이 될 수 있을 것이기 때문이다. 그러나 필자는 그의 죽음 이해가 가지고 있는 문제들을 몇 사람을 인용하면서 비판하고자 한다. 그 이유는 그것이 레비나스의 죽음 이해가 더 의미있게 평가될 수 있기 때문이다. 리쾨르는 레비나스의 죽음에 대한 논의가 역사에서의 죽음 논의를 배제하고 있는지 반문하고 있고, 타우렉은 존재에서 당위가 도출되는 자연주의 오류가 레비나스의 "살인하지 말라"는 명제 속에 있다는 것이고, 데리다는 윤리적 죽음 이해를 뛰어넘은 정치·법적 죽음 이해가 레비나스의 의도를 더 명확하게 밝혀 준다고 비판하고 있다.

1) 죽음에 대한 책임윤리

레비나스는 로젠츠바이크를 통해 죽음의 폭력과 전쟁의 전체성 이념을 극복할 수 있는 필연성과 가능성을 발견한다. 유대인 대 학살과 세계대전으로 말미암은 유럽 문화의 위기 상황 속에서, 즉 아우슈비츠 이후로 더 이상 윤리를 말할 수 없게 된 상황 속에서, 제일철학으로서의 얼굴의 윤리학을 제시한다. 반면에 하이데거의 죽음 이해와는 대립한다. 죽음을 있음의 지평, 곧 존재사건으로 이해하다 보니, 현존재의 전체성을 의미 규정하는 존재양식이라는 하이데거의 이해와는 달리, 레비나스는 죽음을 무화가 아닌 고통이고 폭력으로, 존재기획이 멈추는 사건으로 본다. 하이데거는 죽음에서 자유로운 본래적 실존으로서 자신의 존재를 기획할 수 있다고 말하지만, 레비나스는 죽음 앞에서 아무것도 할 수 없는, 절대적 수용의 폭력을 보기 때문에, 죽음을 향한 존재가 죽음에도 불구하고 또는 죽음의 폭력에 대항하는 존재만이 할 수 있는 정의로운 사회 건설과 타인의 죽음에 윤리적 책임을 지도록 요구한다. 그런 의미에서 죽음을 존재론의 차원에서 이해하기보다 제일철학으로서의 윤리학의 관점에서 고찰한다. 레비나스의 죽음 이해의 특징은 죽음을 '관계'로 규정하는 데서 나타난다. 즉 그에게 죽음은 나(주체)가 어찌할 수 없는 절대적 타자이다. 따라서 죽음은 인식론적으로 파악되지 않는 신비의 사건이고 미스터리이다.

레비나스는 죽음에 대한 윤리적 책임성을 강조한다. 책임 윤리라는 말은 내가 '다른 사람 앞에서 무엇 때문에 스스로 책임을 진다'라는 문장으로 분석될 수 있는데, 이 문장은 책임의 주체와 책임의 원인 그리고 책임의 대상을 포함하고 있다. 다른 사람에 대한 책임은 "다른 사람에게 행하고 고난을 주었던 것 때문에 우리가 고발을 당하고 책임을 져야 함"[180]을 뜻한다. 자기 책임의 경우에 책임지는 주체와 달리 다른 사람에 대한 책임은 공동으로 책임져야 할 경우가 많다. 즉 "확대된 자기 책임"의

180 Lévinas, *Autrement qu'être ou au-delà de l'essence*, 114.

경우이다.[181] 그렇다고 확대된 자기 책임이 단순한 공동 책임을 뜻하는 것은 아니다. 이미 그 자체로 자기 책임을 전제하며 내가 다른 사람의 입장에 설 때에 내가 다른 사람에 대해 책임을 지는 것이다. "완전히 무보수"로 다른 사람을 "위해" 책임을 지는 것(responsabilité pour les autres)은 무엇 대신에(stare pro) 책임을 지는 것을 뜻한다.[182] '대신 책임을 진다'는 말은 자리를 바꾸는 것을 결코 뜻하지 않는다. 단순한 자리바꿈이라면 그것은 "앞면이 없는 뒷면"에 불과할 뿐이다.[183] 나 속에 있는 타자는 나의 대리일 뿐이다. 나는 나이지 결코 타자가 아니다.[184] 그것은 "자기 속에 타자가 얽혀듦"[185]이다. 레비나스는 '다른 사람을 위해 책임을 지는 자기'라 할 때, 대명사 '자기'(me voici)를 1격에서 나오지 않는 4격이라 하여 "책임에 대답"[186]하는 것으로 해석한다. 따라서 다른 사람을 위해 책임을 지는 것은 묻고 대답하는 대화적인 교환에서 나온 것이 아니라, 우선해야 할 것을 중시하다 보니 도출된 것일 뿐이다. 다시 말하면, 책임에 대답하는 것을 뜻한다. 이때 책임이란 "모든 자유나 의식 그리고 현재보다 앞서는 죄에 대해 책임을 지는 것이고, 대답이란 그것을 이해하기 전에 대답하는 것이다."[187] 내가 다른 사람을 위해 책임을 진다는 말은 "나를 벗어나 자기에게로 바꾸는 것인데,"[188] 내가 다른 사람의 위치로 다가가는 것이 아니라, 내가 다른 사람을 통해 수용되는 것을 뜻한다. 레비나스의 책임의 철학은 대화의 철학이다. 그러나 상호 소통하는 윤리가 공통적인 연대성에 기반을 둔 반면, 대답하는 윤리는 책임과 관계한다. 레비나스는 "다른 사람을 위한"[189] 윤리적 책임성을 중시한다.

181 Bernhard Waldenfels, *Deutsch-Französische Gedankengänge*, (Frankfurt a/M., 1995), 334.
182 Lévinas, *Autrement qu'être ou au-delà de l'essence*, 123.
183 위의 책, 63.
184 위의 책, 146.
185 위의 책, 31.
186 위의 책, 143.
187 위의 책, 14.
188 위의 책, 65.
189 Emmanuel Lévinas, *Ethique et Infini. Dialogues avec Philippe Nemo*, (Paris: Fayard, 1982), 81.

2) 레비나스의 죽음 이해의 역사적 배경

레비나스는 로젠츠바이크의 죽음 이해에 영향을 받는다. 반면에 하이데거의 죽음 이해와는 대립한다. 레비나스의 죽음 이해를 살펴보기 위해서는 로젠츠바이크의 『구원의 별』과 하이데거의 『존재와 시간』을 비교, 고찰할 필요가 있다. 먼저 로젠츠바이크의 죽음 이해 수용부터 살펴보자.

(1) 로젠츠바이크의 죽음 이해 수용

로젠츠바이크는 죽음의 경험에 기초하여 헤겔의 전체화가 불가능함을 밝힌다. 이에 기초하여 레비나스는 죽음의 폭력이 전체성 이념하에 실현되는 것을 보고 얼굴의 윤리학을 대안으로 제시한다.

로젠츠바이크는 『구원의 별』 서론 첫 문장에서 전체를 인식하려는 가능성이 죽음의 경험에 대한 실존론적 사유 관점에서 불가능함을 밝힌다. "모든 전체를 인식하려는 태도는 죽음으로부터, 죽음의 공포로부터 시작한다. … 죽음은 … 결코 어떤 궁극적 결과들이 아니라, 최초의 시작이고, 죽음이 현상하는 바를 참이게 하지 못하는, 결코 무가 아니라, 냉혹한, 치워버릴 수 없는 어떤 것이다. 이 세계에서 결코 추방할 수 없는 죽음의 현실성은, 곧 희생자의 결코 그칠 수 없는 울부짖음을 알리는 죽음의 현실성은 철학의 근본사고, 곧 모든 전체를 보편적으로 인식하려는 사유가, 그것이 사유되기도 전에, 새빨간 거짓말임을 밝힌다."[190] 로젠츠바이크는 이 전체성을 깨는 것이야말로 이성적인 것으로 나아가는 것이라고 생각하였다. 죽음은 그것이 이성에 의해 파악되어 모든 전체의 인식과 연관되었다 해서 극복되는 게 아니다. 왜냐하면 "인간은 이 땅의 불안을 자체에서 없앨 수 없[기 때문이]다. 인간은 죽음의 공포 속에 남아 있어야만 한다."[191]

레비나스는 로젠츠바이크의 죽음의 경험에 의거한 헤겔의 전체성 비판을 수용하고 있다. "나로서는 로젠츠바이크의 철학에서 처음으로 전체성 비판을 만났다. 그의

---

190 Franz Rosenzweig, *Der Stern der Erlösung*, (Frankfurt am Mein, 1988), 3 ff.

191 위의 책, 4.

철학은 헤겔 논의이다. 그의 전체성 비판은 죽음의 경험에서 출발한다. 한 개인이 죽음의 염려를 없애지 못하고 특별히 닥치는 일을 마음대로 피하지도 못한다면, 그를 쉽게 전체성 안에 몰아넣을 수 없다는 것이다."[192] 레비나스는 '참된 것은 전체다'라는 헤겔적인 의미의 전통 존재론을 부정한다. 그는 정신이 역사에서 실현된다는 생각이 가지는 폐해를 전쟁을 통해 배웠고 모든 것을 하나의 이념으로 통일시키려는 전체화의 이념이 사람을 전체에 복종시키는 전쟁을 통해 드러남을 체험했다. "전쟁에서 보여 준 존재의 얼굴은 전체성의 개념에서 구체화된다."[193] "죽음의 폭력은 마치 전제 군주의 폭력처럼 위협"[194]했고 그러한 전체주의의 위험성을 목도한 그로서는 그때문에 유럽 문화의 위기가 왔음을 지적할 수밖에 없었다.

외재성을 경험하는 매체인 얼굴의 윤리학의 모티브는 로젠츠바이크에게서 기원한다. 로젠츠바이크는 인간의 얼굴에서 구원의 별을 발견해 낸다. 이 별은 수용적 생명의 삼각형과 활동적 생명의 삼각형의 겹침으로 이루어진다. "기본 바탕은 수용의 기관, 즉 얼굴의 주요 구성 요소라고 할 수 있는 이마와 뺨에 따라 배열된다. 두 귀는 뺨에, 코는 이마에 속한다. 귀와 코는 순수한 수용 기관이다. 종교적 언어에서 코는 얼굴 전체를 대신한다. 입술의 움직임이 귀로 전달되듯이 제물의 향기는 코로 전달된다. 첫 번째 삼각형은 얼굴 전체에서 이마의 정중앙을 위 꼭짓점으로 하고, 두 뺨의 중심을 다른 꼭짓점으로 하여 만들어진다. 여기에 두 번째 삼각형은, 굳어 있는 그 얼굴을 생기있게 만들어 주는 기관, 즉 두 눈과 입을 각각의 꼭짓점으로 이을 때 만들어진다."

이러한 로젠츠바이크의 얼굴 개념은 레비나스에게 어떤 단초를 제공해 주는가? 레비나스는 얼굴에서 "존재를 타자에 대한 책임 속으로 이끌어"[195]내기 위한 단초를 발견한다. 즉 얼굴은 '살인하지 말라'는 금지 명령을 이끌어 내기 위한 단초이다. 레비나스는 히브리어 얼굴(panim) 개념이 '살인하지 말라'는 제6계명과 연관성이 있다는 점을 인정하면서도, 그 용어를 "성서"에서 가져오지 않았고, "철학적인 표현 방식," 곧 "존재론적 원칙인 존재하고자 하는 노력(conatus essendi)"의 의미로 사용하고 있다고 말한

---

192 엠마누엘 레비나스, 『윤리와 무한: 필립 네모와의 대화』, 양명수 옮김, (서울: 다산글방, 2005), 98.

193 Emmanuel Lévinas, *Totalité et Infini. Essai sur l'Exteriorité*, (Nijhoff: La Haye, [7]1980), X.

194 위의 책, 222.

195 마리 안느 레스쿠레, 『레비나스 평전』, 변광배 · 김모세 옮김, (서울: 살림, 2006), 489.

다.[196] 죽음의 폭력에 맞서 자신의 존재를 유지하고자 하는 노력이 바로 얼굴이 가지는 함의이다.

"신의 얼굴을 직접 볼 수 없다"(출 33:20)는 구약의 가르침은 레비나스 사상 전체를 관통하고 있다. 신의 얼굴을 직접 볼 수 없다면, '어떻게 초월자이고 무한자인 신을 인식할 수 있는가?' "윤리적 관점에서만 신은 생각될 수 있지 우리 존재의 존재론적 차원에서 생각될 수 없다. 타자와의 무한한 관계 속에서만 신은 일하고 신의 흔적은 발견된다."[197] '얼굴'은 하이데거가 도구라는 용어로 설명하려는 것과 같은 속성, 곧 그 어느 것에도 환원할 수 없는 원형의 것으로, 인식이 불가능하고 손에 잡을 수 없는 즉, 결코 생각으로는 붙잡을 수 없는 것이다. 그래서 레비나스는 로젠츠바이크의 얼굴 개념과는 달리 얼굴에서 코·눈썹·눈·입 등을 없앤다. "얼굴을 본다면 얼굴을 인식하는 것이지만, 참된 관계란 바로 말이다. 그 말은 좀 더 정확히 말하면 응답이요 책임이다."[198] 살리에가 지적했듯이, 책임이라는 히브리어 achariout는 이미 다른 사람(acher)을 포함하고 있다.[199] '봄'의 인식을 거부하고 '말', 곧 다른 사람을 책임지는 기능을 하는 얼굴 개념은 레비나스에게도 구원의 별이다. 사람은 자기 얼굴을 직접 볼 수 없다. 내가 다른 사람의 얼굴을 보기 때문에 내 자의대로 다른 사람을 구성할 수 있다는 생각이었지만, 그때의 '나'라는 주체는 사실은 수브예그툼(sub-jectum), 즉 타인의 고통과 잘못을 짊어짐으로써 이 세계를 아래에서 떠받치고 지탱하는 자일 뿐이기 때문에 이제는 오히려 "내가 그를 위해 아직도 무언가 할 일"[200]을 하는, 즉 책임을 져야 한다는 것이다.

그러면 레비나스의 얼굴의 윤리학에는 전혀 문제점이 없는가? 눈, 코, 입 등이 없는 얼굴도 있는가? 얼굴에는 말을 하는 입도 있지만, 보는 눈도 있지 않는가? 로젠츠바이크처럼 얼굴의 이중적 기능, 곧 수용적 기능과 활동하는 기능에 관심을 돌릴 필요가 있지 않는가? 얼굴을 보았을 때, 전혀 변함이 없어 언제 보아도 그 사람이 누

---

196 Tamra Wright, Peter Hughes, Alison Ainiey, "The Paradox of Morality: an Interview with Emmanuel Levinas," Robert Bernasconi & David Wood ed., *The Provocation of Levinas. Rethinking the Other*, (Routledge: London & New York, 1988), 173.

197 Emmanuel Levinas, *Face to Face with Levinas*, ed., by Richard Cohen, (Albany: SUNY Press, 1986), 20. 31.

198 레비나스, 『윤리와 무한』, 113.

199 Cathérine Chalier, *Emmanuel Levinas*, J. Rolland (ed.), (Paris, 1984), 88.

200 레비나스, 『윤리와 무한』, 114.

구이고 무엇을 원하고 있는지 알 수 있기도 하는 수용적 개시의 측면도 있지만, 경멸의 눈길과 저주의 말을 하는 입, 그러면서도 존경하는 눈길을 보내며 환하게 미소 짓는 입을 가진 얼굴의 다의성, 곧 은폐성을 가진 얼굴의 이중성을 눈여겨보아야 하지 않는가? 얼굴은 존재의 계시와 은폐의 속성을 같이 가지고 있지 않는가? 얼굴은, 비록 눈, 코, 입 등이 없는 '남을 죽이지 말라'는 윤리적 명령이라 하더라도, 미운 얼굴, 살인하고픈 얼굴, 죽음의 폭력을 촉진하는, 즉 어떤 사람의 얼굴을 보면 오히려 죽이고 싶은 경우도 있는데, 그때는 어떻게 해야 하는가? '남을 죽이지 말라'는 얼굴이 가지는 단초성이 살인하려는 악을 제어할 수 있는가? 얼굴을 윤리의 관계에서 이해할 때, 얼굴의 의미를 올바로 개시하기도 하지만, 반대로 은폐시키는 얼굴의 이면을 통제할 수 있는가?

(2) 하이데거의 죽음 이해와의 대립

레비나스는 하이데거의 죽음 이해에서 출발하지만 동시에 거부하고 있다. 죽음을 존재 사건으로 본 점에서 같지만, 레비나스는 죽음을 고통으로, 존재기획이 멈추는 사건으로 본다. 레비나스는 자신의 포로수용소에서의 체험과 가족들의 유대인 학살 희생에서 오는 아픔에서 죽음에 대한 숙고를 시작했기 때문에, 죽음은 우리가 우리의 것으로 선취할 수 없는, 외부에서 느닷없이 다가오는 폭력으로 이해하고 있다. "나는 죽음 속의 절대적 폭력, 밤의 살인에 노출되어 있다."[201] 레비나스는 죽음 앞에서 아무것도 할 수 없는, 절대적 수용의 폭력을 본다. 그렇지만 그는 죽음을 향한 존재가 죽음에도 불구하고 죽음에 대항하는 존재만이 할 수 있는 것을 하도록 요구하는데, 이를테면 죽음 이후에 대한 관심보다는 죽음 이전에 있어야 할 것들로 죽음으로서의 무를 두려워하고 공포에 떠는 것이 아니라 죽음의 폭력을 멈추게 하기를 바란다.

① 죽음의 존재론과 제일철학으로서의 윤리학

하이데거는 죽음을 존재론의 차원에서 접근하고 있다. 그는 "현존재의 죽음을

---

201 Lévinas, *Totalite et Infini*. 210.

향한 존재의 존재론적 구조"[202]를 밝히려고 애썼다. 레비나스의 이해에 따르면, 하이데거는 죽음에 이르는 존재가 가지는 죽음에 대한 불안이 단순한 생리적 감각이나 심리적 정서 그리고 대상 없는 느낌의 흐름이 아니라, "대상 없이 있다는 사실 자체가 정말 중요"한 현존재를 느끼고 발견하는 존재론적 방식이다.[203] 그럼에도 하이데거는 존재를 이해하기 위해 "존재자를 중립화시키고 말아 타자와의 어떤 관계도 불가능하게 만들고, 타자를 자기에게로 환원하고" 말았기 때문에 레비나스는 하이데거의 존재론을 "타자와의 어떤 평화도 없이 타자를 소유하거나 억압하는 … 권력의 철학"[204]으로 이해한다. "하이데거에게서 존재가 맺는 기본관계는 타인 또는 타자와의 관계가 아니라 죽음과의 관계이다. 여기서 타인과의 관계란 대수롭지 않게 된다. 사람은 혼자 죽기 때문이다."[205] 따라서 레비나스는 책임성으로만 맺어지는 타자와의 관계가 익명적으로 있는 "'그저 있음'에서 나를 구원한다"[206]고 본다. 레비나스에게 타자에 대한 책임이란 결국 타자의 죽음에 대한 책임이다. 이 일은 결코 존재론적 사고에서는 불가능하다.

따라서 레비나스는 하이데거의 존재론을 거부하고 제일철학으로서의 윤리학으로 넘어간다. "타자를 존재론처럼 동일자로 환원하지 않고 … 타자의 낯섦을 … 나의 생각과 소유로 환원할 수 없음을 … 윤리학"[207]은 수행해 낸다. 발덴펠스의 지적에 따르면, 레비나스가 로젠츠바이크를 통해 전체성을 비판할 뿐만 아니라 하이데거처럼 근원의 것으로 되돌아가려는 존재론도 비판하는 저서가 바로 1974년 『존재와 다르게 또는 존재 사건 저편에』인데, 이 책의 제목이 말해주듯이, 모든 존재 이론과 결별할 뿐만 아니라 존재를 계시에서 드러나는 본질 또는 일어남으로 이해하는 하이데거의 존재론을 거부한다.[208]

존재론보다 우선하는 윤리학이라는 생각도 낯설지만, 존재론과 윤리학의 공존성에 대해서도 의아해하는 사람들에게 레비나스는 윤리적 관계가 존재나 세계 또는

---

202 하이데거, 『존재와 시간』, 249.
203 레비나스, 『윤리와 무한』, 48.
204 Lévinas, *Totalité et Infini*. 16.
205 레비나스, 『윤리와 무한』, 72.
206 위의 책, 64.
207 Lévinas, *Totalité et Infini*. 13.
208 발덴펠스, 『현상학의 지평』, 최재식 옮김, (서울: 울산대학교편집부, 1998), 86.

자연보다 우선함을 플라톤의 '존재 저편에 존재하는 선'(agathon epekeina tes ousias)[209]과 데카르트의 '무한성' 개념을 통해 보았고 따라서 이에 기초해 타자와의 윤리적 관계가 존재론만큼이나 우선적이고 근원적임을 보여 주려고 애쓴다.[210] 레비나스에게서는 하이데거가 말하듯이 존재자가 존재자로서 드러나게 되는 사건, 즉 존재 사건이 문제가 아니라, '존재 사건 너머의 선'과 무한이 어떻게 사회적 관계[타자와의 관계] 속에서 가능할 수 있는가가 쟁점이었다. 존재 저편에 존재하는 선과 무한은 "내가 옳을수록 그만큼 더 내게 책임이 있다"[211]는 식의 윤리로 나타날 뿐이다.

레비나스는 전쟁의 객관주의 대신에 "무한한 것의 이념 속에 근거하는 새로운 주체 자체"를 자신의 철학의 핵심테마로 설정한다. 이 새로운 주체는 존재의 고통과 죽음의 폭력 그리고 존재 파괴를 통해 그리고 무한자인 타자와의 윤리적 관계 경험을 통해 정의된다. 레비나스가 제안하는 제일철학의 핵심 문제는 타자의 문제이고 타자와의 관계에서 생겨나는 책임의 문제이다. 주체가 주체일 수 있는 가능성은 주체가 책임을 지는 주체일 때이다.

그러나 있음 안에서 사람다움이 파괴되는, 있음이 곧 있어야 할 이유가 되지 않는, 있음이 행복이 아니라, 있으면서 남을 죽이는 있음의 위기 속에서, 곧 불의한 죽음의 고통과 죽음의 폭력이 우리를 위협하는 상황에서 우리가 해야 할 일은 무엇이고 무엇을 할 수 있는가? 정작 레비나스 자신은 『존재와 다르게 또는 존재 사건 저편에』를 홀로코스트의 희생자들에게 헌사했음에도 불구하고 그들의 "살인을 야기시키는 비윤리적 현실에 대해선 아무런 말도 하지 않았지"[212] 않는가?

② 죽음과 시간

레비나스의 죽음과 시간에 대한 설명은 다음과 같은 특징을 가지고 있다. 유대적 관점에 따른 정의의 시간, 곧 슬픔을 달래고 불의한 죽음이 없는 시간과 새로움의

---

209 플라톤, 『국가』, 박종현 옮김, VI, 509b. 레비나스, 『존재에서 존재자로』, 서동욱 옮김, 서문 각주 1번, 7.

210 Theodore de Boer는 "윤리 선험철학"이라는 논문에서 존재론과 윤리학이 레비나스에게 공존함을 논증한다. Theodore de Boer, "An Ethical Transcendental Philosophy," Richard A. Cohen, ed. *Face to Face with Levinas*, (State University of New York, 1986), 83-115.

211 레비나스, 『윤리와 무한』, 135.

212 콜린 데이비스, 『엠마누엘 레비나스-타자를 위한 욕망』, 김성호 옮김, (서울: 다산글방, 2001), 273.

가능 근거로서의 시간이 죽음과 관련하여 설명되고 있다. 레비나스는 시간과 죽음을 '관계'로 정의한다. 즉 "시간은 … 타자와의 관계 자체"[213]요 "죽음은 … 우리가 절대적으로 다른 것과의 관계"[214] 맺음이다. 그가 시간과 죽음을 타자와의 '관계'로 규정할 때, 그것들은 결코 우주적인 것도 아니고 그렇다고 의식의 죽음이나 시간만도 아니며, 더구나 경제적인 시간과 죽음만은 더욱 아니다. 그가 시간을 관계를 통해 규정하는 이유는 시간이 단순히 흘러가는 것이 아니라, 우리를 넘어서는, 우리를 다른 곳으로 끌고 가는 역동성이 시간 안에 있는 것으로 보았기 때문이고, 죽음을 관계를 통해 규정해야만 하는 이유는 죽음이 우리가 결코 붙잡을 수 없는 절대성, 다름이기 때문이다.

첫째, 그는 유대적 사고를 따라 시간문제를 새롭게 개진한다.[215] 유대적 사고는 그 자체로 폐쇄된 시간이라기보다는 존재 저편을 향해 열려 있는 순간을 알고 있다. 존재 저편에서 의식의 시간 속에 침입해 들어오는 시간, 곧 "우리 속에 있는 무한성의 사건이요 선한 것의 탁월성 자체"[216]인 시간은 세계의 어떤 지평 속에서도 현존하지 않으며, 그렇기 때문에 소위 우리의 역사 언저리 저편에서야 비로소 윤곽을 드러낸다. 그렇지만 의식이 파괴되는 그 순간 속에서 '타자의 시간'으로 넘어가는 일이 일어나는데, 이 타자의 시간은 세계와의 연관성을 앞선 것이다. 세계를 그 단순한 객관화의 저편에서 인식하기 위해서라면 우리가 반드시 전제해야만 할 시간의 이중성, 곧 의식의 시간과 의식을 넘어선 시간 이해를 그는 익히 알고 있었다. 레비나스는 '영원성만이 구원'이라 생각하는 전통적인 이해방식을 거부했는데, 그 이유는 그것이 "괴로움의 순간 자체"에 관여하지 못하기 때문이라고 생각했다. 그는 현재의 "구원을 갈망함에 응답하는", 곧 현재가 배상될 뿐만 아니라 부활하는 그런 시간을 "시간의 본질적 구조"[217]라 한다. 이런 것이야말로 레비나스의 시간 이해의 특징이고, 그것은 시간이 타자를 통해서야 비로소 나에게 임한다는, 그리고 우리가 대상을 파악하는 것처럼 시간을 소유하는 것이 불가능하다는 점을 함축한다.

---

213 레비나스, 『시간과 타자』, 29.

214 위의 책, 84.

215 Ki-Cherl Chung, " Das Zeitproblem bei Emmanuel Lévinas unter besonderer Berücksichtigung der koreanischen Traditionen," *Neue Zeitschrift für systematische Theologie*, 47 (2005), 432.

216 F. Poirié, Emmanuel Levinas, *Qui êtes-vous?* (Lyon: La Manufacture, 1987), 73.

217 에마뉘엘 레비나스, 『존재에서 존재자로』, 서동욱 옮김, (서울: 민음사, 2001), 155.

이 점에서 우리는 레비나스와 하이데거 사이의 시간의 본질에 대한 이해 차이를 정리할 필요가 있다. 하이데거는 죽음을 향한 존재를 시간의 근원으로 기술하면서 시간의 본질적 구조를 죽음을 통해 설명했다. 그런 의미에서 시간의 본질적 특성은 측량 가능한 자연과학적 시간이 결코 근원적 시간이 될 수 없다는 것이다. 그러나 죽음이 결코 현재하는 것이 아닌 종말의 사건으로서 미래, 곧 끝에서 온다는 점에서 미래의 현재이기 때문에, 레비나스는 이를 반대하고 과거의 현재 속의 죽음을 말하고자 한다. 그런 의미에서 레비나스는 현재의 죽음의 고통에 대한 훗날의 보상이 아닌, 현재의 죽음의 고통을 없애는 정의의 시간을 말하게 된다. 따라서 종교적 의미를 가지는 구원의 시간도 미래가 아니라, 현재 속에서 성취되는 정의의 시간이 레비나스에게 중요하다.

둘째, 하이데거나 레비나스에게 공통적으로 발견되는 사항으로, 둘은 죽음을 시간 개념을 통해 설명한다. 하이데거는 죽음을 종말의 사건으로 보기 때문에, 미래의 사건이지만, 아직-아님이라는 현재 속에서 미래 사건을 기획할 수 있는 것으로 보았다. 그런 면에서 불가능성의 가능성이다. 레비나스는 이 새로움의 가능성이 하이데거의 죽음으로의 존재에 대한 분석 속에 있다고 보았다. "시간은 근원적으로 현존재로부터 생각되어야만 한다. … 죽음을 향한 존재에 대한 분석은 시간의 새로운 개념을 위한 단초에 이바지한다."[218]

하이데거는 죽음의 계기를 죽음의 의미의 한 측면으로 사유하기 위해 시간을 죽음으로부터 규정하기를 요구한다. 그에 반해 레비나스는 죽음을 시간으로부터 생각한다. 만약 우리가 시간을 죽음으로부터 규정한다면 어떤 사태를 올바로 인식할 수 있게 되는가? 하이데거가 수행했던 것처럼 시간을 죽음으로부터 규정한다면, 우리는 근원적 시간이 무엇인지 말할 수 있게 되는데, 근원적 시간을 결코 자연과학적 시간이 아닌 죽음의 의미를 되묻는 존재의 시간이라 말할 수 있게 될 것이다. 하이데거는 여기에서 과거로 되돌아갈 수 없는 과학적 시간이 본래적인 시간이 될 수 없는 이상, 미래의 죽음을 선취하여 현재에서 새롭게 존재 기획할 수 있는 가능성을 함축하고 있는 것으로 본다.

그러나 레비나스는 하이데거보다 베르그송을 통해 시간의 새로움을 배운다. "새

---

218 Emmanuel Lévinas, *Gott, der Tod und die Zeit*, (Passagen: Wien, 1996), 53.

로움이라고는 전혀 없는 세상, 모든 것이 이미 정해져 있어 희망찬 장래라고는 모르는 그런 세상에서… 베르그송은 매시간이 다른 것으로 바뀔 수 없는 옹골찬 현실임을 인정했다…. 정말 새로움이 지니는 영적인 의미를 우리에게 가르쳐 준 사람은 베르그송이다. 다시 말해서 '존재와 달리' 존재하는 것을 가르쳐 준 분이 바로 베르그송이다."[219] 따라서 레비나스는 하이데거와는 달리 죽음을 시간으로부터 사유한다. 왜냐하면 하이데거는 죽음을 현재의 사실성에서 고찰하지 않고 미래 존재론적 가능성의 차원에서 바라보고 있기 때문이다. 레비나스의 분석에 따르면, 베르그송의 지속 개념은 과학적 시간이 아닌 하이데거의 현존재의 유한한 시간성 개념이 프랑스에서 논의될 수 있는 토양을 제공해 주었는데도 불구하고 하이데거는 『존재와 시간』(432 각주 30)에서 베르그송이 시간을 공간화했다고 부당하게 비판하고 있다는 것이다.[220] 레비나스는 하이데거가 영원한 진리와 본질이 "시간에서" 기원한다는 것을 보여 주었다고 하이데거의 시간 이해의 영향력을 인정한다.[221]

하이데거는 죽음 앞에서 본질적 고유성이 가능하다고 본다. 그러나 레비나스는 죽음의 파괴와 폭력을 체험했기 때문에 고유성이 불가능한 것으로 이해하고 있다. "주체가 어떠한 가능성도 거머쥘 수 없는 죽음의 상황으로부터 타자와의 존재의 또 다른 특성을 끌어낼 수 있다. 어떠한 방식으로도 손아귀에 쥘 수 없는 것은 미래이다. 베르그송이나 사르트르의 미래의 투사는 시간의 본질적인 특성이 아니라 미래의 현재일 뿐이고, 미래는 손에 거머쥘 수 없는 것이며, 우리를 엄습하여 우리를 사로잡는 것이다."[222] 하이데거에게는 죽음이 '불가능한 가능성'이지만, 레비나스에게 죽음은 '가능성의 불가능성'이다. 이들 용어의 차이는 어떤 관점에서 죽음을 이해하느냐에 따른 차이이고 죽음으로 무엇을 강조하고자 하느냐에 달려 있다. 죽음은 현존재의 전체성의 가능 근거로서의 '불가능성의 가능성'이 아니라 다가오는 죽음 앞에서는 할 수 있는 것이라곤 더 이상 아무것도 없는 완전한 수동성으로서의 가능성의 불가능성이다. 죽음 속에서 주체는 "자신이 묶여 있고, 압도되어 있고 어떤 방식에서는 수동적임을 발견한다.

219 레비나스, 『윤리와 무한』, 33-34.

220 위의 책, 32-3.

221 리처드 커니, 「엠마누엘 레비나스 무한성의 윤리」, 『현대사상가와의 대화』, 김재인 외 옮김, (서울: 한나래, 1998), 253.

222 레비나스, 『시간과 타자』, 86.

죽음은 이러한 의미에서 관념론의 한계이다."[223] 주체는 더 이상 명석판명한 의식을 가진 주체가 아니라, 죽음 앞에서 아무것도 못하는 미약한 존재이다. 레비나스에게 죽음은 주체가 어찌할 수 없는, 즉 죽음 앞에서 존재 기획할 수 있는 어떤 주체도 어찌할 수 없는 궁극적인 사건이다. "죽음의 도래에서 중요한 것은 우리가 특정한 순간부터 더 이상 할 수 있음을 할 수 없다는 점이다. 바로 여기에서 주체는 주체로서 자신의 지배를 상실한다. 주체는 계획을 세울 수 없음이다. 이러한 죽음의 도래를 통해 알 수 있는 것은 우리가 절대적으로 다른 것과 관계 맺고 있다는 사실이다."[224]

③ 나의 죽음과 타자의 죽음

하이데거가 '나의' 죽음으로 해석해야 하는 "각자성"[225]을 말한 반면, 레비나스는 '타자'의 죽음에 관심을 둔다. 이것이 죽음에 관한 레비나스의 윤리적 이해와 하이데거의 존재론적 이해 사이의 근본적인 차이이다. "하이데거에게 있어 죽음이 나의 죽음인 반면, 나에게 죽음은 타자의 죽음이다."[226] 하이데거에게서 존재가 맺는 기본관계는 다른 사람 또는 다른 것과의 관계가 아니라, 죽음과의 관계이다. 여기서 다른 사람과의 관계란 대수롭지 않게 된다. 죽음이 무화일 뿐이라면 타자의 죽음에 대한 윤리적 고려가 결여될 수 있고, 필연적으로 타자에 대한 존재론적 폭력으로 나아가게 된다.[227] 그래서 레비나스는 타자의 죽음이 나의 죽음보다 더 근원적이라고 생각한다. 왜냐하면 나의 죽음의 우위성 속에서는 타자의 죽음이 나에게는 부차적인 죽음으로만 간주될 수 있기 때문이다. 그런 의미에서 레비나스에게 죽음은 하이데거가 생각하듯이, 죽음의 의미라는 것이 죽는다는 가능성에 대한 성찰 속에서 나오는 것이 아니라, 어느 날 갑자기 들이닥치는 외부에서부터 침입해 들어오는 절대적인 타자성이다.

레비나스에게 타자라는 개념은 『존재에서 존재자로』에 따르면, 플라톤의 '자신(같은 것)'과 '타자(다른 것)'의 구별에서 기인한다. 죽음을 타자라 할 때의 타자도 그렇지만, 레비나스가 말하는 타자란 자아의 외재성, 자아 밖에 존재하는 것을 총칭한다.

223 위의 책, 78.
224 레비나스, 『시간과 타자』, 62 이하.
225 하이데거, 『존재와 시간』, 240.
226 커니, 「엠마누엘 레비나스 무한성의 윤리」, 266.
227 안상헌, 「레비나스 절대적 타자의 죽음」 『철학 죽음을 말하다』, 정동채 외, (서울: 산해, 2004), 243.

『전체성과 무한』의 부제 '외재성에 관한 논의'에서 말하는 외재성은 바로 이런 의미의 타자이다. 다른 사람이나 신은 어떤 경우에도 자아에게로 환원될 수 없는 절대적 다름, 절대적 타자성을 지니고 있다.[228] 이러한 절대적 타자성은 후설처럼 나로부터 유추해서(analog) 파악할 수 있는 것이 결코 아니다.

'죽음이 자신 밖에 있는 것, 자신으로서는 통제할 수 없는 것, 그런 의미에서 절대적 타자성이다'는 것의 의미성은 무엇인가? 죽음이 절대적으로 타자다란 말은 존재와 다르게 되는 것이고, 그것은 그의 표현에 따르면, '존재 저편에'와 같은 내용인데, 전통철학은 그것을 초월이라 했고 죽음 이후의 세계로 넘어감이라 했지 않는가? 그러나 레비나스에게 죽음을 통한 초월이란 불가능하다. "초월이란 존재와 다르게 됨, 존재의 '타자'에게로 가는 것이다. 이는 '다르게 존재함'이 아니라 존재와 다르게 됨이다. 이것은 '더 이상 존재하지 않게 되는 것'이 아니다. 즉 여기서 넘어감은 죽음이 아니다."[229] 레비나스는 죽음을 통한 "내세로의 허구적인 초월, 현세 너머로 이끌리는, 하늘에 있는 천국으로의 초월"[230]을 배제한다. 왜냐하면 '죽음을 통한 초월은 모순된 개념이기 때문이다. "고전적 개념으로의 초월[죽음을 통한 초월]의 이념은 자기 모순적이다. 초월하는 주체는 자신의 초월 속에서 소멸해 버린다. … 초월이 주체의 동일성 자체와 결부된 것이라면, 우리는 주체의 실체의 죽음을 목격하게 될 것이다. 확실히 우리는 죽음이 초월 자체인지 아닌지 의심할 수 있을 것이다."[231]

그러나 하이데거에게는 타자를 위해 죽는 희생적인 "대리"[232] 죽음이 없다. 레비나스는 책임 개념을 도스토예프스키의 말에서 인용한다. 그는 "우리들 각자는 각 사람에 대해서 각 사람에 앞서 잘못이 있고 나는 다른 사람보다 잘못이 더 많다"는 말을 원용해서 "우리는 모든 사람에 앞서, 모든 사람에게 책임이 있고 나는 다른 모든 사람보다 책임이 더 많다"[233]고 말한다. 강영안 교수는 이것을 유대교와 기독교 전통의 메

---

228 Lévinas, *Totalité et Infini.* 78.

229 Lévinas,, *Autrement qu'être ou au-delà de l'essence,* 3.

230 위의 책, 4. 서동욱, 「타인과 초월」, 『존재에서 존재자로』, 옮긴이 해제 211 쪽에서 인용했음.

231 Lévinas, *Totalité et Infini.* 251.

232 하이데거, 『존재와 시간』, 240.

233 레비나스, 『윤리와 무한』, 127 이하.

시아 이념을 철학적으로 번역한 것으로 본다.[234] 유대교에 관한 한 저서에서 레비나스는 "메시아, 그것은 나이고, 내가 된다는 것, 그것은 곧 메시아가 된다는 것이다"라고 말한다. 메시아는 타인의 고통을 짊어진, 고통받는 의인이다.[235] 강영안 교수는 레비나스의 이러한 대속적 죽음의 고통을 시민 모두가 짊어져야 할 무한 책임으로 이해하지 않고 "존재 유지 노력과는 다른 자유롭고 빈 공간을 만들고자 하는 노력"[236]으로 본다.

그러면 죽음의 폭력, 더구나 불의한 죽음의 폭력을 정치적 (국제 사회적) 또는 법적 차원의 금지 법안으로 저지하려는 것보다 윤리적 금지명령이나 요구로 멈추게 할 수 있는가? 윤리적으로 다른 사람의 죽음에 책임을 지는 나, 곧 각자가 메시아이기를 요구하는가? 그런 메시아가 존재하는 사회가 실재하는가? 레비나스는 메시아가 존재하는 유토피아를 촉구하는가? 도대체 누가 메시아인가? 이것이 바로 필자가 레비나스에게 던지는 질문이다.

3) 레비나스의 죽음 이해의 문제점

(1) 역사적 죽음

죽음을 윤리적으로 의미를 규정하는 일은 철학사에서 기념비적인 업적임에 틀림없다. 그러나 죽음을 윤리적으로 규정함으로써 우리에게 무엇을 새롭게 이해하도록 촉구하는가? 죽음의 형이상학적 접근이 가지고 있는 문제점을 근대나 하이데거가 이미 정당하게 폭로했다고 보아야 한다. 그러면 죽음에 대한 이해에 남겨진 문제점은 더 이상 없는가? 현 사회 속에서 제기되는 정치-군사적 죽음이나, 생태학적 죽음, 생명의료적 죽음 그리고 사회적 죽음이 해결될 수 있는가? 더구나 레비나스의 죽음 이해를 통해 사람들이 관심을 가질 수 있는 종교적인 의미의 죽음에 대한 이해는 해결되지 않고 있다. 물론 레비나스는, 하이데거의 영향하에 있다고 볼 수밖에 없는 죽음과 존재와의 관계가 아니라, 나의 죽음이 아닌 타자의 죽음을 말할 수 있는 가능성을 열어 주었다. 그러나 그는 역사적 정치사건의 죽음의 폭력에 대한 체험에서부터 죽음에 대한

---

234 강영안, 『타인의 얼굴- 레비나스의 철학』, (서울: 문학과 지성사, 2005), 231.
235 위의 책, 231. 레비나스 『어려운 자유』, 128-129.
236 위의 책, 232.

성찰을 하고 있으면서도 정작 구체적인 현실의 역사적 죽음이나 정치적 죽음에 침묵하거나 죽음이 오는 원인인 인간의 악한 모습을 언급하고 있지 않다. 그런 의미에서 리쾨르는 레비나스의 죽음의 폭력에 대한 성찰이 역사에서의 죽음을 성찰할 수 있는 형태를 제공해 주는지 반문하고 있다. 역사에서의 죽음인 "나이 많고 늙어 기운이 진하매 죽어 자기 열조에게로 돌아가는"(창 35:29; 49:33) 죽음에 대한 이야기를 진부한 것으로 치부해서는 안 된다. 역사에서의 죽음은 우리의 소망을 중지시키는 것이지만, "정당한 균등성"[237]이 아닌가? '역사적 죽음'이라는 개념으로 여러 문제들을 숙고해야 하지만, 리쾨르는 레비나스의 죽음 이해가 가지는 역사성 결여를 보고 있다. 필자에게는 레비나스가 리쾨르의 지적을 귀담아들을 필요가 있는 것으로 보인다. 왜냐하면 레비나스의 죽음에 대한 이해는 리쾨르가 지적하는 면을 폭넓게 포함함으로써 그 내용을 풍성하게 하기 때문이다.

(2) 존재와 당위 논쟁

레비나스의 입문서를 독일어로 쓴 타우렉은 『레비나스』라는 저서에서 레비나스와 신학적 윤리학의 딜레마에 대해 언급한다. 타자의 얼굴은 "너는 죽여서는 안 된다"는 것을 말할 뿐이지 숨은 신의 현현이 아닌데, 어떻게 이 명령을 신학적인 윤리학 없이 근거로 삼느냐는 것이다. "나는 낯선 얼굴을 죽일 수 없어"에서 "나는 낯선 얼굴을 죽여서는 안 돼"가 도출된다면, 존재에서 당위가 나온 것인데, 이것은 '자연주의적 오류'에 해당되므로 허용될 수 없다는 것이다. 'A라는 사람이 B라는 사람을 죽여서는 안 된다'가 타당하다면, 예를 들어 '어느 누구도 다른 사람에 의해 죽어서는 안 된다'는 것도 타당해야 한다. 더구나 레비나스가 '죽여서는 안 된다'를 '죽일 수 없다'로부터 추론하고자 했는지 확실치 않다. 물론 레비나스가 그렇게 추론했다고 볼 수 있는 언급들은 많다. "살인을 금지했다고 살인이 불가능하지는 않다. 금지의 권위가 악을 행한 악한 양심 속에 여전히 살아 있기"[238] 때문이다. 레비나스가 당위문장을 윤리학의 중심으로 정당화하는 것을 거부했을 수도 있다. 그 대신에 '할 수 없음'의 개연성을 문제 삼

---

237 Paul Ricoeur, *Gedächtnis, Geschichte, Vergessen*, (Wilhelm Fink: München, 2004), 555.
238 레비나스, 『윤리와 무한』, 112.

았을 수도 있다. 당위, 즉 살인금지의 명령은 얼굴을 죽이는 것이 불가능함을 표현해 준다. '너는 할 수 있다'를 '너는 해야만 한다'로부터 추론하는 칸트 윤리학과는 달리, 레비나스에게서 '너는 해야만 한다 [혹은 너는 해선 안 된다]'가 '너는 할 수 있다 [너는 할 수 없다]'로부터 내지 '너는 할 수 있다'에 대한 표현으로 등장한다. 타우렉은 레비나스에게 도덕적인 당위의 자리에 능력이 들어서 있는 것으로 보았다. 즉 타우렉은 "레비나스에게 '너는 살인해서는 안 돼'가 '너는 결코 살인할 수 없어'로 대체되고 … '너는 죽일 수 없어[존재]'와 '너는 죽여서는 안 돼[당위]'의 자연주의적 오류"[239]의 소지가 있음을 지적한다. 필자에게는 타우렉의 지적이 정당한 것으로 보인다. 그러나 레비나스에게는 존재와 당위의 혼동이 문제될 상황이 아니었는지도 모르겠다. 즉 레비나스는 존재와 당위가 혼동되고 있는 죽음의 역설적 상황을 체험한 데서 자신의 논의를 전개하고 있었는지도 모르겠다.

(3) 정치적 죽음

데리다는 레비나스가 서거한 후 쓴 애도문에서 레비나스 철학의 핵심을 받아들임이라 보았다.[240] "얼굴을 생각하기 위해서 그리고 얼굴로 인해 열려지거나 변경된 모든 것, 윤리학, 형이상학 내지 제1철학을 생각하기 위해서는 우선 받아들임의 가능성을 생각해야만 한다."[241] 레비나스는 받아들임을 통해서라면 보편성을 말할 수 있을 것으로 기대했다. 그러면 무엇을 어떻게 받아들여야 하는가? 타자를 얼굴을 통해, 즉 "얼굴의 평화적인 받아들임"이다.[242] 데리다의 생각에 이를 위해서라면 "우리가 정치와 법을 윤리학에 근거해야 한다."[243] 그러나 레비나스는 정치와 윤리의 관계에 대해 침묵한다. 반면에 그는 죽음의 경우에서 결정적인 문제점을 노출하고 있는 주체의 능동성이 서구 형이상학에서 모든 인식의 기저였고, 타자를 죽이기까지 했음을 폭로하고 있다. 그런 의미에서 현존의 서구 형이상학을 해체하려는 작업을 데리다는 위기로 보면

---

239 베른하르트 타우렉, 『레비나스』, 변순용 옮김, (서울: 인간사랑, 2004), 176.

240 참고. 박준상, 「환대로서의 책임 또는 행위로서의 철학-레비나스에게서 말함」, 『철학과 현상학연구』, 19 (2002).

241 Jacqure Derrida, *Adieu à Emmanuel Lévinas*, (Paris, 1997), 55.

242 위의 책, 156.

243 위의 책, 198.

서 수행했지만, 레비나스는 오히려 그런 작업이 "서구철학의 존재를 넘어서 타자성과 초월의 차원에 개방될 절호의 기회"[244]라고 본다. 물론 플라톤이 존재를 넘어선, 곧 근원의 저편에 있는 것을 받아들이라는 선구적 요구가 있었지만, 그것이 인간의 시간성과 역사성에서 어떻게 드러날 것인가를 볼 수 있는 길을 열어 준다는 것이다. 그 점에서 데리다도 플라톤이 보지 못한 점을 레비나스가 보고 있다고 긍정적으로 평가한다. 즉 플라톤도 알지 못했던 것은 "무한자의 표현이 얼굴이다"는 점이다.[245] 필자의 생각에 레비나스의 윤리적 죽음에 대한 고찰은 데리다가 제기한 정치 법적 차원으로 고양됨으로써 보다 본래적 의미를 가질 것으로 보인다.

지금까지 필자는 레비나스가 수행했던 죽음에 대한 이해를 비판적으로 고찰하였다. 로젠츠바이크의 『구원의 별』과 하이데거의 『존재와 시간』은 레비나스의 죽음 이해의 근간을 형성하면서 레비나스 자신의 독특한 죽음 이해의 전개를 가능하게 했다. 레비나스는 헤겔의 전체화 시도가 죽음에 대한 경험의 난제성 때문에 실패했다는 로젠츠바이크의 통찰을 거치면서 죽음의 폭력을 촉진하는 권력의 철학인 하이데거의 존재론을 '얼굴'의 윤리학으로 대체한다. 그러나 '남을 죽이지 말라'는 얼굴이 가지는 단초성이 살인하는 악을 제어할 수 없다는, 윤리성으로 얼굴의 의미를 올바로 개시할 수도 있지만, 오히려 은폐시키는 얼굴의 이면을 통제하지 못함을 지적했다. 하이데거의 죽음의 자율적 자유는 죽음 앞에서 아무것도 할 수 없는 절대적 수용의 폭력을 무시하고 있다는 레비나스의 죽음 이해를 소개했다. 죽음 앞에서 본질적 존재기획을 촉구하기보다는 죽음의 폭력에 저항하는 정의와 타인의 죽음에 대한 윤리적 책임의 정당성을 살펴보았다. 레비나스가 죽음을 윤리적 관계로 이해함이 가지는 함의를 고찰하면서 '관계' 개념으로 올바로 해명되는 긍정적인 측면과 해명되지 않는 문제점을 소개하면서 관계의 핵심인 '대속적 책임'을 담당할 메시아에 대한 논란을 소개했다. 끝으로 역사적 죽음의 소외(리쾨르), 존재와 당위의 자연주의 오류 위험성(타우렉) 그리고 윤리적 죽음의 정치적·법적 죽음의 상보성(데리다) 지적을 통해 레비나스의 죽음 이해가 어떻게 개진되어야 하는지 검토했다.

---

244 커니, 『레비나스와의 대화』, 268.
245 자크 데리다, 『글쓰기와 차이』, 남수인 옮김, (서울: 동문선, 2001), 160.

제2장 죽음의 신학

이제 필자는 죽음에 대한 철학적 이해를 넘어서는 신학적 차원의 죽음에 대한 이해를 살펴보고자 한다. 먼저 성서가 말하고 있는 죽음에 대한 이해를 규명하고 그 다음 신학자들이 이해하는 죽음의 문제를 분석할 것이다.

1. 죽음에 대한 성서의 이해

성서가 말하는 죽음에 대한 이해의 가장 큰 특징은 죽음을 하나님과의 관계에서 이해한다는 점이다. 그 구체적인 내용은 구약성서와 신약성서에서도 차이가 난다.

1) 구약성서의 죽음 이해의 특징

구약성서에는 '죽음'이라는 낱말을 표현하는 mût(죽다)라는 어근이 1,000회 정도 나온다고 한다. '열조들과 함께 자다'는 표현을 통해서 보듯이 나이 들어 자연스럽게 죽은 역사적인 의미를 가지는 죽음도 언표되고 있다. '죽는다'라는 동사 대신에 '잔다'라고도 표현되고 있다. 그러나 죽음이 단순하게 임하는 것이 아니라 '그가 정녕 죽으리라'(môt yûmat, 출 21:12, 15-17)라는 말씀에서 보듯이 죽음이 임하는 필연성을 설명하는 구절도 있다. 죽은 자가 머무르는 장소로 스올 개념을 사용하고 있는데, 스올은 eres(지하세계, 출 15:12)와 bor(구덩이, 사 38:18) 두 단어들로 나누어 사용되고 있다. 죽은 자들의 영역이 갖는 특징은 아밧돈(멸망의 자리, 욥 26:6) apar(먼지, 욥 17:

16) 등으로 설명되고 있다. 특히 죽음이 인격체의 죽음일 때 mût(죽음, 사 28:15)라는 명사로 사용되고 있다. 따라서 필자는 구약성서가 언급하고 있는 죽음의 개념을 하나님과의 인격적인 관계상실의 차원에서 사용되고 있음을 먼저 제시하고자 한다.

구약성서는 죽음을 하나님과의 관계에서 이해하고 규정했다. 그것이 가지는 중요성은 첫째, 죽음이 무엇인지 규정할 수 있는 가능 근거를 제시한다. 하나님과 같이 되고자 한 인간의 죄 때문에 죽음이 임하게 되었다. "죽는 것이 사람에게 정하신 일"(히 9:27)이 되었기 때문에 "죽음은 보편적 필연이다."[246] 둘째, 죽음으로 인해 하나님이 생명의 창조주이시고 동시에 죽음의 통치자이심을 분명히 하셨다. 그러나 묵시사상을 통해 죽음에 대한 이해가 완전히 바뀌게 된다. 죽음을 극복할 수 있는 매개로 '그리스도'에 대한 표상이 제시되고, 죽음의 극복 방식으로 '부활'이 선포된다. 구약성서의 죽음에 대한 이해와 관련하여 우리가 주목해야 할 사항은 하나님이 죽음을 통해 하나님이심을 증명하셨고 또한 하나님 스스로 죽음을 이기는 방식으로 그리스도의 부활을 허락하시어 이를 통해 자신이 하나님이심을 드러내신다는 점이다. 그러므로 필자는 구약의 죽음 이해를 세 가지로 정리해 보고자 한다.

첫째, 구약성서는 죽음을 통해 여호와의 주권을 강조한다. 여호와는 죽이기도 하시고 살리기도 하신다(삼상 2:6-7, 신 32:39). 이처럼 구약성서는 죽음을 하나님과의 관계 속에서 규정했다.

둘째, 이제 죽음은 인간의 일이 되었다. 죽음은 인간이 하나님과 같아질 수 없는 징표가 되었다. 구약성서가 죽음을, 피하고 싶은 부정적인 내용물로 기술하는 이유는 스올에서는 주님을 찬양할 수 없기(시 6:6) 때문이었다. 하나님이 인간을 창조하신 이유가 하나님을 찬양하기 위함이었는데, 죽음은 하나님을 찬양할 수 없게 만든다. 죽음에 대한 이러한 이해는 죽음을 하나님과의 관계에서 이해하지 않으면 도출될 수 없는 내용들이다.

셋째, 그러나 우리가 구약성서의 죽음에 대한 태도 속에서 배워야 하는 점은 고통 중일 때, 그리고 죽음의 상태에 놓여 있을 때, 더욱더 여호와를 갈망한다(시 18:3-6)는 시편기자의 신앙정신이다. 우리는 우리의 삶이 평안할 때보다 고통과 죽음의 상태

246 김영선, 『생명과 죽음』, (서울: 다산글방, 2002), 204.

에 처해 있을 때 더욱 하나님을 간절하게 찾는다. 그런 의미에서 죽음은 하나님과 우리를 갈라놓지 못한다. 죽음이 하나님과 인간의 단절이라 하는데 그 단절이 존재론적 단절이 아니라 관계의 단절, 특히 인격성을 함축하고 있는 신앙적 관계이기 때문에 만약 그 상호 신뢰성이 상실되면 그 관계는 파괴될 수밖에 없지만, 구약성서는 오히려 상호 신뢰성을 회복할 수 있는 길을 소개해 주고 있다. 예를 들면 시편 기자는 죽음의 상태 속에 처해 있을 때 더욱 여호와를 갈망한다. 이 시편기자의 신앙정신을 따라 우리가 두려워해야 할 것은 죽음이 아니라 바로 하나님과의 관계 여부이다. 신앙 안에서 볼 때, 죽음은 여호와를 찾게 하는 매체가 된다. 하나님 안에서의 죽음은 벌이 아니라 회복이고 화해이며 다시금 하나님과 화목하게 되는 길이다. 하나님이 죽음을 창조한 것이 아니라 인간이 하나님과 같이 되고자 함으로 죽음이 사람에게 이르게 되었다. 그러나 그 죽음이 영원할 수 없는 것은 하나님이 인간과의 관계를 새롭게 회복하시고 새롭게 하시기를 원하시기 때문이다. 만약 이처럼 하나님이 죽음을 창조하지 않았다면, 도대체 죽음의 기원이 어디에서 유래했는지 설명할 수 있어야 한다.

(1) 죽음의 기원

우리는 죽음의 기원과 관련해서 네 가지로 나누어 생각해 볼 수 있다.

첫째, 창조 속에는 죽음이 들어 있지 않았다. 그렇다고 인간이 하나님처럼 영원히 사는 존재로 창조된 것도 아니었다. 그렇다면 죽음의 기원은 무엇이고 어디인가? 하나님이 창조하셔서 보기에 좋았고, 더구나 완전한 하나님의 형상을 따라 창조되었는데도 불구하고 죽음이 있을 수 있었는가? 사람들은 일반적으로 하나님의 창조가 완전하기 때문에, 창조 속에 죽음이 포함되어 있지 않았다고 생각하려고 할 뿐만 아니라, 인간이 하나님의 형상을 따라 창조되었으므로 인간이 불멸적인 존재로 창조되었다고 생각한다. 그러나 만약 그렇게 되면 인간과 하나님과의 차이가 없어지게 되기 때문에, 성서는 그것을 거부할 것이다. 그러면 죽음이 어떻게 인간에게 들어오게 되었는가? 신학은 이 문제를 악의 신정론 제하에서 다루어 왔다. 성서는 인간이 하나님과 같이 되고자 하는 죄 때문에 죽음이 인간에게 이르게 되었다고(창 3:22) 설명한다. 엘리 제사장이 죄의 벌로써 친족 중에 노년에 이르는 사람이 하나도 없게 된다는 소리를 들었듯이

(삼상 2:31) 우리는 죽음을 하나님의 창조질서에 대한 도전의 징표로 읽어야 한다.

둘째, 만약 죄의 삯으로 죽음이 세상에 들어오게 되었다면, 죄는 과연 하나님의 창조 계획도 무산시킬 수 있는 세력인가? 왜 하나님은 자신의 창조가 파괴되거나 훼손되는 것을 용납했을까? 이 문제는 하나님의 현존 안에 왜 죽음이 있는지의 문제와 관련하여 답을 찾아야 한다. 구약성서는 하나님께서 창조하신 것이 보시기에 좋았음을 깨뜨릴 수 있는 그 어떤 세력도 인정하지 않는다. 비록 인간이 하나님과 같이 되고자 함으로 죽음이 있게 되었지만, 다시금 부활을 통해 하나님과 같이 거할 수 있도록 하신다. 이것은 기독교가 죽음을 인간과 하나님을 가르고 분열시킬 수 있는 매체로 보지 않았음을 증명해 준다. 따라서 우리는 더 이상 죽음을 부정적으로만 볼 것이 아니라 죽음을 통해 하나님을 보다 잘 알 수 있는 가능성을 찾아야 한다. 인간에게 죽음은 저주요 극복할 수 없는 한계상황이지만, 죽음에서 벗어나고자 함이 신앙을 가능하게 하는 근원일 뿐만 아니라, 죽음도 하나님이 하나님이심을 드러내는 매체이자, 하나님이 죽음의 주관자이심을 드러내시는 방식이기 때문에, 죽음이 반드시 저주로 이해될 필요는 없는 것이다. 즉 하나님 안에서 죽음은 하나님의 일을 방해할 수 없다. 육체의 죽음조차도 여호와의 구속하심을 방해할 수 없는 것이다. 그의 구속하심은 육체의 죽음을 넘어서기 때문이다(시 73:26-27).

셋째, 에녹의 승천(창 5:24)과 엘리야의 승천(왕하 2:11)에서 보듯이 죽음이 없는 경우가 구약성서에 소개되고 있다. 이 문제는 모든 사람에게 죽음이 미친다는 죽음의 보편성에 이의를 제기한다. 그런데 우리가 창세기 3장 22절과 24절을 주의 깊게 읽어 보면, 사람이 불멸의 존재가 아니었지만, 그렇다고 죽음의 존재도 아니었음을 알게 된다. 죽음이 인간에게 들어오기 전까지는 마치 불멸의 존재처럼 하나님과 함께 죽지 않고 살고 있었음을 의미한다. 더 나아가 이 사건은 하나님 안에서라면 죽음도 있을 수 없음을 보여 주는 예표이다.

넷째, 모든 사람이 아담이 지은 죄(하나님과 같이 되고자 함)를 범하는 것도 아닌데도, 왜 우리는 아담처럼 죽어야 하는가? 죄에도 종류가 있고, 경감이 있지 않는가? 내가 죄를 짓지도 않았는데, 무엇 때문에, 아담이 지은 죄로 인해 나도 죽어야 하는가? 하나님과 같이 되고자 함에 해당하지 않는 죄, 예를 들어 십계명 중 5계명에서부터 10계명에 해당하는 죄를 지어도 죽어야 하는가? 그렇다면 과연 죄는 전승되는가? 아버지의 이가 시다고 해서 아들의 이가 신 게 아니지 않는가?

(2) 묵시사상 이후의 죽음 이해

구약성서에는 묵시문학 이전과 이후를 나눠 죽음의 문제에 대한 결정적인 이해 차이를 나타낸다. 창세기에 따르면, 하나님과 같이 되고자 하는 인간의 죄 때문에, 정녕 죽으리라는 하나님의 정하심이 있게 되고, 이러한 하나님의 죽음의 정하심을 취소하거나 없앨 수 있는 힘이 존재할 수 없다. 죽음의 무거운 짐이 인간에게 드리워졌다. 거기에서 벗어날 인간은 아무도 없다. 그러나 묵시문학은 죽음을 이길 수 있는 가능성을 제시한다. 이것이 바로 그리스도를 통한 부활 사상이다. 이제는 더 이상 죽음을 저주로 볼 필요가 없게 되었다. 왜냐하면 하나님이 죽음을 이기고 죽음의 주인이심을 드러내셨을 뿐만 아니라, 죽음을 넘어선 부활이 우리에게 주어졌기 때문이다. 죽음보다 부활이 강조되어야 하고, 죽음을 이기는 부활이 그리스도를 통해 의미가 부여되어야 하기 때문이다. 바로 이러한 사건이 신약 시대의 주제였다.

2) 신약성서의 죽음 이해의 특징

신약성서 안에서 죽음 이해의 가장 중요한 특징은 예수 그리스도와 관련하여 죽음을 이해하거나 규정했다는 점이다. 예수 그리스도는 구약의 전승을 따라 죽음을 하나님과 관련하여 이해했다. 신약성서는 예수 그리스도의 죽음을 통해 죽음을 저주(1차적 죽음)가 아니라 하나님과의 새로운 관계, 곧 하나님과 영원히 거할 수 있는 가능근거로 생각할 수 있는 가능성을 제시했다. 구약이 죽음을 하나님과의 관계 속에서 규정했다면, 신약은 죽음을 예수 그리스도를 통해 이해했다. 하나님은 예수의 죽음을 통해 죽음을 무력화시킨다. 이로써 죽음이 더 이상 우리에게 영향을 미칠 수 없게 되었다. 그러면 예수 자신은 죽음을 어떻게 이해했는가?

(1) 예수의 죽음 이해

예수는 죽음을 아버지와의 관계 속에서 이해했다. 예수는 죽음을 죄의 삯으로 이해한 것이 아니라, 아버지와 연관하여 생각했던 것이다. 예수는 죄 때문에 병들거나 죽는다고 말씀하시지 않고, 아버지의 영광을 위함이라고 했다. 예수는 마리아의 오빠 나사로의 죽음을 놓고 이 병은 죽을 병이 아니라, 하나님의 영광을 위함이라(요 11:1-11) 했다. 제자들이 예수께 "소경으로 난 것이 누구의 죄 때문이냐고?" 물었을 때에도, 예수는 그에게서 하나님이 하시는 일을 나타내고자 함이라(요 9:1-8)고 대답했다. 예수가 잡히시기 전날 밤 기도하실 때에도 나의 원대로 마옵시고 아버지의 뜻대로 죽음이 이루어져야 한다고 하셨다. 이러한 예수의 죽음에 대한 이해는 죄 때문에 죽는다는 사고가 더 이상 유효하지 않음을 제시하신 것이다. 그 극복 방식은 하나님과 관련하여 죽음을 이해할 때에야 비로소 가능하다. 하나님이 죽음을 허락했으니 죽음을 허락하신 하나님이 죽음을 이기는 길도 주신다는 생각이 가능하게 된다.

(2) 예수의 죽음에 대한 제자들의 이해

제자들은 예수의 죽음을 처음부터 구원사건으로 이해했는가? 제자들은 그들이 따르던 그리스도가 왜 고난을 받고 죽어야 하는지 이해하지 못했다(눅 24:26). '그가 그리스도이기를 바랬다'는 말은 그들이 예수를 그리스도로 이해하지 않았음과, 그리스도는 죽을 수 없음을 내포하고 있기 때문이다. 그러나 제자들은 부활을 통해 '우리를 위해' 죽었다고 고백한다. 제자들은 예수의 죽음을 하나님의 구원 경륜에 따른 필연적 사건으로(막 8:31; 눅 17:25; 22:37; 24:7, 26, 44) 해석하거나, 아들을 내어 주심이라는 희생 정신으로(롬 8:32; 4:25) 언명했다. 제자들의 예수의 죽음에 대한 이해는 바울을 통해 대리적 속죄론, 곧 구원론적 죽음 이해로 체계화되었다. 바울은 예수의 죽음을 대리적 속죄(히 2:17; 롬 5:8; 8:32; 엡 1:7), 속전과 속량(막 10:45; 갈 3:13), 그리스도와 함께 죽고 부활에 참여하는 것(롬 6:1-11; 갈 2:19), 죽음의 권세에 대한 승리(마 27:51b-53; 계 1:18) 등으로 소개하고 있다.

바울의 예수의 죽음에 대한 이해의 가장 큰 특징은 십자가의 죽음을 부활을 통해 보았을 때 전혀 새로운 이해를 하고 있다는 데서 드러난다. 바울은 나무에 달리는 자는 하나님의 저주를 받은 자(신 21:23; 갈 3:13)라는 신명기의 이해를 따라, 예수의 죽음을 저주로 보았다. 그러나 그가 다메섹 도상에서 빛 가운데 임하신 부활하신 예수를 만나고 나서부터는 십자가의 죽음을 우리를 위한 대속의 죽음으로 여기며 구원사적 관점으로 선포하고 있다. 부활이 없다면, 십자가는 예수의 십자가라도 "저주받은" 징표일 뿐이다. 십자가는 부활을 통해 이해되어야 그 본래 의미가 드러난다. 바울은 십자가를 부활 없이 이해할 때, 죽음이 얼마나 큰 저주인가를 보여 주었다.

필자에게는 안젤름의 보상설과 루터의 형벌 대속설보다는 예수의 죽음에 대한 요한의 이해가 더 의미 있게 다가온다. 요한은 예수의 죽음을 하나님 사랑의 궁극적 형태로 보았다. 요한은 죽음조차도 하나님의 사랑의 표현으로 받아들인다. 물론 바울도 예수의 죽음을 하나님의 "사랑을 확증"(롬 5:8)한 것이라 했지만, 요한의 이해에 기초하면 예수의 죽음은 인간을 구원하기 위해 죄의 삯을 치러야 하는 보응 대가가 아니라, 하나님의 사랑의 확증방식이다.

예수의 죽음에 대한 신약성서의 이해와는 달리 니체는 예수의 죽음을 신의 죽음이라 정식화한다. 신의 죽음이라는 도전은 과연 신을 죽였는가? 아니면, 반대로 하나님이 살아 계시는 분이심을 증거했는가? 신의 죽음에 대한 신학적 대응은 무엇이어야 하는가? 이제 필자는 죽음에 대한 신학적 이해를 살펴보고자 한다.

교회사에서 죽음에 대한 이해는 크게 두 가지로 소개되고 있다. 하나는 안젤름의 보상설이다. 인간의 죄로 말미암아 창조질서가 파괴되고 하나님의 명예가 훼손되었다는 것이고, 다른 하나는 종교개혁시대에 루터에 의해 주장된 형벌대속설인데, 이것은 그리스도의 죽음을 대리적 형벌로 이해하는 학설이다. 이 이론을 뒷받침하는 구절들은 (고후 5:21; 갈 3:3; 롬 8:3, 32; 골 2:14) 등이 있다. 슐라이어마허는 안젤름의 보상설이나 루터의 형벌대속설을 초자연주의적인 마술적 속죄론이라 했다.

2. 죽음에 대한 신학적인 이해

현대 문화의 가장 위협적인 신학에의 도전은 자연과학이나 정치 이데올로기 또는 경제의 신(Mammon)이 아니라 신의 죽음으로 말미암은 허무주의라 본다. 허무주의는 극단적 상대주의로 치닫고 있다. 이러한 경향이 현대 세계의 모든 문화를 지배하고 있는데, 예를 들면 자연과학은 아인슈타인의 상대성을 넘어 하이젠베르크의 양자역학에 기초해 불확정성의 이념을 제시하고 있다. 철학 안에서는 이성의 도그마를 무너뜨리는 포스트모더니즘이라는 진리 상대주의 이념이 주도하고 있다. 역사의 상대주의가 예고한 미래의 불확실성이 우리 시대의 불안을 대변하고 있다. 종교다원주의는 기독교의 절대성과 유일성이라는 진리를 거부하고 있다. 신이 없는 시대, 신이 없음으로 인해 행복해 하는 시대, 신에 대해 무관심한 시대, 신의 죽음으로 말미암아 닥친 허무를 극복하기 위해 다른 신을 찾는 세대에게 필자는 십자가의 살아 계신 하나님의 죽음을 제시하고자 한다. 하나님은 죽음을 통해 하나님 자신과 인간의 차이를 명확히 하고자 하셨으며, 죽음도 하나님의 구속의 일을 방해할 수 없음을 보이셨다. 현대사회 속에서의 죽음의 문제성, 곧 "죽음에 대한 무관심(apatheia)"[247]을 니체의 신의 죽음의 연장선상에서 이해하여 죽음의 문화를 생명의 문화로 바꾸어야만 무관심에 대한 도전에 신학적인 응답이 될 수 있음을 밝힐 수 있다. 안락사의 문제나 평안하게 죽고자 하는 현대의술의 정당성 문제 등은 부차적인 문제로 여겨진다.

오히려 신학의 존립 가능성조차 위협하는 사태의 가장 큰 핵심은 바로 무신론의 신학에의 도전이다. 니체는 신의 죽음을 선언해 버렸고, 따라서 무신론의 시대를 정형화했다. 이것은 신학에의 도전이기 때문에, 따라서 신학은 이 문제에 답해야만 한다. 그것은 신학 안에서 통용되고 있는 것처럼 그런다 해서 '하나님이 죽을 수 없다'는 신앙으로만 안일하게 대처할 일이 아니다. 이 문제는 우리 시대에 부여된 신학의 과제가 되어 버렸다. 신의 죽음을 선포해 버리거나 죽음의 문제를 방기하는 태도에서 벗어나서 살아 계신 하나님의 죽음이 우리에게 주는 능력으로 그 문제에 대처해야 한다. 그 작업의 기초는 다름 아닌 성서 속에 들어 있다. 우리는 성서를 통해 살아 계시는 하나님의 죽음을 만날 수 있다. 예수 그리스도의 십자가는 죽음에 굴복한 것이 아니라, 오히려 죽음을 이기는 하나님의 능력의 증표였다. 다시 말하면, 죽음을 생명으로 바꾼 사건의 단초였다. 그 일을 위해서는 하나님의 죽음이라는 전무후무한 대가를 치루어야 했다. 인간은 결코 죽음을 이길 수 없다. 죽음 속에서 모든 인간이 무화되기

247 김균진, 『죽음의 신학』, 89.

때문이다. 그러나 예수 그리스도의 죽음은 그 길을 열어 주었다. 구속받은 인간만이 죽음의 공포와 불안에서 자유로울 수 있다. 신의 죽음의 문제는 기독교로 하여금 정도를 걷도록 촉구했다. 신학은 신의 죽음을 말하는 것이 정직한 일이고 그때에야 비로소 기독교가 올바로 설 수 있음을 시인해야 한다. 신은 십자가에서 죽었으나, 동시에 부활하셨다.

융엘이라는 개신교 신학자의 지적에 따르면, 예수의 죽음은 죽음의 폭력성을 고발했을 뿐만 아니라, 다시는 그러한 죽음이 우리를 지배할 수 없다는 사실을 명료화했다는 것이다. 그리고 우리에게 죽음의 공포와 불안이 더 이상 유효하지 않음을 제시했을 뿐만 아니라, 죽음의 폭력성의 원인인 인간의 문제를 인간이 해결할 수 없다는 점을 분명하게 보였다는 것이다. 융엘은 동독에서의 생활을 통해 사회주의가 가지는 가장 큰 폐단은 교회탄압보다 무신론을 강요한 점이라고 보았다. "성서 텍스트가 우리에게 말하도록 위임한 하나님 말씀의 진리를 무신론을 강요하는 상황에서 어떻게 전할 수 있는가?"가 가장 중요한 문제였다고 그는 술회한다. 무신론을 강요하는 사회 속에서 살았던 그는 무신론을 단지 악마나 사이비 종교라고 규정하는 것으로 만족하는 것에 대해 그것은 너무 지나친 단순한 대응이라고 일갈했고, 따라서 신학자는 "무신론이 주장하는 것보다 더 잘 무신론을 이해해야 한다"고 주장한다. 이러한 주장은 그의 주저로 소개되고 있는 『세계의 비밀인 하나님』(*Gott als Geheimnis der Welt*)이라는 책에서 명확하게 언급되고 있다. 구약의 예언자들이나 신약의 사도들은 당대 세계의 신들을 부정하는데, 그것은 현대의 무신론이 번성할 수 있는 토대를 마련한 것은 아니었는가? 융엘은 '신의 죽음'의 문제를 신학의 주제로 받아들인다. 그래서 그는 하나님을 죽음을 극복한 하나님으로 이해한다. 또한 융엘은 무신론을 인간의 실존을 설명하는 데 불충분한 것으로 간주하는 신학적 사고를 거부한다. 오히려 그는 무신론자를 무시하려는 신앙인이나 하나님을 통해 무신론을 극복하자고 주장하려는 사람들에게 무신론자들을 성숙한 이성적 인간(homo humanus)으로 간주해야 한다고 경고한다.

1) 니체가 제기한 신의 죽음의 문화

틸리히에 따르면, 문화는 본질적으로 종교적이다. "종교는 문화의 본질이며, 문화는 종교의 형식이다. 문화의 스타일을 간파할 수 있는 사람이라면 그것의 궁극적인 관심사, 즉 그것의 종교적인 본질을 발견할 수 있을 것이다."[248] 만약 문화가 현존하는 종교의 형식이라면, 과연 무신론의 문화는 어떤 모습일까? 비기독교의 문화의 중심에는 무신론이 자리 잡고 있고, 무신론의 궁극에는 니체가 문화 과정이라 부른 도덕적인 신의 죽음이 있다. 우리는 니체가 『즐거운 지식』에서 말한 '신의 죽음'을 비기독교의 문화의 정수라 보아야 하고, 기독교의 복음이 이 문제에 대해 어떻게 답해야 하는지를 밝히는 것이 기독교 문화를 논하는 목적이어야 한다.

니체는 신이라는 표상은 우리의 생각이 만들어 낸 창작물일 뿐이라고 주장한다. "인간이 신을 창조했다."[249] 니체는 전통 형이상학적인 의미의 신을 죽였다. 다시 말하면, 신학이 제일 원인이나 필연 존재, 제일 능동인을 가치 근거와 절대 선으로 삼는 형이상학에 바탕을 두고 있는 한, 그리고 하이데거가 사용한 존재 신학이 말하는 하나님은 죽었다. "이 옛 신은… 근본적으로 죽었다."[250] "신은 죽었다라는 가장 위대한 새로운 사건은… 이미 유럽 위로 그 첫 번째 발걸음을 던지기 시작했다."[251] 니체의 눈에는 칸트에게서도 나타나고 있는 양심의 명령을 하나님의 명령으로 보는 도덕의 신은 죽었다. "신은 죽었다! 신은 죽어 있다! 그리고 우리들이 그를 죽였다! 어떻게 모든 살해자 중의 살해자인 우리가 위로받을 수 있는가? … 이러한 행동의 크기는 우리에겐 너무 큰 것이 아닌가?"[252]

니체가 제기한 신의 죽음에 대해 니체보다 앞선 사람이지만 헤겔이 이미 철학적으로 답했다. 다시 말하면, 헤겔이 이 문제를 먼저 인식했고 따라서 그는 이 문제를 풀 수 있는 해안을 제시했다. 그것은 다름 아닌 헤겔이 루터의 그리스도론의 전통과 계몽주의의 이성 사유를 함께 수용함으로써 가능했다. 비록 그가 방법론적으로 근대의 형

---

248 Paul Tillich, *Theology of Culture*, (London: Oxford University Press, 1959), 42 ff.

249 Friedrich Nietzsche, *Also sprach Zarathustra, Nietzsche Werke VI-1*, (Berlin, 1968), 42.

250 위의 책, 381.

251 Nietzsche, *Nietzsche Werke V*, 271.

252 위의 책, 163 이하.

이상학적인 논리를 따라, 신과 인간의 차이를 무시하고 인간을 신격화시키거나 반대로 그의 좌파들이 신을 인간의 차원으로 끌어내려 버려, 신과 인간의 관계를 정당하게 볼 수 없게 만들었음에도 불구하고[253] 그는 '신은 신으로부터 사유해야 한다'는 입장을 취해 최고 본질로서의 신을 더 이상 말할 수 없게 된 상황 속에서, 신을 다시금 생각할 수 있게 하는 하나의 범례를 만들었다.[254] 특히 그는 신의 죽음의 문제가 그리스도론에 근거해야 한다는 점을 지적함으로써 그로 인해 근대를 규정하는 무신론에 대한 기독교의 신학적 답변을 제공할 수 있게 되었다는 것이다. "신앙이 있다는 사실에 근거해서야 비로소 이성은 하나님의 빛 속에서 [기능을] 발휘할 수 있고 발휘한다. 이성이 신앙에 뒤따라 옴으로써 이성의 고유성이 드러난다."[255]

무신론의 문화에 의한 도전 앞에서 복음은 어떠한 길을 걸어야 하는가? 여기서 반드시 정리하고 넘어가야 할 물음이 있다. 성서에는 도덕적인 의미의 신이 없는가? 무신론의 문화에 대답하기 위해 도덕의 신을 포기해야 하는가? 아니면 도덕의 신이 그들에게 잘못 이해되고 있는가? 필자는 니체가 무조건 잘못 보았다는 것이 아니라 그의 지적이 옳았다는 점을 인정하지만, 그렇다고 해서 성서가 언급하고 있는 도덕적인 의미의 하나님이 죽은 것이 아니라는 것을 말하고 싶다. 그래서 리쾨르 같은 사람은 "무신론에서 믿음으로 가는 길고 긴 길"[256]을 제안한다. 다시 말하면, 니체의 고발에도 불구하고 그는 구약의 예언자적 선포와 신약의 바울을 통해 "로고스에 속하는 복 또는 로고스인 존재에 속하는 복"을 말한다. 구약의 예언자들이나 신약의 바울은 니체가 고발한 도덕의 신이 사실은 예수 그리스도, 곧 말씀으로 오신 하나님이시기 때문에, 로고스가 폐기되거나 없어질 수 없다는 것이다. 로고스보다 더 인간적인 것이 무엇이겠는가? 인간은 그가 말하기 때문에 인간이다.[257]

하이데거도 니체의 무신론의 도전 앞에서 로고스를 대안으로 제시하면서, 말의 사건 속에서 나는 주인이 아니고 내 관심을 넘어서서 어딘가로 끌고 가는 그리하여 오히려 로고스에 속하는 존재임을 밝힌다. 그처럼 스스로 자신의 주인이기를 멈추는 바

253 위의 책, 123.

254 Eberhard Jüngel, *Gott als Gemeimnis der Welt*, (Tübingen, 6. Aufl. 1992), 125 이하.

255 위의 책, 219.

256 폴 리쾨르, 『해석의 갈등』, 양명수 옮김, (서울: 아카넷, 2001), 494.

257 폴 리쾨르, 『역사와 진리』, 박건택 옮김, (서울: 솔로몬, 2006), 138.

로 그 지점에서 복종과 자유가 만난다. "말은 이해 및 이해 가능성과 관련이 있다. 그것은 말 자체에 속하는 실존론적 가능성으로 분명하게 알 수 있다. 말 자체에 속하는 실존론적 가능성이란 '들음'이다. 우리가 '옳게' 듣지 못했을 때, 이해하지 못했다고 말하는 것도 우연이 아니다. 들음이 말을 구성한다. 현존재는 이해하기 때문에 듣는다. 타자와 함께 이해하고 있는 세계 내 존재로서, 현존재는 공동 현존재 및 자기 자신에게 귀를 기울이고, 그처럼 귀를 기울이면서 공동 현존재와 자기 자신에게 귀속된다."[258]

이제 필자는 무신론의 문화에 하나님을 금지 명령만을 내리는 그리고 도덕 의무만을 강요하는 도덕의 신으로가 아니라 도덕의 신을 부수고, 말씀으로 탈윤리를 세우는 하나님을 제시하고자 한다. 그럴 때만이 존재의 결핍 속에서 존재를 긍정하고 확인하는 길이 열리게 된다. 하이데거의 이해에 따르면, 말은 살아 있고 힘이 있어 우리가 지니고 있는 우리 자신에 대한 이해를 바꾸는 힘이 있다. "말씀은 살았고 운동력이 있어 … 마음의 생각과 뜻을 감찰한다"(히 4:12). 그 힘은 명령에서 나오는 것이 아니라 이해하는 들음 속에 있다. 이를 이어 받아 가다머는 진리를 "말씀 자체 안에(im Wort selbst)"[259] 있다고 하면서 들음의 방식을 내가 원하거나 거부할 수 있는 것이 아니라고 보아, "원하든 원치 않든 들어야만 하는"[260] 존재론적 귀속성의 구조를 말한다. 가다머는 진리가 바로 말씀 자체 안에 있다는 것을 아우구스티누스에게서 배운다. 아우구스티누스는 진리를 밖에서 찾지 말고 내 안에서 그것이 무엇인지 찾도록 촉구했다. 진리는 분명 예수 그리스도이시기 때문에 그런 의미에서 진리는 객체의 영역에 속한다. 그러나 기독교는 진리를 객체로만 존재하는 진리로 가르치지 않고 그것이 내 안에서 함께 존재하는 것으로 가르친다. 그런 의미에서 아우구스티누스는 기독교의 진리가 말씀 자체 안에 있지만 내 안에서 발견되고 내 안에 함께 거하는 것으로 보았다. 말씀 자체 안에 있는 진리가 내 안에서 드러나지 않는다면, 니체의 생각대로 다시금 표현해 보자면, 진리가 나에게서 왜곡되거나 거부된다면, 분명 올바른 것은 아니다. 그런 의미에서라면 진리는 나에게서 구체적으로, 즉 윤리적으로 실천되어야 한다.

이제 필자는 또 다른 차원에서 무신론의 문화에 대한 대안을 하이데거를 통해

---

258 하이데거, 『존재와 시간』, 163.
259 Gadamer, *Wahrheit und Methode*, 394.
260 위의 책, 438.

설명하고자 한다. 하이데거는 죽음의 문화에 대한 대안으로 죽음을 향한 자유를 제시하면서 죽음 앞에서 본질적인 존재기획을 요구했다. 라너와 융엘은 하이데거의 이러한 죽음에 대한 이해를 신학에 적용한다. 그들은 죽음으로부터의 진정한 자유가 그리스도의 죽음을 통해서 가능함을 논증한다. 나사렛 예수의 죽음이 가지는 인간학적인 죽음 이해와는 다른 맥락에서 그리스도 예수의 죽음이 가지는 신의 죽음의 문제를 제일 먼저 언급한 사람은 철학자 헤겔이었고 니체에 의해 완성된다. 니체의 신의 죽음이라는 문제제기는 전통 형이상학적 신 이해를 거부함으로 가능했다. 니체는 '신은 영원자이기 때문에 유한자에게 적용되는 죽음이 신에게 일어날 수 없다'는 사고에 이의를 제기하고, 초월자로서의 신 그리고 도덕의 신으로서의 신의 죽음을 선언하고 만다. 이러한 문제제기는 신학자들로 하여금 예수 그리스도의 십자가의 죽음을 다시금 의미 규정하도록 촉구했다. 이러한 성부고난설에 대해 현대신학의 흐름(특히 몰트만)은 십자가의 예수 그리스도를 죽을 수 없는 형이상학적 신이 아니라 죽기까지 순종하는 아들과 아버지의 관계 그리고 아버지의 뜻과 관련하여 설명한다. 예수의 죽음을 올바로 이해하기 위해서는 두 가지 사항을 주의해야 하는데, 먼저는 예수의 죽음이 하나님과의 관계를 떠나서는 설명될 수 없다는 사실과 다른 하나는 바르트를 통해 명확하게 의미 부여된 내용으로, 예수의 죽음이 우리에게 미치는 영향, 곧 부활하신 예수 그리스도를 믿는 우리에게는 더 이상 죽음이 있을 수 없다는 점이다. 바르트에 따르면, 예수의 죽음은 "우리를 위한" 죽음이었다. 따라서 죽음이 더 이상 우리를 지배할 수 없게 되었다.

헤겔은 '신은 죽었다'는 명제를 통해 예수의 십자가에 대한 논의가 불가능함을 신학자들에게 통지한 것이 아니라, 오히려 신의 죽음을 삼위일체적으로 사고할 수 있는 가능성을 열어 주었다. 신의 죽음을 선포한 니체는 십자가에 달리신 하나님에 대한 선포가 사실은 전지전능한 하나님의 부정이라는 사실을 다른 신학자들보다 더 분명히 인식하고 있었는지도 모른다. 이런 문제제기에 대해 '신의 죽음의 신학'을 제기한 60년대의 미국신학자들은 직접적으로 대답하지 못했다. 그러나 여성 신학자 죌레[261]는 신의 죽음의 문제야말로 바로 신학적인 문제라는 점을 올바로 인지하고 있었다. 더 나아가 그녀는 '신의 죽음'에 대한 논의나 선포가 기독교가 어떤 경우에도 거부되거나 거부될

261 Dorothee Sölle, *Stellvertretung, Ein Kapitel Theologie nach dem Tode Gottes*, (Stuttgart, 1965).

수 있는 것이 아니라는 점을 깨달았다. 그녀는 성서가 말하는 하나님을 "자신이 창조한 것으로부터 완전히 독립하여 모든 것을 할 수 있는 그러나 아무도 필요로 하지 않는"[262] 하나님이 아니라 인간이 없이는 존재할 수 없고, 존재하고자 원하지 않는 하나님으로 이해했다. 하나님은 우리를 필요로 하고, 우리는 하나님을 필요로 한다. "하나님은 우리에게 의존한다. 그는 무력하며, 우리의 도움을 필요로 한다."[263] 그러나 아쉬운 점은 그녀가 하나님을 이 세계를 초월해 계시는 최고 본질[264]로 이해하지 않았음에도 불구하고 그리스도를 단지 부재하는 하나님의 "대리일 뿐이다"[265]라고 본 점이다.

필자의 생각에 그녀는 우리에게 하나님이 없는 그리스도를 강요하는 것처럼 보인다. 필자의 생각과 마찬가지로 융엘도 하나님이 없이 단지 대리일 뿐인 그리스도에 대한 죌레의 이해를 거부한다. 그래서 융엘은 하나님이 십자가에서 인간의 죄를 대속해 죽은 인간 예수와 동일화를 이루셨음을 분명히 밝힌다. 그는 이미 1968년에 십자가에서의 예수 그리스도와 하나님의 통일에 대해 관심을 가졌었다.[266] 그는 이 논문에서 십자가는 부활과 분리되어 생각되어서는 안 되고, 하나님은 부활 속에서 자신을 살아 계신 하나님으로 증명했음을 보여 준다. 그는 이 모든 내용을 아주 역설적인 제목으로, 즉 「살아 계신 하나님의 죽음에 관하여」라는 제목으로 설명했다.

1971년에 출간된 융엘의 『죽음』[267]이라는 저서는 우리가 죽음에 대해 신학적으로 고찰하고자 할 때 읽어야 할 고전이 되어 버렸다. 그는 이 책에서 예수 그리스도의 십자가와 하나님의 죽음의 문제를 중심 주제로 다시금 등장시킨다. 그는 하나님의 죽음을 예수 그리스도의 죽음을 통해 설명함으로써 근대철학이 제기한 신의 죽음의 문제에 대해 신학적으로 대답한다. 그의 신학의 핵심은 주지하다시피 십자가 신학이다. 그는 세간에서 회자되고 있는 인간의 죽음의 고유성이나 생태계의 죽음의 심각성 그

---

262 Dorothee Sölle, *Das Rechteinanderer zu werden*, (Neuwied und Berlin, 1971), 63.

263 Solle, *Stellvertretung*, 204 f.

264 Dorothee Sölle, *Atheistisch an Gott glauben. Beiträge zur Theologie*, (Olten, 1968), 79.

265 Sölle, *Stellvertretung*, 186.

266 Eberhard Jüngel, "Vom Tod des lebendigen Gottes. Ein Plakat," *Unterwegs zur Sache. Theologische Bemerkungen*, (München, 1972).

267 이 책은 바르트의 『교회 교의학 III/2, IV/1』(*Kirchliche Dogmatik III/2, IV/1*)과 라너(Karl Rahner)의 『죽음의 신학을 향하여』(*Zur Theologie des Todes*), 슈나크(Gerd Schunack)의 『죽음의 해석학적 문제』(*Das hermeneutische Problem des Todes*) 그리고 죌레(Dorothee Sölle)의 『대리』(*Stellvertretung, Ein Kapitel Theologie nach dem Tode Gottes*) 등의 저서의 영향으로 쓰여 졌다.

리고 사회·정치적 차원의 죽음의 문제보다도 십자가에서의 예수의 죽음을 이해하는 것이 신학자가 해야 할 과제임을 잊지 않는다. 그러나 그의 논의는 "고유한 죽음"이 도대체 무엇이냐는 질문으로 시작한다. 라너가 인간의 죽음의 고유성을 "삶 속에서 만나게 되는 자유결정의 유한성"[268]이라 하면서 이러한 죽음의 내적 계기가 충분하게 고찰되지 못하고 있다는 지적을 정당하다고 여긴 융엘은 고유한 죽음의 문제를 다루려면 인간학적인 죽음이나 사회적인 죽음 또는 생물학적인 죽음이나 철학적인 죽음에 대한 사유에서 출발하여 결국 예수의 죽음이 가지는 비밀에 대한 해명으로 나아가야 한다고 보았다. 만약 우리가 인간학적인 죽음의 이해에만 머무르고 만다면 구약의 전통인 죽음의 보편성을 예수에게도 적용할 수는 있다고 하더라도, 죄의 삯으로서의 죽음이라는 도식으로 예수의 죽음을 설명할 수 없다는 난점에 봉착하게 된다. 김균진 교수가 "삶 한가운데 있는 죽음의 현실"[269]을 목도한 것도 옳았지만, 그 삶 한가운데 있는 죽음이 '하나님과의 관계의 기준'이 될 수 없고, 오로지 예수 그리스도만이 하나님과의 관계의 기준이 되며 예수 그리스도를 믿는 신앙만이 하나님과의 관계의 기준이 될 수 있다고 필자는 생각한다. 다시 말하면, 삶의 한가운데 있는 예수의 죽음을 바라보는 제자들의 시각은 다양하지만 예수의 죽음이 하나님과의 관계 속에서야 비로소 인류를 위한 대속의 죽음이었고 하나님의 사랑의 궁극적 확증이었음을 드러내기 때문이다.

예수 그리스도의 죽음이 가지는 의미성을 설명하기 위해서는 신학에서 늘 논란을 벌여 왔던 자연적인 죽음과 죄의 삯으로서의 죽음이라는 이해의 차이에 대한 정리가 필요하다.

2) 자연적인 죽음과 죄의 삯으로서의 죽음

죽음은 죄의 자연적인 결과일 뿐인가 아니면 죄에 대한 형벌인가? 성서는 자연적인 죽음뿐만 아니라 죄의 삯으로서의 죽음도 언급한다. 우리는 성서가 죄의 삯으로서의 죽음만을 말하지 않고 창조질서의 차원에서 죽음을 설명하고 있음에 주목해야

---

268 Christiane Baunhorst, *Karl Rahners Theologie des Todes des Grundlage einer praktischen Begleitung von Sterbenden*, (Berlin, 1997), 176.

269 김균진, 『죽음의 신학』, 17 이하.

한다. 볼프라는 구약학자는 『구약성서의 인간학』에서 창세기 3장 19절을 주해하면서 '먼지에서 와서 먼지로 돌아가는 죽음'이 천지 창조의 질서 속에서 있었던 자연적인 죽음이라고 설명한다.[270] 그는 창세기 3장 19절을 창세기 2장 7절과 연결하여 설명하면서 창세기 2장 17절의 '죽음'(mut)과 무관함을 논증한다. 다시 말하면, '흙 또는 먼지로 돌아간다'는 의미의 죽음은 죄의 결과가 아니라 3장 19절에서 보듯이 '너는 흙이므로 흙으로 돌아감'을 의미한다는 것이다. 그의 설명에 충실하자면, 구약성서에서 언급되고 있는 죽음에는 자연적인 창조질서에 속하는 죽음과 죄의 삯으로서의 죽음 둘 다 있다는 것인데, 신약성서도 이중의 죽음을 말한다. 요한 계시록이 첫째 사망과 둘째 사망을 언급하는 것만 봐도 이것을 잘 알 수 있다. 예수님도 몸(soma)은 죽일지라도 영혼(psyche)은 죽이지 못하는 이를 두려워하지 말고 영혼도 몸도 둘 다 지옥에 던져서 멸망시킬 수 있는 분을 두려워하라고(마 10:28; 눅 12:4-5) 말씀하신다.

앞에서 논의했듯이, 필자는 하이데거가 언급한 자연적인 죽음에 대한 비판과는 다른 방식으로 자연적인 죽음이 가지는 의미성에 대해서도 언급하고 싶다. 생물학은 죽음을 가치판단의 차원에서가 아니라 객관적인 사실의 차원에서 규정한다. 생물학은 탄생과 죽음의 사실성이 바로 '그런 것이어야만 한다'고 가르친다. 필자는 하이데거가 놓치고 있는 점인 생물학적인 자연적인 죽음 또한 성서가 말하고 있는 점에 주목하고자 한다. 흙에서 낳으니 흙으로 돌아가는 것은 창조의 질서 원리이며 죽어 열조에게 돌아가는 죽음은 역사적인 죽음이 가지는 함의이다. 생물학적인 자연적인 죽음은 창조의 질서 원리를 더 명료화한다. 그런 의미에서라면 오늘날 생명공학이 생명복제라는 문제거리만 던지지만 않았다면 생물학적인 죽음의 문제가 성서와도 어긋나지 않았을 것이라고 추측해 보기도 한다.

라너는 가톨릭 신학자로서 개신교 신학자들과는 달리 죽음 역시 하나의 자연적인 사건이라고 주장한다. 그럼에도 그는 사람들이 죽음을 단순한 자연적인 과정으로 잘못 이해하여 죽음에 무관심하거나, 하이데거가 말했듯이 일상인으로 살아가면서 죽음의 공포를 부인하려는 경향은 바로 영원한 죽음을 자초하는 것이라고 경고한다. 그가 말하는 자연적인 죽음이란 죽음을 중성화하거나 하나님의 은총이 필요 없는 것

---

270 H.W. Wolff, *Anthropology of the Old Testament*, (London: SCM, 1974), 115.

을 용인하자는 것이 아니다. 그는 자연적인 죽음의 진정한 본질을 가능성의 조건, 곧 구속의 사건일 수 있거나 아닐 수 있는 가능 조건으로 본다. 죽음이 인간의 행위인 이상 죽음으로 주님의 운명에 참여하고 있다는 징표로 볼 수 있다는 것이다. 구약에서 스올을 두려워하는 이유가 하나님을 찬양할 수 없었기 때문이듯이, 죽음 속에서 하나님을 더 찾고 사랑할 수 있다는 가능성을 부각시키자는 것이다.

라너는 인간을 몸과 영혼의 본질로서 파악하기 때문에, 즉 "정신적·도덕적인 인격"[271]으로 규정하고 있기 때문에 죽음도 단순히 생물학적인 차원의 생명의 끝일 수 없다고 보았다. 그러니 죽음에 직면하여 내려야 할 도덕적인 결정은 결정적이 된다. 그런다 해서 도덕적인 결정이 죽음 자체를 바꿀 수는 없지 않는가? 따라서 라너는 인간을 자유로운 책임있는 본질로서 이해하고 있으면서도 그러한 인격적인 결정들을 죽음 앞에서 반복할 수 없다는 것을 명백하게 직시한다. 그때에만 인간 자체의 실제적인 완성이 성취됨에 틀림없다. 이러한 라너의 생각을 중시할 것 같으면, 살아가는 동안에 인간의 자유는 늘 죽음의 계기와 연관되어 있고 특히나 생명의 시간을 위한 모든 결정은 죽음 속에 이미 현재하고 있음에 틀림없다. 라너에 따르면, 죽음의 의미는 죄와 죽음의 연관성보다 더 의미 있는 인간 자유역사의 완성이다.

우리는 여기서 이러한 라너의 생각이 사실은 하이데거의 "죽음을 향한 존재"로서의 생명 이해에 근거하고 있음을 보게 된다. 하이데거에게서도 그렇지만 라너에게도 인간의 유한성은 오히려 긍정적 의미를 가지게 된다. 인간의 유한성을 긍정할 때에야 비로소 인간의 주체성을 말할 수 있게 되고 따라서 죽음 앞에서도 자유로운 인격체가 누구인지 분명하게 드러날 것이다. 그런 의미에서 인간의 자유는 라너에 따르면, 본질적으로 죽음 속에서 완성되는 이 땅에서 가장 큰 일이다. 따라서 라너는 영혼이 죽음 속에서 육체와 분리되고 만다는 식의 철학적인 죽음 이해를 거부할 수밖에 없었다.

라너와는 전혀 다른 방식으로 이 문제를 생각하는 사람이 있다. 바로 몰트만인데 그는 '죽음이 원죄의 결과'라는 견해와 '죽음은 인간의 자연적인 끝'이라는 견해를 반박하면서 죽음을 "시간적인 피조물의 특성"[272]이라 생각한다. 시간적인 피조물의 사

---

271 Rahner, *Theologie des Todes*, 26.
272 위의 책, 96.

멸성은 "생명은 시간적인 끝"[273]이라는 생각 속에서 드러난다. 직선적인 시간 이해는 죽음 이후의 시간을 생각할 수 없게 만든다. 죽은 자들을 위한 하나님의 시간 개념은 산 자들의 시간 개념과 다르다. 왜냐하면 하나님의 시간 개념은 인간의 범주로 결코 측량할 수 없는 창조 시간으로 제시되기 때문이다. 그리스도는 죽은 자들을 위한 시간을 가지고 계신다. 그리스도는 그들에게 고유한 가능성을 열어 준다. 몰트만은 이것과 관련해 그리스도의 하늘로 가심의 형상을 예수의 시간으로 해석한다. 십자가로의 예수의 길은 예수의 죽음과 삶이 부활과 종말론적인 희망의 빛 속에서 파악되어야만 한다는 것을 보여 준다. 거기에는 늘 예수를 십자가와 부활, 사실적 관심과 종말론적 관점이라는 이중의 형식으로 읽게 만든다. 예수가 죽은 후 그를 보게 된 것은 오시고 계신 하나님 안에서 그의 미래가 출현되었다는 근거에서 "선취의 구조"[274]를 가지고 있었다. 유대 묵시문학에 반하여 하나의 "새로운 종말론적 시간의식"[275]이 표현되고 있다(롬 13:12; 벧전 4:7).

하이데거가 자연적인 죽음이 의미 물음을 배제한다는 이유로 논외거리로 두려는 경향과는 달리, 필자는 '죽음'이 가지는 의미성에 대해 그와는 또 다른 차원에서 접근하고자 한다. '죽음'의 문제는 근대사까지 별로 논의되지 않았다가 실존철학에 이르러서 새로운 양상으로 바뀐다. 실존철학은 생명의 종말로서의 죽음이 가지는 의미에 대해 물었다. 즉 인생에서 어느 때인가 한 번 닥쳐오는 사건으로서의 죽음이나, 시간이 지나면 끝나는 사망에 대해 논의하지 않고 그 사건이 현재에 나의 삶에 대하여 가지는 의미에 대해 물었으며, 그 의미를 앎으로써 삶에 끼치는 변혁의 '힘'에 관심을 가졌다.[276] 실존철학은 죽음을 "인간의 삶을 형성하고 있는 구성 요소"[277]로 이해하면서 도대체 어떠한 양식으로 죽음이 인간의 삶에 속하여 있는지를 알고자 했다. 이 문제를 하이데거는 죽음의 본질적인 문제로 인식했다.

---

273 위의 책, 101.

274 Jürgen Moltmann, *Der gekreuzigte Gott. Das Kreuz Christi als Grund und Ktitik christlicher Theologe*, (Gütersloh, 6. Aufl. 1993), 156.

275 위의 책, 158.

276 Otto Friedrich Bollnow, *Existenzphilosophie*, (W. Kohlhammer Verlag: Stuttgart, 4. Aufl., 1955), 76.

277 위의 책, 95.

3) 죽음의 본질에 대한 신학적인 이해

'죽음 속에서 비로소 인간의 삶의 의미가 충실해지며, 이 속에서 비로소 삶이 완성된다'는 죽음의 해석을 하이데거는 거부한다. 왜냐하면 이러한 생각은 지금 이 현재의 순간에 현존재를 완성하는 가능성을 배제하기 때문이다. 더구나 이러한 생각은 죽음을 어떤 일회적인 사건으로 취급하게 만드는 결과를 낳고 만다. 그러다 보면 인간으로 하여금 매 순간에 성취하여야 할 그의 삶의 과제를 등한히 하게 만들고 말 것이다. 하이데거처럼 '죽음'을 논하는 궁극적 목적은 '죽음'이 현재의 삶에 어떤 의미를 부여하고 살게 만드는 데 있어야 한다. 인간의 삶과 삶 속에 있는 모든 가능한 의미 형성을 끊임없이 위협하는 것이 죽음의 성격이다. 이것이 바로 '삶 속에 있는 죽음'이다. '삶 속에 있는 죽음'이란 현존하는 죽음의 실재가 아니라 이미 지금 영향을 미치는 죽음의식이다. 그러면 종래와 같이 매순간에 꺼져 가는 본래성이라는 의미도 아니요, 또 삶 속에서 끊임없이 형성되어 성장될 사건이라는 의미도 아니고, 어느 순간에나 들이닥칠 수 있는 죽음의 가능성으로부터 인간의 삶에 가해지는 중압으로서의 의미를 얻게 된다.

하이데거는 죽음을 고유한 가능성으로서 "죽음을 향한 자유"[278]라 요약한다. "현존재의 종말로서의 죽음은 현존재의 가장 고유하고 무연관적이고 확실하며 그리고 그 자체로서 무규정적이고 건너뛸 수 없는 가능성이다."[279] 고유한 가능성이란 주체가 상실된 채로 있지 않고 가장 고유한 존재가능성일 수 있음을 뜻한다. '죽음이 가장 무연관적일 수 있는 가능성이다'는 말은 주체가 개별 현존재로 고유성을 가질 수 있음을 뜻한다. '가장 고유하고 무연관적인 가능성을 건너뛸 수 없다'는 말은 죽음을 건너뛸 수 없음을 "처음으로 비로소 본래적으로 이해하여" "전체적 존재가능으로 실존할 수 있는 가능성"을 열어 줌을 뜻한다.[280] 죽음의 확실성은 죽음을 참인 것으로 여기게 하여 현존재를 본래적으로 고유한 존재임을 확신하게 한다. 죽음 자체가 무규정적이기 때문에 죽음의 위협 앞에 불안해한다. 그렇지만 죽음 앞에서 고유한 자신이 될 수 있는 가능성을 발견하고 죽음을 향한 자유를 추구해야 한다. 이러한 생각은 현대 신학

278 하이데거, 『존재와 시간』, 266.
279 위의 책, 259.
280 위의 책, 264.

자들에게 큰 영향을 미친다. 현대 신학자들이 말하는 죽음의 자유에 대해 논하기 이전에 선결해야 할 질문거리가 있다. 정말로 죽음의 자유라는 것이 있는가? 죽음의 자유란 존재하지도 않고 또 존재할 수도 없는 것이 아닌가? 예를 들어 자살을 생각해 보자. 인간은 신의 피조물이며 그의 생명은 신이 내려준 선물이라는 기독교 신앙에 따르면, 자살은 살인이고 생명을 창조한 신에 대한 최대 모독이다. 물론 성서 안에도 자살에 대한 이야기들이 소개되고 있다. 구약성서 사울은 블레셋과 싸움에서 패한 후 칼로 자결하고 압살롬의 조언자는 목매어 죽는다. 신약성서도 유다의 자살을 언급하고 있다. 그러나 이러한 예들이 죽음의 자유를 예증하는 것들은 아니지 않는가? "사람을 죽이지 말라"는 계명은 타인만이 아니라, 자기 자신까지도 포함해야 한다.

그러면 이제 하이데거의 죽음의 자유에 대한 생각이 신학자들에게 미친 영향을 살펴볼 차례이다. 그 대표적인 사람이 바로 라너이다. 라너는 죽음의 문제를 종말론의 시각에서 이해하고자 한다. 그 말은 그가 성서가 진술하고 있는 죽음에 대한 이해를 사도들의 신앙경험의 해석자체로 이해하고 있음을 뜻한다.[281] 종말론은 죽음이 인간이 넘어설 수 없는 한계인데도 그것을 넘어설 수 있는 가능성을 제시하는 사유방식이다. 그것은 다름 아닌 예수 그리스도의 구속의 은총이다. 이제 "그리스도인으로서의 인간은 자신의 미래를 안다. … 인간은 자신의 구원을 하나님의 계시를 통해 그리스도 안에서 알기 때문이다."[282] 라너의 죽음의 신학은 마리아가 죽은 후에 육신 그대로 승천했다는 성모 몽소승천(夢召 昇天) 교서를 담고 있는 1950년 교황 피우스 12세에 의해 선포된 교리[283]를 계승하고 있다. 그는 죽음을 지금까지의 관점과는 반대로 하나님을 향한 직접적인 개방을 통해서만 이해될 수 있는 것으로 본다. 따라서 그는 죽음을 단순히 '비극이고 가망없음'이라는 뜻으로만 보려는 철학적인 고찰을 반대하면서 생명의 완성의 순간으로 파악한다. 판넨베르크는 라너의 이러한 입장에 반대한다. 전체성에 이르게 하는 것은 죽음이 아니라 하나님이시라고 보고 있기 때문이다.[284] 그런 의미에서 죽음은 그 자체로 손해를 당해야만 한다. 라너는 죽음을 자유역사를 결정하는 최

281 Karl Rahner, *Theologische Prinzipien der Hermeneutik eschatologischer Aussagen, Karl Rahner, Schriften zur Theologie Band VII*, (Einsiedeln/Köln/Zürich, 2. Aufl. 1971), 401 ff.

282 위의 책, 415.

283 Herbert Vorgrimler, *Hoffnung auf Vollendung. Aufriss der Eschatologie, Questiones Disputatae 90* (Freiburg, 1980).

284 Wolffahrt Panneberg, *Systemtische Theologie II*, (Vandenhoeck & Ruprecht, 1991), 312 f.

종선으로 본다. "하나님은 죽음을 심판하신다. 왜냐하면 모든 인간은 죽음 속에서 그리고 죽음을 통해 자신의 유한성 자체를 행하기 때문이다."[285] 심판은 따라서 죽음 속에 있는 사건이지 결코 죽음 이후에 있는 것이 아니다.

라너는 죽음의 이념을 사실로 인정하면서도 그저 수동적으로 고난당할 수 있는 과정과는 반대로 인간의 적극적인 자기완성으로 이해한다. 그런 의미에서 죽음이 찢어질 듯한 고통도 고난도 아니지만 그렇다고 모든 죽는 과정의 무감각성도 아니라고 본다. 죽음 속에서 완성이라는 개념은 어떻게 이해되어야 할까? 라너는 완성이라는 개념을 자유 개념과 연관하여 설명해 나간다. "인간의 삶에서 자유, 다시 말하면, 철저한 방식의 결정을 생각할 수 있는 어느 곳에서나 완성은 가능하다."[286] 라너는 우리가 죽음에서 인간의 자유를 완성한다고 보았다. 자유란 라너에게 늘 결정들을 접하는 것과 연결되어 있다. 즉 아무런 책임도 없는 임의적인 삶의 관점과 연결되어 있는 자유 개념이 아니다. 라너는 인간을 자신의 실존적인 자기완성 속에서 자율성을 가지는 것으로 이해한다. 그때 특히 인간의 전체 실존은 수동성과 능동성의 긴장 속에서 자신을 완성해 가는데, 죽음 속에서 그 정점에 이른다. 죽음은 인간에게 궁극적인 그리고 결정적인 가능성을 부여하는데, 그것을 다름 아닌 자신의 삶에서 스스로 대면할 수 있는 가능성으로 볼 수 없는 미래차원에서가 아니라 영원과의 관계에서 하나님께 대적할 것인가 아니면 하나님을 긍정할 것인가를 결정하게 되는 궁극적인 가능성인 것이다. 하나님은 인간 현존재의 가능성이고 모든 토대이기 때문에 죽음과의 대면은 하나님과 자동적으로 대면할 수 있게 만들어야만 한다.

라너의 생각을 충실하게 따라가기 위해서라도 죽음과 시간의 문제를 올바로 이해할 필요가 있다. 죽음의 시간을 완성으로 보아야 하는가 아니면 단순한 과정의 끝으로 이해해야 하는가?

---

285 Rahner, *Zur Theologie des Todes*, 29.

286 Paul Imhof/ Hubert Biallowons, *Karl Rahner im Gespräch. Band 2: 1978-1982*, (München, 1983), 122.

4) 죽음과 시간

아인슈타인은 시간을 장소 개념과 분리하지 말고 연결하여 생각하도록 계몽했다. 시간의 절대적 독립성을 강조한 뉴턴의 고전물리학과 달리, 아인슈타인은 시간의 상대성 그리고 장소와의 비분리를 그 특성으로 규정했다. 그러나 죽음의 시간을 끝으로 보지 말도록 만든 하나님의 시간, 곧 예수의 시간은 이러한 과학적인 시간과는 대립되는 시간이다. 예수의 죽음의 시간 속에서는 현재가 미래를 포함하는 것이 아니라, 미래를 새롭게 열리도록 만들었다. 시간을 새롭게 할 수 있음이 바로 예수의 시간이 가지는 함의이다. 그래서 융엘은 부활을 죽음의 시간의 극복이라 했다. 여기에서야 비로소 종말론의 의미 부여가 이해된다. 하나님은 시간과 관련해 볼 때, 역사의 처음이며 끝이다. 계시는 따라서 십자가에 달려 죽으신 예수가 부활하실 때에 일어났다. 즉 하나님의 시간은 죽음의 시간을 극복한다. 그러므로 융엘의 신학적 출발점은 부활이다. 예수 그리스도가 현재해야만, 그의 죽음은 미래를 열어 준다. 하나님의 가까움은 그 자체로 죽음 속에서 통합되어야만 한다. 예수가 선포한 이 하나님 나라의 가까움이 결코 연대기적으로 이해될 수 없는 이유는 시간과 공간의 표상들이 이러한 경험에 전혀 맞지 않기 때문이다. 우리의 시간은 하나님 나라의 가까움 속에서 끝나지만, 하나님의 시간은 우리를 새로운 시간, 곧 참 미래로 유지하게 한다. 새로운 시간인 하나님의 미래가 예수 그리스도의 십자가와 부활을 명료하게 한다.

죽은 자들의 부활에 대한 희망은 인간 생명의 직선적인 시간의 제한을 넘어서는 사건으로 그런 의미에서 융엘은 죽음을 시간적인 생명의 영원화라 한다. 융엘에 따르면, 죽은 자들의 부활은 살았던 생명의 모음이고 영원화이며 계시이다. 시간은 부활 속에서 영원화되며, 영원한 미래를 가진다. "만일 그렇다면, 지상의 삶은 탄생부터 죽음에 이르기까지 비디오 필름에 담겨져서 영원의 하늘 속에 보존될 것이며, 이것은 우리에게 그리 기쁜 소식은 아닐 것"[287]이기 때문에 몰트만에 의해 비판받기도 하지만, 융엘의 입장에서 보면, 즉 영원한 하나님과 시간 속에 사는 인간과의 관계를 죽음을 통해 고찰하고자 할 때, 영원 개념이 반드시 문제가 되는 것만도 아니다.

---

287 위르겐 몰트만, 『오시는 하나님 기독교적 종말론』, (서울: 대한기독교서회, 1997), 135

전통 신학 이론에 따르면, 죽음은 몸과 영혼의 분리로 이해되어 왔다. 그러나 유교적 사고에서 정신적인 것과 육체적인 것의 분리는 불가능하다. 그 대신에 유교인들은 기(氣)를 모음이 탄생이고 기의 소멸이 죽음이라고 주장한다. 육체의 죽음으로 영혼·정신적인 것이 해소되고 기(氣) 속에서 다시 그전 상태로 변화된다. 그러나 기독교 신앙에 따르면, 인간의 영혼은 신에 의해 창조되었고 인간에게 부여되었다. 생과 사에 대한 유교의 이론들은 기독교 신도들에게 쉽게 이해될 수 없을 것이다. 종말론적 완성을 위해 자기의 연속성에 집중하는 전통 종말론은 영혼불멸성에 대한 사고를 내포하고 있다. 즉 자기는 죽음과 함께 지양되지 않고, 이미 그의 유한한 운명을 견딘다. 유교에도 선험적 주체로서의 영혼불멸은 있지만 몸의 깨어남은 없다. 반면에 불교에는 몸의 깨어남이 있다. 여기서는 죽음이 순환의식 속의 전이로 이해된다. 즉 의식이 없게 됨을 통해 영혼의 여행으로 이해한다. 죽음은 현세의 시간에서 나옴이고 동시에 시간 없는 세계로 들어감이다. 따라서 죽음은 결코 결정적인 끝을 의미하지 않고 중간상태를 넘어 다시금 생명으로 가는 변형을 뜻한다.

유교는 조상숭배를 통해 죽음을 역사 안에 끌어넣도록 시도한다. 한국에서 조상 숭배는 오늘날까지도 깊은 영향력을 미치고 있다. 조상숭배는 인간 관계들이 죽음을 통해 단절되지 않고 계속되며 경외와 존경의 정신으로 유지되어야만 한다는 확신에 근거한다. 한국적 사유에 따르면, 사의 상태란 조상의 세계, 곧 죽음의 세계이다. 이러한 한국적 표상을 중시하자면, 예수는 죽음의 세계에서도 자신의 사역을 계속한다. "죽은 자들에게도 복음이 전파되었다"(벧전 4:6). 예수는 그의 부활로 "죽은 자와 산 자의 주가 되었다"(롬 14:9). 사도신경의 조항을 따르면, "십자가에 못박혀 죽으시고, 장사하고 죽음의 세계로 내려가사…"[288] 예수는 죽어 지옥으로 내려간다. 그는 유교적 의미의 조상이 되었고, 죽음의 세계에서 모든 시대 다른 조상들을 만난다. 그러나 이 장소는 과학적인 시간측량이 불가능하다. 조상들은 제례를 통해 숭배되고, 먹고 마시는 축제가 그들에게 펼쳐진다. 조상제례의 식탁공동체는 한국의 그리스도인들에게 하나님의 나라에서 조상과 더불어 다시금 주의 식탁에서 통일될 수 있다는 새로운 해석을

288 그러나 한글 사도신경에는 "지하의 세계로 내려가사"를 뺐는데, 그 이유는 한국 사람들이 죽음의 세계를 죽은 자의 영의 세계로 이해하기 때문이었다.

할 수 있는 계기를 마련해 줄지도 모른다. 그렇지만 조상숭배의 유교적 제례가 더 이상 종교 제례가 아닌 문화적 전통으로서, 즉 모든 영혼의 모범으로 삼는 문화적 전통으로 계승되는 전제하에서만 이런 새로운 해석이 가능할 것이다. 이런 조건은 필자에게는 아주 중요하게 취급되어야 할 내용으로 보인다. 왜냐하면 조상숭배, 이와 관련된 죽은 자의 숭배가 하나의 종교일 수 있기 때문이고, 그렇다면 그것은 기독교의 교리에 맞지 않기 때문이다. 한국 가톨릭 교회의 교리결정에 따르면, 조상에게 차례를 지내는 일은 조상숭배와 조상에게 예를 올리는 것을 구분함으로써 허락되고 있는 실정이다. 이러한 차이성은 특별히 한국에 상응하는 전통으로서 아주 중요한 의미를 가진다.

이러한 동양적인 의미의 죽음 이해와는 달리 우리가 논의해야 할 논의거리인 시간의 끝으로서의 죽음은 어떻게 이해되고 있는가? 하이데거가 존재의 끝을 존재의 한계로 규정한 반면, 레비나스가 존재의 끝을 무한성으로 기술하는 이유는 레비나스가 죽음을 자유 차원보다 고통과 수동으로 받아들였기 때문이다. "하이데거가 말한 죽음은 자유의 사건이지만, 우리에게는 고통 속의 주체가 가능한 것의 한계에 도달하는 사건이다. 주체는 붙잡혀 있음을 발견하게 되고 압도당하고 있음을 발견하고 분명 수동적이다."[289] 주체의 자유는 유한하다. 유한한 자유는 시간 개념을 이해하지 못하게 만든다. 오히려 시간이 유한한 자유 개념을 의미 있게 만든다. 하이데거가 미래의 우위성에 기초해 존재를 규정한 것과 달리 레비나스는 과거의 윤리적 책임성을 강조한다.

레비나스는 시간을 더 이상 죽음에서부터 생각하지 않고 죽음을 시간으로부터 사유한다. 그 이유는 레비나스가 죽음의 문제와 관련된 하이데거식의 사유가 가지는 난제성을 보았기 때문이다. 다시 말하면, 하이데거는 죽음을 과거나 현재하는 죽음의 현실성이 아닌 미래-존재론적 가능성의 의미에서만 파악하기 때문이다. 그렇다면 우리는 어떻게 죽음에 앞서 죽음의 의미전체성을 획득할 수 있는가? 우리가 죽음을 시간으로부터 규정한다면, 우리는 어떤 의미나 무슨 의미를 새롭게 얻을 수 있는가? 우리가 죽음을 시간으로부터 규정한다면 우리는 분명 윤리적으로 이해할 수 있는 죽음을 위한 책임의 중요성을 타자의 죽음에 근거해 정당하게 인식할 것이고 그로부터 종말론적인 죽음의 의미를 얻을 수 있을 것이다. 죽음에 대한 존재론적 규정은 죽음의

289 Lévinas, *Le temps et l'autre*, 57 f.

의미를 통일적으로 설명하는가? 죽음에 대한 윤리적 규정은 죽음의 의미를 정당하게 설명하는가? 만약 죽음의 의미가 시간의 전체성 속에 놓여 있다면, 생명의 의미에 대해 아직도 말할 수 있겠는가?

죽음은 인간의 시간을 하나님의 시간을 통해 극복할 수 있는 부정적인 전제인가? 죽음의 시간 역시 생명의 시간이라면 어떻게 우리는 그것을 직접적으로 인식할 수 있는가? 하이데거에 따르면, 죽음을 통해서 시간이 존재한다. 하이데거는 죽음의 계기를 죽음의 의미의 한 측면으로 사유하기 위해 시간을 죽음으로부터 규정하기를 요구한다. 그에 반해 레비나스는 죽음을 시간으로부터 생각한다.

만약 우리가 시간을 죽음으로부터 규정한다면 어떤 사태를 인식할 수 있는가? 만약 우리가 죽음을 시간으로부터 생각한다면, 우리는 측량가능한 시간이 결코 근원적 시간이 아님을 배우게 될 것이다. 하이데거는 죽음을 향한 존재를 시간의 근원으로 기술했다. 그에 반해 레비나스에게 죽음의 존재는 시간의 새로운 개념을 위한 출발점이다. 죽음을 향한 존재의 미래로서의 시간은 죽음의 존재에 대한 유일한 연관을 통해 규정된다.

5) 신의 죽음에 대한 신학적 답변

신학은 무신론의 문화에 대응하여 살아 계신 하나님의 죽음을 제시한다. 전통 형이상학의 신 표상에 따르면, 초월자이고, 전능자이시고, 영원하신 신이 죽을 수 없다. 신의 죽음의 불가능성은 예수의 십자가를 올바로 이해하지 못하게 만들었다. 그러나 헤겔은 '신은 죽었다'는 개념으로 예수의 십자가 논의의 불가능성을 신학자들에게 제공한 것이 아니라, 오히려 신의 죽음을 삼위일체적으로 사고할 수 있는 길을 가능하게 해 주었다. 신의 죽음을 선포한 니체는 십자가에 달리신 하나님에 대한 선포는 전지전능한 하나님의 부정이라는 사실을 다른 신학자들보다 더 분명히 인식하고 있었는지도 모른다.

본회퍼는 철학이 제기한 신의 죽음의 문제가 신학적인 문제임을 제일 먼저 숙지했다. 그리하여 그는 우리 그리스도인들에게 "마치 하나님이 부재하는 것처럼"(etsi deus non daretur) 하나님 앞에서 살도록 촉구했다. 본회퍼는 오늘날의 상황, 특히 무신론의 상황에서 하나님을 부재 속에서 현존하는 분으로 경험할 수 있다고 말한다. 어떻게 그리고 어디에 근거해 우리는 하나님을 부재 속에서 현존하는 분으로 경험할 수 있는가? 그것은 물론 십자가 속에서 가능하다. 오늘날 우리는 하나님을 십자가 "말씀 속에서 부재하시나 현존하는 분"으로 경험할 수 있다. 하나님의 말씀인 부활한 그리스도는 무신론의 세대에게 청함의 언어사건(Sprachereignis der Bitte)으로 현존한다. 하나님은 십자가의 말씀 속에서 자신을 하나님으로 계시하셨고, 우리를 위한 하나님이심을 증명하셨기 때문이다.

그렇다면 우리는 예수 그리스도의 죽음을 어떻게 이해해야 하는가? 우리의 논의의 핵심은 바로 여기에 달려 있다.

(1) 라너의 예수 그리스도의 죽음에 대한 이해

여기에서 우리가 논의해야 할 핵심문제는 죽음이 죄의 삯인지 아니면 하나님의 은혜인지에 대한 논란이다. 예수의 죽음도 죄의 삯으로 죽은 것인가? 라너에게 죽음은 "구속의 사건이냐 아니냐를 [결정할 수 있는] 가능 조건"[290]이다. 죽을 죄라는 말은 "죽을(Sterben) 자율성의 의지 속에 있다. 자율성이라 해서 은폐되어 있는 죽음이 하나님을 향할 수 있는 개방성을 긍정하지는 않으며 또한 은총과 함께 초자연적인 실존성에 주어진 하나님의 수행방식에 긍정적으로 맡기는 것도 아니다."[291] 죄의 결과라는 말은 인간이 자신을 죽음 속에서 완성하지 못한다는 것을 뜻할 뿐만 아니라 죽는다는 사실을 뜻한다. 라너는 의로워진 사람의 죽음과 비신앙인인 죄인의 죽음을 나누어 설명한다. 의로워진 사람의 죽음은 벌로써의 원죄와의 연관 속에서 이해되어야 한다.

물론 예수의 죽음도 사람이 된 이상 모든 다른 인간과도 본질적으로 동일해야 한다. 그렇지만 예수의 죽음은 아버지의 뜻을 따르는 순종으로 우리를 위한 구속의 행위였으며 동시에 죄를 부정하는 예가 되었다. "그리스도의 죽음을 통해 그의 정신적 현실성, 곧 그가 죽음을 통해 자기를 완성하는 삶 속에서 행했던 것은 전체 세계를

---

290 Rahner, *Zur Theologie des Todes*, 36.
291 위의 책, 41.

위한 것이고, 그 근거에서 이 세계를 위한 실재 존재론적 방식에 남아 있는 규정이 된다."[292] 예수의 죽음은 라너에게 무엇보다 신적 계시의 중심을 형성한다. 하나님의 예수 그리스도 안에서의 자기 매개는 신적 본성이면서 동시에 인간적 본성을 가진다. 이 점은 융엘에게서도 그대로 강조된다.

라너는 그리스도의 생명과 죽음 사이의 "공리적"[293] 관계의 연속에 대해 언급한다. 그리스도의 생명은 그리스도가 모든 생명 속에 공리적으로 현재하기 때문에 구속을 열어 준다. 예수의 죽음은 라너에 따르면, 인간에게 "실재-존재론적 본성"[294]의 가능성, 곧 인격적 행위를 가능하게 한다. 그의 죽음이 없이는 하나님의 은혜도 인간 현존재를 규정하는 현실이 될 수 없게 된다. 예수의 죽음은 죄도 하나님의 은혜 안에서 완전히 변화시킨다.[295] 예수의 죽음은 죽음을 무력화시키고 하나님의 은혜를 완성하는 것이면서 동시에 수동적인 고난을 함께 포함하고 있다. 따라서 우리는 라너의 죽음이해의 근간인 능동적 완성과 수동적 완성이 사실은 그리스도의 죽음에 근거하고 있음을 알게 되었다.

⑵ 융엘의 예수 그리스도의 죽음에 대한 이해

융엘은 예수 그리스도의 십자가의 결과를 '하나님의 죽음'으로 표현한다. 그러나 '살아 계신 하나님의 죽음'이다. 살아 계신 하나님의 죽음은 두 가지 결과를 가져왔다. 하나는 하나님 자신에게 미치는 결과이고, 다른 하나는 하나님의 죽음이 우리에게 미치는 결과이다. 하나님 자신에게 미치는 결과란, 하나님이 십자가에서 자신과 죽은 예수를 동일시하심으로 하나님이 자신을 끝없이 살아 계신 분으로 계시하시고 계심을 뜻한다. 그러나 그것은 몰트만이 주장한 것처럼, 하나님 스스로가 십자가에서 죽은 것이 아니라, 하나님 스스로가 죽음 속에서 살아 계시는 하나님으로 증명해 보인 사건이다. 하나님의 죽음이 우리에게 미친 결과는 하나님의 힘이 죽음에까지 미쳐 죽음 자체가 하나님의 죽음을 통해 무력화되었기 때문에, 따라서 죽음이 우리를 주관하지 못한

292 위의 책, 58.
293 위의 책, 58.
294 위의 책, 60.
295 위의 책, 64.

다는 점이다.

이 두 가지 결과는 살아 계신 하나님의 죽음이 가지는 의미성을 충분히 드러낸 것이다. 따라서 이 두 가지가 분리되어서 설명되어서는 안 되고 함께 고려되어야 한다. 창세기 3장 22절 이하에 따르면, 죽음은 하나님과 분리되는 영역이었고 분기점이었다. "여호와 하나님이 이르시되 보라 이 사람이 선악을 아는 일에 우리 중 하나 같이 되었으니 그가 그의 손을 들어 생명 나무 열매도 따먹고 영생할까 하노라 하시고 여호와 하나님이 에덴 동산에서 그를 내보내어 그의 근원이 된 땅을 갈게 하시니라." 이 문장은 '인간이 하나님처럼 영원히 살 수 없다'는 것과, '하나님은 사람처럼 죽지 않는다'는 사실을 주지시킨다. 이런 표상을 중시하는 사람들에게, '하나님은 죽음 속에서 자신을 하나님으로 증명하셨다'는 사실을 받아들이라고 하면, 아마도 그것은 불가능한 일일 것이다. 그러나 융엘에 따르면, 하나님은 죽음 속에서 자신을 하나님으로 드러내셨기 때문에, 이런 전통적인 죽음에 대한 이해는 더 이상 의미가 없게 되었다. "하나님은 죽음을 이기셨다."[296] 그러므로 하나님에게는 낯선 어떤 것으로 생각될 수 있는 죽음이라는 것이 더 이상 없게 되었다. 하나님의 힘은 죽음의 힘보다 크기 때문에, 하나님은 하나님의 죽음을 통해 죽음을 무력하게 만들었다.

이것이 바로 하나님의 죽음이 가지는 의미성이다. 하나님은 죽음 속에서 자신을 살아 계신 하나님으로 계시하셨고, 하나님의 힘은 죽음에까지 미쳐 죽음 자체가 하나님의 죽음을 통해 무력화되었다. 그러면 이러한 융엘의 생각에는 문제점이 전혀 없는가? 십자가의 사건은 하나님을 위해 아직도 어떤 진정성을 가지는가? 십자가의 사건은 하나님에게 전적으로 무력화된 죽음으로서만 만나게 하는가? 이것이 필자가 융엘에게 던지는 질문이다.

(3) 몰트만의 예수 그리스도의 죽음에 대한 이해

몰트만은 죽음을 종말론적으로 파악한다. 다시 말하면, 죽음은 융엘이 말하듯 삶의 관계를 완전히 깨는 단절이 아니라, 다음 생명으로 넘어가게 하는 생명의 사건이다. 그러나 몰트만에게 죽음은 정치적, 우주적 차원을 갖는다. 모든 피조물을 생명으

---

296 Jüngel, "Vom Tod des lebendigen Gottes," 120.

로 이끌기 위해 예수 그리스도는 하나님 안에서 죽으셨다. 십자가에 달리신 하나님은 삼위일체론을 통해서 설명되며, 이는 성부 수난설에 근거한다. 예수 그리스도의 죽음은 직선상의 시간의식 속에서 이해되는 것이 아니라, 종말론적 새로운 시간 속에서 규정된다.

① 죽음은 생명의 사건이기 때문에 단절이 아니라 넘어감이다

몰트만에 따르면 융엘의 죽음의 본질 규정은 한 인간의 실제적 죽음에 해당하지 않는다. 몰트만은 죽음을 "생명의 사건"[297]이라 한다. 죽음과 함께 모든 것이 끝나는 것이 아니라, 즉 죽음과 생명의 단절이라기보다 "넘어감"[298]이기 때문이라는 것이다. 이 문제는 죽음에 대한 표상에서 영혼 불멸인지 아니면 육의 부활인지에 대한 논의로 이끈다.

이제 몰트만은 기독교의 부활의 희망 속에서 영혼 불멸에 대한 생각을 새롭게 파악하려고 한다. 그는 영혼 불멸설을 '죽음 이후의 삶'에 대한 이론이 아니라, 태어남과 죽음 저편에 있는 사람의 신적인 동일성을 논하는 이론으로 본다. 그러나 우리는 이미 살았던 삶이 아니라, 아직 살지 않은 삶이 죽음에 이르게 되어 있다는 것을 직시해야 한다. 다시 말하면, 죽음은 우리의 현존을 더 이상 존재하지 않는 것이라 판결하게 하고 우리에게 아직 있지 않는 것을 취하게 한다. 따라서 성서는 철학이 말하는 영혼 불멸을 말하는 것이 아니라 육의 부활과 영원한 생명을 말한다.

죽은 자들은 어디에 있는가? 가톨릭의 연옥에 대한 이론은 "죽음 이전에도 행하던 참회의 길의 연장일 뿐이다."[299] 연옥이라는 표상 때문에 율법과 심판은 더 이상 최종적인 의무와 고발적 기능을 가지지 못하게 되었다. 몰트만은 또한 루터의 영혼의 수면에 대한 이론도 부정한다. 그리고 미래 세계의 생명으로의 부활을 말한 현대 가톨릭 신학자들의 "죽음 속에서의 부활"[300]을 단호하게 거부한다. 그는 행위와 결과의 법칙인 카르마 이론도 부정하면서 "카르마 신앙은 하나님 신앙과 아무 관계없다"[301]고 말

297 Jürgen Moltmann, *Das Kommen Gottes. Chirstliche Eschatologie*. (Gütersloh, 1995), 83.

298 Jürgen Moltmann, *Der Weg Jesu Christi. Christologie in messianischen Dimensionen*, (München, 1989), 272.

299 Moltmann, *Das Kommen Gottes*, 119.

300 위의 책, 122 이하.

301 위의 책, 136.

한다.

죽은 자들과 살아 있는 자들의 공간들은 그리스도와 교제를 통해 서로 연결되어 있다. 몰트만은 죽은 자들과 살아 있는 자들이 속죄를 통해서가 아니라 사랑을 통해 서로 연결되어 있는, 남아 있으면서 파괴되지 않은 교제에 대해 말한다. 몰트만에 따르면, 죽은 자들을 속죄시키기 위해 살아 있는 자들이 무언가 더 할 필요는 없다. 왜냐하면 예수는 그의 죽음을 통해 이미 죽은 자들을 위해서도 모든 것을 행하셨기 때문이다. 몰트만은 결코 개인의 깨어남보다는 "우주적 차원"[302]과 정치, 경제적 "구조적인 죄"[303]를 강조한다.

② 예수는 하나님 안에서 죽었다

하나님의 죽음은 기독교 신학의 근원으로 십자가에서부터 출발하면서 영광의 신학(theologia gloriae)에 대항한다.[304] 하나님은 예수의 죽음에 관여하지 않은 게 아니다. 만약 그렇게 되면 결코 하나님의 죽음에 대해 말할 수 없게 된다. 예수의 죽음은 하나님 안에서의 죽음으로 이해할 수 있다.[305] 십자가 사건은 하나님과 사람과의 관계에서만이 아니라, 오히려 삼위일체 내적인 관계 속에서 그 의미를 가진다. 그의 죽음은 하나님을 위한 결과를 가져야만 한다. 삼위일체론을 새로 규정하는 것은 "하나님과 십자가 사건 속에 계신 하나님과의 관계"를 생각해야만 한다.[306]

몰트만은 십자가에 달리신 하나님을 성부 수난설로 설명한다. 몰트만은 그리스도의 고난을 그리스도의 묵시 사상에 기초한 고난으로 이해했다. 예수는 "메시아의 죽음을 죽었다."[307] 그러면 그리스도의 죽음은 하나님 자신에게 무엇을 의미하는가? 그리스도의 신적인 고난을 말할 때 하나님은 어디에 계셨는가? 왜 하나님의 참 아들이 하나님의 버림을 받아야만 하였던가? 예수의 고난은 하나님과 함께 당하신 고난이다. 하나님과 함께 당하신 죽음은 우리와 연대하며, 우리를 대신한 속죄 행위이며, 그의

---

302 위의 책, 112.
303 위의 책, 114.
304 Moltmann, *Der gekreuzige Gott*, 184.
305 위의 책, 192.
306 위의 책, 226.
307 Moltmann, *Der Weg Jesu Christi*, 185.

죽음으로 새 창조가 가능하게 되었다.[308] 그리스도의 고난 속에서 온 세계의 "종말적 고난이 선취되며 대리하여 경험되었다."[309]

그러면 몰트만의 십자가의 삼위일체적인 해석은 어떤 의미를 가지는가? 아버지가 아들을 떠난 동안 아버지는 신이 없음이 된다.[310] '하나님이 십자가에서 죽으셨으나 그러나 죽지 않았다'라는 역설은 삼위일체적으로 풀어야 한다. "아들이 죽음의 고난을 당하셨고 아버지는 아들의 죽음의 고난을 당하셨다."[311] 아버지가 아들을 거기에 두셨고 그를 통해 세상을 사랑하심을 증명하셨다(비고, 요 3:16). 아버지와 아들 사이의 이 십자가 사건에서 성령이 역사하셨다.[312] 십자가 사건에서 아버지와 아들과 성령이 서로 통일의 '하나님'으로 파악된다. 그러면 십자가는 하나님의 사람 되심의 목표인가?[313]

내재적인 삼위일체 사건은 그 자체로 인식되지 않는다. 왜냐하면 성령은 십자가 사건의 결과로 우리에게 오시기 때문이다. 이것이 바로 몰트만이 어떻게 십자가에서 성령의 발생을 이해했는지를 알 수 있는 근거이다. 그러나 이러한 생각은 필시 구약에서 성령을 어떻게 이해할 것인가라는 물음을 동반한다. 몰트만은 성령을 하나님과 그리스도(아버지와 아들) 사이의 연대라는 전통적인 표상으로 따르고 있다. 성령이 하늘로 올라가신 후 하나님과 사람 사이의 매개점을 넘겨 받으셨다. 다시 말하면, 삼위일체 안에서 사고해야 하는데 아버지는 십자가에서 아들의 죽음을 통해 그의 접촉점을 허락하셨다. 그것을 통해 하나님 안에서의 갈라짐을 그리스도 안에서 보다 더 잘 이야기할 수 있게 되었다. 이것이 양성론의 내용이다. 즉 십자가 사건에서 하나님이 아니라, 삼위일체의 두 번째 인격이 하나님 안에서 죽었다는 것이다. 아버지는 아들과 죽음의 고난을 함께 당하셨다. 이러한 이해에 던지게 되는 비판점은 그가 삼위일체를 다루는 장에서 여러 번에 걸쳐 하나님과 아버지라는 개념을 혼동하고 있다는 것이다. 물론 몰트만 자신은 하나님이 삼위일체를 아버지와 아들 그리고 성령으로부터 생각하지 결코 네 번째 인격 같은 것으로부터 생각하지 않는다는 것을 명료히 하려고 노력하고 있음

308 위의 책, 203.
309 위의 책, 176.
310 Moltmann, *Der gekreuzigte Gott*, 229.
311 위의 책, 230.
312 위의 책, 231.
313 우리는 몰트만의 《십자가에 달린 하나님》 109쪽에서 이런 질문을 할 수 있다.

에 틀림없다.

우리는 여기서 성령이 삼위일체 안의 내적인 순환으로 남아 있지 않은지 혹은 인간이 되셨는지의 문제를 풀어야 한다. 이 문제를 풀기 위해 몰트만은 양성론을 거부하고 그 대신에 "예수가 하나님의 아들이라는 전체적이면서 인격적인 측면"[314]을 말한다. 예수의 인간적인 측면은 적어도 부분적으로 수포로 돌아가고 만다. 이러한 제2인격으로 환원한 결과로서의 성령은 이중의 매개 기능을 충족해야만 한다. 성령을 통해 인간적이고 역사적인 경험들이 하나님 안으로 들어가게 되었다. 따라서 이제 성령은 대리자이시다. 몰트만은 제1인격과 제2인격의 행위를 사랑에 기초한 사건으로 보아 이 두 관점으로부터 하나님의 사랑이 인간에게 드러난다고 보았다. 따라서 십자가와 부활은 하나님의 사랑으로부터 인간에게로 작용한다.

③ 죽음은 새로운 종말론적 시간 의식 속에 있다

몰트만은 융엘의 죽음에 대한 이해를 유한한 생명의 영원화로 요약하면서 질문한다. "지상의 이 삶이 영원화되는 것일까?" 만약 그렇다면, 지상의 삶은 탄생부터 죽음에 이르기까지 비디오 필름에 담겨져서 영원의 하늘 속에 보존될 것이며, 이것은 우리에게 그리 기쁜 소식은 아닐 것이다. 왜냐하면 지상의 삶의 모든 놀라운 경험, 실수와 병도 영원화될 것이기 때문이다. 우리는 심한 장애인의 삶의 영원화 혹은 일찍 죽은 어린아이의 영원화를 어떻게 표상해야 할 것인가?[315] 영원한 삶이란 현재의 삶이 완성된 전체성으로 궁극적으로 치유되는 것을 말하며, 현재의 삶은 이 전체성으로 규정되어 있다.[316] 이렇듯 몰트만이 비판하고 있는 융엘이 사용한 영원화라는 개념은 구체적으로 무엇을 지칭하는가?

융엘은 죽음의 시간을 영원화한다. "유한한 삶은 유한한 것으로 영원화된다. 그러나 무한한 연장을 통하여 그렇게 되는 것은 아니다. 영혼의 불멸은 존재하지 않는다. 오히려 하나님 자신의 삶에 참여함으로써 그렇게 된다. … 이러한 의미에서 부활

---

314 Moltmann, *Der gekreuzigte Gott*, 232.

315 Moltmann, *Das Kommen Gottes*, 87.

316 위의 책, 88.

희망의 가장 짧은 양식은 '하나님은 나의 피안이다'[317]라는 명제이다." "죽은 사람들로부터의 부활은 영위한 삶의 모음, 영원화, 드러남을 뜻한다."[318] 이에 대해 몰트만이 비판한 것이다. 그러나 올바른 회복이 없는 영원화, 변화, 완성, 변용은 좋은 희망이 아닐 것이다. 마지막 문장에서 '죽은 사람들로부터의 부활'은 '죽은 사람들의 부활'로 수정되어야 하지 않을까?[319] 그렇지 않을 경우 다른 사람들은 죽은 채로 존속해야 하지 않는가? 왜 좋은 희망이 아닌가? 그것은 "우리가 영원한 생명을 어떻게 생각해야 할지 모르지만, 그것은 삶에 대한 우리의 출발들과 우리가 경험했거나 원하던 삶의 단절들의 영원화가 아닐 것이다."[320]

(4) 판넨베르크의 예수 그리스도의 죽음에 대한 이해

판넨베르크의 예수 그리스도의 죽음에 대한 이해는 몰트만보다 융엘에게 가깝다. 죽음은 실제적인 삶의 단절이다. 그러나 이것은 이미 부활의 희망을 전제한다. 부활 속에서 이해된 죽음만이 예수 그리스도의 죽음을 올바르게 이해하게 만든다. 즉 하나님이 아들의 죽음 속에서 세상과 화해를 이루셨고 아버지와 아들이 하나임을 드러내셨다는 것이 전제되어야만 죽음에 대해 올바로 이해할 수 있게 된다. 다시 말하면, 유한한 피조물의 시간성 안에서 일어나는 죽음이 그것을 넘어서는 미래의 부활의 빛 속에서 조명될 때에야 비로소 올바로 이해될 수 있게 된다. 왜냐하면 종말론적인 미래의 힘이신 하나님의 영원이, 유한성이 가지는 시간의 자기 분열을 극복하고 완성할 수 있기 때문이다.

① 죽음은 부활 희망의 전제이다

구약성서가 죽음을 생명의 원천이시며 모든 생명의 원천이신 하나님과의 분리라고 보았듯이, 신약성서 특별히 바울은 죽음을 죄와 연관지어 설명한다. 죽음의 본질은 인간학에 기초하여 말한다면 죄의 결과이다. 인간학이 죽음을 넘어서는 희망을 지시

---

317 Jüngel, *Tod*, 152.

318 위의 책, 153.

319 몰트만은 천년 왕국적 '죽은 자들로부터의 부활'과 종말론적 '죽은 자들의 부활'을 구분한다. 천년 왕국적 죽은 자들로부터의 부활은 다른 사람들은 죽음 속에 머무르며 신자들만이 부활된다는 사상을 담고 있다.

320 Moltmann, *Das Kommen Gottes*, 131.

하지만, 예수 그리스도의 부활 안에서 선취된 죽은 사람의 부활이라는 묵시문학적 죽음의 신학은 죽음을 넘어서는 인간 규정에 대한 상으로 부활의 희망을 지시한다. 가톨릭 신학자들은 인간의 죽음의 보편성을 강조한다. 그러나 근대의 세속화에 의하면 죽음은 인간의 본질에 상응하는 것일 뿐이고 또한 그것은 단지 인간 현존재의 자연적인 끝으로만 받아들여지고 있다. 이러한 관점에 의하면, 죽음은 인간 생명의 유한성 안에서 해석된 자연적 사건일 뿐이다.

이에 반대하여 하이데거는 죽음을 개인 현존재의 완성으로 해석한다. 그에게 죽음은 실존하는 존재자의 전체 존재를 규정하는 끝이다. 이에 영향받은 라너는 죄인의 죽음과 하나님을 향해 열려 있는 죽음을 나누어 그리스도의 죽음을 하나님께 자신의 삶을 스스로 바치는 자유로운 행위라 규정한다. 사르트르는 『존재와 무』에서 하이데거와는 달리 죽음을 현존재를 완성하는 것이 아니라, 생명을 실제로 단절시키는 사건으로 보았다.

판넨베르크는 사르트르의 생각이 하이데거보다 더 성서적이라 생각하여 사르트르의 글을 인용한다. "우리가 죽어야만 한다는 것은 우리 삶에 어떤 의미도 가지지 못한다. 왜냐하면 자신의 문제가 해결되지 않은 채 남아 있기 때문이고 그 문제의 의미가 규정되지 않은 채 남아 있기 때문이다."[321] 틸리히나 바르트는 인간의 유한성에 속하는 자연적인 죽음을 심판의 죽음과 구분한다. 따라서 판넨베르크는 인간의 죽음보다 그리스도의 죽음을 중시한다.

② 예수 그리스도의 죽음은 하나님께 자신의 삶을 스스로 바친 자유 행위이다

판넨베르크는 그리스도의 죽음을 종말론적인 부활의 희망의 빛 속에서 말한다.[322] 라너가 긍정적인 죽음을 말하면서 예수의 부활을 그리스도의 죽음 속에서 일어난 것의 현상이라고 보았듯이, 바르트도 예수의 부활을 단지 십자가에서 완성된 그의 역사의 계시로만 보았다. 그렇게 되면 예수의 부활은 죽음을 넘어선 승리라는 표현을 할 수 없게 되지 않을까?[323] 바르트가 말하고자 한 바는 융엘이 잘 풀어 주었듯이 기

---

321 Pannenberg, *Systematische Theologie, Bd. III*, 600; J-P. Sartre, *Das Sein und das Nichts*, deutsch 1962, 680.

322 Wolfart Pannenberg, *Grundfragen Systematische Theologie, Bd. II*, (Göttingen, 1991), 146ff.

323 위의 책, 177.

독교인이 희망하는 부활은 인간 삶의 역사적인 영원화를 뜻한다.[324] 그러나 몰트만처럼 판넨베르크도 이러한 부활을 하나님 자신의 영광의 빛 속에 있는 영화이고 변화라고 본다. 예수의 죽음을 통해 죽음은 하나님과 분리하는 그 힘을 얻게 되었다. 그러나 그의 부활을 통해 예수는 하나님과의 결합 속에서 하나님 자신으로부터 그의 죽음이 그를 하나님과 분리시키지 못했다는 것을 증명했다. 하나님이 십자가에서 아들의 죽음에 동참함으로써 죽음이 하나님과 분리시키는 힘을 상실하고 말았다. 하나님은 죽지 않았다. 그러나 하나님은 그와 하나이신 사람을 죽음에 두셨다. 그 이유는 죽음 자체 속에서 그와 결합하고 있는 사람, 곧 사람이신 예수를 붙들기 위해서이다. 따라서 예수의 죽음 속에서 하나님의 사랑이 세계에 드러났다.[325] 예수 그리스도의 죽음은 하나님께 자신의 삶을 스스로 바친 자유 행위이다.

③ 예수 그리스도의 죽음은 시간 속에 있다

바르트는 인간의 창조 본성에 속하는 죽음을 인간 생명의 유한성과 분리하여 설명한다.[326] "하나님과 같이 되고자 원하는"(창 3:5) 자는 고유한 현존재의 유한성을 부정한 자이다. 이 유한성을 받아들이지 않는 한, 유한성과 죽음 사이의 차이가 무시된다. 인간을 참으로 규정한다 함은 죽음 속에서 완성되는 것이 아니라, 단절된다고 할 때 가능하다. 유한성과 죄와 죽음의 관계를 잘 규정하려면 유한성과 시간의 관계를 올바로 잘 이해해야 한다. 시간 속에 있는 현존재는 피조물의 유한한 생명이라는 특성을 가지고 있기 때문이다.

우리의 시간 경험의 자기 분열 속에서 시간성은 우리 생명의 구조적인 죄성과 함께 자라서 하나가 된다. 우리 개개인의 삶의 전체는 삶의 시간 과정 속에서 결코 완전하게 우리에게 주어지지 않는다. 우리는 우리 자신을, 우리의 정체성을 늘 우리 삶의 전체를 선취함 속에서 가진다.[327] 비록 내가 이 현실 전체와 그리고 적어도 함축적으로 이 현실의 근원이신 하나님과 관계한다 하더라도 이 연관이 실제로 자기애(amor sui)의

324 Barth, *KD*, *Ⅲ/2*, 760.

325 Pannenberg, *Grundfragen Systematische Theologie, Bd. II*, 157.

326 Barth, *KD*, *Ⅲ/2*, 761.

327 Pannenberg, *Grundfragen Systematische Theologie, Bd. III*, 605.

형식에서 실재화된다는 것이다. 그런데 아우구스티누스는 자기애를 죄라 기술하고 있다. 그렇지만 아우구스티누스는 죄를 고백의 시간 분석에서 해석하지 않았다.

그러나 판넨베르크는 시간이 없는 현재인 아우구스티누스의 영원을 역사의 종말론적인 미래와 결합시켜 하나님의 영원으로 설명한다. 그는 죄를 시간 계기들 속에서 설명한다. 시간 계기들은 영원과의 관계 속에서 유한성과 죄와 죽음을 설명한다. 죄의 결과인 죽음은 시간성 안에서 유한한 피조물에게 일어난다. 종말론적인 미래의 힘이신 하나님의 영원은 유한성이 가지는 시간의 자기 분열을 극복하고 완성된다. 죽음을 넘어서는 미래의 부활 희망과의 연관하에서 죽음의 규정은 온전해진다. 판넨베르크는 인간학적이고 종말론적인 죽음의 규정을 통해 십자가의 죽음과 부활을 상호 관련시켜 해석한다. 여기서 우리는 판넨베르크의 신학이 종말론적 신학임을 알 수 있다.

제3부 기억의 문화

인간은 아리스토텔레스의 정의에 따르면, "정치적 동물"(zoon politicon)[328] 로서 자신의 삶이나 역사·정치적 행위들을 해석하면서 살아가는 존재이다. 어떤 역사·정치적 사태에 대한 이해와 해석의 차이와 갈등은 전쟁과 대량학살(Jenocide) 또는 대립과 상호불신을 불러일으킨다. 예를 들어 보자. 정치적인 입장 차이에 따른 것이지만, 북한과의 관계를 긍정적으로 전환하기를 원하면 빨갱이라 하여 적대시하는 사람들이 있다. 우리는 이제 해석의 갈등과 대립을 뛰어넘어 화해와 공존을 도모할 수 있는 길을 찾아야만 하는 과제를 안고 있다. 이 일을 위해 우리의 연구는 어떤 기여를 할 수 있는가? 우리의 연구는 국가의 발전과 과학의 진보와 같은 인류의 행복과 번영에 어떻게 이바지하고 있는가? 필자는 본 연구를 통해 인간으로 하여금 어떻게 자신의 정체성과 역사·정치적 주체성을 확립하도록 돕는지 밝히고자 한다. 그 일을 위해서라면 기억의 문화에 대한 연구가 필요하다. 한국뿐 아니라 세계적으로도 기억의 문화에 대한 논쟁에 휘말리고 있다. 우리에게는 역사바로세우기와 과거사 청산이 그 예이다.

328 아리스토텔레스, 『정치학』, 이병길 옮김, (서울: 박영사, 2004), 1253 a 2-3.

동아시아의 공존의 미래를 여는 역사[329]나 새로운 한일관계 설정 그리고 미래지향적 한국사회건설을 위해 역사바로세우기와 과거사 청산이 필요하다. '과거청산'은 과거를 대면하여 미래를 창출하는 일이어야 한다.[330] '과거청산'이라는 용어 속에는 망각한 기억의 복원과 복원된 기억에 대한 성찰이 반드시 필요한데, 그것은 청산행위의 배경이 되는 역사적 상황과 맥락을 이해하는 역사의식을 수반한다.[331] 과거 청산은 진실·정의·화해 세 가지 요소에 기초해서 이루어져야 한다. 진실을 밝히는 일이 과거 청산의 출발점이라면 과거 청산 과정은 정의에 입각해야 하고 화해는 과거 청산의 목적이자 결과가 되도록 해야 한다.

따라서 우리의 주제는 과거 청산의 세 요소에 대한 분석으로 진행된다. '진실'의 개념으로 청산해야 할 과거 자체(역사)가 무엇인지 알아보고자 하며, '정의'의 개념을 통해 망각의 문제를 다루게 되고, '화해' 개념으로 용서의 문제를 헤아려 보고자 한다. 우리가 다루어야 할 핵심 주제인 진실과 정의 그리고 화해 문제는 다음과 같은 물음들로 제기될 수 있다. '역사 이론을 세우는 데 기억 개념이 어떤 의미를 부여하는가?' (진실). '망각이 인간의 삶에서 참으로 무시할 수 없는 힘인가?' (정의). '역사적으로 증명할 수 없는 종말론적 용서만이 존재하는가?' (화해).

필자의 관심은 기억 자체에 대한 해명이 아니라 '역사적' 기억을 고찰하는 데 있다. 역사적 과거 자체는 어떻게 기억되고 망각되며 역사적인 의미를 가지는가? 역사는 전적으로 타자의 희생을 불러오는 어떤 사건을 기억하는 것인가? 역사적 기억의 문제는 정체성의 문제가 아닌가? 필자는 리쾨르에 의지해 기억이 개인의 정체성뿐만 아니라 집단 정체성을 확보하는 매체임을 증명하고자 하며, 그 과정에서 기억의 이데올로기적 조작이나 기억의 도덕적·정치적 의무에 대한 반성 그리고 정신분석학적 기억의 작업이 가지는 함의를 검토하고자 하며 또한 망각된 역사나 망각하려는 역사의 문제를 숙고하고자 한다.

---

329 한중일 3국 공동역사편찬위원회, 『미래를 여는 역사 - 한·중·일이 함께 만든 동아시아 3국의 근현대사』, (서울: 한겨레신문사, 2005).

330 Michael Lapsley, "Confronting the Past and the Creating the Future: The Redemptive Value of Truth Telling," *Social Research*, Vol. 65 No. 4, Winter 1998.

331 안병직 외, 『세계의 과거사 청산』, (서울: 푸른역사, 2005).

제1장 기억, 역사, 망각

1. 기억의 현상학

우리가 역사를 파악하는 데, 기억은 어떠한 기능을 가지는가? 기억은 시간적으로 과거에 속한 것이지만, 부재한 것을 현전하게 하는 매체이다. 리쾨르에 따르면, "우리는 일어난 과거의 일을 분명하게 하는 데 기억보다 더 좋은 것을 가지고 있지 않다." 기억은 과거를 재구성하는 인식양식이기 때문에 반성 구조를 가지고 있다. 그러면 어떠한 반성 구조에 따른 기억이 우리로 하여금 자신의 역사·정치적 정체성을 확보하게 하는가?

1) 기억이란 무엇인가? 기억의 내용과 방법

'기억이란 무엇인가?'라는 문제를 '이미 지나가고 없는 과거라는 것이 어떻게 현전할 수 있는가?'의 문제로 생각하는 사람들이 있다. 플라톤의 이해에 따르면, 기억은 "부재한 것의 현전성"[332]이다. 그는 기억(mnêmê)과 상기(anamnêsis)를 나눠, 기억을 감각적 지각에 의해 지각된 것을 "저장하는 장소" (sôtêria aisthêseôs)[333]라 했고, 상기를 "영혼이 전생에 안 것을 다시 아는 것"[334]이라고 설명한다. 그는 밀랍의 예를 통해 기억

---

332 Plation, *Sophist*, 234 ff.

333 Platon, *Philebus*, 34 b.

334 "영혼은 죽지 않을 뿐만 아니라 여러 번 태어나기 때문에 그리고 이승과 명부에 있는 모든 것을 보았기 때문에, 영혼이 배우지 않았던 것은 아무 것도 없고, 그래서 영혼이 덕뿐만 아니라 그것이 이전에 인식했던 다른 것 역시 상기할 수 있다는 것은 결코 놀랄 만한 일이 아닐세." Platon, *Menon*, 81 c 5-9.

의 상(eikôn)이 상상력(phantasma)과 연관되어 있음을 밝힌 다음 기억을 그것의 자국(tupos), 곧 흔적이라고 말한다. "그렇게 자국으로 남은 것에 대한 상이 남아 있는 한 기억하고 안다. 다시 말하면, 우리가 잊어버렸거나 알지 못하는 각인된 흔적을 떠나 버리면 결코 기억할 수 없다."[335] 그런데 리쾨르는 이것을 단순히 기억 이론에만 적용하는 것이 아니라 역사 이론에 적용한다. 그 이유는 과거의 기억이 곧 과거 역사의 흔적이기 때문이다. 플라톤이 *Phaedrus*에서 언급한, 쓰여진 흔적이나 *Philebus*에서 논한 경험 자국, 곧 흔적은 리쾨르가 역사의 흔적을 논구할 수 있는 좋은 패러다임을 제공한다. 그럼에도 리쾨르는 플라톤이 기억을 장소로만 제한한 점을 아쉬워한다. 따라서 그는 아리스토텔레스의 기억이론으로 넘어간다. 왜냐하면 아리스토텔레스는 기억을 시간 개념으로 이해하기 때문이다. 그러나 리쾨르는 플라톤이 기억을 지식, 곧 상상력과 연결시킨 점을 끝까지 고수한다.

아리스토텔레스가 플라톤의 기억이론을 새롭게 발전시킨 점은 기억을 시간 차원에서 새롭게 규정한 점이다. "기억하는 행위는 시간이 경과했을 때 생산된다."[336] 분명 "기억은 과거적인 것이다."[337] 그는 '앞서'(proteron)라는 부사로 기억을 시간과 연결하여 설명한다. 기억은 상의 수동적 지속의 차원이기 때문에 파토스로 표시되고 상기는 시간 속에서 앞선 기억에서 다음 기억으로 되돌아가는 활동적인 반복으로 말미암아 하나의 결과가 도출되는 것이다. 그럼에도 그는 그의 스승인 플라톤의 지각으로서의 기억 이론에 충실하게 남아 있다. "상기하는 자는 그가 무엇인가를 전에 이미 보았거나, 들었거나 혹은 어떤 식으로든 지각했음을 뜻한다."[338] 리쾨르는 아리스토텔레스의 시간 기억을 진일보한 발전으로 수용한다.

아우구스티누스는 플라톤처럼 기억을 "감각을 통하여 지각된 여러 가지 사물의 영상들이 간직되어 있는 창고"(spatium memoriae)[339]라 규정하고, 상기를 '과거 경험들의 영상들'을 꺼내어 '구성'(10. 8. 14)하는 기억력(vis memoriae)이라 정의한다. 그러나 그는 기억을 플라톤이나 아리스토텔레스보다 더 넓게 그리고 내적인 차원으로 사용하고

---

335 Platon, *Theaetetus*, 191 d.

336 Aristoteles, *De Memoire et Reminiscentia*, 451 a 30.

337 위의 책, 449 b 15.

338 위의 책, 453 a.

339 아우구스티누스, 『고백록』, 10. 8. 12.

있다. "기억은 과거의 것의 현존이라기보다는 인간의 전체 시간을 가능하게 하는 것의 표현이다. … 따라서 기억력은 과거에 대한 기억으로만 제한되어서는 안 된다."[340] 특히나 그가 기억을 기억하는 것이라 하지 이데아를 기억하는 것이 아니라고 말한 데서 이 사실이 명료해진다. "나는 내가 기억한다는 사실을 기억하고 있는 것입니다. 이처럼 만일 내가 미래에 '내가 한때 이러한 사실들을 기억했었다'고 기억한다면 그것은 내 기억력으로 그것들을 불러내는 것밖에 안 됩니다."[341] 기억은 구체적인 시간 내용들의 처음과 끝을 일관되게 연결해 주는 정초로 이해되어야 한다. 그래야 거기서 연속성을 말할 수 있으며 이러한 진행 과정에서 체험 연관들을 구성할 수 있게 된다. 시간의 연속과 연관은 기억의 수행으로 볼 수밖에 없고 거기에서 과거의 것을 발견하고 의식에서 파악할 수 있는 가능성을 발견하게 된다. 리쾨르는 아우구스티누스의 기억이론이 가지는 가장 중요한 특징인, 기억이 인간의 전체 시간을 포괄한다는 점과 영혼의 연장이라는 개념에서 보듯이 내적인 차원으로 확대 사용되고 있는 점을 수용한다.

아우구스티누스에게 근원적인 기억이 중요한 이유는 근원적인 기억을 통해서만 우리가 영원하신 하나님을 알 수 있기 때문이다. 아우구스티누스에 따르면, 하나님은 기억 속에 계신다. 하나님은 감각적 경험을 통해 인식될 수 있는 분이 아니다. 왜냐하면 감각은 현재적이어야만 하고 개별적인 것에 묶여 있는 영혼의 분산이기 때문이다.

"나는 당신이 내 기억의 어느 부분에 거처하고 계신지 알아봐야 하겠습니다. 내가 당신을 생각한다고 할 때는 동물도 가지고 있는 기억의 부분을 초월하여야 했습니다. 왜냐하면 나는 기억 속에 간직되어 있는 물체들의 영상들 사이에서 당신을 찾아 만나 볼 수 없었기 때문입니다. 그러므로 나는 그 부분을 뛰어넘어서 내 영혼의 감정을 간직해 놓은 곳으로 갔습니다. 그곳에서도 나는 당신을 찾아볼 수 없었습니다. 그래서 나는 내 기억 안에 있는 바로 내 영혼의 자리까지 들어갔습니다. 그러나 그곳에서도 당신은 계시지 않았습니다. 그러므로 당신은 어떤 물체의 영상도 아니요, 살아 있는 사람들의 감정도 아닙니다. 또한 당신은 영혼 자체도 아닙니다. 왜냐하면 당신은 그 영혼의 주님이 되시고 하나님이 되시기 때문입니다. 이 모든 것들은 다 변합니다만

---

340 Friedrich Kümmel, "Die Bedeutung der 'memoria' für die Zeitanalyse Augustins," *Über den Begriff der Zeit*, (Tübingen, 1962), 26.

341 아우구스티누스, 『고백록』, 10. 13. 20.

이 모든 것들을 초월하여 계시는 당신은 불변하십니다. … 내가 처음으로 당신을 알게 되었을 때부터 당신을 기억하고 있었기 때문이며 또한 내가 당신을 생각하게 될 때 내 기억 안에서 당신을 찾아뵙기 때문입니다."[342]

'지나가고 없는 과거의 역사를 파악할 수 있는 길은 기억밖에 없다'는 아우구스티누스의 역사철학을 계승하고 있는 리쾨르는 율법의 시간에 대한 분석 속에서 기억 속에 계신 역사의 하나님을 제시한다.[343] 율법의 시간은 기억으로 표현된다. 율법에 따르면, 하나님 야훼를 기억해야 한다. 그 이유는 기억하라는 것이 신의 명령이기 때문이다. 따라서 망각하는 것은 죄가 된다. "네가 있기 전 하나님이 사람을 세상에 창조하신 날부터 지금까지 지나간 날을 상고하여 보라"(신 4:32). 기억해야 할 가장 중요한 내용은 "하나님 야훼"(신 8:18)이다. 과거의 역사적 사건은 이야기하는 사람의 입장에서 보면 과거의 일이라 할지라도, 기억 속에서 현재화되고, 이야기를 듣는 사람에게 미래성을 포함하도록 만든다. 그것이 율법 교육을 통해 반복 수행되었다. 율법의 시간은 과거의 약속이 미래의 성취를 포함하며 영원한 하나님의 이름과 예언과 계명으로 계시되어 반복되고 기억 속에 존재한다. 유대인처럼 자신들의 역사에 대한 망각, 곧 자신들의 역사를 기억하지 않고 잊어버리는 것을 두려워하는 민족이 없다.

2) 기억의 진리

리쾨르는 기억 속에서야 부재한 것이 현존하게 된다는 것을 기억의 내용과 기억의 주체 그리고 기억의 방법으로 나누어 설명한다. 이 질문들은 '역사적 진리가 무엇이냐?'는 물음으로 중지가 모아진다. 왜냐하면 기억의 내용, 기억의 주체, 기억의 방법들이 역사적 진리 물음과 관련해서 설명되어야 하기 때문이다. 기억의 내용은 그것이 과거의 역사적 진리를 담고 있느냐 아니면 단지 표상일 뿐이냐에 달려 있다. 기억이라고 하는 것이 진리의 담지자냐 아니면 단지 상일뿐이냐의 문제는 아직도 우리가 해결하지 못하고 있는 논쟁거리임에 틀림없다. 리쾨르는 플라톤과 아리스토텔레스를 통해 기억

342 위의 책, 10. 25. 36.
343 정기철, 『상징, 은유 그리고 이야기』, 344 이하.

을 상상력의 작업으로 보면서도 "기억과 상상력을 위험하게 뒤섞어버리면 기억의 진리 주장과 관련한 신뢰성을 해치게 된다"[344]고 경고한다. 고통이나 불안 그리고 행복이나 슬픔 등에 대한 기억이 우리 삶의 정체성을 위협하고 민족의 정체성을 위협할 수 있음에 틀림없다.

또한 기억의 진리 문제는 기억의 장소나 시간의 문제와 연관하여 설명되어야 한다. 기억은 언제 그리고 어디에서 그것이 일어났는지의 문제와 연결되어 있기 때문이다. "기억된 것들은 본질적으로 장소와 연결되어 있다."[345] "여기 그리고 지금이 바로 가장 절대적인 장소이고 날짜이다."[346] 이런 논의의 종국에는 "기억이 믿을 만하게 확실한 것인지 그리고 그런 의미에서 기억의 진리에 대해 묻는 일이 아주 중요하다."[347]

리쾨르는 기억의 주체 문제를 중시하는데 그 이유는 그것이 기억의 정체성의 문제와 연결되어 있다고 보기 때문이다. 기억의 주체에 대한 물음이 개인 기억과 집단 기억으로 나뉘어 개진되어 왔지만, 리쾨르는 "두 담론들이 교차하도록 만들어지는 곳인 언어 영역을 동일화"[348]시킴으로써 이 둘을 종합하려고 한다. 아우구스티누스의 『고백록』, 로크의 『인간오성론』, 후설의 『내적시간 의식의 현상학』을 분석한 후에 다음과 같은 중요한 질문을 제기한다. "우리가 경험의 공동체성의 개념에 다다르기 위해서는 자기성의 이념과 함께 시작하다가 주관적인 경험을 공동체화한 것이라 할 수 있는 제3의 작용을 선취하기 위해 타자의 경험으로 관통하여 나가야 하는가?"[349]

기억의 주체에 대해 논의할 때에 기억의 사적 특성을 '각자성'이라 해야 하는 이유는 기억이 분명 나의 기억이지 타인의 기억이 아니기 때문이다. 후설에게서 엿볼 수 있는 가장 큰 특징인 기억의 각자성의 핵심은 '기억하는 자 그것이 바로 나다'라는 이념에서 드러난다. 기억은 실제로 철저하게 개체적이다. 기억은 개인 정체성의 기준으로 전개되어 왔고 나의 기억의 내용은 나의 역사의 일부분을 형성하면서 또한 나의 정체성을 규정한다. 그러나 리쾨르는 후설의 쌍(Paarung)과 공동체성(Vergemeinschaftung)

---

344 Ricoeur, *Gedächtnis, Geschichte, Vergessen*, 25.
345 위의 책, 74.
346 위의 책, 76 이하.
347 위의 책, 93.
348 위의 책, 193.
349 위의 책, 184.

개념을 통해 기억의 각자성을 집단기억으로 확장한다.[350]

리쾨르는 『타인으로서의 자기 자신』(1990)에서 레비나스의 타자 개념[351]을 통해 새로운 주체의 철학을 정립한다. 레비나스는 홀로코스트(Holocaust)의 아픈 상처에 대한 통찰에서 자신의 철학적 숙고를 시작하다 보니 근대가 세운 이성적 존재의 주체성에 회의를 품는다. 죽음 앞에서 침묵하는 이성과 타자의 죽음에 무책임한 주체성이 가지는 폐해를 직시한 레비나스를 따라 리쾨르도 타자를 중시한다. 타자의 기억은 공동체 기억의 문제와 연관되어 설명되어야 한다.

프랑스 사회학자 알브박스는 『집단 기억』[352]이라는 책에서 '집단 기억'을 변호하였다. 그는 그의 스승인 베르그송의 '순수 기억'의 주관주의를 극복하고 기억을 사회적 현상으로 해석한다. 개인의 기억도 오직 사회적 구성 틀을 통해 매개됨으로써만 형성될 수 있다는 것이 그의 지론이었다. 어떤 개인의 기억도 사회와 분리될 수 없는 이유는 기억의 시간과 공간적 차원이 이미 사회성을 가지고 있기 때문이다. 제2차 세계 대전 시기의 대량 학살에 대한 유대인의 기억은 집단 기억의 좋은 사례인데, 한 민족이나 사회 집단이 공통으로 겪은 역사적인 경험은 그것을 직접 체험한 개개인의 생애를 넘어서 집단적으로 보존되거나 기억되었던 경우에서 보듯이, 집단 기억이 사회 구성원에게 밀접하게 영향을 미친다. 아스만이 기억의 공간을 문화적 기억이라고 한 것이나 노라가 기억의 시간을 기억의 역사라 한 데서 기억의 사회성이 가지는 특성이 잘 드러난다. 알브박스는 사회학자 뒤르껭의 '집단의식'(l' ame collective)을 '집단기억'(mémoire collective)으로 발전시킨다. 알브박스는 예루살렘이라는 공간이 기독교인들에게 기독교인이라는 사회귀속성을 창출한 것을 예를 들어 기억의 사회 귀속성과 공간 친화성을 구별하면서 집단 기억은 공간의식에 의해 매개된 생생한 기억이지만 '역사' 기억은 그렇지 않다고 주장한다. 알브박스가 기억과 역사를 구분하듯이, 코젤렉도 집단기억의 현실과거와 역사의 순수과거를 대비시킨다.

집단 기억이라는 말을 할 때에는 또 다른 내용에 대한 분석도 필요하다. 즉 집단 기억에는 상호소통할 수 있는 기억과 문화적인 기억이 더 자세하게 나누어져 설명되어

350 위의 책, 185.

351 Emmanuel Lévinas, *Le temps et l'autre*, (Fata Morgana: Montpellier, 1979).

352 Maurice Habwachs, *Les Cadres sociaux de la mémoire*, (Alcan: Paris, 1925).

야 한다. 상호소통할 수 있는 기억이란 어떤 일이 발생했을 때에, 그 일을 구두로 전하는 전승을 지칭하는데, 이 기억은 대화를 나누는 사람들에 의해 전해진다는 특성을 가지지만, 그 일이 발생한 시점에서 3세대 정도 안에서만 전승된다는 한계점을 가진다. 벌써 3세대를 지나면 잊혀지거나 그 진실성을 의심하게 되기 때문이다. 그에 반해서 문화적인 기억은 그런 세대에 제한되지 않고 계속해서 전승될 뿐만 아니라, 꼭 사람들의 대화를 통해 전승되는 것도 아니다. 그런 점에서 아스만은 문화적인 기억을 더 중요하게 연구하게 되었다.

3) 기억의 정치화

기억의 문제를 논의할 때면 가장 논란이 되는 문제는 기억을 정치적으로 조작하거나 왜곡시키는 일이다. 기억의 정치화는 참으로 논란거리이다. '윤리적 차원에서 기억해야 할 책임의무가 있다'는 역사의 가르침은 유럽에서 아우슈비츠 이후로 '기억의 의무'를 요구했다. "기억하라는 절대명령이 바로 역사의 작업을 포함한다."[353] 기억이 "공동체적 통합"[354]에 작용하다 보면 오용될 수 있다. 예를 들어 광주항쟁의 경우에서 보듯이 '조작된 기억' 또는 '강요된 기억'은 문제가 된다. 참혹했던 과거를 극복하기 위해서는 그 과거의 불행을 기억해야 한다. 그것이 전제되지 않고, 공동의 미래라는 명목하에 망각의 협정을 강요한다면, 진정한 과거의 극복이 될 수 없다. 용서는 결코 방관이나 묵인에 의해 이뤄지는 것이 아니다. 더구나 망각에 기초해서도 안 된다. 그렇지만 우리는 다음과 같은 질문에 답해야만 한다. "'기억하라'고 말할 수 있는 가능성은 무엇인가? 자신을 과거의 수호자이게 하는 기억을 미래 속에 변환시키라고 말할 수 있는가? 더 어려운 것은 기억이라는 것이 자발적으로 상상력을 자극하는 방식에 따라 생긴 것이라 하는데도 어떻게 '기억하라'고 말하는 것을 허락할 수 있는가?"[355] '너는 잊지말라'는 명령은 '너는 기억해야만 한다'는 것이 어떻게 가능한지 말하는 것인가? 그러면 '너는 기억해야만 한다'고 말하는 것이 어떻게 허락될 수 있는가?

---

353 위의 책, 139.
354 위의 책, 135.
355 Ricoeur, *Gedächtnis, Geschichte, Vergessen*, 140.

리쾨르는 자연적 기억과 인위적 기억의 오용 사이를 구분한다. 인위적인 기억이 오용된 경우처럼 자연적 기억을 오용한 경우도 있다. 그는 세 가지 예를 든다. 치료학적 차원의 '방해받은 기억'과 정치적 차원의 '조작된 기억' 그리고 윤리적 차원의 '책임 의무가 있는 기억'이 그것들이다. 병리학적 기억의 문제를 다루면서 리쾨르는 기억의 적극적인 오용을 정치적 목적으로 조작하거나 도구화하는 경우, 즉 치료가 필요한 방해받은 기억과 정치적으로 조작된 기억이 뒤섞인 경우를 분석한다. 기억을 잘못하는 경우나 사람을 볼 때 정체성에 문제가 생기고 우리는 그 경우에 우리가 그때 바로 그 사람인지 묻게 된다.

2. 역사의 인식론

우리가 여기서 다루어야 할 주제는 '역사학과 역사 이론을 세우는 데, 기억의 개념이 어떤 의미를 주느냐?'는 문제이다. 이 문제는 다름 아닌 역사서술의 매체에 대한 물음이고 리쾨르는 문서와, 설명과 이해의 논쟁 그리고 역사의 미래성과 증언의 해석학을 통해 설명해 나간다.

역사는 기억의 역사인가? 최근의 역사학은 왜 역사가 기억을 필요로 하며 어떻게 그리고 어느 정도 기억이 역사적 인식의 진리와 본질에 영향을 미치는지 논의하고 있다.[356] 지금까지는 역사학에서 기억이 배제되었지만, 증언의 중요성이 강조되면서 기억의 역사학이 주제가 되고 있다. 리쾨르에 따르면, 우리는 일어난 일을 분명하게 하는 데 기억보다 더 좋은 매체를 가지고 있지 않다. 기억은 과거를 재구성하는 인식양식이기 때문에 반성 구조를 가지고 있음에 주목하여 '어떤 반성 구조에 따른 기억이 우리로 하여금 자신의 역사·정치적 정체성을 확보하게 하는지' 를 물어야 한다.

기억의 이데올로기화 또는 망각이 불러일으키는 정체성 상실은 역사학자들로 하여금 기억이 역사일 수 없다고 주장하는 근거가 되었다. 실증주의적 역사학자들과는 달리 리쾨르는 역사를 화이트를 따라 이야기 담론이라 보기 때문에 기억으로서의

---

356 안병직, 「한국사회에서의 '기억'과 '역사'」, 『역사학보』, 2007년 193집, 291 이하.

역사를 옹호한다. 그러나 그는 우리가 처음부터 제기했던 문제를 명료하게 밝혀야 한다. 즉 '과거가 우리에게 기억 속에서만 현재하는데도 어떻게 기억은 과거를 살아 있게 하며 미래를 의미 있게 하는가? 그 해결책으로 리쾨르는 아우구스티누스를 통해 기억의 현상이 단지 과거에만 국한되지 않고 전체 시간의 장 속에서 드러남을 강조했다. 기억으로서의 역사는 결코 과거의 폐쇄된, 절대적인 지나간 것일 수만은 없다. 문제는 사람들이 없애 버리고 싶지 않은 과거가 무엇인지 그리고 그것이 왜 중요한지를 아는 일이다. 그렇게 하려면 과거로 되돌아가야 하는데, 어떻게 과거로 되돌아갈 수 있는가? 리쾨르는 과거로 되돌아갈 수 없음을 보여 주고자 한다. 그렇지만 흔적이나 역사기록들 또는 증언이나 기억은 과거로 간접적으로나마 접근할 수 있는 길을 열어 준다.

기억이 더 이상 존재하지 않는 부재하는 것을 현전하게 하는 상이라면, 그 상이 과연 원본과 동일한 것인지를 우리는 이미 플라톤으로부터 검증해 왔다. 리쾨르는 플라톤과는 달리 '증언'이 기억과 역사 이행의 구조를 인식할 수 있는 가능 틀임에 주목하여 상이 과거에 대한 상상적 표상(répresentance)만이 아니라 과거의 역사를 재현(représentance)하는 것이어야 함을 논증한다. 특히나 증언은 진실성에 기초해야 하는데, 기억의 증언의 경우는 검증할 수 있는 가능성이 소멸되어 가기 때문에 기억의 재현에 대해 논란을 벌였던 것이 사실이다.[357] 과거의 진실을 밝히려고 하지만, 우리가 모든 것을 다 상기할 수는 없기 때문에 '어떻게 정당한 기억 또는 정당한 역사가 가능한지'를 물어야 한다. 그래서 리쾨르는 지나간 과거의 시간을 읽을 것을 요구한다. 무엇보다 그는 기록된 과거, 말해진 과거뿐만 아니라, 다른 것들이 일어날 수 있음을 말할 수 있는 조건을 중시하게 된다. 그 이유는 그때에야 언어화된 역사를 윤리적으로 접근할 수 있으며 또한 과거로 끝난 역사가 아니라 미래를 여는 역사를 말할 수 있기 때문이다. 이때 주의해야 할 일은 과거의 사건들을 새롭게 의미부여하기 위해서는 기억이 사건의 존재를 규정하는 것이 아니라, 사건의 의미를 규정하고 있다는 점이다. 과거 역사의 의미는 고통스러운 과거를 망각하는 데 있지 않고 용서함 속에서 드러난다. 용서는 결코 부정의를 용납하는 것이 되어서는 안 되고 정의의 이념에 따라 수행되어야 한다. 그러

---

357 나간채, 「5.18 항쟁의 기억과 증언」, 『항쟁의 기억과 문화적 재현』, 정근식 외 저, (서울: 선인, 2006), 17쪽 이하.

나 용서가 없는 정의는 공동체의 화합을 깰 수도 있을 뿐만 아니라 또 다른 과거의 상처로 남을 수 있기 때문에 그는 더 이상 좋게 만들 수 없는 과거에 대한 고통을 나누는 것과는 달리 용서하는 일이 사건 자체의 근본적인 의미변화를 가능하게 한다고 보았다. 과거와 미래는 결코 절대적으로 분리된 것이 아니고, 후설이 설명하고 있듯이 파지(retention)와 예지(protention)의 형식 속에서 상호 제시되어야 한다. 미래를 보는 것은 과거의 의미를 변화시키고 이것은 다시금 미래의 행위에 영향을 미친다.

리쾨르는 역사와 기억의 문제에 접근하는 다음과 같은 두 방식들에 반대한다. 먼저 포스트모던 이론가들의 방식과 대립한다. 왜냐하면 그들은 역사와 기억을 전적으로 상상력의 영역에 위치시키다 보니 역사적 사실 일반을 부정하는 경향을 가지기 때문이다. 또한 '기억'을 제외하거나 망각의 심각성을 애써 외면하는 역사가들과 대립하면서 리쾨르는 기억과 사유를 넘어 망각과 용서를 제안하고 있다. "왜냐하면 나의 작업은 결단코 '기억의 폭정'에 협력하려는 것이 아니기 때문이다. 잘못 오용된 것[기억]들을 기억작업과 비애작업을 통해 정의의 이념으로 대체하는 일에 만족하고자 한다."[358] 잘못 오용된 기억들이란 예를 들어 치료가 필요한 방해받은 기억이나 기억의 정치화로 논란이 되고 있는 조작된 기억 그리고 책임 의무가 있는 윤리적 기억 등을 지칭한다.[359] 기억이 다 오용되는 것은 아니고, 자연스런 망각도 있다. 그러나 인위적으로 기억을 조작하거나 강압적으로 망각을 요구하는 것만큼 기억하라는 의무도 장단점을 따져 보아야 한다. 더구나 제주 4.3연구소가 발행한 『무덤에서 살아나온 4.3 수형자들』[360](2002)에 따르면, 증언자의 기억 능력과 현재의 생활 형태가 어떠하냐에 따라 지나온 과거를 기억해 내는 것이 다르고, 기억한 것을 해석하고 정당화하는 방식이 다르더라는 것이다. 병리학적 기억의 문제이지만 이를 법적 · 정치적으로 조작하는 경우는 더욱 많은 통찰이 필요하다.

앞에서 필자가 잠시 언급했듯이, 과거의 역사를 직접적으로 인식하는 일은 불가능하지만 간접적인 방식에서는 접근가능한데, 그 간접적인 방식들을 소개하면서 그것들이 가지는 문제들이 무엇인지 밝혀 보고자 한다.

---

358 Ricoeur, *Gedächtnis, Geschichte, Vergessen*, 146.

359 최태연, 「폴 리쾨르의 후기역사철학」, 『해석학연구』 제 17집 2006년 봄, 한국해석학회. 41-44.

360 제주4.3연구소, 『무덤에서 살아나온 4.3 수형자들』, (서울: 역사비평사, 2002).

1) 역사서술 매체 – 문서

"역사가는 5.18 광주항쟁과 같은 역사적 사건들을 다 서술할 수 없지만, 그래도 서술해야 한다." 이 문장은 역사서술의 특징과 한계를 적절하게 내포하고 있다. 역사의 인식론에서 가장 핵심이 되는 문제는 '과거적인 것을 어떻게 현전하게 만들 수 있느냐?' 하는 데에 있다. 지나간 과거의 역사를 어떻게 경험하고 재구성하거나 이해할 수 있는가? 그 가능성으로 리쾨르는 기록, 곧 역사서술을 제시한다. 리쾨르에 따르면, "역사서술은 실제로 이야기 영역에 속한다."[361] 이런 차원의 역사서술은 문서화된 기억이다. 문서화된 기억인 과거의 경험은 어떻게 구성되고 해석되어야 하는가? 역사과학의 방법론으로 설명과 이해의 논쟁을 리쾨르는 더 이상 대립으로만 보지 않고, 상호보완의 관계로 정립해 나간다.

역사는 현재와 과거의 대화 산물이다. 대화의 목적은 과거에 대한 집단 기억을 재현하기 위함이다. 그런데 이러한 대화를 통해서 사가(史家)가 재현하는 과거는 오크쇼트의 지적에 따르면, "역사가 자신이 과거에 대해 던진 질문 유형에 스스로 답변한 대답들의 집합이다."[362] 사가가 기록하지 않은 과거는 집단 기억에서 사라진다. 이렇듯 집단 기억으로서의 역사와는 달리 집단 망각으로서의 역사도 있다. 사가가 과거의 전부를 역사화할 수 없는 이상 과거의 사실들 가운데 선별하여 역사적인 사실로 기록할 뿐이고, 따라서 사가의 역사서술에 포함된 것은 기억되지만 포함되지 않은 것은 잊혀지고 말 것이다. 여기서 우리는 역사서술의 특징과 한계를 만나게 된다. 우리는 그것을 다음과 같은 문장으로 표현할 수 있다. '사가는 5.18 광주항쟁과 같은 역사적 사건들을 다 서술할 수 없지만, 그래도 서술해야 한다.'

2) 역사서술 매체 — 설명과 이해

일반적으로 역사학자들은 역사를 기억과 연관시키지 않는다. 역사를 쓴다는 것

361 Ricoeur, *Temps et récit II*, 133.

362 Michael Oakeshott, *On History*, (Oxford: Blackwell, 1983), 13.

은 플라톤이 말한 파르마콘(Pharmakon)처럼 독이 될 수도 있고 약이 될 수도 있는 쉽지 않은 문제이기 때문이다. 그래서인지 리쾨르도 역사를 사건의 표상으로만 기술하는 것에 반대하면서, 과거에 대한 상상적 표상으로서의 기억은 과거에 대한 재현으로서의 기억과 긴밀히 결부되어 있음을 제시함으로 이 문제를 풀어 나간다. 리쾨르가 말하는 역사적 재현은 미셸 드 세르토가 사용한 개념인데, 세르토는 재현을 그가 "역사적 작품"[363]이라 불렀던 "문학적 각색"(literary staging)의 의미로 사용한다. 역사적 작품은 다름 아닌 과거의 이야기를 만드는 것을 뜻한다. 드로이젠은 세르토보다 먼저 역사를 이야기와 연결하여 설명한 사람이다. 드로이젠은 '역사'라는 독일어를 Historie가 아닌 Geschichte라는 용어로 표현했는데, Geschichte는 일어난 일을 이야기하는 속성을 가지고 있다. 그런 의미에서 역사는 이야기이다.

드로이젠은 『역사학』[364]에서 역사를 자연과학의 수학적 방법론 아래 두려는 실증주의 역사관이나 역사를 단순히 이야기 기술로 보려는 태도도 비판하면서 역사학의 방법론으로 '탐구하는 이해, 곧 해석'을 제시한다. 이해는 역사 속의 인간의 본질을 실현하며, 역사 그 자체는 해석학적인 순환 속에서 드러난다. 즉 "개별적인 것은 전체 속에서 이해되고, 전체는 개별 속에서 이해된다."[365] 그러나 딜타이는 가설에 의해 추론된 인과연관을 중시하는 자연과학적 설명과, 낯선 것을 나의 것으로 만드는 의미 연관을 중시하는 정신과학적 이해를 구분한다. "우리는 자연을 설명하지만, 정신적인 것을 이해한다."[366] 딜타이는 이해를 설명의 보충 개념으로 생각하지 않았다. 그는 이해를 이미 해석이라고 보았다. 그는 『해석학의 기원』(1900)에서 실증주의와 자연과학의 방법론을 정신과학의 방법론으로 채택할 수 없다고 보았기 때문에 '이해'를 통한 정신과학의 방법론을 해석학 속에서 세워 나간다. 따라서 그가 할 작업은 '이해' 개념을 철학의 작업 안에서 새롭게 정립해 나가는 것이었다. 다시 말해서 이해에 대한 학문 작업을 수행해야만 했다. 그러나 딜타이 사상을 가장 잘 이해하고 있는 볼노오는 설명과 이해

---

363 Michel de Certeau, *The Writing of History*, trans. Tom Conley, (New York: Columbia University Press, 1988), 87.

364 Johann Gustav Droysen, *Historik. Vorlesungen uber Enzyklopädie und Methodologie der Geschichte*, hrsg. Rudolf Hubner, (München, 1937).

365 위의 책, 423.

366 Wilhelm Dilthey, *Die geistige Welt. Einleitung in die Philosophie des Lebens. Gesammelte Schriften, Band V.* Hrsg. G. Misch, (Stuttgart, 7. Aufl. 1982), 144.

라는 두 방법들이 "모든 학문적인 수행에서 함께 작용"[367] 되어야 한다고 생각했다. 그는 이 두 방법들이 함께 작용될 때 이해에 우선권을 두어 이해를 "근원적인 것"이라 했고 이해가 한계에 부딪히는 그곳에서 설명은 그 한계들을 채워 나가야 한다고 생각했다. 그리고는 보다 확대된 이해 개념을 제안한다. 볼노오에 따르면, 이해는 정신세계에 제한될 수 없고 자연세계와도 관계를 맺어야 한다.[368] 그러나 리쾨르는 이해 없는 설명은 공허할 뿐이고, 설명 없는 이해는 맹목적일 뿐이라고 보아, 둘의 상호 보완성을 강조한다. 그래서 그는 다음과 같이 말한다. "보다 정확하게 설명한다 함은 보다 올바르게 해석하는 것을 뜻한다."[369]

3) 역사의 미래성

역사의 종말에 대한 많은 예고도 있었고, 역사철학이나 역사 이론이 만족할 만한 대안을 제시하고 있지만, 아직도 역사적인 것의 의미에 대한 논란은 분분하다. 리쾨르의 자서전[370]에 따르면, 이 논란은 그를 처음부터 붙잡고 있었던 문제였다고 한다. 그는 역사적인 것의 '의미'(sens)가 가지는 다양성에 특히 주목한다. 의미와 역사 사이의 불명확한 연관성의 이유나 불가피성의 근거는 무엇인가?

리쾨르는 미래가 없는 과거에 대한 연구로서의 역사학뿐만 아니라, 역사를 학문적 역사학의 성립여부로만 이해하려는 학풍을 거부한다. 코젤렉은 『지나간 미래』[371] 라는 저서에서 측정가능한 자연시간과는 구분되어야 하는 역사의 시간에 대해 말한다. 그는 역사의 시간을 올바로 이해하기 위해서는, 그때그때의 현재마다 과거와 미래의 시간차원이 어떻게 서로 상호 교차하는지 밝혀야 한다고 보았다. 그 작업을 위해 그는 가설을 세우는데, 그것은 과거와 미래 사이의, 혹은 인류학적으로 말해서 경험과 기대 사이의 차이규정 속에서 '역사의 시간'이라는 것을 포착할 수 있다는 것이다. 그

---

367 Otto Friedrich Bollnow, *Studien zur Hermeneutik Band I: Zur hermeneutischen Logik von Georg Misch und Hans Lipps*, (Freiburg/München, 1982), 123 f.

368 위의 책, 127.

369 Ricoeur, *Temps et recit I*, 12.

370 Paul Ricoeur, *Reflexion faite*, (Paris: du Seuil, 1995), 63 ff.

371 라인하르트 코젤렉, 『지나간 미래』, 한철 옮김, (서울: 문학동네, 1996), 22.

래서 그는 역사의 시간 속에서는 과거와 미래의 관계가 늘 변하기 때문에 과거와 미래를 끊임없이 새롭게 연관짓도록 하는 시간적인 관점에서 역사를 탐구하고 있다.

역사의 미래성에 대한 리쾨르의 강조는 역사를 새롭게 이해하게 하는 많은 시사점을 제공하고 있다. 동시에 그는 역사를 올바로 인식하기 위한 조건으로 제시한 '역사의 회상성'이라는 특성은 역사인식의 전부가 아니라고 생각한다. 이미 끝난 과거사만을 보고하는 추도사의 경우를 예로 들 때, 살아 있는 우리와 이미 과거의 것 사이에 긴장과 갈등을 들춰내지만, 미래와 연관된 의미를 제외하고 만다. 역사의 대상을 닫혀진 것으로 전제하는 사적 인식 이론은 미래와 연관된 의미를 해명할 수 없다. '이미 있었던 것'으로서의 역사가 미래와의 관계에서 우리에게 의미하는 것을 찾기 위해, 리쾨르는 가다머와 더불어 영향사의 지평융합을 넓혀 과거와 우리뿐만 아니라, 과거와 미래의 살아 있는 변증법을 제안한다. 이 변증법 속에서만 사적 인식은 미래와의 의미 속에서 작업하기 시작한다.

과학적으로 협소화된 역사적 사유를 비판한다 해서 역사를 발생한 사건으로 볼 것인가 아니면 사학으로 볼 것이냐라는 대립 논쟁을 사소한 것으로 치부해서는 안 된다.[372] 오히려 리쾨르는 하이데거와 신칸트주의와의 대립 이래로 해석학과 사학의 관계를 더 이상 추상적인 대립으로만 이해하지 않으려는 가다머의 요구[373]를 정당한 것으로 받아들인다. 역사성을 구조적으로 재숙고한다는 말은 역사적 인식의 역사학을 뛰어넘는 의미를 본질적으로 공동체적 미래와 연관된 의미로 보려는 것을 뜻한다. 이 역사성은 내적 시간의식(후설) 속에서 지각된 시간뿐 아니라, 타자와 무관한 각자적(jemeinig) 실존(하이데거)과도 일치하지 않는다. 리쾨르는 '각자적'이면서 동시에 공동체적 역사성은 타자와 근원적으로 상호적임을 옹호하면서, 그 예로 상실감, 슬픔, 죄, 증언함 등의 경험을 든다. 리쾨르는 이 예들 중에서 특별히 증언을 중시한다. 우리는 20세기 집단적 폭력경험의 흔적들(홀로코스트, 5.18 광주항쟁)을 역사와 상상력, 기억상실, 쇼크, 망각 그리고 용서 등의 여러 문제들 속에서 인식할 수 있다. 이러한 흔적들은 많은 역사적 반성을 필요로 하고 동시에 생각하게 만든다. 리쾨르는 1955년 출간된 『역사

372 Alfred Heuß, *Verlust der Geschichte*, (Göttingen: Vandenhoeck & Ruprecht 1959).

373 Gadamer, *Wahrheit und Methode*, 267.

와 진리』에서 많은 역사적 폭력 경험 가운데서 역사적으로 실존한다는 것의 여부는 역사적으로 생각하는 것과 역사를 생각하는 것의 문제와 결코 분리할 수 없음을 밝혔다. 철학은 "이 두 가지를 통일시키면 존립할 수 있으나 분리시키게 되면 사라질 수밖에 없다."[374]

4) 증언의 해석학

리쾨르의 증언의 해석학에 따르면, 기억과 역사 사이의 연관 구조는 증언 속에서 분명하게 드러난다. 과거의 역사를 기억함이 참인 증거는 무엇인가? '증거가 참'인지의 여부는 증거되고 있는 사건을 직접 경험한 자가 증거하고 있느냐에 달려 있다. 직접 본 자가 그 본 것에 대한 자기 해석을 증언하면 그 증거를 무조건 참이라 해야 하는가? 증언의 해석학은 신학적으로 중대한 의미를 가진다. 따라서 증언의 해석학을 신학과 연관지어 설명해 보고자 한다. '증언이 참이어야 한다'는 요구를 충족하기 위해서는 "증인을 세워 자기의 옳음을 나타내 보여야"(사 43:9)한다. 그러면 예수가 자기 자신과 하나님을 증거할 때도 이 요구는 충족되어야 하는가? 예수는 자기의 증언이 참인지를 어떻게 논증했는가? 증언의 증인이 다름 아닌 절대자, 곧 예수께서 자기 증언의 증인으로 제시한 하나님 자신일 경우(요 5:36-37), "우리는 원형을 그대로 인정하라는 [증언의] 내재성과 절대자를 검증하도록 요구하는 존재와 행위의 외재성을 어떻게 이해할 수 있는가?"[375]

하나님께서 스스로 택한 백성을 "나의 증인"(사 43:10)이라 하듯, 예수도 제자들을 "나의 증인"(행 1:8)이라 한다. 제자들은 예수를 "진리의 증언자"(요 18:37)요 "참된 증인"(계 3:14)이라 증언한다. 예수는 "내가 내 아버지의 이름으로 행하는 일들"(요 10, 25)이 자신을 증거한다고 말한다. 성령은 예수의 증거자이고 제자들의 증언을 참되게 한다. 리쾨르는 『기억, 역사, 망각』에서 성령의 은총을 특별히 강조한다. 성령은 "모든 것을 가르치시고 모든 것을 생각나게(ὑπομνήσει)"(요 14:26) 한다. 그러면 믿을 만한 증

---

374 Paul Ricoeur, "Philosopher apres Kierkegaard," Michael Theunissen und Wilfried Greve (Hg.): *Materialien zur Philosophie Sören Kierkegaards*, (Frankfurt a. M. : Suhrkamp, 1979), 596.

375 Paul Ricoeur, *Essays on Biblical Interpretation*, (Fortress Press: Philadelphia, 1980), 122.

인, 신뢰할 만한 증거, 진실한 증언만으로 충분한 것이 아니라 그것을 부정하는 증인과 증거와의 관계는 어떠해야 하는가? 따라서 리쾨르는 역사적인 사건일 경우 그 사건에 대한 증언의 진실성과 진실성 여부를 확보하기 위한 사가의 비판이 동반되어야 한다고 생각한다. "어떤 의심보다 더 위대한 신뢰를 확보한 자기 해석학은 데카르트가 세운 사유와 니체가 거부한 사유 사이의 거리를 똑같이 둘 수 있다."[376]

리쾨르는 역사의 인식론에서 특별히 증언의 중요성을 강조한다. 재일사학자인 강덕상에 의해 2003년에 출간된 참혹한 학살의 기억과 증언을 담은 책인 『학살의 기억 관동대지진』[377]도 증언의 역사의 중요성을 다시 한 번 일깨워 준다. 이 책은 관동대지진의 재앙과 6천여 명을 대량 학살한 그 참혹한 기억의 증언이다. 리쾨르의 증언의 해석학에 따르면, 기억과 역사 사이의 연관 구조는 증언 속에서 분명하게 드러난다. 리쾨르가 인식의 작은 기적이라 하면서 언급한 기억된 과거를 인지하는 일은 다름 아닌 역사를 기억하는 일이지만, 사실 역사가는 자료와 기록을 중시한다. 그렇지만 리쾨르에 따르면, 역사가가 중시하는 역사적 증언은 기록이 아니라, 살아 있는 목소리여야 한다. 그것이 기록될 때에만 서류가 된다. 하지만 그것이 역사적 기록이 된다 하더라도 살아 있는 목소리를 중립화시키는 기록에 불과한 것이 아닌가?

또 다른 문제, 곧 기억의 증언도 문제가 될 수 있다. '과거의 역사를 기억함이 참인 증거는 무엇인가?' '증거가 참'인지의 여부는 증거되고 있는 사건을 직접 경험한 자가 증거하고 있느냐에 달려 있는가? 그러면 믿을 만한 증인, 신뢰할 만한 증거, 진실한 증언만으로 충분한 것이 아니라 그것을 부정하는 증인과 증거와의 관계는 어떠해야 하는가? 따라서 리쾨르는 역사적인 사건일 경우 그 사건에 대한 증언의 진실성과 진실성 여부를 확보하기 위한 사가의 비판이 동반되어야 한다고 생각한다. 그런 의미에서 사가는 필요하다. 사가가 역사의 문제에 대해서 절대적인 권한을 가진 것처럼 여기는 풍토에 대해 재판관 노릇을 할 수 없다고 보아 사가의 필요성에 제한을 두기도 하지만, 그렇다고 해서 사가가 불필요하다는 주장을 맘대로 해서도 안 된다는 것이다. 거짓 증언의 문제도 심각한 문제이지만, 망각도 심각한 문제가 된다. 더구나 망각의 강요

376 Paul Ricoeur, *Soi-même comme un autre*, (Paris, du Seuil, 1990), 335.
377 강덕상, 『학살의 기억, 관동대지진』 김동수 · 박수철 옮김, (서울: 역사비평사, 2005).

는 더 큰 문제가 된다. 그렇기 때문에 망각의 해석학에 관해 논할 것이다. 망각의 문제를 구체적으로 다루기 전에 리쾨르의 기억과 역사 이론이 시대적으로 변천하기 때문에 이를 먼저 점검해 보아야만 다음에 다루게 될 문제들도 명확하게 설명할 수 있을 것이다. 그런 의미에서 잠깐 리쾨르의 기억의 역사 이론이 어떻게 변천의 과정을 거치는지 검토하고자 한다.

5) 리쾨르의 기억과 역사 이론

그의 저서가 출간된 시기별로 나누어 설명하면 될 것 같다.

(1) 『시간과 이야기』에서의 기억과 역사

『시간과 이야기』의 핵심 개념은 제목에서 보듯이 '시간'과 '이야기'이다. '시간' 개념과 '이야기' 개념이 문학과 역사학 그리고 철학 등에 적용되어, 문학 이야기, 역사 이야기, 철학 이야기 등으로 학문의 장에서 회자되고 있다. 리쾨르의 생각에 따르면, 시간과 이야기는 분리될 수 없는 밀접한 상호성을 가진다. 시간과 이야기의 이론적 근거는 아우구스티누스의 '시간' 개념과 아리스토텔레스의 '이야기' 개념이다. 이들을 통해 리쾨르는 '이야기된 시간' 개념을 이끌어 낸다. '이야기된 시간'이란 이야기 정체성을 지칭한다. 이야기 정체성은 주체의 자기(ipse)와 성격의 동일성(idem)의 변증법 속에서 세워진다. '자기'는 주체성의 문제와 연관되어 있는데, 자기 주체성은 명증한 주체가 아니라 의심의 해석학자(니체, 프로이드, 마르크스)의 지적처럼 해석된 주체이고 윤리적 주체이어야 한다. 반면에 성격의 동일성이란 그 자체로 시간 속에서의 지속성을 뜻하는데, 그렇기 때문에 그것은 실체의 변화가 아니라 약속을 지키는 신뢰를 통해 그 속성을 드러낸다. "내가 무엇을 약속하면, 가장 좋은 의도에서 내가 그 약속된 것을 지키겠다는 것을 약속하는 것이다."[378] 리쾨르는 정체성을 이렇듯 윤리적 차원에서 고찰할 뿐만 아니라, 정치적 차원으로 확대시켜 개인 영역을 넘어 대화 공동체에서 확보하려고 한다. "따라서 약속이기 때문에 약속을 지키고자 말하는 사람의 인격적 책임성,

---

378 Ricoeur, *Temps et récit III*, 336.

곧 사람이 자신의 약속을 지키기를 요구하는 신의의 계약의 대화적 차원과 언급되지는 않았으나 잠재된 사회 계약에 의해 나타나기 시작하는 공공장소의 세계주의적 차원 사이의 순환적 관계가 있다."[379]

정체성을 윤리적 차원에서 고찰하고, 윤리를 개인의 영역이 아닌 공동체로 확대할 수 있는 근거는 무엇인가? 그것은 정체성이 다름 아닌 인간의 정체성이고, 인간의 정체성은 결국 역사와 분리될 수 없지 않는가? 가다머는 인간이 역사적 존재이고 따라서 존재론적으로 역사에 귀속되어 있음에서 인간의 정체성이 확보된다고 했다. 물론 거기에는 하버마스의 지적처럼 이데올로기적 비판이 필요하지만, 어쨌든 그것은 역사를 이해하는 문제와 분리될 수 없음은 틀림없다. 따라서 우리에게 남겨진 문제는 '더 이상 존재하지 않는 과거를 어떻게 인식할 것이냐?'는 역사의 인식론이다.

지나가고 없는 과거 역사의 시간성을 어떻게 알 수 있느냐고 물었던 사람은 아우구스티누스였다. 그는 기억이라고 대답한다. 그는 시간의 본질(natura temporis)을 이해할 수 있는 장소를 인간의 마음속(homo interior)이라고 생각했기 때문에, 시간을 "마음의 연장" (distentio animi)[380]이라 정의한다. 그에게 마음의 연장은 시간의 연장(distentio temporis)이 된다. 과거의 일은 이미 지나가 현재에 있지 않으나 우리 마음에는 과거에 대한 기억이 아직도 존재하고 있다. 현재라는 시간은 순간적으로 지나가기 때문에 아무 연장도 없지만 마음의 직관은 지속이 되고 그것을 통해 있을 것(미래)은 없어질 것(과거)으로 진행하여 나간다. 현재의 연장은 없으나 마음의 직관은 지속한다. 과거를 기억하는 일은 영혼 속에서 마음의 눈으로 지나간 일을 지금 눈앞에 그려 보는 행위이며, 기대는 이런 마음의 눈으로써 앞으로 일어날 일을 앞서 생각하며 그것을 지금 눈앞에 그려 보는 행위이다. 이러한 '시간'은 직접적으로 인식가능한가? 왜냐하면 리쾨르는 역사적 시간 간격을 극복할 수 있는 직접적인 길은 없다고 생각하기 때문이다.

그러나 『시간과 이야기』에서는 기억이 주제가 되지 않았다. 더 자세한 논의는 『과거의 수수께끼』로 넘어가야 한다.

---

379 위의 책, 338.
380 아우구스티누스, 『고백록』, 11권 26장 33절.

⑵ 『과거의 수수께끼』에서의 기억과 역사

리쾨르는 『과거의 수수께끼. 기억-망각-용서』라는 저서에서 '과거가 우리에게 기억 속에서만 현재하지만 기억이 과거를 살아 있게 하며 미래를 의미 있게 한다'는 점을 밝힌다. 이런 통찰이 가능한 근거는 그가 기억의 현상을 시간 이해의 긴장의 장, 곧 과거 현재 그리고 미래를 분리하지 않고 상호적으로 보았기 때문이다. 리쾨르는 이 책에서 궁극적으로 용서의 문화를 제시하고자 한다. 용서의 문화란 기억의 작업 속에 포함된 것으로, 타자의 기억을 인정하는 일은 더 이상 죄를 반복하지 않게 함을 뜻한다.

사람들은 이 책에서 제시되고 있는 역사와 망각의 관계에 대한 리쾨르의 숙고를 오해하기도 했다. 특히 이 책의 독일어판 서언을 쓴 립쉬는 리쾨르의 사상을 소개하면서, 사람들은 없애 버리고 싶지 않은 과거가 무엇인지 그리고 그것이 왜 중요한지를 이해하고자 원한다고 지적한다. 그렇게 하려면 과거로 되돌아가야 하고, 과거로 되돌아가기 위한 방법의 타당성을 놓고 논쟁할 수밖에 없을 것이라고 평하지만, 리쾨르는 그 반대로 과거로 더 이상 되돌아갈 수 없음을 보여 주고자 했다. 그 대신에 그는 흔적이나 역사기록들 그리고 증언 등의 개념으로 기억과 망각의 현상학에 눈을 돌려 지금까지 철학에서 깊게 통찰되지 못한 주제였던 망각의 문제를 철학의 주제로 등장시킨다.

『과거의 수수께끼』는 역사의 의미가 인간의 경험으로부터 주어진다는 사실에서 출발할 뿐만 아니라 인간의 역사적 존재의 의미, 다시 말하면, 역사를 생각하고 이야기하는 현상의 의미에 대한 고찰로부터 시작한다. 그것은 역사가 결코 과거의 폐쇄된 그리고 절대적인 지나간 것일 수 없음을 보여 주는 것이다. 그런 의미에서 미래가 과거를 규정한다.

『과거의 수수께끼』라는 책 제목이 말해주듯이, 과거는 수수께끼이다. '수수께끼'라는 말은 부재의 현전성-존재하지 않는 것의 현존 또는 현존하는 것의 부재-이라는 역사의 인식론의 난제성을 달리 표현하는 말이다. 과거는 이미 존재했으나 더 이상 존재하지 않는 것이다. 과거는 기억 속에서 존재한다. 과거 사건에 대한 확신은 동시에 '존재했었다'는 기억에 대한 신뢰성에 근거해서만 가능하다. 리쾨르가 제안하고자 한 바는 기억과 역사가 대립되는 것이 아니라, 기억과 역사의 변증법을 새롭게 규정하려는 것이다.

역사성은 다른 사람들과의 관계를 배제해 버리는 각자적 존재에 국한되지 않는다. 따라서 리쾨르는 어떤 것이 개인적이면서 동시에 집단적 역사성의 현상들인지 탐구하게 되는데, '증언'이 그 요소를 충족하고 있음을 본다. 왜냐하면 증언은 기억과 역사의 이행의 구조를 인식할 수 있는 가능 틀을 가지고 있기 때문이다. 증언은 진실해야 한다. 특히 기억의 증언은 시간이 지나갈수록 검증이 필요하게 되는데, 검증할 수 있는 가능성이 소멸되어 가기 때문이다. 따라서 그는 현재를 향한 과거의 요구들에 직면하여 절대적인 정의를 말할 수 없음을 잘 알게 되었다. 더구나 그는 모든 과거의 사건을 '도덕화'할 수 없음을 그리고 도덕화해서는 안 됨을 잘 알고 있다. 그렇지만 그가 제시해야 하는 것은 지나간 과거의 삶의 진실이다. 과거의 진실을 밝히려고 하지만, 우리가 모든 것을 다 상기할 수는 없기 때문에 '어떻게 정당한 기억 또는 정당한 역사가 가능한가?' 하고 물어야 한다. 그래서 리쾨르는 지나간 과거의 시간을 읽을 것을 요구한다. 무엇보다 그는 기록된 과거, 말해진 과거뿐만 아니라, 다른 것들이 일어날 수 있음을 말할 수 있는 조건을 중시하게 된다. 그 이유는 그때에야 언어화된 역사를 윤리적으로 접근 가능하게 하고 과거의 끝난 역사가 아닌 미래를 여는 역사로서 말할 수 있기 때문이다. 이때 주의해야 할 일은 과거의 사건들을 새롭게 의미부여하기 위해서는 기억이 사건의 존재를 규정하는 것이 아니라, 사건의 의미를 규정하고 있다는 점이다. 과거 역사의 의미는 고통스러운 과거를 망각하는 데 있지 않고 용서함 속에서 드러난다. 용서는 결코 부정의를 용납하는 것이 되어서는 안 되고 정의의 이념에 따라야 한다. 그러나 용서가 없는 정의는 공동체의 화합을 깰 수도 있을 뿐 아니라 또 다른 과거의 상처로 남을 수 있다. 그는 더 이상 좋게 만들 수 없는 과거에 대한 고통을 나누는 것과는 달리 용서하는 일이 사건 자체의 근본적인 의미변화를 가능하게 한다고 보았다.

(3) 리쾨르의 기억 이론의 의의성

첫째, 최근에 '기억' 개념이 역사학, 철학, 사회과학, 문화학, 심리학, 신경생리학 등의 학문 담론의 주제가 되고 있다. 역사학은 집단 기억론에 대한 논쟁 중에 있다. 철학은 기억 이론을 통해 정체성 담론을 세워 왔다. 사회과학은 기억을 상호소통 행위

틀 안에서 논의한다. 문화학은 기억의 문화를 새롭게 선보이고 있다. 심리학은 정신분석학의 대상 연관 이론을 체계화하는 차원에서 기억을 중시한다. 리쾨르는 기억을 도덕철학의 정의 이론으로 발전시킨다. 특히 기억이 현대 사회의 개인화되고 다양한 풍조와 세계화를 추구하는 문화 속에서 사회 질서를 생산하고 사회적 행위를 정향하고 있는가에 대한 논의를 촉진하고 있다. 우리에게도 그가 방향제시한 기억론을 논의할 필요가 있다. 더구나 과거사청산을 국가 사회적 과제로 설정하고 있는 작금의 현실에서 시의에 적절한 학문적 근거를 제공해 줄 수 있을 것이다. 더구나 해석학 안에서만이 아니라, 타 학문과의 대화를 통해서 진행되어야 하기 때문에, 더욱더 필요한지도 모른다.

둘째, 한국의 과거사 청산과 관련하여 기억 담론은 매우 중요한 의의를 내포하고 있다. 기억이 역사의 주제가 되지 못한 한국의 상황에서, 일제 침략시대부터 6.25 동란 그리고 해방 이후 민주화 과정의 인권침해 사건, 무엇보다 광주항쟁 등의 현대사에 대한 증언과 기억의 역사화에 대한 논의가 필요하다. 우리는 리쾨르를 따라 물어야만 한다. 우리가 기억할 때 무엇을 해야만 하고 무엇을 할 수 있는가? 기억의 주체가 누구이고 기억의 정당성은 어떻게 역사화를 가능하게 하는가? 기억해야 할 대상 또는 목적은 무엇인가? 어떻게 집단 기억이 생기고 그것이 역사 공동체에 어떻게 정체성을 확보하게 하는가? 과거사 청산을 위해 기억의 의무에 빚지고 있는가? 아니면 망각의 협정이 필요한가? [381] 스페인의 과거사 청산의 예에서 보듯이 망각협정을 요구하는 사람들도 있을 것이다.

셋째, 리쾨르의 기억에 대한 담론은 평화기념 이론에 기여할 것이며 어떻게 인간과 사회는 과거의 어두운 상처와 행위자와 희생자를 민족의 나락 속에서도 기억의 틀 안에서 그 자체로 수용할 수 있고 따라서 공동체의 동반자로 걸어갈 것이냐는 물음에 답을 제공할 것이다. 또는 정신분석학적으로 볼 때 기억하고 싶지 않은 과거의 아픔이나 노이로제의 억압에서, 즉 병리학적으로 치료가 필요한 기억을 어떻게 대처해야 하는지, 그리고 우리의 사유 문화를 미래지향적이게 할 것이냐에 대한 질문에 답을 줄 것이다. 리쾨르는 역사 아래에서 기억과 망각을, 기억과 망각 아래에서 삶을 그리고 바

381 참고, 정기철, 「리쾨르의 인정이론 연구」, 『철학연구』 제 74집 2006년 가을호, 철학연구. 96-99.

로 이 삶을 기술하는 것은 다름 아닌 또 다른 역사, 즉 불완전성이라고 보았다. 그는 『기억, 역사, 망각』의 마지막 쪽수에서 우리에게 '보존하는 망각'을 통해 과거의 미래에 대한 논쟁을 요구한다. 6.25 동족상잔의 비극을 안고 살아가는 사람들, 4.3 제주항쟁과 5.18 광주항쟁의 아픈 상처 속에서 소외받은 자로서 살아가는 사람들에게 평화와 소망을 주는 미래를 열기 위해서라도 우리는 보존하는 망각이 필요하다.

넷째, "윤리-정치적 차원의 기억의 의무"에 대해서 눈여겨보아야 한다.[382] 그는 기억의 현상학에서 출발하여 기억의 행위가 늘 지각과 결합되어 있음을 명확하게 하고자 한다. "기억하는 자, 그것이 바로 나"라는 말은 후설이 주장하는 '기억의 각자성'의 핵심이다. 기억은 아주 사적인 특성을 가지며 따라서 결코 마음대로 처리할 수 없는 특성을 가진다. 따라서 기억의 활용과 오용의 문제를 심각하게 따져 보아야 한다. 그런 의미에서 윤리-정치적 차원의 기억의 의무가 등장한다. 이때 우리는 물어야 한다. "'기억하라'고 말할 수 있는 가능성은 무엇인가? 자신을 과거의 수호자이게 하는 기억을 미래 속에 변환시키라고 말할 수 있는가? 더 어려운 것은 기억이라는 것이 자발적으로 상상을 자극하는 방식에 따라 생긴 것이라 하는데도 어떻게 '기억하라'고 말하는 것을 허락할 수 있는가?"[383]

3. 망각의 해석학

망각은 인간의 삶에서 참으로 무시할 수 없는 힘인가? 잊어버리면 안 되는데도 늘 잊어버려서 큰 탈인 사람도 있고, 잊어버려야 살 수 있는데도 잊어버리지 못해서 고통받는 사람도 있을 뿐만 아니라 '행복한 망각'이나 '불행한 망각'과 같은 여러 종류의 망각이 있음을 우리는 잘 알고 있다. 리쾨르는 예언적 망각(망각의 종말론)을 통해 망각을 통해서 새로움으로 들어가는 방법을 설명한다. 우리에게는 '망각협정'이 필요한가 아니면 '망각구멍'에 대한 저항이 긴요한가? 스페인의 과거청산이 주는 교훈 중 하나는

382 정기철, 「역사 정치 행위에 대한 해석학적 고찰. 역사바로세우기와 과거사 청산」, 『해석학 연구』, 17집 2006년 봄, 한국해석학회, 99.

383 Ricoeur, *Gedächtnis, Geschichte, Vergessen*, 140.

인적·제도적 청산이 아닌 '망각협정'을 통해 화해와 용서를 선택한 일이었다. 그러나 마르쿠제에 따르면, 망각은 죄악이다. 6.25 동족상잔의 비극을 안고 살아가는 사람들, 4.3 제주사건과 5.18 광주항쟁의 아픈 상처 속에서 소외받은 자로서 살아가는 사람들에게 평화와 소망을 주는 미래를 열기 위해서라도 리쾨르는 '보존하는 망각'을 요구한다.

1) 망각하는 존재

모든 일에 완벽한 인간이란 있을 수 없다. 바로 이러한 인간의 연약성 때문에, 즉 인간이기에 망각한다. 리쾨르는 이것을 인간의 역사적 조건으로 받아들인다. 이러한 역사적 조건을 뛰어넘을 인간은 존재하지 않는다. 인간은 망각하는 존재이다. 그런데도 역사가가 망각을 거부하고 역사의 전체화를 추구하려 할 때, 『기억, 역사, 망각』이라는 저서에서 리쾨르는 "역사가는 결코 재판관이 되어서는 안 된다"고 경고할 뿐만 아니라, 헤겔식의 "역사의 전체화"[384]를 거부한다.

리쾨르는 역사를 어떻게 기억하고 망각하는지에 대한 숙고를 요구한다. '왜 어떤 사건들은 역사적인 기억에 특권을 부여하지만 다른 것들은 공공의식 속에서 사라져 가고 있는가? 망각에 대해 논의하다 보면 기억과 과거에 대한 신뢰의 문제가 심각하게 대두된다.

망각이란 무엇인가? 학문분야에 따라 망각에 대한 여러 이해방식들이 있다. 망각을 단순히 '기억의 결여'로 이해하는 일반적인 경향에 대해 기억의 부정성으로서의 망각은 의학적으로 극복되어야 할 병리적인 현상이기도 하지만, 기독교에서는 죄로 보기도 한다. 망각은 리쾨르처럼 철학적으로 이해되어, 기억을 구성하는 필연적인 요소로 작용하기도 한다. 망각을 역사적으로 접근할 때, 역사의 망각 혹은 새로운 역사기술은 과거의 짐을 덜 수 있는 담론을 제공하지만, 5.18 광주항쟁을 경험한 우리에게는 투쟁의 대상이 된다. 망각을 사회적인 현상으로서 이해하고자 할 때, 과거의 것을 지우고 새로운 출발을 가능하게 하는 모든 현상을 포함하여 논의해야 할 것이다.

---

384 Ricoeur, *Temps et recit III*, 280.

2) 망각의 정치학[385]

망각에는 행복한 망각이 있는가 하면 불행한 망각도 있고, 강요하는 망각이 있는가 하면 강요된 망각이 있다. 니체는 과거의 기억에 얽매여 사는 자의 불행에 대해 말하면서 망각의 행복을 말한다. "행복을 행복으로 만들어 주는 것은 망각할 수 있는 능력, 보다 지적으로 표현하자면 자신이 살아 있는 동안 비역사적으로 느끼는 능력"[386]을 통해서이다. 망각하는 것이 필요할 때도 있다는 것이고, 어떤 경우에는 오히려 긍정적으로 기능할 때도 있다는 것이다. 그러한 기능을 니체는 눈여겨보았다. 바인리히는 『망각의 강 — 레테』[387]에서 이성에 근거한 정보 거부 능력을 갖춘 망각의 기술의 필요성을 주장한다. 지금의 우리에게 진정으로 필요한 것은 훌륭한 기억력이 아니라 정당한 망각이라는 것이다.

이와는 반대로 우리는 망각의 부정성을 예루살렘에 있는 홀로코스트(Holocaust) 기념관의 출구에 새겨져 있는 18세기의 랍비인 바알 쉠 토브(Baal Shem Tov)의 말을 통해 알 수 있다. "망각은 과거의 치욕으로 다시 돌아가게 하지만, 기억은 구원에 이르는 비결이다." 유대 정치철학자 한나 아렌트가 말한 "망각의 구멍", 곧 5.18 광주항쟁에 대한 군부정권의 '기억의 말살'은 공적 망각에 대한 경계심을 불러일으킨다. 과거를 망각하지 않고 증언하는 것은 살아남은 자의 의무이다.

마르쿠제에 의하면 과거의 고통을 망각하는 것은 과거의 노예상태를 다시 용인하는 죄악이다. "망각이란 … 복종과 포기를 지속시키는 정신 능력이다. 망각은 또한 정의와 자유가 보편화될 때, 결코 용서하지 말아야 할 것을 용서하는 것이다. 그런 용서는 불의와 노예 상태를 재생하는 상황을 재생산해 낸다. 과거의 고통을 잊는 것은 —그 고통을 야기한 세력들을 청산하지 않은 채로— 그들을 용서하는 것이다. … 이렇듯 시간에 굴복하지 않고 맞서 싸울 때 진상 그대로 기억을 복원하는 것은, 해방의 수단으로서 사상의 가장 고귀한 임무 중의 하나이다."[388]

---

385 「특집: 기억과 망각의 정치학」, 『문화과학』 제40호, 2004.

386 Friedrich Nietzsche, *Werke in drei Bände*, hrsg. v. Karl Schlechta, (München, 1982), Bd. 1, 211.

387 Harald Weinrich, *Lethe - Kunst und Kritik des Vergessens*, 『망각의 강 - 레테』, 백설자 옮김, (서울: 교양선, 2004).

388 Herbert Marcuse, Harvey Kaye, *The Powers of the Past; Reflections on the crisis and the promise of history*, (Harvester, 1990), 158

오늘날 우리는 '되살리기 싫은 특정 기억은 의도적으로 잊을 수 있을' 뿐만 아니라, 정당한 망각을 합리화시켜 줄 수 있는 망각의 알약을 생산하는 문제로 논란을 벌이고 있는 실정이다. 5.18 광주항쟁이나 정신대 피해자들 그리고 한국 전쟁의 상처를 안고 살아가는 사람들이 그 후 오래도록 혹은 평생 시달리는 정신적 외상의 고통을 알약으로 치료할 수 있다면 얼마나 좋을까? 그러나 고통스러운 기억도 그 사람의 현재의 일부이고 정체성을 형성하는 일부이어야 하지 않는가? 망각의 알약을 먹고 자신감을 회복하는 일도 인류복지에 증진하는 일이 될지 모르지만, 5.18 광주 항쟁과 같은 일을 직접 당하거나 목격한 사람들의 기억은 보존하는 게 오히려 사회 윤리적으로 타당하지 않겠는가?

3) 예언적 망각 – 망각의 종말론

율법이 "옛날을 기억"(신 32:7)하라고 명했다면, 예언은 "이전 일을 기억하지 말며 옛적 일을 생각하지 말고"(사 43:18) 하나님께서 행하실 "새 일"(사 43:19)과 나타날 것을 소망하라고 선포한다. 물론 율법도 약속이 미래에까지 지속되고 약속이 성취될 시간을 미래에 두고 있음에 틀림없다. 그러나 예언은 역사가 계속되는 것이 아니라, 역사가 끝나는 날이 있음을 알린다. 예언자들은 율법과 달리 "먼 미래"(렘 48:47), "마지막 날"(사 2:2), "여호와의 날"(암 5:18)이 있음을 알고 있다. 예언자는 율법의 미래에 대한 투영이 왜곡되었음을 고발한다. 약속의 마지막의 절박한 위험성(imminence)을 알림으로써 예언자들은 과거의 역사가 예기를 통해 이미 닫혔고, 윤리적 정체성이 뿌리째 뽑히고 말았음을 고발한다. 현실의 죄악과 부조리를 고발한 예언자들은 미래의 일을 자신의 현재에서 선포한다. 그것은 과거를 되돌아보고 죄악의 현재가 개선되어야 함을 인식한 결과이며, 새로운 미래 건설의 희망을 내포한다. 따라서 예언의 시간 구조는 마냥 먼 훗날이 아니라 이미 실제 역사에 돌입해 있는 희망의 미래이다.

예언의 시간은 새로운 시대(aeon)에 관심을 가진다. 그러나 새로운 시대는 시간의 피안이고, 지금의 정지를 뜻하는가? 새로운 시간이 미래와 관계하는 것은 미래가 새로운 어떤 것을 본질적으로 예기하고 있기 때문이다. 미래는 단순한 과거의 연속이 아니라 새로운 가능성을 현실성보다 위에 두는 차원에서 언급되고 있다. 예언자적 종말론이 말하는 이야기는 고착된 전통의 폐쇄를 넘어서 희망의 가능성을 열어 준다. 전승은 반복과 수용을 일차적으로 요구하지만 희망의 가능성은 의미의 넘침 또는 성취를 그 본질로 한다.

그런 의미에서 예언의 시간은 종말론적 시간이다. 종말론적 시간이란 지나간 고통을 기억하지 않고 생각나지 않게 하면서 영원히 기뻐하고 즐거워할 "새 하늘과 새 땅"(사 65:17), 곧 하나님의 왕국을 세우는 시간이다. 그러면 예언자들은 '새 하늘과 새 땅'을 초월적으로 생각했는가? 아니면 역사 내재적으로 생각했는가? 리쾨르는 종말론적이다는 말을 초월론적 피안이 아니라 마지막, 곧 전에는 전혀 보지 못했던 완전함을 기대하는 회복이라는 의미에서 사용한다. 그 개념은 결코 새계의 소멸(annihilatio mundi)이 아니라 역사의 목적(finis)이고 하나님의 궁극적 승리의 마지막을, 곧 세계의 완성(consummatio mundi, 사 65:17)을 뜻한다. 예언자적 종말론은 하나님의 구원의 계획이 세계사 속에서 단계적으로 실현되는 것으로 이야기한다. 이 개념이 장소와 시간의 범주를 갖는다면 연대기적 시간이 긍정되면서 동시에 부정되는 종말론적 시간이어야 한다.

그러나 종말론적 시간은 묵시 사상가들에 의해 새롭게 전개된다. 예언자들은 역사 안에서 미래를 희망하지만 묵시 사상가들은 역사의 끝에 이어지는 새로움을 희망한다. 전자가 역사를 구원의 역사로, 목적론적으로 이해한다면 후자는 역사를 필연적 상실로, 결정론적으로 이해한다. 전자는 미래를 가능성으로 열어 놓으나 후자는 미래를 심판의 시간으로 닫는다. 예언자들은 희망을 '이스라엘을 위한 희망'으로 읽으나 묵시 사상가들은 희망을 '개인 차원'에서 말한다. 종말론은 구약에서 이미 이스라엘의 역사 상황에 따라 규정될 수밖에 없었다. 종말론적 시간은 과거의 역사에서 시작하여 현재의 기억 속에 작용하고 미래의 희망과 예기로 계속된다. 미래의 희망은 심판으로 끝나고 새로운 시간으로 발전된다. 이 새로운 시간은 이미 확정된 사건들 이후에 정해진 순서대로 일어난다는 의미의 종말론적 시간일 수 없다. 그보다는 지금까지의 시간 과정의 종말과 심판 구원의 때와 시작을 뜻하는 종말론적 완성을 바라보는 것이다.

제2장 용서의 종말론

1. 용서의 종말론

여기서는 '용서'의 문제를 다루고자 한다. 용서는 신학적인 테마이다. 따라서 필자가 제2권에서 십자가 신학을 통해 구체적으로 설명할 것이다. 그러나 여기서는 '용서의 문화가 필요하다'는 차원에서 용서가 가지는 문제를 검토하고자 한다.

1) 용서의 주체

용서하는 주체는 누구인가? 용서는 하나님만이 하실 수 있는 신의 사건인가? 아니면 사람도 용서의 주체가 될 수 있는가? 필자의 생각으로는, 용서가 하나님의 은총의 사건이지만, 그것이 사람들에게 임했기 때문에 이제 용서가 사람의 일이 되었다는 것이 우리가 용서의 문제를 다루는 가장 큰 의미가 아닐까 생각한다. 용서의 주체는 이제 1인칭 '나'이어야 한다. 1인칭 나는 용서하는 주체이면서 동시에 용서를 받는 대상이 될 수도 있다. 대부분의 사람들은 자신을 용서하는 주체 또는 용서할 수 있는 능력을 가진 자라고 인식하기보다, 용서를 받아야 하는 사람으로 여기고 싶어 한다.

우리는 자신을 용서하는 주체로 인식할 필요가 있다. 용서하는 주체는 반드시 1인칭일 필요가 없다. 2인칭일 수도 있고 복수형일 수도 있다. 예수께서 "네 이웃을 네 몸과 같이 사랑하라"는 새로운 사랑의 계명을 주신 경우에서도 보듯이, 사랑하는 주체는 1인칭 나이다. 주체인 나보다 대상과의 관계 속에서 사랑을 베풀 것인가 말 것인가를 결정하려는 우리들의 태도와는 달리, 예수는 우리에게 자기를 사랑의 주체로 보기를 원했다. 사랑해야 할 대상보다 내가 더 사랑을 받아야 한다는 생각은 예수의 새로운 사랑의 계명에서 아무런 의미를 가지지 못하듯이, 자기를 용서를 받아야 하는 주체로 생각하려는 사람은 자기를 용서의 주체로 설정해야 한다는 가르침과 무관한 것이다. 우리는 용서하는 주체를 공동체로 여길 필요가 있다. 북한의 경우를 예로 들 때, 우리 모두가 용서하는 주체이어야 한다. 중국이나 일본에 대해서도, 이제는 우리를 용서하는 주체로 세울 때, 훨씬 더 미래지향적일 수가 있게 될 것이다.

이러한 문제는 용서의 주체만을 올바로 정립함으로써 가능한 문제는 아니지만, 일단은 용서의 주체문제를 올바로 정립할 필요가 있음을 분명하게 말해 준다. 용서의 주체 문제가 중요함에도 불구하고 자기를 용서의 주체로 쉽게 세우기 어려운 것은 용서의 속성 때문이기도 하다. 왜냐하면 용서는 어려운 일이기 때문이다.

2) 용서의 속성 : 어려운 용서

그러나 사람들은 자신의 경우를 들어 도무지 용서가 안 되는 경험들을 가지고 있기 때문에 용서가 쉽지 않다는 점에 동의한다. 데리다는 무수한 악들로 가득찬 세계에서 용서하거나 치료 그리고 화해하는 인간의 능력에 관해 물었다. 그는 나에게 고통을 준 다른 사람을 용서할 수 있는지 따지면서, 그것의 성격이 집단적인지, 정치적인지 아니면 역사적인지에 따라 다양하게 개진된다는 것에 주목한다. 결론적으로 진정한 용서는 불가능성을 포함해야 한다고 말한다. 다시 말하면, 용서할 수 없는 살인죄를 용서하는 불가능성을 포함해야 한다고 주장한다. 무조건적인 용서는 분명히 사과의 필연성을 배제하지만 조건적인 용서는 사과를 실제로 필요로 하기도 한다. 그렇지만 그도 조건적인 용서가 진정한 용서보다 더 쉽게 화해에 이르게 된다는 것을 언급한다. 둘 사이에 피할 수 없는 역설이 있는 것이 사실이다. 그럼에도 더욱 까다로운 역설은 용서가 결코 종결되어서는 안 되고 열려 있어야 한다는 점이다. 이런 역설은 자기와 타자 사이에도 생긴다. "진정한 용서는 잘못과 희생을 특징으로 가진다. 우리는 세 번째 항목으로 사면이나 화해 보상 등을 언급해야만 한다. 그렇지만 분명히 엄밀한 의미서 용서는 아니다." 가능한 용서와 불가능한 용서 사이에서 그리고 사과를 요구하는 사면과 절대적 용서 사이에 풀기 어려운 난제가 있는 것은 사실이지만 그것들이 책임성을 필요로 한다는 점은 명확하게 지적한다.[389]

리쾨르도 데리다처럼 용서의 정치의 어려움에 주목하면서 용서가 쉬운 일은 아니지만 불가능한 것도 아니기 때문에 용서의 가능성으로 들음의 윤리학을 제시한다. 들음의 윤리학은 레비나스가 말한 것이었다. 레비나스는 '사람을 죽이지 말라'는 과거에서부터 들리는 기원법의 목소리가 가지는 함의를 알았다. 리쾨르는 '우리는 사랑할 수 있어야만 한다'는 사랑의 철학을 들음의 윤리학에 덧붙여야 한다고 생각했다. 왜냐하면 용서는 결국 사랑에 기초해야 하지 않겠느냐는 것이다. 그런다 해서 무조건 과거사를 망각하거나 청산하자는 뜻은 아닐 것이다. 용서를 위해서는 과거의 목소리를 들어야 한다. 과거와의 단순한 대화는 없다. 그러나 인간에게 다가서는 역사로부터의 목소리를 들어야 한다. 이는 칸트의 도덕이론, 특히 정언 명법이 아니다. 칸트가 '너의 행위의 준칙이 동시에 보편법칙의 원칙에 타당하도록 행위하라'고 요구한 것은 리쾨르가 보기에 선동적인 형식주의일 뿐이다. 칸트의 정언명법은 인간의 구체적이고 경험적인 삶의 영역을 배제하지만, 리쾨르가 말하는 들음의 윤리학은 '사람을 죽이지 말라'고 과거에서부터 들리는 기원법의 목소리이다. 들음의 윤리학을 하는 철학은 철학이 삶에서 전부라고 믿지 않고 '우리는 그렇지만 사랑할 수 있어야만 한다'는 사랑의 철학으로 전개된다.

3) 용서의 필요성

용서가 필요하다. 아무리 신앙인이라 해도 또한 용서해야 한다는 것을 알고 있다 해도 자신의 경우에서 보듯이 용서가 안 되는, 그리고 용서할 수 없다고 생각되는 경우들이 우리들에게 있다. 그럴수록 용서가 필요하다. 용서의 필요성은 용서의 목적만큼이나 우리가 올바로 인식해야 할 문제이다. 인간이기에 용서가 필요하다. 신에게는 용서가 필요 없지 않는가? 용서받지 않고 죄인으로 계속 살아야 한다는 것처럼 지

389 Jacques Derrida, *On Cosmopolitanism and Forgiveness*, (Routledge, 2001), 51.

옥은 없을 것이다. 미래 사회를 위해서라면 더욱 그러하다. 과거가 현재를 붙잡고 있고 미래를 없애버렸다면, 우리는 용서를 통해 과거에서 자유로운 현재의 삶을 살아야 하고, 용서의 능력을 통해 미래를 밝혀야 한다. 용서의 필요성은 용서가 더 이상 필요 없게 되는 때까지 계속하여 강조되어야 한다. 그때는 두말할 필요도 없이 종말론적인 하나님의 나라일 것이다. 용서받았을 때 행복한 것처럼, 행복을 위해서도 용서가 필요하다.

진정으로 우리는 용서의 필요성을 인식하면서 살아가고 있다. 사회가 복잡해지고 가치가 상대화되어 갈수록 용서할 수 없는 일들이 늘어가고 있다. 발달하는 과학기술이 가져다 주는 편리함과 행복에 만족해 하는 우리들에게, 진정으로 그것이 행복인가 되물어 볼 필요가 있지 않을까? 장기이식의 경우, 경제적인 또는 법적인 책임만이 요구되는가? 아니면 사람이 가질 수 있는 마음의 빚, 곧 용서의 필요성이 더 중요하게 다루어져야 하는가?

용서의 필요성에 대한 더 근본적인 논란거리가 숨겨져 있다. 즉 용서가 역사 속에서 실현되어야 하는가? 아니면 용서는 궁극적인 종말론적인 사건일 뿐인가?

4) 용서는 역사적인 사건인가? 아니면 종말론적인 사건인가?

용서의 문제를 논하다 보면 역사 속에서 벌어진 죄악과의 화해의 문제가 난제로 등장한다. 리쾨르는 이스라엘과 팔레스타인을 그 예로 든다. 그럴 때 누구 편에서는 잃어버림이 있게 된다는 점이다. 잃어버림과 화해 그리고 용서는 서로 연결되어 분석되어야 할 개념들이다. 용서가 종말론적인 사건이지만 동시에 역사적 사건이고자 한다면, 용서는 책임윤리를 전제해야 한다. 유대인 대학살은 십계명의 상실을 보여 주었다. 레비나스는 이웃을 위해 책임을 지는 새로운 주체성 확립을 요구했다. "이웃은 내가 죽이기 원할 수 없는 유일한 존재이다."[390] 이웃에 대한 책임은 자기에게만 해당하지 않고 공동체적 책임이어야 한다. 히브리 말로 '책임'(ahariout)과 '다른 사람'(aher)의 어원이 같다는 점에서 레비나스가 착안해 낸 확대된 자기책임을 말한다. 이웃을 '위해' 책임을 진다(responsabilité pour les autres)는 말은 '무엇 대신에'(stare pro) 책임을 지는 것

---

390 Emmanuel Lévinas, *Autrement qu'être ou au-delà de l'essence*, (Nijhoff: La Haye, 21978), 123.

을 뜻한다.[391] '대신 책임을 진다'는 말은 결코 자리바꿈을 뜻하지 않는다. 독일어에 책임(Verantwortung)이란 어원적으로 대답, 곧 상호 인격적 대화를 뜻한다.

상호 인격적 대화 속에서 용서가 가능하기 때문에, 용서를 위해서는 과거와 책임있는 상호 인격적 대화를 해야 한다. 과거와의 단순한 대화는 없다. 리쾨르의 용어대로 표현하자면 "용서의 목소리"는 고린도 전서 12장 1절과 12장 31절에서 보듯이 하나님의 선물인 "위로부터의 목소리"이다.[392] 리쾨르는 역사 속에서 실현되어야 할 용서를 언급하고 있고, 그런 용서를 위해 결국 신의 용서를 말하고 있는 점에 주의할 필요가 있다. 리쾨르는 아렌트[393]를 인용하면서, 우리가 하나님에 의해 용서받은 존재이기를 희망할 수 있음으로써 우리들 사이에 서로 용서를 주고받는 용서하는 힘은 인간의 힘임을 밝힌다.

그렇지만 리쾨르는 용서를 종말론적인 차원에서 가능하다는 점을 분명하게 밝힌다. 리쾨르가 이해의 유한성을 무시한 역사의 전체화[394]를 부정한 데서 그것을 볼 수 있다. 그러나 리쾨르에 따르면, 하나님의 나라는 역사를 초월하면서도 역사 안에서 성취되어야 한다. 또한 '하나님의 나라가 하나님 자체에 의해서만 온다'는 생각을 중시하는 사람들의 하나님은, 동시에 '하나님의 나라가 사람들의 동참을 통해 이 땅에서 실현된다'고 생각하는 사람들의 하나님이시기도 하다. 다만 리쾨르에 따르면, 하나님의 논리는 사람의 논리와 다르다.[395] 사람의 논리는 동일성을 추구하지만 하나님의 은혜는 넘침의 논리다. 사람의 논리는 죄와 법, 죽음 등의 속성으로 드러나지만, 하나님의 넘치는 은혜의 논리가 "희망의 논리" 인 이유는 그것이 무의미성과 실패, 그리고 파괴에 대립되는 "의미의 넘침"[396]을 뜻하기 때문이다.

리쾨르는 용서가 종교적 차원에서는 가능하지만 역사·정치사건 속에서는 어렵다는 딜레마를 어떻게 풀어나가는가? 아무리 역사적 용서가 쉽지 않다 할지라도 그것

---

391 Emmanuel Lévinas, *Autrement qu'être ou au-delà de l'essence*, (Nijhoff: La Haye, 21978), 123.

392 Ricoeur, *La mèmoire, l'histoire, l'oubli, Epilogue*.

393 Hannah Arendt, *The Human Condition*, (Chicago: University of Chicago Press, 1958), 240.

394 Ricoeur, *Temps et récit III*. 359-374.

395 Paul Ricoeur, "The Logic of Jesus, the Logic of God", *Figuring the Sacred, Religion, Narrative, and Imagination*, (Fortress Press: Minneapolis, 1995), 279.

396 위의 책, 207.

이 종교적 용서와 분리될 이유는 없다는 것이 리쾨르의 기본 생각이다. 그는 유대인 학살에 대한 독일의 속죄가 좋은 본보기가 된다고 예를 든다. 교황 요한 바오로 2세는 '역사바로세우기' 일환으로 남미를 방문하는 중에 유대인 학살에 대한 나치의 무력 앞에 침묵했던 가톨릭의 잘못에 대해 용서를 빌기도 했다. 지동설을 주장하다 파문당했던 갈릴레오 갈릴레이를 복권한 데 이어, 파리에서 열린 가톨릭세계청소년축제에서 중세 프랑스 종교전쟁을 촉발했던 성바르톨로뮤 학살사건에 가톨릭이 개입했던 사실을 시인하고 용서를 빌었다. 그에 의하면 최고의 불의는 참을 수 없는 것을 참아 내면서 그것을 정당화하는 것이다.

세계적인 신학자인 버너 우스토프 교수는 "독일 교회들은 나치에 동조하거나 방관했다"며 "히틀러를 지지한 것은 오래 전 상실했던 기독교의 중심적 지위와 권위를 회복하려는 욕망 때문이었다"고 진술하면서 "나치는 실패했지만, 민중의 정치적 갈등을 해소시켜 주는 것이 기독교 교회가 아니고 신이교도적이고 폭력적인 정치적 신화라는 점이 신학자로서 걱정스럽다"고 했다.

5) 용서의 조건 : 용서를 청하지 않은 사람을 용서해야 하는가?

우리는 자기의 죄를 고백하지 않는 자를 용서할 수 있는가? 용서를 구함이 모든 용서의 불가피한 조건이 아닌가? 리쾨르가 인용하고 있는 유대 신 플라톤 철학자 양켈레비치에 따르면, 용서는 용서를 청함을 전제하지 않는다.[397] 우리는 용서할 수 없는 곳, 용서하기 싫은 곳에서만 용서할 수 있고 용서해야만 된다는 사실을 리쾨르의 『기억, 역사, 망각』의 '어려운 용서'라는 항목의 제1장 마지막 구절을 통해 듣는다. "용서는 바로 그것이 준칙에 따라서도, 규범에 맞게 또는 준칙에 맞게 이루어져서는 안 되는 바로 그것이다." 그러면 이러한 리쾨르의 생각은 용서를 구하지도 않은 사람을 용서해야 하느냐는 문제뿐 아니라, 용서를 해 주어도 그 용서를 수용하지 않는 사람들에 대해서도 논의하기를 요구하는 사람들에게 어떤 의미를 줄 것이다. 진정한 용서가 사랑 속에서 완성되는 것이라면, 무조건적인 사랑만이 절대로 필요한 것인가? 아니면 조건이 성

---

397 Vladimir Jankélévitch, *Pardonner?* (Paris: Pavillon, 1986), 50.

립될 때 사랑도 가능한가? '원수를 사랑하라'는 예수님의 말씀을 듣고, 무조건적으로 이해해야 하는가? 아니면 조건하에서 가능한 것으로 이해해야 하는가?

예를 들어 보자. 한국기독교총연합회가 1990년 7월 3일 북한으로 '사랑의 쌀' 1만 가마를 보내 주었다. "반공과 반북의식이 팽배한 보수적 성향의 한국 사회에 대북 쌀 지원은 곧 북한의 남침을 지원하는 것으로 인식될 가능성이 컸던 것"[398]도 사실이다. 두 가지 해석들이 있다. '쌀이 군량미로 사용될 수 있기 때문에 쌀을 보내서는 안 된다'는 주장을 정당화하려면, 사랑에는 조건이 성숙되었을 때 베풀어져야 한다는 주장을 정당화해야 하고, 그 다음 '무조건적인 사랑이 예수님이 보이신 사랑인 것처럼, 조건 없는 사랑이 이웃사랑이다'는 주장을 옹호하려면, 하나님의 사랑과 인간의 사랑 사이에는 엄연한 차이가 있어야 한다는 생각이 잘못되었음을 반증해야 한다. 첫 번째 해석 속에는 요한복음 3장 16절을 기반으로 해 볼 때, 하나님의 사랑을 조건 속에 묶어 두는 경향이 강하고, 두 번째 해석은 하나님이 인간을 사랑하는 사랑과, 인간이 이웃을 사랑하는 사랑 사이에 전혀 차이가 없게 되는 성향이 강하게 담겨 있다. 하나님의 사랑의 조건을 충족시켜야 하나님의 사랑이 완성된다면, 하나님의 사랑의 조건이 무엇인지 모르지만, 인간이 하나님의 조건을 충족시킬 수 있을까? 그러나 리쾨르가 요구한 용서는 준칙에 따른 용서가 아니라, 하나님의 용서인 것은 하나님의 용서가 사람의 용서와 다름을 분명하게 인식할 때 출발 가능하고, 하나님의 용서를 땅에서 실현할 수 있다는 그리고 실현해야 한다는 신앙고백은 하나님의 사랑이 우리에게 임하셨기 때문에 가능하다는 성서의 증언을 따른 것이다. 사람의 용서가 아니라 하나님의 용서가 이 땅에서 실현될 수 있음을 보인 사건이 바로 예수 그리스도의 십자가이다.

교회조차도 용서를 실현하지 못한다면, 교회의 본래성을 상실한 것이다. 교회는 세상의 논리가 지배되는 곳이어서는 안 된다. 교회는 이웃을 사랑하는 매체이어야 하지, 내 이웃이 누구냐고 묻고만 있어서는 안 된다. 교회는 용서가 위대함을 보여야 한다. 일흔 번이라도 용서해야 하지, 나의 원수이기 때문에, 절대로 안 된다는 사고는 복음을 거부하는 태도이다. 교회 속에 내재하는 정치적 이해 차이가 하나님의 복음을 훼손해서는 안 된다. 중세에 교회가 정치적 힘을 가질 때 교회가 성장했고, 오늘날에

---

398 정성한, 『한국기독교 통일운동사』, 328.

도 대형교회가 생겨날수록 교회가 힘이 있다고 하더라도, 교회가 사회를 개혁하고 감독하는 본래적 기능을 하지 못한다면, 즉 용서를 배제한다면, 그것이 하나님의 교회이겠는가?

6) 용서의 범위 : 용서는 사법적인 책임까지 포함하는가?

죄를 고백하고 용서를 구하면 사법적인 책임까지 면제되는 것일까? 종교적인 용서와 실정법적인 용서 그리고 윤리적인 용서와의 올바른 관계설정이 필요하다. 이 문제를 올바로 인식하려면 남아프리카 공화국의 '진실과 화해 위원회'(The Truth and Reconciliation Commission, 1996)가 한 일을 참고할 필요가 있다. 통합의 첫 단계가 과거 범죄에 대한 자발적 고백이라는 점이 매우 인상적이다. 이때 고백은 분명 역사적인 고백이지만 종교성을 띄고 있다. 진실이 밝혀지기 전에는 사면과 화해는 없기 때문에, 우리는 용서할 수 있으나 결코 잊어서는 안 되는 것이다. "참혹했던 과거를 수습할 수 있으려면 반드시 그 과거를 기억해야만 한다. 용서가 필요하면 용서해야 하지만 결코 잊어서는 안 된다. 기억함으로써만 재발을 막을 수 있다"는 만델라 전 남아공 대통령의 인상적인 말을 들을 필요가 있다. 성서에서 말하는, 죄인을 의롭다 하심 속에는 분명히 사법적 차원이 포함되어 있는 줄 알고 있으면서도 죄인을 의롭다 하심을 종교의 영역으로만 제한하려는 사람들이 있다. 따라서 그들은 죄인을 의롭다 칭하시는 칭의론을 사법적인 차원에서 국가도 인정하느냐? 반문할 것이다. 리쾨르는 국가가 칭의론의 법적의미를 존중해야 한다고 생각하고 있다. 고백은 범행자백에서 보듯이, 인정되고 있지 않는가? 이런 고백을 국가가 더 존중해야 하는 이유는 죄고백의 과정에서 보듯이, 물리적 흔적을 남기는 죄과를 윤리적으로 의식하여 말로 고백할 때, 그 고백이 신으로부터의 용서를 이미 구하고 있음으로 인해 완전한 치유가 가능하게 되기 때문이다. 육체적으로는 감옥에 있으면서도 마음으로는 더 악한 생각과 원수 갚을 일만 생각할 수 있는 실정법적 차원의 한계를 벗어날 수 있는 길이기 때문이다. 죄(역사적 과오, 실존적 오류, 법적 과실 그리고 종교적 죄과)는 용서받을 수 있고, 받았고, 받아야 함이 국가나 개인 차원만 아니라 성서가 가르치는 기본 이념이다. 그런 차원에서 교회는 교회 안에서만 용서를 말해서는 안 되고, 용서가 역사적, 정치적, 사회적 그리고 법적 차원으로 확대되도록 가르쳐야 한다. 신앙적 죄 고백을 통한 용서가 귀중하고 필요함을 강조하는 것은 국가가 종교적 용서와 실정법적 용서와의 관계를 올바르게 정립하도록 촉구하는 것이 된다.

7) 용서의 목적

용서의 목적은 궁극적으로 화해와 사랑의 실현에 있어야 한다. 예수의 사역에서 보듯이, 예수의 사역은 죄사함, 곧 치유를 늘 동반했다. 그러나 그것을 이해하지 못했던 유대인들은 그가 누구이기에 죄를 사할 수 있는가? 하고 물었다. 예수에게는 죄를 사할 수 있는 권세가 주어져 있지만, 그 권세는 늘 용서와 화해를 목적으로 행해졌다. 우리가 자유롭게 삶을 살게 된 것은 바로 용서가 있었기 때문이다. 용서의 능력은 새로운 삶을 살 수 있도록 만든다. 이 일은 십자가에서 일어났다. 나는 제2권에서 '십자가 신학'이라는 제하에서 이 문제를 자세하게 다루게 될 것이다. 십자가는 용서의 사건이 일어난 징표이다.

8) 인정으로서의 용서

인정은 용서를 위한 전제인가? 필자가 말하고자 하는 바는 '용서가 상호인정에 기초해야 한다'는 것이다. 용서의 전제인 상호인정을 말하기 위해서는 그 정초작업인 기억의 인정을 언급해야 한다.

리쾨르의 최근저서인 『인정의 길』(*Parcours de la reconnaissance*, 2004)[399]을 고찰하면서 그의 인정이론이 한국교회의 과거사 청산을 위한 타당한 모델인지 살펴보고자 한다. 우리에게도 인정이론에 대한 논의가 필요하다. 현금에 우리는 남북체제인정문제나, 역사바로세우기 차원의 일본과의 외교마찰 그리고 과거사위원회의 활동 등 '인정' 사상이 필요한 정황이다.

---

399 Paul Ricoeur, *Wege der Anerkennung*, (Suhrkamp: Frankfurt/M., 2006).

리쾨르는 인정을 세 차원에서 전개한다. 데카르트와 칸트의 인식 주체의 동일성 작업은 인식과 인정의 구분이 불가능하다. 변화 계기가 없기 때문이다. 변화 이념이 포함되어 있는 베르그송의 기억상의 재인식은 자기인정을 정초하는 이론이지만, 망각의 정치에 대한 논란을 해결하지 못했다. 세 번째 계기인 헤겔이 요구한 상호인정은 과거사청산에 기초해야 한다. 그러나 리쾨르는 헤겔의 상호인정에서 과거사청산의 궁극적 목적이어야 할 용서와 화해 그리고 사랑이 구체화되지 못하고 있다고 본다. 따라서 용서와 화해의 전제인 상호인정을 논하기 위해 그 정초작업인 기억인정을 논한다. 역사학자들이 기억을 역사에서 제외시키는 정황과 달리, 기억만큼 과거를 우리에게 재현하는 매체가 없다고 보아 기억의 중요성을 부각시킨다. 과거를 망각한 사람이나 공동체는 미래의 희망을 상실한 사람이고 공동체이다.

(1) '인정' 이란 무엇을 뜻하는가?

인정(認定, recognition)이라는 개념이 화두가 되고 있다. 제임스의 지적에 따르면, '인간성의 가장 심오한 부분은 다른 사람으로부터 인정과 칭찬을 받고자 하는 욕구'를 가진 점이다. 헤겔은 인류역사를 인정투쟁의 역사로 규정했고, 『역사의 종언』[400]을 저술한 후쿠야마도 역사의 동력을 다른 사람으로부터 인정받고 싶어하는 욕구라고 했다. 헤겔은 심지어 인정투쟁을 통해 자유가 확립된다고 보았다. 반면에 사르트르는 그런 사회는 결코 존재하지 않는다고 부정한다. 하버마스[401]와 테일러[402]의 "인정의 정치학"은 인정이 사회·정치적 조건만이 아니라 인류문화 전체의 조건이 될 수 있는지 논쟁하고 있다. 하버마스의 제자인 호네트[403]에 따르면 인정은 인간이 자신의 삶을 성공적으로 실현시킬 수 있는 사회적 조건이 된다. 우리에게도 '인정' 사상이 필요하다. 우리의 정치현실이나, 남북체제 인정논쟁 그리고 과거사 청산과 역사바로세우기 차원의 일본과의 외교관계에도 '인정' 개념이 화두가 되고 있다. 한일합방과 6.25 남북전쟁 그리고 광주항쟁과 같은 역사적 사건들을 올바로 이해하고 정리하는 데, 인정 개념에 대

---

400 Francis Fukujama, *The End of History and the Last Man*, (Washington, 1992), 『역사의 종말』, 이상훈 옮김, (서울: 한마음신서, 1997).

401 참고. 서정혁, 「헤겔의 '이정' 개념에 대한 이해와 오해- 하버마스의 「노동과 상호작용」의 경우」, 『철학』, 83 (2005).

402 정미라, 「문화다원주의와 인정 윤리학」, 『범한철학』, 36 (2005).

403 악셀 호네트, 『인정투쟁』, 문성훈 · 이현재 옮김, (서울: 동녘출판사 1996).

한 해석학적 고찰이 필요하다. 이것이 본 장의 목적이고 필요성이다.

리쾨르의 『인정의 길』은 우리의 목적을 완성할 수 있는 방법론적 모델이 된다. 리쾨르의 이 저서가 저술되게 된 배경이 있는데 그것은 유럽의 역사와 무관하지 않다. 세계 대전과 아우슈비츠 그리고 공산권 붕괴 이후의 유럽연합 등장 등으로 '인정'에 대한 고찰이 필요했다. 이 책이 출간된 이후에 해석학 분야도 '인정' 개념에 대한 논쟁에 휩싸이게 되었고, 이 논쟁은 철학을 넘어 역사학, 정치학, 사회학, 문학 그리고 신학 분야로 확대되고 있다. 리쾨르는 reconnaissance라는 단어를 통해 세 사람의 사상, 곧 칸트의 인지(認知, Rekognition)와 베르그송의 기억상의 재인식(reconnaissance des images) 그리고 헤겔의 인정(Anerkennung)[404] 개념을 다 포함시키고 있다. 그럼에도 헤겔이 사용한 의미에서의 인정 개념을 번역어로 택한 이유는 인식 주체의 동일화 기능(첫 번째 차원)과 타자 개념이 들어가는 자기자신을 재인식해 가는 과정(두 번째 차원)뿐만 아니라, 사회 정치적 차원의 상호인정(세 번째 차원)을 리쾨르는 이 단어로 다 함축하고 있기 때문이다.

필자의 주된 관심은 두 번째 차원에서 논의되고 있는 기억과 인정 문제를 깊게 파헤쳐 보는 데 있다. 그 이유는 개인적인 관심사 때문이기도 하지만, 기억의 정체성은 화두가 되고 있는 과거사 청산을 위한 좋은 단초가 되기 때문이다. 리쾨르도 이 문제를 드로이젠의 역사서술(Darstellung)[405] 이론에 기초해 과거의 표현(représentation)[406]과 연관시켜 중시하고 있다. 이 문제의 핵심은 기억과 인정의 관계 해명에 있다. 이 핵심 안으로 들어가기 위해 먼저 리쾨르가 인정 개념으로 설명한 세 차원의 내용들을 설명한 다음, 우리의 관심사인 기억과 인정의 문제를 집중적으로 다루고자 한다.

(2) 인정의 세 과정

우리는 일상적으로 인정이라는 단어를 어떤 의미로 사용하는가? 승인과 같은

---

404 부산대학교 김준수 교수는 「헤겔의 승인이론」 (2000) 각주 1번에서 Anerkennung을 인정이 아니라 승인으로 옮긴 이유를 잘 설명하고 있다.

405 리쾨르는 2003년 부다페스트에서 안토히(Sorin Antohi)와의 대담(10쪽)에서 이 사실을 밝히고 있다. http://www.janushead.org/8-1/Ricoeur.pdf.

406 고려대학교 김창래 교수는 「해석학적 문제로서의 표현」 『철학』, 66 (2001) 각주 1에서 이 용어를 '표현'으로 옮기고 있다.

뜻으로 사용하지만, 인정이 옳다고 믿고 정함이라면, 승인은 사실임을 인정함을 뜻한다. 그러면 이 단어의 철학적 함의는 무엇일까? 우선 단어를 수동적 형식과 능동적 형식으로 나누어 살펴보아야 할 것이다. 능동적 형태란 사유의 작용에서 볼 수 있는데, 예를 들면 내가 누구를 잘 알고 있다거나 무엇을 잘 안다 등에서 사용되는 경우이고, 수동적 형태는 헤겔이 분석한 것으로 다른 사람에 의해 인정되는 경우를 말한다. 그렇지만 리쾨르는 인정이라는 단어를 그 단어가 가지는 일상적 분석에 만족하지 않고 앞에서 언급한 것처럼 세 가지로 나누어 분석한다. 먼저 인정을 동일성 차원에서 다루고, 그 다음 인정의 문제가 바로 자기 정체성의 문제라는 것을 다루며 마지막으로 인정 개념을 사회 정치적 영역으로 확대하여 분석한다.

① 동일성으로서의 인정

리쾨르는 차이의 특성들을 나누어 분리하는 절차를 통해서든 혹은 다양한 지각을 통일하는 과정을 통해서든 대상의 동일성을 인정 개념으로 해석할 수 있는지 탐구한다. 데카르트에게 그것은 참을 거짓으로부터 구분하는 과정에서 일어난다. "나의 행위들을 명료하게 보기 위해서 참을 거짓으로부터 구분하기를 배우려는 커다란 요구를 가지고 있었다."[407] 칸트에게 그것은 시·공간 범주하에서의 종합으로 동일성이 생긴다. 그러나 리쾨르는 이들에게서 인식과 인정을 구분하는 선험적 접근이 실패했음을 본다. 왜냐하면 같음, 곧 동일을 인정하는 시금석으로서 변화가 있어야만 하거나, 인정이 '인정할 수 없음'이라는 위협에 직면할 때 어떻게 극복되어야 하는지 더 논의되어야 하기 때문이다. 그는 주체의 정체성의 중요성을 강조한다. 왜냐하면 주체의 정체성을 확립하기 위해서는 올바른 인식이 수반되어야 하기 때문이다. 문제는 그 주체성이 고정불변한 것일 수 없다는 데 있다. 따라서 그는 이미 『텍스트에서 행위로』[408]에서 이것이 언어학적 단초에 의해 가능할 수 있음을 보여 주었다. 언어행위, 곧 수행적 행위가 바로 인정 행위라는 것이다. 특별히 언어행위의 발화성은 인정과 인식의 차이를 명확하게 드러내 준다. 따라서 진술과 발화의 차별화에 주의할 필요가 있게 되었다. 이런

407 René Descartes, *Discours de la méthode*, 『방법서설』, 이현복 옮김, (서울: 문예출판사, 1997), I, 14.
408 폴 리쾨르, 『텍스트에서 행위로』, 남기영 옮김, (서울: 아카넷, 2002).

차별화를 통해 우리는 인정 과정에서 주관적 계기가 작동함을 알게 된다.

② 자기 정체성으로서의 인정

리쾨르는 자기 정체성이 동일성과 같은 도식으로 규정될 수 없음을 알아 동일성과는 다른 차원의 자기 정체성의 문제를 다룬다. 리쾨르가 말하는 '자기 정체성'에서의 자기는 매개되는 자기이다. 특별히 배려 차원에서 매개되는 자기이다. '자기 정체성'의 자기는 자기 스스로를 정립하여 정체성을 확립해 가는 근대적 자기가 아니라, 배려를 통해 타인에 의해 인정받는 자기로 리쾨르는 이것을 자기인정이라 한다. 자기인정은 자기 정체성의 토대이며 타자를 인정하기 위한 밑거름이다. 자기인정은 과거를 망각함으로써 가능하지 않다. 망각의 요구, 과거와의 단절이 아니라 과거를 현재이게 하는 상기의 영속성으로 자기 정체성을 획득해야 한다.

리쾨르는 자기인정으로서의 자기 정체성을 기억 개념을 통해 설명할 때, 세 사람의 사상에 빚진다. 기억을 시간의 차원에서 이해한 아리스토텔레스와, 기억의 상을 재인식하여 자기를 인정(reconnaissance de soi)하는 베르그송 그리고 집단기억의 공동체 정체성을 논한 알브와쉬의 기억 이론이다. 아리스토텔레스에게 기억은 과거라는 시간과 관련되어 있고 상기는 기억된 것을 재인식하도록 불러오는 역동적 능력이기 때문에, 리쾨르는 아리스토텔레스가 구분한 상기를 과거 기억의 영속성으로 이해할 수 있음을 깨닫고, 시간(기억)의 영속성 문제를 통해 자기 정체성이 세워질 수 있다고 본다. 베르그송에게 기억 역시 과거의 지속을 가능하게 하는 능력이기 때문에 상기 과정을 통해 과거를 재발견할 수 있다는 것이다. 따라서 과거 기억의 상을 인정함으로써 자기인정이 가능하다는 점에 착안해 리쾨르는 자기 정체성을 확고히 한다. 그리고 알브와쉬의 집단기억을 통해 공동체 정체성의 가능성을 획득한다.

리쾨르는 이미 1990년도에 『타자로서 자기자신』[409]이라는 작품에서 어떻게 우리가 특정한 사람을 바로 그 사람으로 인식하는지 물음으로써 자기 정체성의 논의를 시작했다. 그 사람의 정체성을 육체로만 규정할 수는 없고, 다른 요소들 예를 들면 사랑, 미움, 불안 등의 정신적 술어라 할 수 있는 속성들을 통해 규정하려고 했다. 이런

409 Ricoeur, *Soi-même comme un autre*, (Seuil: Paris, 1990).

특성들은 인격 구성에 중요할 뿐만 아니라 부재하는 과거의 흔적을 남긴다는 점이 특이하다. 따라서 과거의 흔적을 해석하여 정신적 술어가 매개되고 인격으로 기술될 수 있게 되는 것이 자기 정체성 확립의 최대 관건이 되었다. 과거를 기억하지 못하거나, 기억을 거부하면 자기 정체성은 확립되기 어려운가? 설령 자기인정으로 획득된 자기성이라 하더라도 그것이 정말로 자기와 같음인가? 분열된 기억과 자기 정체성과의 논란이 해결되었다고 하더라도, 그 사람이 행하는 모든 행위의 다양성은 어떻게 이해되어야 하는가? 한 사람의 다양한 행위라 하지만, 육체가 다양한 것이 아니기 때문에 그 사람의 다양한 행위를 의식은 통일하고 매개하는 것으로 보아야 한다. 그렇기 때문에 내적인 다양성을 인정해야 하는 문제가 대두된다.

③ 상호인정

리쾨르는 헤겔의 인정 개념을 따라 사회 정치적 차원에서 인정받는 과정을 추적한다. 사회 정치적 인정의 이중성 문제는[410] 헤겔에게 타자에 의해 인정되어야 한다는 상호인정(reconnaissance mutuelle) 요구로 나타난다. 리쾨르는 선물을 주고받는 상호성의 논리를 제시하면서 두 예를 들어 자기인정이 상호인정의 길이 되어야 함을 정당화한다. 오디세이가 이타카(Ithaka)로 귀환함으로써 아들에 의해 아버지로 인정받게 되는 경우와 세익스피어의 「리어 왕」 작품에 나오는 왕과 코델리아(Cordelia)의 관계에 의하면 인정의 어려움 사이의 긴장관계를 명확하게 이해할 수 있다.

어떻게 나는 타자와의 만남 속에서 자기 정체성을 유지할 수 있는가? 헤겔은 자아와 타자 간의 상호 인정을 통한 상호주관적 통일에 의해서 가능하다고 생각했다.[411] 그러나 인정은 분명 두 대등한 주체 간의 대칭적인 상호 관계이어야 하지 않는가? 개인과 국가와의 관계에서처럼 자아와 타자가 불평등한 지배와 예속의 관계 속에 있다면, 어떻게 타자가 자기 동일적 자아의 지평 안으로 들어올 수 있는가? 헤겔이 말하는 주체는 스스로를 전적으로 타자화할 줄 안다.[412] 자기를 상실함이 자기를 회복하게 되는

---

410 사회적 인정의 이중성에 대한 참고. 문성훈, 「인정개념의 네 가지 갈등구조와 역동적 사회발전」, 『사회와 철학』, 2 (2005).

411 김준수, 「헤겔의 승인이론-예나 중기 정신철학적 초고들을 중심으로」, 『철학연구』, 51 (2000), 165-187.

412 참고. 연효숙, 「헤겔의 자기의식에서의 욕망과 인정 그리고 타자」 『헤겔연구』, 15 (2004), 232.

계기가 된다는 것이 헤겔이 본 장점이다. 헤겔에게는 두 대자존재 사이의 자기주장(투쟁)과 자기극복(화해)의 이중을 통해 이루어지는 자기상실과 자기회복의 변증법이 상호인정을 위한 방법으로 자리 잡고 있다. 상호인정 속에서의 자기 상실과 자기 회복의 변증법의 사례는 사랑과 법적 관계 그리고 절대적 인륜성이다. 상호인정의 목적은 공동체 정체성 확보여야 한다. 리쾨르는 약속을 지키는 경우를 들어 상호인정이 자기 정체성의 토대임을 지적한다. 또 다른 예인 선물의 주고받음에서 보듯이 상실과 획득의 변증법이 작용해야 한다. 자기를 버림이 자기를 얻는 길이 된다. 리쾨르는 이것을 선물의 논리라 한다.

리쾨르는 헤겔을 통해 사회적 유대가 인정을 향한 투쟁 속에서 가능하다는 점을 긍정적으로 수용한다. 그 이유는 한 사람과 다른 사람 사이에 그리고 다른 대 가족 사이의 유사성과 연결되어 있는 선한 의지 같은 것이 있다고 보기 때문이다. 그러나 리쾨르는 헤겔이 파헤친 인정 조건들 말고, 다른 조건들 예를 들면 언제 또는 어떤 논리하에서 인정이 가능한지 묻는다. 리쾨르는 선물을 주고받는 상호성의 논리를 제안한다. 주고받는 상호유대 상황에서는 한 사람이 다른 사람에 의해 무의식적으로 인정하는 일이 일어나기 때문이다. 선물의 주고받는 상호성의 논리는 아리스토텔레스가 말한 친애(philia)의 동등성의 원리를 뛰어넘어 기독교의 용서를 포함하는 아가페 사랑을 포함한다. 헤겔은 인정과 사랑을 구분하지만, 리쾨르는 용서의 궁극적인 형태인 사랑이 인정을 내포하는 것으로 본다. 사랑은 헤겔에게 일방적인 자기희생을 통한 갈등 없는 통합이 아니라, 타자 속에서의 자기 재발견으로 서술되고 있다. 헤겔은 『체계 초고 III』에서 사랑의 운동의 결과를 "인정받은 존재"[413]라 명시했다. 리쾨르는 사랑을 기독교적인 의미의 사랑(Agape)이 가지는 속성으로까지 확대한다.

(3) 인정과 기억

지금까지 우리는 인정의 세 과정을 살폈다. 핵심은 정체성에 대한 논란이었다. 따라서 정체성(identity) 개념에 대한 포괄적인 이해가 필요하다.

---

413 Georg Wilhelm Friedrich Hegel, *Jenaer Systementwurfe III: Naturphilosophie und Philosophie des Geistes. Vorlesungsmanuskript zur Realphilosophie(1805-1806)*, *Gesammelte Werke*, hrsg. von der Rheinisch-Westfälischen Akademie der Wissenschaften, Hamburg 1968, Band 8, 208, 주 3, 218.

지금까지 철학사에서 '정체성' 개념은 시간 개념 속에서 논의되어 왔다. 정체성, 또는 동일성은 좁은 뜻으로는 사물이 자기 자신과 같아야 한다는 것을 뜻하며, 복수의 사물 간에는 유사성 및 상등성이 성립될 뿐이다. 이때는 시간의 흐름 속에서도 변하지 않는 의미의 영속성과 다양한 것을 통일시키는 보편성의 속성이 무엇인지가 규명되어야 한다. 전자가 의미의 영속성을 다름 아닌 실체의 문제로 보아 현상과 실재 사이의 관계를 규정하는 인격의 동일성의 문제로 본 반면, 통일성으로서의 보편성의 문제는 그것이 개별성 또는 추상성과 어떻게 관계하는지 설명해야 했다. 플라톤은 자기동일을 유지하는 불변으로서 이데아를 중시했기 때문에 변화하는 세계—흐르는 물에 두 번 발을 담을 수 없다—속에서도 영속적인 것을 찾았다. 각자의 자기동일성, 즉 그 사람이 언제나 그 사람이라는 것을 결정하는 것은 신체적 조건에 기초할 수도 있고 심리적 조건에 기초할 수도 있을 것이다. 그러나 이들 두 기준이 서로 상충되는 경우가 있다. 신체적 기준에서 보면, 그 사람이 아닌 다른 사람이고, 심리적 기준에서 보면 바로 그 사람이라는 판정이 내려지게 되는 경우이다. 소설가 프란츠 카프카는 『변신』(Die Verwandlung)이라는 책에서 자신의 몸이 완전히 벌레로 변해 버린 사람에 대해서 이야기하고 있다. 그에 의하면, 그의 가족은 그를 알아보지만 다른 사람들은 그가 옛날의 그라는 사실을 받아들이지 않는다. 과연 우리는 한 사람의 동일성을 무엇에 근거하여 말해야 하는가? 신체적 기준은 여러 가지 문제를 안고 있고, 그렇다고 심리적 기준에 입각할 경우 그러한 경우가 있었는지, 있었다면 어떻게 정식화되어야 하는지 그리고 거기서 더 나아가 이 두 경우를 충족시키지 못하여 서로 상충될 때 어떻게 해야 하는지 참으로 어려운 문제들을 내포하고 있다.

이런 논의에 진일보를 이룬 사람이 바로 근대의 경험론자인 영국사람인 로크인데, 그는 『인간오성론』(*An Essay Concerning Human Understanding*)[414] 제2권 제27장에서 '인격의 동일성'을 강조하면서 그것은 자기의식에 기초하고 있고, 의식은 과거를 기억하는 능력이기 때문에 기억은 결국 인격의 동일성을 담보한다고 주장했다. 즉 그는 인격의 동일성을 몸이나 영혼의 실체가 아니라 기억의 인식력에 기초한다고 보았다. "의식이 모종의 개별적 정신적 실체에 수반되든 안되든 관계없이 인격의 동일성은 의식

414 John Locke, *An Essay Concerning Human Understanding*, 『인간 오성론』, 1690.

에 의해서 결정된다"(2. 27. 23).

그가 말하는 의식을 기억이라 할 수 있는 이유가 실체 개념 때문인지, 의식을 기억으로 파악했기 때문에 실체를 요구하게 되었는지 불분명하지만, 의식이 "과거의 어떤 행동이나 생각에 미칠 수 있는 그 만큼 그 인격의 동일성을 확보할 수 있다"(2. 27. 9)고 단언한다. 그러면서 그는 기억으로서의 의식을 과거만이 아닌 미래의 행동으로 확장한다. 그는 인격의 동일성의 문제가 인격이 어떻게 구성되는가 하는 문제이지 기존의 인격을 실체적 차원에서 확인하는 문제가 아님을 분명히 하면서 잘못된 기억이나 망각현상이 있다 할지라도 그 자체가 인격의 동일성에 영향을 주지 않는다고 말한다. "의식은 망각의 방해를 받기 때문에 … 모든 과거 행동들의 전 과정을 한 눈에 다 볼 수는 없다. … 이 모든 경우에 있어 우리의 의식은 방해를 받아서 우리의 과거 자아들을 못보고 놓쳐 버리는데, 과연 우리가 사유하는 동일한 존재, 즉 동일한 실체인지 아닌지 하는 의문이 생긴다. 그러나 이러한 의문은 합당하든 않든 인격의 동일성과는 전혀 무관하다. 문제는 무엇이 동일한 인격을 만드는가이지 인격이 동일한 실체인지 아닌지 하는 것이 아니기 때문이다"(2. 27. 10). 기억이라는 심리 활동의 주체와 대상인 과거의 자아는 인격이 아닌 인간일 뿐이다. "내가 내 인생의 일부분에 대한 기억을 회복 불가능할 정도로 완전히 잃어서 다시는 그것에 대해 의식하지 못할 정도가 되었다고 하자. 이때 나는 비록 지금은 잊었지만 한때 내가 행한 행동들을 한 그 인격과 같은 인격이 아닐까? 이 물음에 대해 나는 먼저 우리가 이때 '나'라는 말이 어디에 적용되는지를 주목해야 한다고 보며, 이 경우에 '나'는 오직 인간(man)만을 지칭한다고 대답할 수 있다"(2. 27. 10).

필자는 로크가 정체성의 문제를 인격의 동일성의 문제로 본 점 그리고 인격의 동일성을 기억이라는 의식의 문제로 본 점을 부분적으로 긍정한다. 그러나 이 문제는 또 다른 문제들에 대한 이해와 분석을 요한다고 생각하게 되었다. 즉 이야기 정체성이나 기억의 정체성 등의 문제들을 검토함으로써 논의가 더 깊어질 수 있다고 생각하게 되었다.

① 이야기 정체성

리쾨르는 이야기 정체성을 논할 때 지금까지 정체성 논란에서 놓치고 있었던 같음(idem)과 자기(ipse)의 차이를 그리고 동일성(mêmeté)과 자기성(ipséité)을 구별한다. 이 구별은 철학사에서 귀중한 통찰이 되었다. 그는 동일성을 설명하면서 주체의 성격을 예로 드는데, 주체가 변함없이 가지고 있는 성격은 동일성을 증명해 준다. 자기성은 약속의 경우에 잘 알 수 있는데, 즉 시간이 지났음에도 약속을 지키는 경우를 보면 자기성의 특성을 이해할 수 있다. "자기의 의미에서 정체성은 인격의 변하지 않는 핵심"[415]과 관련되어 있다. 그러나 두 속성들이 완전히 분리된 것이 아니다. 성격의 동일성은 시간의 지속성을 가져야 한다. 그것은 실체의 변화가 아니라 약속을 지킬 수 있는 힘을 내포하고 있는 신뢰 속의 자기유지에 있다. 약속은 혼자 하는 것이 아니라 다른 사람과 관계하는 방식이다. 리쾨르가 정체성 확립을 위해 가장 심혈을 기울이고 있는 개념인 약속은 자기와 타자와의 관계만이 아니라, 사회 정치적 차원으로 확대된다. "약속이기 때문에 약속을 지키고자 하는 사람의 인격적 책임성, 곧 사람이 자기의 약속을 지키기를 요구하는 신의의 계약의 대화적 차원과 … 사회 계약에 의해 나타나기 시작하는 공공의 세계주의적 차원 사이의 순환적 관계가 성립된다."[416] 약속을 지킴으로써 자기가 바로 약속한 사람이다는, 즉 같은 사람이다는 것이 확증될 뿐만 아니라, 타자와의 윤리적 신뢰를 통해 공동체성도 확보하게 된다.

이야기 정체성은 결국 인간을 어떤 존재로 이해하느냐에 달려 있음을 알게 되었다. 리쾨르 철학의 핵심은 인간에 대한 이해에 있다. 그러나 인간에 대한 이해도 시기별로 나누어 설명될 수 있다. 50년대의 인간은 한계를 가진 인간이었고, 60년대는 오류의 인간이었다. 70년대 들어 텍스트를 통해 이해되는 인간이었으나, 80년대에 들어 '할 수 있는 능력 있는 인간'으로 바뀐다. 말할 수 있는 인간, 행위할 수 있는 인간, 이야기할 수 있는 인간, 약속을 책임질 수 있는 인간 등으로 바뀐다. 그러다 90년대에 기억할 수 있는 인간이 첨가된다. 2000년대 들어 인정할 줄 아는 사람, 인정을 필요로 하는 인간이 주제가 된다.

---

415 Ricoeur, *Soi-même comme un autre*, 13.

416 Ricoeur, *Temps et récit III*, 338.

그러나 '할 수 있는 능력 있는 사람'에 정착할 수 없도록 촉구한 사람이 있었다. 유대 사상가 한스 요나스의 『책임원리』(*Das Prinzip Verantwortung*)와 『아우슈비츠 이후의 신 개념』(*Der Gottesbegriff nach Auschwitz*)에 따르면, 인간은 책임을 져야지 모든 것을 할 수 있는 존재가 아니다. 우리는 더 이상 형이상학적인 전능한 신을 사유할 수 없게 되었다. 그러다 보니 '틀리기 쉬움', '오류를 범할 수 있음'이 할 수 있는 사람 안에 다시금 나타난다. 책임져야 하는 윤리의 문제에 봉착할 때 어려움이 더 커진다. 인간은 책임을 질 수 있는 능력 있는 인간인가 아니면 책임을 질 수 없는 무력한 인간인가? 인간은 할 수 있는 능력 있는 인간이면서 동시에 고난당하는 인간이라는 개념은 80년대의 『시간과 이야기』의 이해방식이었다. 이 갈등을 풀 수 있는 길은 없는가?

리쾨르는 무엇을 할 수 있음을 확실성의 차원에서 경험되는 것으로 보았다. 그러나 확실성은 신념이라기보다 인정의 차원에서 이해되어야 한다. 다시 말하면, 확실한 보증이라 할 수 있는데, 역사학에서는 고증해 주는 증언을 지칭한다. 그래서 리쾨르는 우리가 만나는 사건이나 일들에서 우리 자신과 일치한다고 증명해 주는 역사적 증언(testimony)을 중시한다. 증언의 해석학은 자기의 해석학의 근간을 형성하게 된다. 증언 개념은 『타자로서의 자기자신』 335쪽에서 "증언 : 이 책 전체의 암호"라는 언급에서 보듯이 우리가 관심 가져야 할 개념이다. 리쾨르의 증언의 해석학에 따르면, 기억과 역사 사이의 연관 구조는 증언 속에서 분명하게 드러난다. 리쾨르가 인식의 작은 기적이라 하면서 언급한 기억된 과거를 인지하는 일은 다름 아닌 역사를 기억하는 일이지만, 사실 역사가는 자료와 기록을 중시한다. 그렇지만 리쾨르에 따르면, 역사가가 중시하는 역사적 증언은 기록이 아니라, 살아 있는 목소리이어야 한다. 그러나 증언의 진실 여부를 따져야 하기 때문에, 기억에 의한 증언을 증명할 사가의 비판이 동반되어야 한다고 말한다.

② 기억과 정체성

인간은 역사적인 동물이지만, 이러한 역사적 조건(conditio historica)은 동시에 인간의 조건(conditio humana)이 되기도 한다. 다시 말하면, 인간은 기억하는 동물이지만 동시에 망각하는 동물이다. 모든 역사를 다 기억할 수는 없지 않는가? 과거의 역사를 다 잃어버렸다는 말은 기억의 능력이 사라졌다는 말과 같은 뜻일 것이다. 아픈 상처로 가득 찬 과거 때문에 현재도 미래도 없는 삶을 살아가는 사람을 주위에서 얼마든지 볼 수 있다. 그런 의미에서 기억은 인간의 정체성을 확립하게 하는 매체임을 알 수 있다. 과거에 대한 기억을 할 때면 웃음이 나오고 행복해지는 사람이 있는가 하면, 과거의 일을 기억함으로써 그 과거를 숨기고 싶어하고 회피하고 싶은 불행한 과거를 가진 사람들도 많다. 그것이 무엇이든지 간에 기억이 인간의 정체성을 확보하는 매체임에 틀림없다.

따라서 역사를 기억하는 인간만큼 망각하는 인간도 정체성 논란에서 함께 다루어야 한다. 기억과 정체성의 문제에 접근하기 위해 다음과 같은 질문들을 다루어야 한다. '무엇이 기억되었는가?'(기억 내용), '누가 기억하는가?'(기억주체), '왜 역사는 기억을 필요로 하는가?'(역사기억) '우리가 기억했을 때 무엇을 해야 하는가?'(기억목적), '어떻게 집단 기억은 생기는가?'(집단기억), '기억해야 할 의무가 있는가?'(기억의 정치). 이 문제들은 '역사적 진리'에 대한 문제들이고, 이는 곧 정체성에 대한 문제이다.

우리는 이미 기억의 내용에 대해서도 설명했고, 기억의 주체도 여러 가지로 나누어 설명했다. 또한 많은 분량을 할애하여 역사 기억의 문제를 검토했다. 기억의 내용이라 하면 과거의 것이라는 것이었고, 그것이 무엇이든지 간에 과거에 일어난 모든 일이었음을 밝혔다. 그래서 아리스토텔레스는 과거의 것을 현재이게 만드는 것이라는 의미의 기억에 대한 정의를 확고하게 세워 주었다. 기억의 주체 문제를 각자라는 특성을 가지는 개인의 기억에서부터 이웃 또는 타자의 기억 그리고 집단 기억, 곧 공동체 기억을 분리하여 설명하였다. 그러나 이제는 기억이 인간의 정체성을 세워 주는 근거이기 때문에 이 중요성에 근거하여 볼 때 다음과 같은 문제들을 좀 더 깊게 논의할 필요가 있다.

어떻게 부재하는 것이 현전할 수 있는가? 기억은 과거의 실재로 경험했던 것의 상이기 때문에 이렇게 기억이라는 저장 장소에 보관되어 있는 것을 다시금 끄집어내는 '인식작용도 기억이다'는 플라톤의 기억에 대한 정의는 칸트에 이르면 상상력의 개념으로 대체된다. "기억과 상상력의 상호변환은 기억의 진리기능이 함께 취급되는 신뢰 추구를 담지하고 있다."[417] '기억과 상'에 관한 문제제기의 핵심은 다름 아닌 "기억의 진

417 Ricoeur, *Gedächtnis, Geschichte, Vergessen*, 25.

리"[418]이다. 기억의 진리를 다른 말로 표현하자면 그것은 기억의 정체성이다.

그러나 우리는 묻게 된다. 기억이 참으로 상상력, 곧 그것의 상과 관계하는지? "상상력이 기억과 마주하는 경우에도 불구하고 우리는 과거의 것으로 확장하여, 즉 이미 보았던 것, 이미 들었던 내용, 이미 지각했고 배웠던 내용으로 확장하여 그것은 바로 특별한 진리요구를 함축한다고 주장할 수 있다. 이런 진리요구는 기억을 인식적 크기로 특수화하는데, 정확하게 말하자면 이 진리요구는 재인식의 경우에 중요하고 그로 인해 기억의 연장이 끝난다. 우리도 무엇인가 일어난 것, 우리가 증인으로, 곧 행위자로 참고 연기자로 함축되어 있는 그 무엇이 일어났다는 것을 알 수 있게 된다."[419]

이처럼 기억의 진리는 곧 기억의 정체성에 다름 아니다. 좀 더 구체적인 논의가 필요한 것이 바로 '기억의 목적'인데 그것은 기억의 정체성과 밀접하게 연관되어 있음에 틀림없다. 기억의 목적은 곧 나의 정체성을 확보하기 위함이다. 지나가고 없는 과거, 그것이 비록 가슴 아픈 과거이고, 잊어버리고 싶다 할지라도 그리고 없애버리고 싶다 할지라도 나의 과거인 이상, 그 과거가 없이는 나 자체가 존재할 수 없었기 때문에 결국 그 과거를 기억해야만 한다. 미래를 위해서라면 과거를 잊는 길이 지름길이라고 생각하는 사람들의 주장이 맞을 수도 있지만, 항상 그럴 수 있는 게 아닌 이상 우리는 미래를 위해서라도 과거를 잊으면 안 되는 것이다.

교회의 역사를 살펴보면 지워 버리고 싶은 과오와 회개하지 않은 부끄러운 과거의 짐을 지고 있음을 볼 수 있다. 교회 자체의 타락 때문에 부끄러운 교회의 역사를 가지게 될 수도 있었지만, 교회 자체가 사회와 국가를 위한 청지기이자 감독의 임무를 소홀히 했기 때문에 교회가 가지는 짐들이 무거울 수 있다. 교회가 국가의 권력과 융합한다거나, 교회가 국가를, 거꾸로 국가가 교회를 이용한 사례를 살펴보아도 알 수 있듯이 교회가 권력화를 추구하게 되면 교회의 정체성에도 위기가 도래하게 될 것이다.

그러면 철학에서는 정체성, 곧 주체성의 문제를 어떻게 생각했는가? 무엇보다 근대시대는 표상(Vorstellung) 개념이 과거를 현재되게 한다고 말해 왔다. 그런데 하이데거의 통찰에 따르면, 근대철학이 존재자를 대상화하여 우리 '앞에 세울'(vor-stellen)

418 위의 책, 93.
419 위의 책, 93 이하.

때 확실성을 확보할 수 있다고 보았고, 이렇게 확실성의 문제와 표상의 문제가 일치하는 그 지점에서 코기토가 탄생했지만, 이 코기토는 시대를 표상하고 모양을 만드는 시대의 산물일 뿐이고 결코 실체(substratum)가 아니다. 따라서 표상의 참·거짓 여부에 대한 논란이 제기되었고, 이 문제는 지금까지 "참과 거짓이 사실 자체 속에 있는 것이 아니라, 판단하는 이성 속에 근거한다"[420]는 아리스토텔레스의 전통에 기초해 답해져 왔지만, 리쾨르는 하이데거[421]를 따라 해석과 무관한 사실 자체를 부정하고 해석에 의한 주체에 관심을 가진다. 따라서 리쾨르는 기억의 주체에 대한 자세한 설명을 통해 기억의 문제를 더 깊게 파고들어 간다. 기억의 주체에 대한 분석은 왜 의미가 있는가? 그것은 '반성 기억'(mémoire réfléchi)이라는 개념이 가지고 있는 내용 때문이다. 과거를 현재이게 하는 기억으로서의 역사의 정체성, 곧 역사의 진실성 문제는 기억이 반성구조를 가지고 있기 때문에 올바른 기억은 역사의 진실성을 확보하는 지름길이다.

즉 근대는 주체성 확립의 가능성을 제시했다. 근대가 제시한 주체는 타자를 필요로 하지 않는 절대적 자기였다. 그러나 소위 의심의 해석학자들인 니체나 프로이드 그리고 마르크스 등은 근대가 제시한 주체는 결코 의심할 수 없는 명료한 자기의식이 아니라 거짓에 둘러싸여 있고, 욕망에 감추어져 있으며 이데올로기라는 허위의식의 노예일 뿐이었다는 것이다. 그래서 레비나스 같은 사람은 주체를, 타자를 오히려 지탱하는 존재로서의 자기존재라고 했다. 즉 타자를 떠받치고 있는 존재로서의 나이지 타자를 지배하는 나가 아니라는 뜻이다.

이를 신학적으로 설명해 보면, 예수는 구약의 율법을 완성하면서 새로운 계명을 우리에게 허락하셨다. 그것은 바로 '네 이웃을 네 몸과 같이 사랑하라'는 사랑의 계명이었다. 칸트가 이것의 의미를 잘 설명했듯이, '사랑하라'는 의무이고 정언명법이다. 그래서 혹자는 칸트를 구약의 율법을 다시금 근대화시켰다고 평가했다. 율법은 '나'를 행위의 주인공으로 여기게 한다. 여기에서는 '나'라는 1인칭이 중요할 뿐이다. 그 대상인 이웃은 관심 밖이었다. 그러나 예수는 제자들을 향하여 '나'라는 주체가 '이웃'을 통해 규정되고 그때에야 의미를 가진다고 설명했다. 그러나 제자들은 이 낯선 구약의 재해

---

420 Aristoteles, *Metaphysica*, E 1027 b 25-27.
421 하이데거, 『존재와 시간』, 225.

석에 의문을 가지며 '이웃이 누구인가?' 하고 물었다. 이웃은 우리의 사랑을 필요로 하는 사람이다. 이 이론에 기초해 보면, 자기의 정체성은 근대적인 의미의 주인으로서의 나가 아니라, 신학적인 의미에서 설명하자면, 율법을 행하는 1인칭의 나가 아니라, 상대방, 곧 이웃을 의무적으로 또는 명령에 따라 사랑하는, 다시 말하면, 그를 떠받치는 존재, 곧 그를 섬기며, 그를 사랑하며, 그를 존중하는 그러한 윤리적인 책임을 지는 주체성을 말한다.

기억의 정체성은 근대 철학이 물었던 의식의 주체성과 다르지 않다. 역사학은 기억의 정체성의 문제를 어떤 공동체의 역사의 진리물음이라 했다. 기억의 주체는 더 이상 1인칭의 기억의 주체만이 있는 것이 아님을 아는 이상 그리고 이웃, 곧 타자라는 주체의 중요성이 인식된 이상, 더구나 앞으로의 미래사회는 1인칭 나나 2인칭 타자가 아니라 복수형의 다양성이 존중되는 사회여야 한다는 역사적인 요구 앞에서 기억의 정체성의 문제의식을 통해 깊은 통찰이 필요하게 되었다.

2. 한국 교회의 역사바로세우기와 과거사 청산

'진실·화해를 위한 과거사정리위원회'의 활동에 맞춰 국가만이 아니라 한국의 기독교 역시 불행한 과거사를 정리할 필요가 있다. 1992년 한경직 목사가 신사참배를 회개했고 2003년 서울 향린교회 조헌정 목사가 조부 조승재 목사의 친일행적을 고백한 일은 있으나 한국 교회 전체의 회개 운동으로 확산시키지 못했다. 한국교회의 과거사가 청산되지 못한 이유가, 친일행적 및 신사참배는 어려운 시대에 한국교회를 지키고 한계상황 속에서도 교회를 지속시키기 위한 방편이었다는 불가피론이었다. 그러나 1996년에 한국기독교역사연구소장인 이만열 교수가 "바로잡아야 할 '역사바로세우기'" 제안에서 한국교회가 한국교회 과거사에 대한 청산 실패로 신앙 순수성을 제대로 계승하지 못하고 교파주의, 권위주의, 도덕불감증, 물질만능주의 등을 낳았고 세속성과 타협하고 말아 국가권력을 견제하지 못하고 있다고 지적한다. 이제라도 우리는 과거 신앙의 선배들이 저지른 부끄러운 과오를 참회하고 청산하기 위해 한국교회연합으로 회개고백운동을 전개해야 한다. 과거의 일을 덮거나 미화하는 일은 한국교회의 미래에 도움이 되지 않을 뿐 아니라, 교회의 갱신과 연합 그리고 지도력 회복을 이루기 어렵게 만들 것이다. 교회의 어두운 과거사 청산은 정죄나 징계가 목적이 아니라 교회 정체성을 회복하기 위해 필요한 절차이다. 지연된 정의는 정의가 갖추어야 할 온전한 속성을 다 채우지 못한 것에 불과하다. 정의를 목적으로 하는 화해가 잘 이뤄지기 힘든 이유는 진실을 발견해도 화해가 어려운데 그간의 정황이나 진실을 밝히기도 쉽지 않기 때문에 화해가 더 어렵다는 우리의 경험 때문일 것이다.

과거사 청산이 왜 필요하고, 이미 지나간 과거의 일을 들추어내어 무엇을 하려고 그러는지 모르겠다고 회의적인 생각을 하는 사람들도 있다. 그러나 반드시 그렇게만 생각해서는 안 된다고 생각한다. 반성하지 않는 과거는 되풀이되기 때문일 뿐만 아니라 '기독교인은 잘못을 반복해서는 안 된다'는 신앙을 가지고 있기 때문이다. 그런데도 교회조차도 잘못을 고치거나 정의를 세우는 일보다, 그 일이 마치 없었던 것처럼 또는 그 일이 아무런 일도 아닌 것처럼 무시해 버리고 있다는 것이다.

독일의 유대 철학자 에른스트 블로흐가 1930년대 독일사회를 규정하기 위해 사용한 '비동시성의 동시성' 개념에 의하면, 한 공동체 안에 전근대, 근대, 탈근대의 특징이 공존하는데, 한국교회 중 영향력이 막강한 모 대형교회가 교회세습을 한 것을 보면 블로흐가 말한 것을 잘 이해할 수 있을 것 같다. 과거의 것을 재생산하는 곳이 바로 교회인데, 문제는 전승되지 말아야 할 과거가 교회 안에서 재생산되고 있다는 점이다. 과거 청산을 가장 잘 실행해야 할 교회가 오히려 과거 청산에 반대하고 있다. 과거의 문제를 진정으로 해결하지 않고 불행한 과거를 청산하지도 않는 일단 덮어두기 식의 소위 망각 협정은 과거사 청산을 통해 교회를 견고히 세워가야 하는 교회 구성원 모두에게 득이 되지 않는다. 과거를 올바로 청산할 수 있으려면 특히 교회 기득권 세력이 동참할 수 있는 방법을 고안해야 하는데 그것은 그들이 과거의 만행을 어떤 식으로든 청산하는 게 신앙의 관점에서나 교회 생활에서 그리고 사회생활에 유리하다는 판단을 하게 만드는 일이고, 과거사 청산 없는 상태에서 발생할 수 있는 어려움이 더 크다는 것을 역사의 사례를 통해 설명하는 것이다.

과거사 청산이 가지는 폐단으로 교회 분열을 우려하는 경향이 있는데 그것은 교회 지배 세력의 이데올로기일 뿐이다. 교회 분열은 존재하는 것이 아니라 새롭게 형성되었다가 사라지고 또다시 형성되는 것이다. 과거를 청산하지 못한 교회의 폐해를 적극적으로 공개하고 새로운 교회 공동체의 정체성을 형성해 가는 과정에 교회 전체의 참여가 이루어지도록 해야 한다. 화해는 용서뿐만 아니라 진실을 요구하고 있다. 진실은 고통을 거치지 않은 채로는 규명되지 않는다. 과거사 청산 문제는 죄나 피해의 책임을 밝히고 묻는 일도 포함하게 된다. 그러다 보면 그 책임의 주체가 교회 혹은 개인이 될 수 있으며 책임의 유형에는 어떤 법적인 차원이나 신앙적인 차원 그리고 도덕적인 책임이 있을 수 있다. 책임의 소재로 일차적으로 죄를 지은 그 또는 그 공동체가 책임을 져야 함이 분명하지만 그러한 행위를 하도록 한 여러 가지 요인들도 따져 봐야 한다. 망각 속에서 재생산된 불의에 기반을 둔 사회나 교회는 안정될 수 없다. 과거를 밝히는 것은 미래를 위한 역사바로세우기의 전초 작업이다. 일본의 과거사 망언과 교과서 왜곡을 볼 때 과거를 올바로 정립하지 않으면 현재와 미래가 큰 제약을 받는다.

한국교회도 이제 진정한 용서를 위한 자리매김을 할 필요가 있다. 박정희 유신독재에 대한 협력이냐, 반대냐가 보수와 진보세력으로 고착된 것이 사실이며 독재에 협력한 쪽은 '교회의 성장을 위해 어쩔 수 없었다'는 논리를 내세우며 자신의 행위에 대해 아무런 반성도 보이지 않았다. 초기 선교사들이 만든 정교분리 원칙에 따라 일제 때 소극적이었던 교회가 이승만 정권과 밀착하며 3.15 부정선거 이후 당선축하 예배를 드리기에 이르렀고, 전두환, 노태우 정권 때는 조찬기도회를 통해 교회가 독재정권을 승인하고 말았다. 교회의 회개는 한국교회가 하나님 앞에 올바로 설 수 있는 기회를 제공할 것이다. 물론 '조찬기도회가 죄인가?' 라는 물음은 논외거리로 하더라도, 하나님 앞에서 올바르지 못했다는 인식을 하더라도, 은폐하려 하거나, 핑계를 대거나, 교회의 발전을 위해 필요했다는 식으로 반성과 사죄를 회피해서는 안 된다는 사실을 말하고자 하며, 반성과 사죄도 말만이 아닌 무엇인가를 수반해야 한다는 것이다. 다시 말하면, 반성과 사죄는 반드시 속죄의 행동이 뒤따라야 한다는 것이다. 용서와 화해는 국제법, 외교, 군사력, 돈 따위의 인간의 힘만으로 쉽게 이루어지는 것이 아니다. 신의 은총이 작용해야 비로소 가능한 인간 사회의 '신비'이다. 전쟁, 내전, 기아, 학살 등의 비참함은 무기에서 나오는 것이 아니라 바로 그런 무기를 사용하려고 하는 인간의 증오와 원한 그리고 탐욕과 권력욕에서 나온다는 사실을 먼저 깨달아야 하기 때문이다.

기억의 역사가 부재하는 한국의 상황에서 특히나 교회의 발전을 위해서라면 증언과 기억의 역사화가 가지는 함의를 중시해야 한다. 기억에 대한 담론은 한국 교회의 화두인 과거사 청산을 위한 청사진을 제공해 줄 수 있을 것이다. 현재의 서양의 학문 세계는 과거사 청산에 대한 논쟁에 빠져 있다. 리쾨르 역시 이 논쟁에 참여하면서 기억을 역사로 보자고 제안한다. 예를 들어 증언과 같은 살아 있는 역사를 중시하자는 것이다. 이런 생각이 우리나라 교회의 경우에도 아주 타당해 보이는데, 최근에 기억의 증언이 중요한 역사임을 인식하게 됨으로써 더욱 그렇다. 그러나 망각의 강요가 주는 진실 은폐가 심각한 문제가 되기 때문에 마르쿠제 같은 사람들은 망각이 역사적인 죄라고까지 했고, 리쾨르 역시 보존하는 망각을 제안한다.

역사는 기억의 역사이고, 역사의 진실은 결국 개인이든 국가든 정체성의 문제라고 생각한다. 과거사는 기억의 역사이고 기억을 통해 정체성은 세워진다. '정의'의 문제의 핵심 논쟁점은 바로 망각의 문제이다. 망각의 정치성 때문에 망각을 단순히 기억의 결여로만 이해해서는 안 된다고 보는 이유는 강요된 망각이 정의를 위협할 뿐만 아니라 진실을 은폐하게 만들기 때문이다. 정의는 불행한 과거사를 망각하기를 요구하는 망각의 정치를 벗어나 사법적 청산을 전제하면서도 진실한 화해와 용서로 나아가야 한다. '화해'는 진정한 용서 위에 기초하며 역사 속에서 작용한다.

3. 한국 정치 문화와 기독교

이제 필자는 한국의 정치문화를 기독교와 관련하여 설명하고자 한다. 다시 말하면, 한국의 정치문화를 기독교의 종말론에 근거해서 새롭게 해석하고 이해하는 가운데 한국에서 기독교적인 정치 문화를 말할 수 있는 가능성을 살피고자 한다. 그러기 위해서 먼저 우리는 어떻게 '기독교의 종말론이 해석학에 근거할 때 정당성을 가질 수 있는지' 논증해야 한다. 이 논증을 통해 한국의 정치문화를 재해석하고 올바르게 이해할 수 있는 어떤 대안을 찾는 것이 필자의 관심이다.

그러나 여기서는 기독교 종말론 자체를 소개하는 데 많은 분량을 할애할 수는 없다. 왜냐하면 기독교의 종말론이 한국의 정치 문화에 접근할 수 있는 어떤 모델이 되기는 하지만, 그 모델을 소개하는 일에만 머물러서는 안 되고, 그 모델을 통해서 해석학적인 작업이 선행되어야 하기 때문이다. 그런 의미에서 정치 해석학과 문화 해석학의 가능성을 소개하고자 한다.

필자의 관심은 이론과 실천의 상호 관계성 문제를 근본적으로 해명하는 데서 생겨났다. 이론과 실천의 변증법적 관계성은 '구원받은 하나님 백성인 그리스도인들이 정치문화 현실 속에서 어떻게 살 것인가?'라는 의문이 제기될 때 던져지는 물음이다. 하나님은 인간의 정치문화 속에서 어떻게 자신을 계시하시고 역사하시는가? 필자는 이 관계성을 하나님의 나라 개념으로 설명하고자 한다. 특히 하나님의 나라 개념을 정치문화 개념과 연관지어서 설명할 것이다. 이때 우리가 풀어야 할 핵심적인 질문은 '하나님의 나라가 일방적으로 하나님 자체에 의해 임하는가, 아니면 하나님의 나라 건설(정치문화를 포함)에 이바지하는 그리스도인들의 참여와 함께 오는가?'이다. 필자는 하나님의 나라가 하나님 자신에 의해 임한다는 생각을 가지고 있다. 그렇다면 하나님의 나라 건설에 참여하는 그리스도인들은 무엇인가? 만약 하나님의 나라가 하나님의 나라 건설의 참여자를 통해 임한다면 그리스도인들은 어느 정도 하나님의 나라 건설에 참여해야 하고, 또한 참여할 수 있는가? 도대체 하나님의 나라가 정치문화 현실 속에서 실현될 수 있는가? 만약 그렇다면 헤겔주의자가 되고야 만다. 그러나 헤겔은 궁극적 미래의 완성을 이미 전제하고 있는 오류를 범하고 있을 뿐만 아니라 이 땅의 죄악과 악의 실체를 부정하고 있지 않는가? 궁극적인 미래의 완성을 전제해 버리면, 우리의 현실참여 의지를 약화시킬 수 있고, 악의 실체를 부정하게 되면, 이 땅에서 정의로운 하나님의 나라를 실현하려는 우리의 노력을 무의미하게 만들고 만다.

이제 우리의 논의는 하나님의 나라를 이 땅에, 특히 정치문화 속에 실현할 수 있는 매개가 무엇인지? 알아보는 데서 출발해야 한다. 우리는 그 매개를 전통적으로 교회라고 보았다. 그렇다면 교회가 바로 하나님의 나라인지 아니면 어떻게 교회는 하나님의 나라를 실현해야 하는지 설명해야 할 것이다. 이 문제가 해결되고 난 다음 교회와 국가와의 관계에서 정치문화 신학의 가능성에 대해 논할 것이고, 마지막으로 한국에서 정치문화 신학이 필요한 이유와 앞으로 나아가야 할 올바른 방향성에 대해 살피게 될 것이다. 이와 같은 순서로 논의를 전개해 나가기 전에 먼저 정치문화 신학이 무엇인지에 대해 정치 해석학과 문화 해석학 개념을 통하여 알아보고자 한다.

1) 정치문화 신학이란 무엇인가?

우리가 정치문화 신학을 올바르게 이해하고자 한다면 먼저 이론적 배경으로서 정치문화에 대한 성서의 고찰을 살펴볼 필요가 있다. 구약성서는 정치문화가 인간의 노력에 의해 가능한 것이 아니라, 하나님의 주권적 통치행위를 통해서만 가능함을 보여 준다. 즉, 타락하기 전의 인간과 하나님과의 관계 속에서 적용된 창조언약과, 타락 후 그의 율법에 무조건적으로 순종할 것을 요구하는 구속언약(출 19-23장)이 그것이다. 다시 말해서 구약성서는 창조언약과 구속언약의 정치를 언급하고 있다.

반면에 신약성서는 구약과 비교해 볼 때 교회와 국가에 대한 언급이 많지 않은 편이다. 예수는 신권정치보다 만물이 그 앞에서 복종하는 창조주의 통치권을 하나님의 나라를 통해 선포하신다(눅 4:18; 마 5:13-16; 마 28:18-20). 또한 산상수훈(마 5-7장: 특히 세상의 빛과 소금)과 황금률(눅 6:27-38)을 통해 정치문화의 모델을 제시하셨다. 바울은 정교분리의 원칙을 제시한 로마서 13장을 통해 국가를 하나님이 정한 제도로 보았으며, 반면에 베드로는 인간이 세운 제도(벧전 2:13-17)로 보았다. 그리고 그리스도인들은 자신이 그리스도인임을 나타내기 위해 국가의 권위에 복종해야 한다고 했지만, 요한계시록은 국가를 악과 사탄이 세운 악의 도구로 보았다.

이처럼 성서에는 다양한 견해가 등장하기 때문에 정치문화 신학에 대한 어떤 일치된 견해를 얻기 힘들다. 어차피 정치문화 신학은 상황의 신학이 아닌가? 결국 정치문화 신학은 그것이 태동될 수 있었고 활발하게 논의될 수 있는 상황을 떠나서 존재할 수 없다는 점을 인식해야 한다. 다음으로 이제 우리는 정치문화 신학이 무엇인지 살피기 위해 문화신학과 정치신학의 상보관계를 살펴보아야 한다.

문화신학이 기독교 신학의 한 분과이듯이 정치신학 역시 기독교 신학의 한 영역에 해당한다. 그러나 인간 사회 속의 모든 영역들, 즉 그것이 종교이든 정치든 문화를 형성하는 요소라 할 때, 문화는 종교보다 상위의 개념이어야 한다. 다시 말해서 종교

문화 영역만이 아니라 정치문화와 생활문화 등 모든 문화영역이 문화신학의 영역이어야 하는 것이다. 틸리히의 이해에 따르면, 정치신학은 문화신학의 일부분이다. 왜냐하면 정치문화도 문화의 일종이고 문화의 한 장르이기 때문이다. 그러면 정치신학과 문화신학의 차이점은 무엇인가? 정치신학은 정치 경제적 현실을 신학의 주제로 삼고 현실을 복음의 빛과 능력으로 변혁시키면서 해석하는 일에 치중한다. 그에 반해 문화신학은 현실정치가 기초하고 있는 정치철학과 이념을 문제 삼으면서, 정치현실을 해석하고 변화시키는 일에 집중한다.[422]

그러나 만약 정치신학이 기독교 신앙을 정치로 해소하거나 기독교를 인본주의로 대체한다면 그 본질은 상실되고야 말 것이다. 즉, 좌익 성향의 사람들이나 마르크스주의자들이 그랬듯이 종교를 정치로 변질시켜 "정치의 신성화"(Vergötterung)[423]를 야기시키고야 마는 것이다. 몰트만의 정치신학은 십자가 신학에 뿌리를 두고 있는 것이 사실이다. 그러면서도 그의 정치신학은 종말론에 근거해 있다. 몰트만뿐만 아니라 여러 다른 신학자들[424]도 루터의 십자가 신학(십자가만이 우리의 신학이다, Das Kreuz allein ist unsere Theologie)을 자신들의 신학의 중심에 두면서 정치 신학을 촉구한다. 루터의 십자가 신학을 받아들이고 있는 몰트만도 '십자가의 역사적 사건이나 하나님의 행위에 대해 우리는 무엇을 말할 수 있는가?'라는 문제 해명에 집중한다. 그러나 판넨베르크는 종말론이 부활의 신학에 뿌리를 둘 때 더 타당성을 가진다고 보았다. 그 점에 있어서 필자는 판넨베르크의 입장에 동의한다.

이제 필자의 관심을 '하나님의 행위가 우리의 일상적인 정치 문화적 현실 가운데서 경험할 수 있는가?'라는 문제에 집중하고자 한다. 이 문제를 풀기 위해서는 예수를 부활케 하신 하나님이 어떻게 우리의 일상 현실에 자신을 계시하는지, 아니면 우리가 일상 현실 가운데 자신을 계시하는 그분을 만날 때 우리의 삶과 태도와, 인식의 그 무엇이 스스로 변하는지 설명해야 할 것이다.[425] 우리는 이 문제를 하나님의 나라

422 김경재, 『문화신학 담론』 (서울: 대한기독교서회, 1997), 17.

423 J. 몰트만, 『정치신학 정치윤리』 조성로 옮김, (서울: 대한기독교서회, 1999), 84.

424 C. Schmitt, *Politische Theologie II. Die Legende von der Erledigung jeder politischen Theologie*, Berlin 1970; A. Schindler, *Monotheismus als politischen Problem? Erik Peterson und die Kritik der politischen Theologie, Studien zur evangelischen Ethik*, Band 14, (Gutersloh, 1978).

425 정기철, 『시간문제와 종말론. 시간의 철학과 시간의 신학』 (서울: 한들출판사, 2000), 73.

와 시간문제를 통해 다음과 같이 설명할 수 있을 것이다. 예수의 시간은 '더 이상이 아님'(Nicht-mehr)이나 결코 '아직 아님'(Noch-nicht)이 아닌 그러나 아직 시간 속에(Noch-in-der-Zeit) 계심이다. 이 문장은 '십자가에서 고난에 동참하신 하나님이 부활하게 하신 영광의 하나님이시다'는 사실을 포함하면서, 그러면 고난의 하나님이면서 동시에 영광의 하나님을 우리 신앙하는 삶에서 어떻게 경험하며 알 수 있는가라는 문제를 풀도록 요구한다.

이제 이 같은 요구를 충족시키기 위해 '정치 해석학'과 '문화 해석학' 개념을 통해 이를 더 체계적으로 설명해 보고자 한다.

도대체 '정치 해석학'이라는 말이 성립되는가? 이 개념을 말할 수 있는 사람이나 어떤 모델이 있는가? 우리는 정치 해석학의 모델을 몰트만을 통해 발견할 수 있다. 몰트만은 정치신학을 기독교 신학을 위한 새로운 장으로 이해하면서, 해석학적 혹은 근본주의 신학의 범주 안에 집어넣는다. 메츠에 따르면, "모든 종말론적 신학은 한 [사회] 비판적인 신학으로서 반드시 정치신학이 되어야만 한다." 몰트만은 종말론적인 예수의 복음과 사회 정치적 현실과의 관계를 해명하는 데 관심을 가진 메츠와 함께 정치신학을 해석학의 카테고리로 이해하기를 요구한다. 뿐만 아니라 기독교 신학이 정치신학이어야 한다고 주장한다. "우리가 정치신학을 기독교 신학을 위한 새로운 장의 표지로서, 또한 그런 의미에서의 해석학적 혹은 근본주의 신학적 카테고리로서 이해한다면 이 분야는 어디까지나 정치적인 것이 종교와 신학의 주체인 그런 정치적 종교와 정치적 신학으로써 채워져 있다는 사실이 묵과되어서는 안 된다."[426]

몰트만은 정치 해석학이라는 용어를 역사 해석과 관련지어 설명한다. 정치 해석학은 역사에 참여함으로써 역사를 인식하는 것을 뜻한다.[427] 우리는 보통 역사를 과거의 사건에 국한시킨다. 역사를 계약사에 기초해 해석하는 사람들은 역사를 약속이 성취되는 과정으로 서술할 것이다. 그러나 몰트만이 제기하는 정치 해석학에 따르면, 미래의 역사에 관해 말할 때 해석학의 근본 본질이 드러난다는 것이다. 미래는 종말론의 시간경험 속에서 드러난다. 종말론적 미래 속에서야 비로소 의미의 완성과 온전한 이

426 몰트만, 『정치신학 정치윤리』, 51.
427 위의 책, 223 이하.

해가 드러난다. 서구사상은 종말론적 미래를 분명 목적론적 역사관을 통해 설명한다. 이 사상을 가장 명확하게 그린 사람이 바로 헤겔이다. 헤겔은 목적론적 역사관을 종말론적 역사관으로 이해하여 하나님의 나라가 이 땅에서 실현되는 절대정신의 완성에 대해 언급했다. 리쾨르는 이러한 헤겔의 사상을 거부한다. 그는 역사의 전체성 또는 통일성 이념이 하나의 허상에 불과하다고 보았다. 왜냐하면 현실은 하나님의 나라가 완성되는 장소가 아니라고 보았기 때문이다. 리쾨르는 궁극적인 하나님의 나라가 이 땅에서 실현되지 않고 새 하늘과 새 땅에서 실현된다고 보았다. 그렇다면 이 땅에서 실현되기를 바라고 또한 그 일에 참여하는 우리의 태도나 사상은 도대체 무엇이어야 하는가? 리쾨르는 1, 2차 세계 대전을 직접 경험했던 사람이었다. 이 같은 경험은 역사 정치적 현실에서 악과 불의가 없는 하나님의 나라가 완성될 수 있으리라는 사상을 거부할 수밖에 없었을 것이다. 그래서 리쾨르는 궁극적인 완성을 제2의 파루시아(adventus parusia) 속에서 이해하고 있음을 우리는 알게 된다.

2) 교회와 하나님의 나라

우리가 다루어야 할 다음 문제는 교회와 하나님의 나라이다. 19세기에 종말론이 새롭게 논의되기 시작하면서 신학은 교회와 국가와의 대립이 아니라 교회의 국가에 대한 책임을 강조하게 된다. 교회를 하나님의 나라로 보든[428] 아니면 하나님의 나라가 아니라[429] 하나님의 나라의 목적지라 하든지[430] 또는 하나님의 나라에 대한 선포의 결과로 교회가 형성되었다고 말하든지[431] 어떤 경우라도 교회를 하나님의 나라와 분리하여 설명하고 있지 않다. 판넨베르크는 교회를 미래의 하나님의 나라의 임시 표식으로 보면서[432] "인간의 사회·정치적 삶이 하나님의 나라를 인간 역사에서 실현하게 되는

---

428 D. Bonhoeffer, *Sanctorum Communio. Eine dogmatische Untersuchung zur Soziologie der Kirche* (1930), (München, 1986), 162; G. Vos, *The Kingdom of God and the Church*, (New Jersey: Presbyterian and Reformed Pub. 1972), 79-86; F. Schleiermacher, *Der christliche Glaube*, (1821), 2. Ausg. 1830 §117.

429 Karl Barth, *Die kirchliche Dogmatik IV/2*, (Zollikon, 1958), 742 f.

430 Rene Dadilla, "The Kingdom of God and the Church," *Theological Fraternity Bulletin V 1 and 2*, 1976, 1.

431 H. Conzelmann, *Die Mitte der Zeit. Studien zur Theologie des Lukas*, (Tubingen, 51964).

432 Pannenberg, *Systematische Theologie* Ⅲ, 44.

완전한 충족으로 구체화되지 않는 한"[433] 교회가 필요하다고 보았다. 교회를 통해 이루어져 가는 하나님의 나라는 "사회의 정치적 질서"[434]와 분리하여 생각할 수 없다. 이런 차원에서 우리는 정치신학의 책임성에 대해 말할 수 있다. 정치신학의 책임성은 교회가 자신의 사회·정치적 역할을 어떻게 이해하고 있는지에 달려 있다. 즉 교회의 선포가 하나님의 나라와 어떻게 연관되었고, 교회가 하나님의 증인이며 하나님의 나라의 모습이라는 사명을 얼마나 실천하고 있느냐는 물음에 대한 답에 달려 있다.[435]

바르트는 교회가 사회변혁을 위한 어떤 비판적 역할을 감당할 것인지 우리에게 제시하고 있다. 즉 교회는 사회변혁을 무시하거나, 또는 마치 아무것도 일어나지 않은 듯이 행동하는 모든 정치에 저항해야 한다는 것이다.[436] 그는 교회가 정치적 자유와 평화를 위해 건설적 역할을 담당해야 한다고 주장한다.[437] 이런 생각을 더 발전시킨 사람이 바로 몰트만이다. 몰트만은 교회를 "종말론적 구원 공동체"[438]라 정의한다. 교회는 예수가 선포한 하나님의 나라를 선포하되, 그것이 사회와 역사 안에서 현실화되도록 선포해야 한다.[439] 몰트만은 이렇게 현실화되는 교회의 모델을 출애굽 공동체를 통해 제시한다. 교회는 그리스도께서 "세상을 해방하는 도구"[440]이어야 하며 "정치적 속박"[441]에서부터 해방을 추구해야 한다.

그러나 문제는 하나님의 나라가 어떻게 오느냐는 질문을 할 때 제기된다. 판넨베르크는 하나님이 스스로 하나님의 나라를 세우신다는 것을 강조하면서도 하나님은 교회를 통해 그 일을 하신다고 생각한다. 몰트만도 이와 비슷한 말을 한다. 교회가 하나님의 나라를 이루기 위해 최선을 다해야 하지만, 하나님의 나라를 자신의 힘으로 만들 수 있다고 생각해서는 안 된다고 경고하고 있는 것이다. 그렇다면 도대체 이 문제를 어떻게 풀어가라는 말인가? 칼뱅은 이 문제에 대한 답을 우리에게 제시하고 있다.

---

433 W. Pannenberg, *Theologie und Reich Gottes*, (Gutersloh, 1972), 42.
434 위의 책, 35.
435 던칸 B. 포레스터, 『신학과 정치』 김동건 옮김, (서울: 한국장로교출판사, 1999), 195.
436 Karl Barth, *KD IV/3*. 2, 704-741, 849-859.
437 Karl Barth, *KD IV/2*, 815-824.
438 J. Moltmann, *Theologie der Hofffnung*, (München, 81964), 300.
439 정기철, 『종말론과 윤리』 (서울: 한들출판사, 2000), 37.
440 J. Moltmann, *Kirche in der Kraft des Geistes*, (München, 1975), 321.
441 위의 책, 29.

칼뱅은 "하나님의 나라를 교회 중심으로 이해하면서도, 교회와 국가에서 하나님이 주권을 실현하려는 노력을 게을리 하지 않았다. 칼뱅에게서 교회와 국가는 분리된 실체가 아니라 하나님의 주권을 실현하려는 상호 연합된 실체이다. 그러므로 칼뱅은 교회뿐만 아니라 제네바 사회의 동시적인 개혁을 추진하려 하였다. 이런 측면에서 볼 때, 개혁주의의 올바른 정치 윤리는 하나님의 주권이 교회에서뿐만 아니라 국가와 사회에서도 실현되도록 노력하는 것이 되어야 할 것이다."[442] 만약 이것이 옳다면 칼뱅의 신학을 따르는 한국의 장로교단은 왜 사회참여나 국가에 대한 관심보다 교회에만 안주하려 했을까? 비록 세상통치와 영적통치가 구분되는 것은 사실이지만 칼뱅은 세상권력도 하나님이 제정하신 것이라는 것을 인정하여 국가와 교회를 결코 분리하지 않았고 세상권력을 담당하는 국가의 부정의를 막아야 한다고 가르쳤다. 그런데도 왜 칼뱅의 가르침을 중시하는 사람들은 이 일을 소홀히 다루었는가? 그리스도인들은 하나님의 뜻을 "교회에서뿐만 아니라 국가의 영역에서도 실현하여 하나님의 사랑과 정의를 불충분하게 반영하고 있는 실정법을 개혁"[443]하려고 노력해야 하지 않겠는가? 혹 칼뱅이 "모든 정치체제에서 하나님의 섭리를 인정하면서도 정치체제의 변혁을 인정하지 않는 대단히 보수적인 입장"[444]을 취했기 때문에, 이와 같은 노선을 취하는 사람이나 교회가 국가의 정의문제에 관심을 등한히 했던 것일까? 정작 칼뱅이 보수적인 노선을 취했던 이유는 개신교도들이 정치체제를 전복하려 한다는 비난을 피하면서 종교개혁을 성공시키기 위한 의도 때문이 아닌가?

폴 마샬 또한 이 문제에 대한 하나의 답을 준다. 그는 정치 활동을 하나님이 우리에게 주신 소명이라고까지 적극적으로 옹호한다. 심지어 우리의 정치가 믿음을 정의하는 것이어야 하며, 믿음으로부터 흘러나와야 하고 믿음으로 버티는 것이어야 한다고까지 주장한다. 그러면 오늘날 그리스도인이 정치영역에서 추구해야 할 궁극적인 목표는 무엇인가? 마샬은 그것을 '정의로운 정치'라고 말한다. 그는 그리스도인의 정치활동이 정의로운 정치를 실현하는 것이어야 함에도 불구하고 그것보다 정당이나 자신의 현실 이익의 대변자로 전락하고 말았다고 지적하고 있다. 그가 제시하는 신앙과 정치와

442 이은선, 『칼뱅의 신학적 정치윤리』 (서울: 기독교문서선교회, 1997), 4-5.
443 위의 책, 289.
444 위의 책, 292.

의 관계는 어떠한가? 그의 생각에 따르면, 그리스도인들은 "예수 그리스도의 치유하시는 힘을 증거하기 위해, 그리고 하나님이 소명으로 주신 정치적 사역을 완수하기 위하여 정치에 참여"[445]해야 한다. 또한 우리는 "정치의 구세주도 되시는 그리스도의 증인으로서 정치에 참여"[446]해야 한다.

이 말은 우리에게 '그리스도인들이 세상에서 살아가야 할 태도가 무엇이냐?'는 또 다른 물음에 대한 답이 될 것이다. 그리스도인은 빛과 소금이 되어 그 빛을 발하고 세상을 바르게 변혁시켜 나가야 한다. 그러기 위하여 이제 우리에게는 개인의 영혼을 구함과 동시에 사회와 국가를 구원하는 복음이 필요한 때이다. 기독교는 사회와 국가의 부정의에 대해 책임을 져야 한다. 우리 사회에 만연되고 있는 무질서, 윤리 도덕의 문란, 사회 전반에 퍼져 있는 부정과 부패, 가치관의 혼란을 바로 잡고 올바른 민족정기를 수립하는 데 앞장서야 한다. 또한 그리스도인은 성서에 나오는 선지자의 본을 받아 이 사회와 국가를 향하여 이 시대가 필요로 하는 메시지를 전해야 하는 의무를 포기해서는 안 된다. 모든 그리스도인들은 기독교 정치문화가 뿌리를 내리고 깨끗한 사회, 정직한 나라를 만들기 위하여 현실 정치에 적극 참여하여야 한다.

3) 교회와 국가와의 관계

교회와 국가의 관계에 대한 개혁주의 입장은 교회와 국가가 다같이 하나님이 세우신 기관이지만 다른 목적을 가지고 있으며, 다른 방법으로 그 목적을 실현한다고 보는 데 있다. 교회와 국가는 세워진 목적이 다르고 관계하는 영역이 다르다. 국가는 국민의 시민권을 보호하기 위한 신적기관이다. 국가는 국민의 신분과 재산을 보호하기 위한 제도를 입법화하며, 그 입법화에 기초하여 권한을 행사한다. 입법화나 행사 권한은 당연히 하나님으로부터 부여받았다. 그렇다면 국가와 교회는 어떤 관계를 가질 때 하나님의 나라 건설에 이바지하게 되는가? 그것은 교회와 국가의 주체가 누구인지, 그리고 교회와 국가의 본연의 임무와 과제가 무엇인지 등을 살펴야 해결될 수 있는 문

---

445 폴 마샬, 『정의로운 정치. 기독교 정치사상과 현실정치』 진웅희 옮김, (서울: IVP, 1997), 29.
446 위의 책, 29.

제이다. 교회는 성도들을 통해 사랑과 구원을 선포하면서 공동체를 섬기는 일과 사귐을 나누었다. 국가는 권세 잡은 자들을 통해 정의와 제도 유지를 추구한다. 그리고 교회는 성서가 원수사랑과 이웃사랑을 요구한다고 가르친다. 또한 세상의 소금이 되라는 명령을 준행해야 한다고 가르친다. 동시에 가이사의 것은 가이사에게 하나님의 것은 하나님에게 바치라고 가르친다. 그러나 가이사의 것이라도 "위에서 주지 아니하셨다면 해할 권세가 없다"(요 19:11)는 사실을 명확히 알고 선포할 때만이 교회와 국가와의 관계가 올바로 정립된다.

복음주의적 정치문화관은 교회와 국가와의 관계 또는 교회와 정치와의 관계를 정치신학이라는 이름으로 지금까지 다루어 왔다. 카이퍼가 '모든 것이 하나님의 통치영역이다'고 말한 것처럼 이제 우리는 교회와 국가를 하나님의 나라를 실현하는 도구로 보아야 한다. 그 점에서 둘 다 나름대로 하나님의 나라 건설에 이바지한다. 그러나 교회가 하나님의 나라를 건설하기 위해 담당해야 할 본연의 임무를 등한시한 채로 정치에 직접 참여하는 것은 안 된다. 또한 근본주의자들의 주장처럼 교회와 국가 또는 정치를 분리하여 교회의 직분이나 임무를 설정하는 것도 옳지 않다. 오히려 우리는 교회나 국가를 통해 드러나는 하나님의 나라의 핵심인, 진정한 정의와 평화가 하나님으로부터만 온다는 사실을 강조해야 한다.

국가에 대한 로마서 13장과 요한계시록 13장의 입장은 명확하게 대립되는 것으로 보인다. "이 두 신학적 패턴들은 우리에게 상당한 의미를 부여해 준다. 국가가 예수를 그리스도로 신앙고백하지 못하게 하는 종교적으로 동기화된 무정부주의나, 혹은 '세상 권세에 복종하라'는 국가 옹호론 중 어느 한쪽만을 일방적으로 택할 수 없다는 것을 우리는 잘 안다. 국가는 이 두 실제들, 즉 바울이 말한 제도화이면서 동시에 요한이 말한 적이다."[447] 그리스도인들은 국가에게 정치적 제도가 합리적으로 이루어지도록 하면서도 동시에 국가가 권력을 남용할 때 경계하는 일을 함께해야 한다.

먼저 교회와 국가와의 분리에 대해 살펴보자. 우리는 교회와 국가의 분리 원칙을 예수님의 가르침("가이사의 것은 가이사에게 하나님의 것은 하나님께", 막 12:17)과 '교회의 일은 교회에서 처리하라'(고전 6:1-8)는 바울의 목회관에서 엿볼 수 있다. 바

---

447 Paul Ricoeur, *Politics and Soical Essays*, (Ohio University Press: Athens 1974), 203.

울에 따르면, 권세는 "하나님께로부터 나기"(롬 13:1) 때문에 그리스도인들은 정부나 국가의 법과 사회 질서가 하나님께서 세우신 신적 기관임을 인식해야 한다. 그러나 우리는 권세 잡은 자나 국가가 교회와 대립할 뿐만 아니라 신앙생활을 못하도록 할 때는 대항해야 한다는 갈등 구조를 알고 있다.

그러면 교회는 국가와 어떤 상호관계성을 가지는가? 우리는 교회와 국가의 상호관계성을 교회의 국가에 대한 직접적인 영향과 간접적인 영향으로 나눠 설명할 수 있다. 국가에 대한 교회의 직접적인 영향은 선거를 통해서 나타나기도 하고, 혹은 그리스도인으로서 정치인이 되는 것 등이 있다. 간접적인 영향이란 교회가 시민으로서 믿음의 삶이나 활동 또는 운동을 통해 사회나 국가에 영향을 미치는 것을 말한다. 그러나 어느 선까지 복음의 정신에 입각해서 그 일을 해야 하는가? 그렇다면 복음의 정신은 무엇인가? 그것은 바로 부정과 불의 그리고 부패를 없애야 한다고 주장하는 데 있는가? 그러한 잘못에 저항하고 개혁하고자 하는 정당한 방법은 무엇인가?

본회퍼는 교회와 국가의 상호관계성을 교회와 그리스도인 개개인으로 나누어 설명한다. 교회와 국가를 모두 그리스도에 근거하고 있는 상호의존적이면서 동시에 상호대립적 관계로 보자는 것이다. 다시 말하면, 국가는 교회가 평화롭고 질서 있는 가운데 복음을 선포할 수 있도록 법적 보장을 책임 있게 실행해야 하고, 교회는 정부로 하여금 기독교적 제도나 법률이나 정책을 만들도록 할 것이 아니라, 그 통치적 권위가 하나님으로부터 기인한 것임을 알게 하고, 그 권위가 올바로 수행되도록 해야 한다.

그러면 교회와 그리스도인이 가질 수 있는 국가와 정치문제에 대한 올바른 태도는 무엇인가? 교회는 교회의 기능을 올바로 나타내기 위한 제도를 가지게 되는데, 그 제도가 사회나 국가가 가지는 정치체제나 질서와 구분할 수 없는 경우가 있음을 보게 된다. 제도 자체가 문제가 아니라 제도를 운영하는 사람의 도덕성, 곧 죄가 문제인 것이다. 따라서 교회 제도보다 제도 속에 참여하고 있는 사람들 안에 성령에 의한 인격적 변화가 먼저 선행되어야 한다. 그런 다음 변화받은 사람이 제도를 운영하면서 부딪히게 되는 잘못된 제도나 부조리 그리고 부정의를 신앙정신에 따라 극복해 나가야 한다. 사회나 국가체제 안에서 이루어지는 정치성 있는 제도나 운영 또는 영향력 등이 교회 안에서도 그대로 행해지고 있는 안타까운 현실 속에 우리는 살고 있다. 교회도 사람이 사는 공동체이므로 정치가 없을 수 없지만, 사회나 국가와 똑같은 방식으로 운영된다면 교회는 하나님의 복음 사역을 감당하는 거룩성을 지닌 공동체라는 고유한 정체성을 훼손하게 된다.

우리는 교회가 국가의 정치영역에 영향을 미칠 수 있는 것에 대해 정치문화 영역에서 그리스도인들의 사회 역할을 통해 정리할 수 있을 것이다. 우리의 관심은 말씀이 정치·경제·문화·역사·사회 전반에 어떻게 영향력을 미치는지 해명하는 일에 있다. 교회가 어떻게 사회나 정치 등에 진리의 메시지를 줄 수 있고 복잡한 그 영역에서 사랑을 실천할 수 있는가? 그리스도인들은 어떻게 이웃에 대한 아무런 선입견이나 정치적 편견 없이 "이웃을 사랑하라"는 계명을 실현할 수 있는가? 말씀은 사회 모든 영역에서 영향력을 미쳐야 한다. 그 근거는 십자가가 모든 세계와 영역들 그리고 사람들을 위한 사건이기 때문이다. 바울에 따르면, 십자가는 "유대인이나 헬라인이나 종이나 자유자나 남자나 여자 없이 다 그리스도 예수 안에서 하나이다"(갈 3:28). 김영한 교수는 이 문제를 기독교가 제시하는 정치의식을 가지기를 요구함으로써 설명한다. "그리스도가 제시하는 정치의식이란 국가권력은 하나님으로부터 나오는 것이므로 그것은 하나님이 그의 뜻을 나타내는 기구인 국민의 합의에 상응해야 한다는 것이다. 국가권력이 인권을 유린하고, 민의를 외면하고, 고문을 자행하고 국민기본권을 박탈하는 것은 곧 하나님에 대한 반역이다. 이러한 권력은 불의한 권력으로서 하나님의 심판[시민혁명, 군사혁명 등]을 받게 된다. 그러므로 정치권력은 민의에 기초한 권력의 정통성을 가져야 한다."[448]

그러면 그리스도인들이 사회 정치영역에서 어떻게 역할을 감당해야 하는가? 예를 들면 설교가 세상을 향한 설교여야 한다. 그러기 위해서는 올바른 신학적 과제가 정립되어야 한다. 그에 따라서 사회에서 선포된 말씀이 삶의 영역에서 실현되도록 해야 한다. 일차적으로 "설교가 세상을 향한 설교이어야 한다"는 말은 교회 안의 성도들에게만 해당하는 설교가 아니라 설교의 영역을 넓혀 세상 속의 사람들과 국가 그리고 국가의 제도나 운영자들이 듣도록 일차적으로 영역을 확대시켜야 한다는 것이다. 그런

---

448 김영한, 『한국 기독교의 문화신학』 45.

의미에서 "교회의 참여 그 자체가 설교"[449]임을 알아야 한다. 그런 다음 그 내용이 성서에 기초함으로 정당성을 가진다는 것을 확실히 해야 한다. 이런 확실성은 구체적인 실행 내용을 포함할 때 얻어진다. 교회 안에 정치, 경제적으로 소외된 가난하고 억눌린 사람들이 있을 때, 그들이 신앙정신으로 극복할 수 있도록 말씀이 전파될 뿐만 아니라, 교회 안의 어떤 정책이나 제도 등을 통해, 또한 국가제도와의 연관성이 필요하다면 서로 협력하는 가운데 구체적으로 진행되어야 한다. 예를 들면 노인복지정책, 호스피스 운동, 정책감시단 구성, 시민활동 참여 그리고 지역사회를 위한 교회 개방화 등등이 있을 것이다.

그 다음 이런 작업들은 신학적 작업이 선행되어야 실효성을 가질 수 있다. 신학적 작업을 위해 우리는 먼저 창세기 22장 18절과 마태복음 26장 28절 그리고 갈라디아서 2장 28절 등의 말씀을 제시할 수 있다. 이런 구절에 근거해 몇몇 신학자들이 어떤 신학적 작업을 했는지 살펴보자. 루터의 두 왕국설은 아우구스티누스의 전통을 그대로 전승한 것으로, 세계사를 묵시문학적 종말론에 근거해 이해한 것이다. 아우구스티누스는 세계사를 하나님의 도성(civitas Dei)과 악마의 도성(civitas diaboli)의 투쟁으로 이해하고 있다. 그리고 루터도 이 두 왕국을 하나님의 통치(regnum Dei)와 악마의 통치(regnum diaboli) 사이의 투쟁이라고 보고 있다. 루터의 묵시문학적 종말론은 역사의 종말을 그리스도론에 기초해 이해하는 것이 아니라, 하나님과 악마와의 대적관계로 보았다. 그러나 우리는 악마의 권세를 이긴 하나님의 승리에 기초해 하나님의 나라를 말해야 하지 않을까? 몰트만은 루터의 두 왕국설이 세속적 영역을 법 아래 두고 있는 점에 대해 그 법이 어떤 법인지 묻는다. 즉 그것이 이스라엘의 계약법인지 아니면 자연법인지 또는 공동사회의 각 시대에 통용된 법인지 묻는다.[450] 몰트만은 그리스도의 통치를 세속 왕국과 무관한 종교적 통치만으로 보지 않고 이 세상 한가운데 있는 십자가에 못 박히신 자의 통치로 보고 있다.

그러나 칼뱅에게는 루터의 묵시문학적 그리스도론이 배제되고 그 대신 그리스도론적 종말론이 언급되고 있다. 더 이상 하나님의 통치와 악마의 통치라는 세계사적

---

449 Ricoeur, *Politics and Soical Essays*, 155.
450 J. 몰트만, 『정치신학 정치윤리』 (서울: 대한기독교서회,1992), 187.

투쟁이 없다. 전 세계가 이미 그리스도의 통치 아래 있는 것이다.

바르트는 세계사의 마지막 목표로서의 하나님의 나라와 세상의 투쟁을 대립으로 이해하지 않고 함께 속하는 것으로 이해한다. 즉 신학과 정치의 연관성을 설정함으로써 하나님이 사회와 정치의 주님이심을 성립시킨다. 물론 이 사회 개념은 그리스도론으로부터 도출된다. 그리고 거기서 멈추지 않고 바르트는 현대 사회 속에서 그리스도인의 정치행동이 어떻게 정당할 수 있는지 논증해 주었다. 물론 바르트가 신학과 정치 신학과 사회주의의 상관관계를 공개적으로 강조하지 않았다고 주장하는 사람들도 있을 것이다. 왜냐하면 바르트 자신도 그 점을 베데게(E. Bethge)에게 보낸 편지에서 스스로 인정하고 있기 때문이다.[451] 바르트는 정치를 하나님이 인간에게 선사한 자유의 실천으로 보고 있다. 그래서 바르트는 사회적 민주주의를 오늘날 필요한 정치적 목적으로 설정한다. "사회적 민주주의, 민주주의적 사회주의는 오늘날 추구해야 하고 실천에 옮겨야 할 구체적인 정치적 목적이다."[452]

4) 한국에서 정치문화 신학의 진로

그러면 앞으로 한국의 기독교가 나가야 할 방향은 무엇인가? 이 질문에 올바로 대답하기 위해서는 기독교가 한국사회에서 가지는 국가와의 관계성을 살펴볼 때 가능하다. 미국 선교사들은 기독교를 우리에게 전해 주면서 독립운동에 가담함으로써 발생할 수 있는 생명의 위험을 피하기 위해 정교의 상대적 분리보다 절대적 분리[453]를 주장하게 되어 정치참여에 부정적인 시각을 갖게 만들었다. 이런 상황은 신사참배를 거부했던 사람들보다 거부하지 않았던 사람들이 교계 지도자로 활동하게 되면서 기회주의적인, 그리고 정치권력의 시녀로 전락하게 된 계기가 되었던 것이다. 또한 해방 후 제1공화국은 기독교 정권이라 할 만큼 그리스도인들의 정치참여가 많았지만 부정부패와

---

451 H. Gollwitzer, "Reich Gottes und Sozialismus bei Karl Barth," *ThEx* 169 (1972), 42.

452 Karl Barth, *KD III/4*, 524-526, 624-626.

453 국가와 교회의 절대적 분리는 있을 수 없다. 국가와 사회는 교회의 복음전파의 대상이며 하나님의 나라와 어우러져야 할 생활의 영역이다. 국가권력은 교회의 가르침에 귀를 기울이고, 교회는 국가권력의 권위를 인정하는 상호 존중의 관계를 형성해야 한다. 그러나 교회가 교회의 영역이 아닌 정치문제에 지나치게 간섭하거나 특별히 압력단체로서 정치를 지배하고자 하거나 영향을 주려 한다면, 충돌은 불가피하다. 김충립, 『기독교인의 정치참여』 (서울: 성광문화사, 2000), 156 참조.

장기독재에 빠져들어 부정한 정부를 견제하지 못하고 말았다. 이러한 영향은 로마서 13장과 베드로전서 2장을 잘못 해석한 결과이기도 하다. 무조건 정치권력에 복종해야 한다고 가르치거나, 부정의하고 부패한 정권에 침묵하면서 개인 구원에만 치중한 점 등은 반성해야 할 점이다.

기독교가 이제부터라도 한국의 정치문화에 참여하고 관심을 가져야 할 가장 중요한 이유는 남북 분단의 아픈 현실을 극복하고 평화로운 통일을 이루기 위해 기독교가 앞장서야 하기 때문이다. 역사학자 강만길 교수는 구한말 때 기독교가 근대화 과정에 이바지하고 일제시대에는 민족적인 저항운동을 전개했듯이, 이제 기독교가 "민족통일 문제에 적극 나섬으로써, 또 한번 한국사회의 참여과정"에 나서야 한다고 촉구하고 있다.[454] 우리는 그 좋은 모델로 통일된 독일의 경우를 알고 있지 않은가? 이제 우리는 세계 선교에 관심 가지는 것만큼이나 북한에 복음을 전하는 일에도 관심을 가져야 한다. 이 일은 기독교가 정치에 적극 참여하지 않고는 불가능한 일이다. 이 글이 그리스도인의 정치 참여 이유, 근거, 방법 등에 대한 논의에 초점을 맞추지 않았기 때문에 구체적으로 논의하는 것을 피해야 하겠지만, 훌륭한 지도자를 선출하도록 선거에 적극적으로 참여한다거나, 시민운동을 활성화시키는 가운데 사회와 국가를 향한 교회의 올바른 선포가 있어야 한다.

지금까지 필자는 우리 시대에 가장 필요하면서도 성서의 가르침과 하나님의 뜻에 맞는 정치문화 신학을 정립하고자 시도했다. 그런 가운데 교회가 국가발전에 기여하고 봉사하는 지침이 되어야 함을 지적했다. 세상에서 그리스도인들의 행위는 세상을 향한 설교이어야 하고 그러기 위해 올바른 정치문화 신학의 정립이 필요하며, 선포된 말씀과 그 말씀을 실현하는 신앙행위가 있어야 한다는 점을 지적했다. 이와 같은 필자의 주장에 대해 기독교 종말론을 통해 그 정당성을 입증하고자 했다. 그러면서 기독교 종말론이 한국에서 어떤 의미를 줄 수 있고 적용될 수 있는지 해석학적 방법으로 접근했다. 또한 우리 논의의 출발점은 하나님이 우리의 정치문화 현실에 어떻게 자신을 계시하시고, 우리는 어떻게 해야 그 정치문화 현실 속에 계시된 하나님을 올바로 인식할 수 있겠느냐는 물음이었다. 그에 대한 답은 하나님은 우리의 정치문화 현실에

454 심포지엄: 안병무의 신학과 사상, 『신학사상』 96집 (1997 봄), 46.

자신을 정치의 주로서 계시하신다는 것과 교회를 통해 하나님의 나라를 종말론적으로 실현해 감으로써 하나님을 인식할 수 있다는 것이다. 그리고 마지막으로 한국의 정치문화를 재해석하고 기독교적 정치문화를 찾기 위한 대안으로 한국에서 정치문화 신학이 나가야 할 진로에 대해 생각해 보았고, 그 결과 정치신학에 대한 긍정적 사고의 필요성과 남북통일에 적극적으로 참여해야 함을 제안했다.

4. 한국의 통일 신학

이제 필자는 다른 차원에서 문화신학의 한 주류로서 통일신학에 대해 논하고자 한다. 또한 통일신학을 말하고자 하는 목적은 통일신학을 통해 오늘날 신학자들의 신학함의 의미 물음에 답이 될 수도 있다고 생각했기 때문이다. 오늘 우리에게, 특히 한국 사람인 우리에게 신학함은 어떤 의미를 주는가? 통일신학이 우리의 신학함의 이유가 된다지만, 통일신학은 '이미' 1980-90년대의 우리나라 신학계의 화두였지 않는가? 그동안 한국 신학계에 이 주제만큼 많은 글들이 쏟아져 나온 경우도 없었지만 이제는 한물 지나간 유행의 주제인 것처럼 보이기도 한다. 그런데도 '아직도' 그리고 '여전히' 통일신학이 의미 있고, 있어야 하는가? '아직도' 통일신학이 필요한 이유를 리쾨르의 '용서의 종말론'을 소개함으로써 답하고자 한다. 왜냐하면 우리에게는 리쾨르의 용서의 종말론이 말하고 있는 통일신학에 대한 논의와 이해가 아직도 필요하기 때문이다. 그는 우리에게 "용서의 위대성"이 드러나게 해야 한다고 강조한다. '여전히' 통일신학이 정립되어야 하는 이유는 통일의 과정과 실천에서 중시되어야 할 '사랑의 신학'이 여전히 필요하기 때문이다. 다시 말하면, 우리는 그를 통해 '용서를 통해 드러나는 사랑이 필요한 사람들임'을 각인하게 된다.

통일신학의 주제로 평화의 신학과 십자가 신학 등은 우리 학계에 이미 충분히 그리고 자세하게 소개되었다. 이삼열 교수는 1988년에 평화의 신학을 주창했다. "인권문제나 산업선교, 정의의 문제에 관해서는 성서적 전거도 많고 신학적 기반도 풍부하기 때문에 거부반응을 극복하기가 쉬웠는데 통일문제와 관련해서는 신학적·성서적 근거를 마련하기가 매우 어렵기 때문에, … 통일문제에 대한 신학적 이해가 절실하게 필요하다"[455]고 지적하면서 통일신학의 주제로 '정의와 평화'의 신학을 제시했다. 김영한 교수는 1990년에 『평화통일과 한국 기독교』에서 민족의 분단과 통일을 바라보는 "인식 원리"[456]를 십자가 신학이라 하면서, 이에 기초하여 "분단된 민족현실과 평화통일에 관한 신학적 반성"[457]을 수행했다.

1) 통일신학의 신학적 정초

(1) 정의·평화의 신학

'평화'의 신학을 논의하기 위해서는 헤라클레이토스 단편 B. 80에서처럼 전쟁을 평화의 원리로 보는 소극적 평화이해가 아니라, '평화를 정의의 열매'(사 32:17)로 보는 적극적 시각이 필요하다. '정의'의 신학을 위해서는 아리스토텔레스가 말한 바처럼 균등한 배분으로서의 사회·정치·경제적 정의를 넘어서 자기 몫도 더 베푸는 '정의로운 사랑'을 필요로 한다. 균등한 배분을 가능케 하고 통제할 힘이 인간의 이성이나 국가의 통제력에 있는 것이 아니라, 하나님의 넘치는 선물로 주어진다는 것이 성서의 통찰인 이상 정의는 원수 사랑도 포함하는 이웃 사랑으로 나타나야 하고 '정의로운 사랑'은 정의와 평화로 열매 맺어야 한다. 우리는 정의와 평화가 분리된 것이 아니라 상호적이고, 더 나아가 그것들이 사랑 속에서 완성된다는 것을 밝힐 것이다.

유대교의 샬롬(Shalom)은 정의로운 평화를, 그리스의 에이레네(Eirene)와 로마의 팍스(Pax)는 사회·정치적 질서를, 중국의 화평[458]은 조화와 평안을, 고대 인도의 샨티(Santi)는 마음의 평안을 평화의 중요한 요소로 삼고 있다. Pax는 군사적 평화로, 이것은 "평화를 원하거든 전쟁을 준비하라"(Si vis pacem, para bellum)는 구호로 중세 때까지 평화의 중심 이념으로 작용했다. 구약성서의 평화에 대한 이해의 본질은 정의에 있다. 사회 공동체에서 이스라엘 사람들의 인사말인 샬롬이 정의의 실현을 뜻하듯이, 정의는 평화를 달성하는 전제가 되기 때문에 하나님의 함께 하심과 더불어 정의와 평화가 입맞추게 된다(시 85:19). 정의와 평화의 관계(사 60:17)는 "정의의 결과가 영원한

455 이삼열, 「통일신학의 성서적 기초」, 『신학사상』 제 61집, (1988년 6월), 311.
456 김영한, 『평화통일과 한국기독교』, (서울: 풍만, 1990), 215.
457 위의 책, 210.
458 이강수, 「노장의 평화 사상」, 『현대 사회와 평화』, 기독교 철학연구소 편, (서울: 서광사, 1991), 131-132.

평화이다"(사 32:17)에서 볼 수 있듯이, 서로 분리할 수 없다. 신약성서는 그리스처럼 전쟁과 반대 개념으로서의 평화 용어를 사용하기도(눅 14:32; 행 12:20) 하고 정치·사회적 평화(행 24:3)가 언급되고 있기도 하지만,[459] 주 관심사는 평화를 하나님과 인간 사이의 바른 관계 회복 차원에서 이해했다. 하나님과 원수 관계(롬 5:10)이다가 다시 화목(고후 5:19)하게 된 것을 지칭하여 평화라고 한다. 신약성서에 나오는 평화(총 99회)와 화해(총 14회)는 거의 모두 하나님과의 정상적인 관계를 가리키며, 그것은 하나님께서 사람들에게 베푸시는 은혜를 의미한다. 정의로운 평화는 선물이면서 동시에 임무이다. 정의의 열매는 평화하게 하는 자들(마 5:9)의 열매이다(약 3:18).

신구약 성서의 정의·평화는 이 땅에서 성취되었는가? 전쟁이 없는 상태를 평화라 했던 그리고 대립과 투쟁을 극복한 조화를 강조한 헤라클레이토스도 악의 문제를 해결하지 못하고는 평화의 나라를 이 땅에서 실현할 수 없다고 보았다. 선의 이데아에서 완전한 정의와 평화가 실현된다고 말했던 플라톤도 그것이 불가능한 이유는 악 때문이라고 했다. 아리스토텔레스도 "인간의 악은 평화를 언제든지 깨뜨릴 수 있기 때문에 악을 다스리는 일을 게을리 해서는 안 된다"[460]고 말한다. 플라톤처럼 필요악이기 때문이라고 전쟁을 정당화하거나, 아우구스티누스의 자행된 악을 제거하기 위해 필요한 의로운 전쟁(bellum iustum)도 성서적 의미의 평화와 정의를 해결하지 못한다. 물론 우리는 칸트가 『영원한 평화를 위하여』에서 제안한 악에 굴하지 말고 그것에 대항해서 대담하게 싸울 필요가 있다. 그러기 위해서 필요한 "덕의 참된 용기는 확고한 각오로써 악과 맞서 싸우고 그것에 따르는 희생을 감수하는 데에 있는 것이 아니라, 오히려 우리 자신 속에 있는 허위적이고 배신적이며 궤변적이면서, 인간 본성의 약점을 모든 범법적 행위의 변명으로 악용하는, 악의 원리를 찾아내고 그것을 정복하는 데에 있다."[461] 인간에게 악이 제거되지 않는 한 평화는 불가능하다.[462] 평화의 하나님(고전 14:33; 롬 15:33)이 우리에게 '하나님의 평강'(빌 4:7)을 선물(요 14:27)로 주실 때 평화

459 정양모, 「신약 성서의 평화관」, 『현대사회와 평화』, 기독교 철학 연구소 편, (서울: 서광사, 1991), 55.

460 아리스토텔레스, 『정치학』, 1253 a 35, 1303 a 17-31, 1307 a 32-39, 1308 a 33.

461 Immanuel Kant, *Zum ewigen Frieden. Neue vermehrte Auflage*. Königsberg, Friedrich Nicolovius, 1796, *Kant Werke 9*. A 88. 89.

462 Perlamn Shalon, *Interstate Relations: Civilization of the ancient mediteranean, Greece and Rome Charles Scrigbner.'s Sons*, (New York, 1988), vol. I, 667.

가 가능한 이유를 우리는 위에 인용한 철학자들이 평화를 악과 관련하여 생각하면서도 악을 이성으로 극복할 수 있다고 말하지 않는 데서도 볼 수 있다. 따라서 정의·평화는 신학의 주제가 되었다. 신학은 이 문제들을 더 심화시켜 다음과 같은 문제들을 숙고해야 한다.

신학은 매쿼리가 물었던 것처럼 "하나님의 평화"(빌 4:7)를 "물질적, 경험적, 조작적인 모든 한계를 초월"[463]하는 것으로만 이해해야 하는가? 바르트에 따르면, "하나님보다 더 인간에게 복종하게 되는 일차적이고 가장 좋은 평화"를 추구해서는 안 되고 따라서 "하나님의 자유 안에 있는 평화"를 추구해야 된다. 문제는 어떻게 이 "자유[평화]가 이웃의 자유[평화]"[464]일 수 있는가에 있다. 요한 공동체의 하나님 이해에 근거해 답해 보자. 하나님은 세상을 이처럼 사랑하사 독생자를 주셨다(요 3:16). 예수 그리스도에 의한 하나님의 나라는 이 세계로부터 오는 것이 아니지만 동시에 이 세계 속에 있다. "나의 나라가 이 세계에 속하는 것이었다면, 나의 종들은 아마도 투쟁했을 것이다. 그러나 나의 나라는 여기에 속한 것이 아니다"(요 18:36-37). 인격으로 오신 예수(요 1:14)는 역사적이면서 동시에 초월성도 포함해야 하는 데서 우리 논의의 복잡성이 증감한다.

우리의 관심은 어떻게 평화신학의 근본명제를 기독교 종말론적 희망과 연결시킬 것인가라는 신학적 규명이다.[465] 그 이유는 성서가 정의와 평화를 하나님과 인간과의 관계 차원에서 이해했을 뿐만 아니라 악을 극복하는 문제로 보았기 때문이고, 이런 주제는 종말론적 차원에서 논의할 때, 의미 있는 설명들이 가능하기 때문이다. 그것들은 종말론적 차원 특히 '하나님의 나라'와 관련하여 설명되어야 한다. 종말론과 관련하여 설명하자면, 시간(역사, 정치, 문화) 속에 오신 예수 그리스도는 시간을 넘어서는 분이지만, 시간 속에 들어오셨기 때문에 시간 속에서만 이루어지는 하나님의 나라에 초점을 두어서도 안 되고 시간을 초월한 하나님의 나라에 대해서만 관심을 가져서도 안 된다. 통일신학이 추구하는 것이 평화신학이라면 평화신학은 종말론적 차원에서 두 측면을 동시에 강조해야 한다. 이것이 옳다면 우리는 이 땅에서 실현되는 하나님의 나라

463 존 매쿼리, 『평화의 개념』, 조만 역, (서울: 대한기독교서회, 1980), 99.
464 칼 바르트, 『로마서 강해』, 조남홍 역, (서울: 한들출판사, 1997), 801.
465 C. F. v. 바이젝커, 『시간이 촉박하다』, 이정배 역, (서울: 대한기독교서회, 1987), 125.

를 등한시하려는 어떤 태도나 신앙 그리고 무관심을 극복해야 할 뿐만 아니라 동시에 현실 정치적 평화의 나라로서 통일이 전부인 양 여겨서도 안 된다. 세속 정치 영역에서 신앙적 요소가 개입될 수 없고 되어서는 안 된다는 정경분리나 신앙적 요소가 오히려 방해요소가 될 뿐이라는 지적에 우리는 어떤 입장을 취해야 하는가?

우리는 다음과 같은 문제도 함께 풀어야 한다. 평화통일의 구약 성서적 근거인 샬롬은 현실적인 것인가 아니면 유토피아일 뿐인가? 히브리 성서기록자들이 평화를 "하나의 신학적 관점, 즉 역사의 주이신 야훼 하나님이 인간사에 참여하셨다는 관점을 기초로 해서만 줄곧 표현"[466]하여 왔을 뿐이라면, 샬롬의 구체적인 역사적 공동체를 제시할 수는 없는가? 더구나 이스라엘의 역사와 민족 통일이 한국의 역사와 민족통일로 바로 전이될 수 있는 근거는 무엇인가? 이런 질문에 대해 김영한 교수는 명확하게 다음과 같이 답한다. "현실의 모든 영역이 하나님의 주권적 통치하에 있기 때문에 분단과 통일의 영역도 결단코 하나님의 주권을 떠난 영역일 수 없다."[467] 그렇더라도 해결해야 할 문제가 아직 남아 있다. 예수를 민족의 통일을 위한 전거로 이해하려는 사람들이 답해야 할 문제인데, 그렇다면 통일을 반대하는 민족과 사람들은 예수를 어떻게 이해하란 말인가? 그들에게 예수는 어떤 존재인가?

통일신학의 근거로 이스라엘 '민족'의 출애굽 사건(출 3:7-8)을 전거로 들면서 우리도 "부르짖음"이 필요하다고들 말한다. 한국인의 고통과 울부짖음이 없어 통일이 이루어지지 않는가? 하나님의 뜻은 한국인의 더 많은 고통과 부르짖음을 요구하시는 데 있는가? 통일을 원하는 우리가 통일을 허락하실 하나님을 신뢰하지 못하는 죄 때문에, 아직도 통일을 허락하시지 않는가? 즉 믿음이 적어 통일을 허락하시지 않는가? 구약의 욥의 이야기에서 보듯이 죄를 지었기 때문에 고난받는다는 사고를 벗어나서 신약의 나사로의 이야기-죄의 대가로 죽은 것이 아니라 하나님의 영광을 위해 죽었다-에서 보듯이, 분단을 하나님의 뜻 안에서 읽을 수 없는가? 만약 이런 이해방식이 틀리지 않다면, 분단을 죄의 대가로만 볼 필요는 없게 될 것이다. '분단의 원인' 분석 속에서 분단을 하나님과 연관하여 생각할 수 있어야 하지 않는가? 마치 통일의 성패 여부가

466 김이곤, 「구약성서에 본 평화」, 『교회와 세계』 1985.2, 9.
467 김영한, 『평화통일과 한국기독교』, 220.

인간의 노력 – 그것이 고통의 부르짖음이든 믿음이든– 여하에 달려 있다면, 통일의 주체를 하나님이라 생각하는 사람들을 어떻게 설득시킬 수 있을 것인가? 그런 의미에서 우리는 예수 그리스도만이 우리의 통일의 모델이라고 생각하려는 것 아닌가? 성서 기자들은 통일의 모델로 예수 그리스도를 소개하는 일에 관심있지 인간의 노력을 요청하는 일에 관심 두지 않는다. 성서는 비록 인간에게 죄가 있다 할지라도 인간의 죄 때문에 통일을 허락하지 않으신다 강조하지 않고 죄에도 불구하고 구원하시는 분으로 예수 그리스도를 소개하고 있다. 그렇다면 예수를 "자기 백성을 그들의 죄에서 구원할 자이심이라"(마 1:21)로 소개한 신약기자의 의도를 따라 우리는 통일신학의 근거를 무엇보다 "예수 그리스도"에게서 찾아야 하지 않을까?

(2) 사랑의 신학

우리가 지금까지 살펴본 대로, 성서의 통일신학의 핵심은 통일을 "만군의 주께서 약속한 것"으로 그리하여 결국 "그리스도의 평화"로 설명했다. 이제 우리는 이것을 종말론의 차원에서 고찰하고자 한다. 종말론이라 하면 다음의 몇 가지와 연관되어 있음을 말한다. 첫째는 때의 개념이고, 그 다음은 하나님의 나라는 다름 아닌 정의와 평강 그리고 사랑이라는 것이다. "때가 참"은 사람이 결정할 수 있는 일이 아니다. 시간은 하나님의 은총이다. 그 말은 사람은 시간을 결정할 수 없다는 뜻이다. '사람이 통일의 때를 결정할 수 없다'는 것이 성서의 입장이다. 사람의 요구에 의해 주어지는 통일이 아니라, 그리스도에 의해 성취되는 통일이 우리에게 진정한 의미가 되어야 한다. 하나님의 나라에서는 정의·평화가 사랑과 분리되지 않는다. 틸리히는 '창조적 정의'라는 개념으로 이를 잘 설명해 준다. 창조적 정의는 "죄를 용서해 주시는 하나님의 은총을 통해 표현되는 정의"로 "분리된 자들을 재결합시키는 사랑의 형태이다."[468] "사랑은 정의의 궁극적 원인이다. 사랑은 재결합을 단행한다. 정의는 결합된 것을 그대로 보존한다. 정의는 사랑이 그의 과업을 수행할 수 있도록 해 주는 형태이다. 궁극적 의미에 있어서의 정의는 창조적 정의요, 창조적 정의는 재결합을 촉진하는 사랑의 형태이다."[469] 우

468 Paul Tillich, *Love, Power and Justice*, (Oxford University Press: New York, 1954), 66.
469 위의 책, 71.

리는 통일신학을 종말론 차원에서 살펴보자고 제안했고, 그 첫걸음으로 틸리히의 창조적 정의를 소개했다. 그것은 다름 아닌 사랑이다는 그의 결론은 리쾨르의 생각과도 일치한다. 그러나 리쾨르는 틸리히와는 달리 정의와 사랑을 매개하는 "어려운 길"[470]을 걷는다. 이 어려운 길이란 황금률의 정의(눅 6:31)와 원수 사랑을 포함하는 이웃 사랑(눅 6:27)을 "하나로 그러면서 같은 연관으로 나열"[471]하는 것이고, 그 다음 둘 사이의 긴장을 두 논리들 사이의 대립을 지양함으로 푸는 것이 아니라, 정의로부터 사랑을 매개함으로 푼다. "사랑은 이미 정의에 의해 매개된다."[472] 매개하는 방식은 "초-윤리적, 은혜의 경제학"[473]에 근거해야 한다. 은혜의 경제학이란 예수의 비유(30배, 60배, 100배)와 로마서 5장 17절(은혜와 의의 선물을 넘치게 받는 자)처럼 "넘침의 논리"를 뜻한다.

첫째, '이웃을 인격적 균등성으로 대우하라.' 아리스토텔레스는 그것을 "친애의 균등성"[474]이라 했지만, 이 균등성은 인간의 약함이나 죽음 그리고 고난 등을 고려하지 않기 때문에, 이러한 균등 관계 속에서는 아리스토텔레스가 추구한 윤리의 궁극 목적인 '전체적으로 좋은 생활'이 온전히 드러나지 못한다. 균등성의 원리를 황금률의 원리로 환원하다 보면, 불트만처럼 황금률을 "소박한 자기중심의 도덕"[475]이라고 폄하할 수도 있을 것이다. 그러나 칸트는 황금률을 '다른 사람을 수단이 아니라 목적으로 대하라'는 의미로 바꾸어 자신의 도덕 이론의 근간으로 삼았고, 리쾨르는 황금률을 "너의 실천 목적이 기원하는 선이 황금률 속에 포함된 규범적 선과 일치하도록 행위하라"[476]로 바꾸어 이웃을 인격적 균등성으로 대우할 수 있는 모델로 삼았다. 리쾨르는 아리스토텔레스의 균등성을 "다른 사람을 자기 자신으로 존중하는 것과 자기 자신을 다른 사람으로 존중하는 것은 균등하다"[477]는 의미로 해석한다. 내가 다른 사람을 나 자신으로 존중하지 않는 한 나는 나 스스로 자기 존중을 가질 수 없다.

---

470 Paul Ricoeur, *Liebe und Gerechtigkeit*, (Tübingen, 1990), 41.

471 위의 책, 9.

472 위의 책, 65.

473 위의 책, 43.

474 아리스토텔레스, 『니코마코스 윤리학』, 최명관 옮김, (서울: 서광사, 1984), 1159b 3.

475 Rudolf Bultmann, *Geschichte der synoptischen Tradition*, (Göttingen:Vandenhoeck und Ruprecht, 1995), 107.

476 리쾨르, 「행위의 목적론적 구조와 의무론적 구조. 아리스토텔레스인가 혹은 칸트인가?」, Archiv di Filosofia 55 (1987), 217.

477 Ricoeur, *Soi-même comme un autre*, 226.

둘째, 정의에 의해 매개된 사랑은 이기적 사랑이 아니라 아가페 사랑으로 이에 기초하여 이웃사랑이 실현되어야 한다. 자기 사랑은 이웃 사랑으로 확대되어야 하고, 이웃 사랑은 자기 부인과 희생을 통해 이웃을 존귀하게 대하는 방식으로 드러나야 한다. 기독교의 사랑은 아가페(Agape)로 은혜의 선물이고, 십자가로 나타나며, 이웃 사랑뿐 아니라 원수 사랑도 포함한다. 하나님 사랑과 이웃 사랑은 분리된 것이 아니라 하나님을 위해 이웃을 사랑해야 하고, 이웃 속에 계시는 하나님을 사랑해야 하므로 상호적이다. '이웃을 사랑하라'는 사랑의 새 계명은 의무의 사랑이기 때문에, 나는 이웃을 신앙적인 의무감에 따라 사랑해야 한다. 이웃을 미워하면, 그것은 "그 이웃 안에 있는 하나님의 형상을 부인하는 것이다."[478] 이웃 사랑의 대상이 직접적으로 '이웃 속에 있는 하나님'이라기보다 이웃이지만,[479] 아가페의 사랑은 이웃에게로 직접 향하는 움직임을 중시한다. 요한일서 4장 19–21절을 해석하면서 불트만은 "하나님에 대한 우리의 사랑은 오로지 그것이 동시에 이웃에 대한 사랑일 때에만 참된 것이다"[480]고 하면서, 하나님을 향한 우리의 사랑과 이웃 사랑을 분리시키지 않는다. 이웃 사랑과 하나님 사랑의 연관성은, 이웃이 자아의 자기실현을 위한 수단이 아닌 것처럼, 인간은 이웃을 그 자체 자존하는 인격으로서 인정하고 긍정함으로써 하나님을 만나게 된다는 사실에서 알 수 있다. 이웃이 누구인지에 대한 율법사의 질문(눅 10:29)에 예수가 대답하신 선한 사마리아인의 비유(눅 10:30–35)에서 보듯이 우리는 이웃을 '사랑이 필요한 사람'으로 생각할 수 있을 것이다. 사랑이 필요한 모든 사람이 바로 이웃이어야 한다. 그러나 '원수도 이웃 속에 포함시켜야 하느냐?'는 질문 앞에서 당황하게 된다(마 5:43).[481] 키에르케고어는 이에 대해 훌륭한 안내를 한다.

"내가 의무를 지고 있는 상대방 바로 그 사람이 내 이웃이고 내가 그에게 나의 의무를 다할 때에 나는 내가 그에게 이웃이라는 것을 입증한다. 그리스도께서는 우리의 이웃을 어떻게 알아볼 수 있느냐에 관하여 말씀하시는 것이 아니라, 우리의 이웃이

---

478 필립 포터, 「원수를 사랑하라」, 『교회와 세계』, 1988/7, 30.

479 Anders Nygren, *Agape and Eros*, trans. by Philip S. Watson, (Philadelphia: The Westminster Press, 1953), 215.

480 Rudolf Bultmann, *Glauben und Verstehen I*, (Mohr: Tübingen, 1966), 224.

481 이웃을 사랑하라는 명령은 단수형(이웃)을 사용하지만, 원수를 사랑하라는 명령은 언제나 복수형(원수들)을 사용한다. 이웃이 원수를 포함하는 한에서, 원수는 복수이기 때문에 이웃은 모든 사람(개인이든, 민족이든)이어야 한다.

어떤 존재이냐에 관하여 말씀하신다."[482]

리쾨르의 생각을 분석하고 설명하는 이유는, 단순히 그의 생각이 무엇인지 아는데 목적이 있는 것이 아니라, '북한 동포는 이웃이 아닌가'라는 의문 때문이고, 성서의 가르침을 따라 북한 동포를 사랑하는 일이 힘든 이유가 무엇인지 알아보는 데 있다. 리쾨르의 생각을 따라 이웃 사랑은 용서하는 것이며, 그것은 결국 넘치는 은혜의 속성을 가져야 한다는 사실을 우리는 통일신학에 대한 논의에서 정당화해야 한다. 사랑을 용서하는 것이라 한다면, 용서는 무엇인가? 용서는 일차적으로 자신들의 잘못에 대해 책임을 지도록 허용하는 것이고, 이차적으로 잘못에 대한 고통으로부터 벗어나도록 해 주는 것이다. 그러면 용서는 하나님의 명령인가 아니면 사람의 자연적 본성인가? 왜 용서는 힘드는가?

2) 한국의 통일신학에 대한 해석학적 반성과 의미성 고찰

지금까지 논구한 통일신학에 근거해 우리나라에서 전개되어 온 통일신학에 대한 신학적 반성을 시도하고, 통일신학이 가지는 의미성을 밝히며, 통일신학의 실천적 방향성을 개진하고자 한다. 여기서는 두 가지만 논의하고자 한다.

첫째, 김성한 교수가 『한국 기독교 통일 운동사』에서 설명한 바에 따르면, 해방 후 한국전쟁까지의 분단 형성기의 기독교는 "복음보다는 반공"(105)에 의해 더 잘 규정될 수 있고, 분단이 고착화되기 시작한 시기(1950-1960)의 "역사 해석의 표준과 방법론은 '반공'이었고, 이것은 더 이상 바꿀 수 없는 고정된 역사 해석"(172)이었으며, 분단이 확대 재생산되는 과정이라 할 수 있는 유신말기(1960-1979)까지도 여전히 "반공을 공통분모로 하여 그 신학적 성향에 따라 진보와 보수로 나뉘게"(232) 되었으며, 통일운동의 형성기라 할 수 있는 1980년대 중 1988년 2월 29일 한국기독교교회협의회 제37차 총회가 채택한 "민족의 통일과 평화에 대한 한국기독교 선언" 중심에는 해방 이후 한국 교회 통일 운동의 중요한 축이었던 "반공의 극복"(312)이 있었다. 그러나 이 선언은 전통적인 복음전도에 기초한 '북한 선교' 진영에서는 수용할 수 없는 것이어서 두

---

482 키에르케고어, 『사랑의 역사』, 35.

진영 사이의 강한 대립이 형성되었다. 통일운동의 확산기라 할 수 있는 1990년대의 특징은 양 진영이 '남북나눔운동'을 창립하여 "해방 이후 한국교회에 지속되어 온 '반공'을 실천적으로 극복"(373)한다.

만약 우리가 김성한 교수의 연구를 정당한 것으로 동의한다면, '반공'이라는 정치적 이해 차이가 한국 기독교의 통일 운동에 가장 큰 논란거리였다는 것을 알게 된다. 이 문제를 우리는 어떻게 정리하고 넘어가야 하는가?

리쾨르는 역사·정치적 행위의 이해와 해석의 갈등을 인정한다. 불트만은 선이해[483] – 하이데거(이해의 선구조), 가다머(이해의 선 판단구조), 하버마스(인식관심) – 에 따른 이해와 해석의 다양성을 인정한다. 다양한 문화와 역사 종교 그리고 가치관에 따른 이해와 해석의 갈등이 있을 수밖에 없다지만, 이해의 갈등 속에서도 상호이해를 추구해야 한다. 어떻게 그 길이 가능한가? 가다머와 하버마스의 논쟁을 통해 얻을 수 있는 대답인데, 가다머는 진리를 향한 열린 지평융합을 제안했으나, 하버마스는 역사 지평의 이데올로기 특성을 비판해야 한다고 했고, 하버마스는 이성적 의사교환을 통한 합의 도출을 말했지만, 가다머는 그런 합의가 사실은 이성적 규제원리일 뿐이고, 역사의 귀속성을 승인해야 한다고 제안한다. 리쾨르는 두 사람을 매개한다. 이데올로기 비판도 인정하고 역사의 귀속성도 부정할 수 없다는 것이다. 리쾨르는 의심의 해석학(니체, 마르크스, 프로이드)과 긍정의 해석학(하이데거, 가다머)의 매개를 통해 새로운 가능성을 제시한다. 인간이 아무리 과거의 사실을 밝혀내려 해도 다 밝힐 수 없고, 미래의 목적을 온전히 실현시킬 수 없기 때문에 다 밝혀지지 않은 과거와 다 드러날 수 없는 미래가 우리에게 다 밝혀질, 그리고 다 드러날 것을 희망하고 긍정하는 종말론적 통찰이 필요하다는 것이다.

한국의 통일신학이 안고 있는 '반공'과 '복음'에 대한 정확한 해석학적 이해가 필요하다. 반공이라는 역사 귀속성은 그 어떤 선이해보다 우선함은 부정할 수 없다. 그러나 그것이 신앙인에게도 해당해야 하는가? 하나님의 말씀을 반공이라는 선이해에 의해 해석할 수밖에 없다고 할지 모르지만, 해석학은 특히 리쾨르의 해석학은 그럼에도 불구하고 올바른 해석의 길을 제시하지 않는가? 비판과 역사, 의심과 긍정이 변증

---

483 Rudolf Bultmann, "Das Problem der Hermeneutik," *Glauben und Verstehen II*, (Tübingen, ^{4}1965).

적으로 작용하는 해석학적 순환에 대한 올바른 이해가 필요하다. 우리는 하나님의 말씀을 '반공'이라는 선입견에 의해 이해하고 해석해도 되는지 물어야 한다. 소위 진보와 보수의 차이는 무엇인가? 만약 이 둘의 차이가 텍스트(말씀)를 이해하고 해석하는 선이해의 차이에서 온다면, 그 차이들은 상호 존중되어야 할 것이다. 반공에 의한 하나님의 말씀 해석이 자신에게는 정당한 해석일 수 있으나, 다른 반공의식을 가지고 있는 사람들에게는 정당할 수 없지 않는가? 선입견 없는 이해는 없다. 선입견에 따른 이해를 잘못되었다고 판단해서는 안 된다. 불트만이 이런 식의 해석자의 중요성을 강조한 점을 긍정적으로 평가해야 하나 우리는 해석자가 아닌 텍스트 자체의 중요성을 강조하는 리쾨르의 입장에 주의할 필요가 있다. 해석자의 해석과는 무관하게 텍스트 자체가 가지고 있는 의미성과 지시세계가 중시되어야 한다. 텍스트 자체, 곧 성서 자체는 해석자의 선입견에 의한 주관적 해석을 넘어서는 해석의 기준이다.

둘째, '죄' 개념에 대한 올바른 이해가 필요하다. 1989년 2월 29일 민족의 통일과 평화에 대한 한국기독교회 선언문은 분단의 증오에 대한 죄책 고백을 요구했는데, 과연 이 죄책 고백이 무엇에 대한 죄책 고백인가? 진정한 죄책 고백이란 하나님 앞에서 민족의 죄과를 대신 회개하는 제사장적 행위인가?[484] 아니면 "굴욕적인 한맺힌 분단강요에 저항치 못한 죄책과 반민족적인 적대관계를 용인하며 살아온 죄책"[485]인가? 분단을 "악으로 보지 못한 죄"[486]인가? "분단시대에 살았던 남북의 이스라엘 백성들과, 예언자들뿐만 아니라 후대의 역사 편찬가들까지도 왕국의 분열을 악으로 규정한 일은 없었다…. 다만 야훼 하나님에 대한 이스라엘 민족의 배교행위가 근원적인 악으로 고발되고 있다."[487] 전쟁과 그로 인한 분단의 원인에 대한 '신앙적 분단극복'의 불일치는 더 큰 문제를 야기한다. 정성한 교수의 지적에 따르면, "한국 교회의 죄과에 대한 하나님의 심판이라는 사실이 손양원 목사에 의해 처음으로 인식되었으나, 교회의 죄책 고백 문제는 북한 공산주의에 대한 증오심을 극복하지 못했다."[488] 그러나 죄는 하나님에

484 김영한,『평화통일과 한국기독교』, 38.

485 박종화,『민족통일의 성취와 통일신학의 정립, 전환기에 선 한국교회와 신학』, (서울: 양서각, 1988), 118.

486 한국기독교교회협의회 통일위원회 편,「교회는 분단고착화, 현실안주에 대한 죄책고백부터 해야/종합토의 보고」,『남북교회의 만남과 평화통일신학』, (한국기독교문제사회연구원, 1988), 232.

487 김창락,「성서에 나타난 이스라엘 민족의 분열사」,『신학사상』 71집 1990 겨울, 912-913.

488 정성한,『한국 기독교 통일 운동사』, (서울: 그리심, 2006), 381.

게 하나님이 하실 그리고 하시고 싶어 하는 일을 막는 방애물이 되지 못한다. 죄는 하나님의 용서 앞에서는 승리할 수 없다. 용서받은 우리가 할 일은 죄 때문에 이웃을 사랑하는 일이 불가능하다고 생각하는 사람들에게 용서의 힘을 보여 주는 것이다. 용서의 힘은 이제 우리의 일임이 분명하다. 우리는 통일의 문제를 통해 이를 증명해야 한다. 죄란 용서의 불가능성을 생각하는 그 속에 자리 잡고 있다. 죄의 회개란 죄의 용서를 체험하고도 용서의 위대성을 간과하는 우리의 습성, 태도, 생각에서 벗어나는 것이다. 용서받은 사람이 용서할 줄 안다. 용서받은 만큼 용서한다. 용서를 못하는 것도 죄이지만, 용서를 안 하는 것도 죄이다. 우리는 용서가 필요한 사람이고, 용서할 줄 아는 사람이다.

문화와 해석학
죽음의 문화와 기억의 문화의 결론

제1부 문화 해석학

현대 문화는 니체가 고발한 대로 허무주의의 문화라 할 수 있다. 허무주의는 극단적 상대주의로 우리를 이끌어 가고 있다. 자연과학은 아인슈타인의 상대성을 넘어 하이젠베르크의 양자역학에 기초해 불확정성의 시대를 도래시켰다. 철학은 이성의 도그마를 무너뜨리고 포스트모더니즘이라는 진리 상대주의로 이끌어 가고 있다. 역사의 상대주의가 예고한 미래의 불확실성이 우리 시대의 불안을 대변하고 있다. 종교다원주의는 기독교의 절대성과 유일성이라는 진리를 거부한다. 그러나 우리 시대에 가장 위험한 적은 다름 아닌 신의 부정, 곧 신의 죽음이다. 신이 없는 시대, 신이 없음으로 인해 오히려 행복해 하는 시대, 신에 대해 무관심한 시대, 신의 죽음으로 말미암아 닥친 허무를 극복하기 위해 다른 신을 찾는 시대에게 융엘은 살아 계신 하나님의 죽음을 재등장시킨다.

하나님이 문화 속에 현존하시기 때문에 우리는 문화를 통해 하나님을 이해할 수 있듯이, 문화 속에 존재하는 인간에 대해서도 문화를 통해 올바로 알 수 있다. 하나님이 로고스인 예수 그리스도를 통해 우리에게 자신을 계시하시듯, 인간은 언어를 통해 상호이해를 수행한다. 그러나 로고스가 너희에게는 계시이지만, 저희에게는 은폐의 방식이듯이, 인간의 말 또한 상징적이기 때문에, 숨겨져 있는 이차적 의미를 캐내는 창조적 해석 작업이 필요하다. 그래서 리쾨르는 『텍스트에서 행동으로』라는 저서에서 인간의 문화행위를 이해할 수 있는 문화 해석학을 제창한다. "나는 해석학이라는 단어의 기본 어의가 우리 문화 공동체의 문자화된 기록을 해석하는 데 필요한 규칙들을 다루는 것이라고 가정한다." 문화를 해석할 수 있는가? 해석할 수 있고 해석해야 한다. 그 이유는 문화는 삶의 총체이며, 그 삶은 해석이고 해석을 요구할 뿐만 아니라, 삶을 해석함으로써 삶의 의미가 생기기 때문이다.

제2부 죽음의 문화

하이데거의 죽음 이해에서 가장 논란이 되고 있는 문제 중의 하나가 바로 죽음의 사유가능성이다. 란트베르크에 따르면, 하이데거가 말하는 죽음에 대한 지식은 '알 수 있는 알지 못함'(wissendes Nichtwissen)으로 요약된다. 그러나 근본적으로 죽음에 대한 지식이 불가능하다는 데서 문제가 발생한다. 죽음에 대해 알지 못하는데 죽음을 말할 수 있느냐는 것이다(양켈레비치). 죽음은 다 밝혀지지 않은 수수께끼라는 것이다. 필자에게는 죽음이 수수께끼, 곧 신비일 뿐이다. 필자에게는 죽음의 본질을 깨달은 하이데거가 죽음을 이긴 신처럼 보인다.

하이데거는 죽음을 통해 현존재가 시간 속에 현존하는 존재임을 밝힌다. 죽음은 시간의 종말의 사건이다. 따라서 현존재에게 죽음은 '아직 아님'이지만 '이미' 현존재에게 다가와 있는 존재 사건이다. 종말의 사건인 죽음을 통해서야 인간 전체성을 올바로 이해할 수 있다는 생각이었다. 그러나 리쾨르는 인간을 가사성(可死性)의 사적 시간과 죽음 이후에도 계속되는 언어라는 공공의 시간을 함께 가지는 것으로 보아 죽음을 통해 인간 전체성을 이해하려는 하이데거의 기획을 확장해 나간다.

하이데거의 죽음의 존재론화 대신에 죽음의 사회화로 시선을 옮길 것을 요구하는 사람들이 많다. 에벨링은 하이데거에게는 죽음의 이데올로기를 멈추게 할 장치가 없다고 보았다. 마르쿠제는 하이데거의 죽음 이해를 죽음에 굴복하는 것이라 보았다. 필자가 하이데거의 죽음에 대한 이해에 안주할 수 없는 궁극적인 이유는 다름 아닌 죽음의 이데올로기의 문제 때문이다.

레비나스는 로젠츠바이크의 생각 속에서 죽음의 문제를 무시한 전체화 시도가 불가능함을 깨닫고, 하이데거의 죽음의 존재론을 죽음의 폭력을 촉진하는 권력의 철학으로 규정한다. 그래서 레비나스는 하이데거처럼 죽음 앞에서 본질적 존재기획을 촉구하기보다는, 죽음의 폭력에 저항하는 정의와 타인의 죽음에 대한 윤리적 책임을 말하게 된다. 우리는 이러한 레비나스의 죽음 이해가 가지는 함의를 무시해서는 안 된다. 20세기 대량학살 사건들과 광주항쟁 등의 죽음의 비극이 인류의 행복과 번영을 방해하는 현실에서 레비나스의 죽음의 이해는 대안이 될 수 있기 때문이다.

하이데거는 죽음이 현존재의 존재를 구성하는 범주일 뿐 아니라, 존재 일반의 의미를 이해하기 위한 지평이 된다는 차원에서 죽음의 존재론을 세우는 일에 관심을 두었지만, 레비나스는 하이데거의 죽음의 존재론을 타자를 소유하거나 억압하는 권력의 철학으로 보아 나의 지배와 소유의 틀로 환원할 수 없는, 타자를 중시하는 죽음의 형이상학을 세워 나간다. 필자의 견해로는 지금 우리에게는 하이데거가 세운 죽음의 존재론이 가지는 의미성만큼이나 레비나스의 타자의 죽음에 대한 숙고가 필요하다.

하이데거의 입장은 죽음의 본질이 '삶 속의 죽음'에서 개명가능하고, 죽음에 대한 정확한 지식이 현존재의 본질을 올바로 규정한다는 데서 나타난다. '삶 안에 있는 죽음 속에서야 죽음의 본질이 드러난다'는 생각에 반대하는 레비나스에 따르면, 그것이 결국 미래의 사건이지 현재의 사건이 아니기 때문이고, 죽음에 대한 지식을 거부하는 모랭에 따르면, 죽음은 존재가 아니기 때문에 죽음의 본질이 사람들에게 알려지지 않는다. 죽음의 본질이 죽음의 의미를 되묻는 일과 연관되어 있다는 것은 틀림없는 사실이지만, 레비나스나 모랭처럼, 죽음이 현재의 사건이 아니거나 죽음에 대한 명확한 지식이 불가능할 때는 상황이 달라지지 않는가?

무신론의 허무주의는 신학의 존립 자체를 위협하는 가장 큰 요인이다. 니체는 신의 죽음을 선언해 무신론의 시대를 정형화했다. 이것은 신학에 대한 도전이다. 따라서 신학은 이 문제에 답해야만 한다. 그것은 신학 안에서 통용되고 있는 것처럼, 그렇다고 해서 '하나님이 죽을 수 없다'는 신앙으로만 대처할 일이 아니다. 이제 이 문제는 우리 시대에 부여된 신학의 과제가 되어 버렸다. 신의 죽음을 선포해 버리거나(니체), 죽음의 문제를 포기하는 태도에서 벗어나서 융엘이 제시했듯이, 살아 계신 하나님의 죽음이 우리에게 주는 능력으로 그 문제에 대처해야 한다. 그 작업의 기초는 다름 아닌 성서 속에 있다. 우리는 성서를 통해 살아 계시는 하나님의 죽음을 만날 수 있다. 예수 그리스도의 십자가는 죽음에 굴복한 것이 아니다. 오히려 죽음을 이기는 하나님의 능력의 증표였다. 다시 말하면, 죽음을 생명으로 바꾼 사건의 단초였다. 그 일을 위해서는 하나님의 죽음이라는 전무후무한 대가를 치루어야 했다. 인간은 결코 죽음을 이길 수 없다. 죽음 속에서 모든 인간이 무화되기 때문이다. 그러나 예수 그리스도의 죽음은 그 길을 열어 주었다. 구속받은 인간만이 죽음의 공포와 불안에서 자유로울 수 있다. 신의 죽음의 문제는 기독교로 하여금 정도를 걷도록 촉구했다. 신학은 정직하게 신의 죽음을 말해야 한다. 그리고 그때에 기독교가 올바로 설 수 있음을 시인해야 한다. 신은 십자가에서 죽었으나, 동시에 부활하셨다.

제3부 기억의 문화

세계사는 과거사 청산의 홍역을 치르고 있다. 갖가지 대안이 제시되면서 역사학은 기억의 역사화 논란에 빠져 있고, 기억의 문화학이 등장하더니 딜타이 같은 사람들은 정신과학으로 대변되는 인문과학을 정초하려는 작업을 계속하고 있다. 리쾨르는 해석학적 현상학을 통해 이 논쟁에 참여한다. 다음과 같은 주제를 제기한다. '기억은 어떻게 사회 질서를 생산하고 사회적 행위를 정향하는가?' '어떻게 우리는 과거의 어두운 상처를 기억의 틀 안에서 수용해서 가해자와 희생자가 한 공동체 안에서 함께 살아갈 수 있도록 할 수 있겠는가?' 필자는 다음과 같은 질문이라 생각한다. '기억의 역사가 부재하는 한국의 상황에서 일제 침략시대부터 6.25 동란 그리고 해방 이후 민주화 과정의 인권침해 사건, 무엇보다 5.18 광주항쟁 등의 현대사에 대한 증언과 기억의 역사화가 가지는 함의에 대해서 철저한 논의가 필요하지 않는가?' 필자는 우리 사회의 화두인 과거사 청산을 위한 청사진으로 기억 담론을 제시하고자 한다. 과거청산은 과거를 대면하여 미래를 창출하는 일이어야 한다. '과거청산'이라는 용어 속에는 망각한 기억의 복원과 복원된 기억에 대한 성찰이 반드시 필요한데, 그것은 청산행위의 배경이 되는 역사적 상황과 맥락을 이해하는 역사의식을 수반하기 때문이다. 과거 청산은 진실·정의·화해 세 가지 요소에 기초해서 이루어져야 한다. 진실을 밝히는 일이 과거 청산의 출발점이라면 과거 청산 과정은 정의에 입각해야 하고 화해는 과거 청산의 목적이자 결과가 되도록 해야 한다. 세계사의 과거사 청산의 핵심 논쟁은 '과거사 청산을 위해 기억의 의무가 필요한가 아니면 망각의 협정이 필요한가?'라는 문제였다. 스페인의 과거사 청산의 예에서 보듯이, 망각협정을 요구하는 사람들도 있을 것이고 반대로 우리는 아직까지도 과거사 청산을 해 본 경험이 없기 때문에 그리고 기억에 대한 논의가 과잉이 아니라 부족한 현실이기 때문에 활발한 기억에 대한 논의가 필요하다고 주장하는 사람들도 있을 것이다. 진정한 미래를 열기 위해서나 아픈 과거를 반복하지 않기 위해서도 그리고 미래의 행복을 위한 토대를 세워야 하는 과제를 안고 있는 세대답게 기억에 대한 비판적 담론을 수행하고자 한다.

》 참고문헌

강덕상/김동수·박수철 옮김, 『학살의 기억, 관동대지진』 (서울: 역사비평사, 2005).

강영안, 『타인의 얼굴- 레비나스의 철학』 (서울: 문학과 지성사, 2005).

김경재, 『문화신학 담론』 (서울: 대한기독교서회, 1997).

김균진, 『죽음의 신학』 (서울: 기독교서회, 2002).

김여수, 「상대주의 논의의 문화적 위상」 『철학과 현실』 제 8권 1991.

김영선, 『생명과 죽음』 (서울: 다산글방, 2002).

김영한, 『평화통일과 한국기독교』 (서울: 풍만, 1990).

______,한국기독교의 문화신학』 (서울: 성광문화사, 1992).

______, 『21c 문화변혁과 개혁신앙』 (서울: 예영커뮤니케이션, 2007).

김이곤, 「구약성서에 본 평화」 『교회와 세계』 1985.2, 9.

김재권, 「현대철학의 상대주의적 경향에 대한 반성」 『철학과 현실』 제 8권 1991.

김준수, 「헤겔의 승인이론-예나 중기 정신철학적 초고들을 중심으로」 『철학연구』, 51 (2000).

김창래, 「해석학적 문제로서의 표현」 『철학』, 66 (2001).

김창락, 「성서에 나타난 이스라엘 민족의 분열사」 『신학사상』 71집·1990 겨울.

김충립, 『기독교인의 정치참여』 (서울: 성광문화사, 2000).

김희봉, 「현존재의 실존성과 죽음의 문제」 『해석학 연구』 3 (1997).

나간체, 「5.18항쟁의 기억과 증언」 『항쟁의 기억과 문화적 재현』, 정근식 외 저, (서울: 선인, 2006).

문성훈, 「인정개념의 네 가지 갈등구조와 역동적 사회발전」 『사회와 철학』 2 (2005).

박순영, 「한스-게오르그 가다머, 『진리와 방법』 : 해석학의 실천적 적용을 수행한 명저」 『철학과 현실』 제 65권 2005.5.

박종화, 『민족통일의 성취와 통일신학의 정립, 전환기에 선 한국교회와 신학』 (서울: 양서각, 1988).

박준상, 「환대로서의 책임 또는 행위로서의 철학-레비나스에게서 말함」 『철학과 현상학연구』 19 (2002).

서정혁, 「헤겔의 '이정' 개념에 대한 이해와 오해- 하버마스의 「노동과 상호작용」의 경우」 『철학』 83 (2005).

송두율, 「합리주의와 상대주의」 『철학과 현실』 제 8권 1991, 52-63.

안병직, 「한국사회에서의 '기억' 과 '역사' 」 『역사학보』 2007년 193집.

안병직 외, 『세계의 과거사 청산』 (서울: 푸른역사, 2005).

안상헌, 「레비나스 절대적 타자의 죽음」 『철학 죽음을 말하다』 정동채 외, (서울: 산해, 2004).

연효숙, 「헤겔의 자기의식에서의 욕망과 인정 그리고 타자」 『헤겔연구』 15 (2004).

윤병렬, 「하이데거의 죽음-해석학과 그 한계」 『해석학 연구』 3 (1997).

이강수, 「노장의 평화 사상」 『현대 사회와 평화』 기독교 철학연구소 편, (서울: 서광사, 1991).

이기상/구연상, 『『존재와 시간』 용어해설』 (서울: 까치, 1998).

이삼열, 「통일신학의 성서적 기초」 『신학사상』 61 (1988년 6월).

이은선, 『칼뱅의 신학적 정치윤리』 (서울: 기독교문서선교회, 1997).

이정배, 「판넨베르크의 자연신학 연구」 『신학사상』 119 (2002).

정기철, 『시간문제와 종말론. 시간의 철학과 시간의 신학』 (서울: 한들출판사, 2000).

______, 『종말론과 윤리』 (서울: 한들출판사, 2000).
______, 『해석학과 학문과의 대화』 (서울: 문예출판사, 2004).
정미라, 「문화다원주의와 인정 윤리학」 『범한철학』 36 (2005).
정성한, 『한국 기독교 통일 운동사』 (서울: 그리심, 2006).
정양모, 「신약 성서의 평화관」 『현대사회와 평화』 기독교 철학 연구소 편, (서울: 서광사, 1991).
제주4.3연구소, 『무덤에서 살아나온 4.3 수형자들』 (서울: 역사비평사, 2002).
최인식, 『예수와 문화』 (서울: 예영커뮤니케이션, 2006).
최태연, 「폴 리쾨르의 후기역사철학」 『해석학연구』 17집 (2006) 봄.
던칸 B. 포레스터/김동건 옮김, 『신학과 정치』 (서울: 한국장로교출판사, 1999).
데카르트/이현복 옮김, 『방법서설』 (서울: 문예출판사, 1997).
라인하르트 코젤렉/한철 옮김, 『지나간 미래』 (서울: 문학동네, 1996).
랄프 콘너스만/이상엽 옮김, 『문화철학이란 무엇인가』 (서울: 북코리아, 2006).
리처드 커니/김재인 외 옮김, 「엠마누엘 레비나스 무한성의 윤리」 『현대사상가와의 대화』 (서울: 한나래, 1998).
마리 안느 레스쿠레/변광배, 김모세 옮김, 『레비나스 평전』 (서울: 살림, 2006).
마틴 하이데거/이기상 옮김, 『존재와 시간』 (서울: 까치, 1998).
J. 몰트만/조성로 옮김, 『정치신학 정치윤리』 (서울: 대한기독교서회, 1999).
바이젝커/이정배 옮김, 『시간이 촉박하다』 (서울: 대한기독교서회, 1987).
바인리히/백설자 옮김, 『망각의 강 - 레테』 (서울: 교양선, 2004).
C. A. 반 퍼슨/강영안 옮김, 『급변하는 흐름 속의 문화』 (서울: 서광사 1994).
발덴펠스/최재식 옮김, 『현상학의 지평』 (서울: 울산대학교편집부, 1998).
베른하르트 타우렉/변순용 옮김, 『레비나스』 (서울: 인간사랑, 2004).
사르트르/양원달 옮김, 『존재와 무』 (서울: 을류문화사, 1976).
아리스토텔레스/최명관 옮김, 『니코마코스 윤리학』 (서울: 서광사, 1984).
____________/유원기 옮김, 『영혼에 관하여』 (서울: 궁리, 2002).
____________/이병길 옮김, 『정치학』 (서울: 박영사, 2004).
아우구스티누스/선한용 옮김, 『고백록』 (서울: 대한 기독교서회, 1990).
악셀 호네트/문성훈·이현재 옮김, 『인정투쟁』 (서울: 동녘출판사 1996).
에드가 모랭/김명숙 옮김, 『인간과 죽음』 (서울: 동문선, 2000).
엠마누엘 레비나스/강영안 옮김, 『시간과 타자』 (서울: 문예출판사, 1996).
______________/양명수 옮김, 『윤리와 무한. 필립 네모와의 대화』 (서울: 다신글방, 2005).
______________/서동욱 옮김, 『존재에서 존재자로』 (서울: 민음사, 2001).
움베르토 에코/ 에른스트 곰브리치/ 크리스틴 리핀콧 외/김석희 옮김, 『시간의 박물관』 (서울: 푸른숲 2000).
위르겐 몰트만/김균진 옮김, 『오시는 하나님. 기독교적 종말론』 (서울: 대한기독교서회, 1997).
이안 바버/이철우 옮김, 『과학이 종교를 만날 때』 (서울: 김영사, 2002).
자크 데리다/남수인 옮김, 『글쓰기와 차이』 (서울: 동문선, 2001).
존 매쿼리/조만 옮김, 『평화의 개념』 (서울: 대한기독교서회, 1980).
판넨베르크/박일준 옮김, 『자연신학』 (한국신학연구소,, 2000).
판넨베르크 김균진, 「신학과 철학 그리고 과학의 대화」 『과학사상』 39 (2001).
폴 리쾨르/박건택 옮김, 『역사와 진리』 (서울: 솔로몬, 2006).

_________/김웅권 옮김, 『타자로서 자기자신』 (서울: 동문선, 2006).
_________남기영 옮김, 『텍스트에서 행위로』 (서울: 아카넷, 2002).
_________/양명수 옮김, 『해석의 갈등』 (서울: 아카넷, 2001).
폴 마샬/진웅희 옮김, 『정의로운 정치. 기독교 정치사상과 현실정치』 (서울: IVP, 1997).
플라톤/박종현 역주, 『플라톤의 네 대화편. 에우티프론/소크라테스의 변론/크리톤/파이돈』 (서울: 서광사 2003).
필립 포터, 「원수를 사랑하라」 『교회와 세계』 1988/7.
칼 바르트/조남홍 옮김, 『로마서 강해』 (서울: 한들출판사, 1997).
칼하인츠 A. 가이슬러/박계수 옮김, 『시간』 (서울: 석필 1999).
콜린 데이비스/김성호 옮김, 『엠마누엘 레비나스-타자를 위한 욕망』 (서울: 다산글방, 2001).
크리스찬 링크/정기철 옮김, 「창조 신학과 시간문제」 『신학 이해』 16 (1998).
「특집: 기억과 망각의 정치학」, 『문화과학』 40 (2004).
H. 퍼트남/김효명 옮김, 『이성, 진리, 역사』 (서울: 민음사, 1987).
하의징아/김윤수 옮김, 『호모 루덴스』 (서울: 까치글방, 1998).
한중일 3국 공동역사편찬위원회, 『미래를 여는 역사 — 한 중 일이 함께 만든 동아시아 3국의 근현대사』, (서울: 한겨레신문사, 2005).
G. J. 휘트로/이종인 옮김, 『시간의 문화사』 (서울: 영림카디널 1998).

Adorno, Theodor W., "Jargon der Eigentlichkeit," 1964, 129. *Gesammelte Schriften*, hg, R. Tiedemann 6 (1973).
_______________, "Negative Dialektik," *Gesammelte Schriften, Bd., 6.*
Arendt, Hannah, *The Human Condition*, (Chicago: University of Chicago Press, 1958).
Aristoteles, *De Memoire et Reminiscentia*.
________, *Metaphysica*.
________, *Politeia*.
Augustinus, *De libero arbitrio.*
________, *Confessiones.*
Bacon, Francis, *De augmentis scientiarum, Ⅲ*.
Barth, Karl, *Die kirchliche Dogmatik*, (Zollikon).
____, *Nein! Antwort an Emil Brunner*, (Kaiser: München, 1934).
Baunhorst, Christiane, *Karl Rahners Theologie des Todes des Grundlage einer praktischen Begleitung von Sterbenden*, (Berlin, 1997).
Benjamin, Donald & Wiker, DeMarco, *Architects of the Culture of Death*, (Ignatius Press, 2004).
Bollnow, Otto Friedrich, *Existenzphilosophie*, (W. Kohlhammer Verlag: Stuttgart, 4. Aufl., 1955).
______, *Studien zur Hermeneutik Band I: Zur hermeneutischen Logik von Georg Misch und Hans Lipps*, (Freiburg/München, 1982).
Bonhoeffer, D., *Sanctorum Communio. Eine dogmatische Untersuchung zur Soziologie der Kirche* (1930), (München, 1986).
Bracken, Joseph A., "The two process theologies: A reappraisal," *Theological Studies* 46/1 (1985).
Brunner, Emil, *Natur und Gnade. Zum Gespräch mit Karl Barth*, (Mohr: Tübingen, 1934).
Bultmann, Rudolf, "Das Problem der Hermeneutik," *Glauben und Verstehen II*, (Tübingen, 4. Aufl. 1965).
________, "Ist voraussetzungslose Exegese möglich?" *Glauben und Verstehen III*, (Tübingen, 1960). ________,

Geschichte der synoptischen Tradition, (Göttingen:Vandenhoeck und Ruprecht, 1995).
_______, *Glauben und Verstehen I*, (Mohr: Tübingen, 1966).
Cassirer, Ernst, "Naturalistische und humanistische Begründung," *Kulturkritik*.
_______, *Philosophie der symbolischen Formen, Bd. 1, Gesammelte Werke, Bd., 11.*
_______, *Versuch über den Menschen. Einführung in eine Philosophie der Kultur*, (Frankfurt am Main, 1990).
_______, *Was ist der Mensch? Versuch einer Philosophie der menschlichen Kultur*, (dtsch 1960).
_______, *Zur Logik der Kulturwissenschaft*, Göteborg (1942) 3 Aufl. 1971.
Chalier, Cathérine, *Emmanuel Levinas*, J. Rolland (ed.,), (Paris, 1984).
Chung, Ki-Cherl, "Das Zeitproblem bei Emmanuel Lévinas unter besonderer Berücksichtigung der koreanischen Traditionen," *Neue Zeitschrift für systematische Theologie*, 47 (2005).
Conzelmann, H., *Die Mitte der Zeit. Studien zur Theologie des Lukas*, (Tübingen, 5. Aufl. 1964).
Dadilla, Rene, "The Kingdom of God and the Church," *Theological Fraternity Bulletin V 1 and 2*, (1976).
de Boer, Theodore, "An Ethical Transcendental Philosophy," Richard A. Cohen, ed. *Face to Face with Levinas*, (State University of New York, 1986).
de Certeau, Michel, *The Writing of History*, trans. Tom Conley, (New York: Columbia University Press, 1988).
Derrida, Jacqure, *Adieu à Emmanuel Lévinas*, (Paris, 1997).
___, *On Cosmopolitanism and Forgiveness*, (Routledge, 2001).
Descartes, Rene, *Über die Leidenschaften der Seele*, Art 6.
Dilthey, Wilhelm, *Die geistige Welt. Einleitung in die Philosophie des Lebens. Gesammelte Schriften, Band V.* Hrsg. G. Misch, (Stuttgart, 7. Aufl. 1982).
Droysen, Johann Gustav, *Historik. Vorlesungen über Enzyklopädie und Methodologie der Geschichte*, hrsg. Rudolf Hubner, (München, 1937).
Ebeling, Hans, (Hrsg.), *Der Tod in der Moderne*, (Frankfurt a/M., 1984).
Epikur, '*Brief an Menoikeus,*' *Briefe. Sprüche, Werkfragmente*, (Stuttgart, 2000).
Fuchs, W., *Todesbilder in der modernen Gesellschaft*, 1969.
Fukujama, Francis, *The End of History and the Last Man*, (Washington, 1992).
Gadamer, Hans-Georg, "Der Tod als Frage," *Kleine Schriften IV. Variationen*, (Mohr: Tübingen, 1977).
_______, *Wahrheit und Methode*, (Tübingen: Mohr Siebeck, 1972).
Geertz, Clifford, *The Interpretation of Culture*, (BasicBooks: A Division of HarperCollins Publishers, 1973).
Gollwitzer, Hans, "Reich Gottes und Sozialismus bei Karl Barth," *ThEx* 169 (1972).
Habwachs, Maurice, *Les Cadres sociaux de la mémoire*, (Alcan: Paris, 1925).
Härle, Wilfred, *Sein und Gnade. Die Ontologie in Karl Barths Kirchlicher Dogmatik*. (Walter de Gruyter. Berlin. New York, 1975).
Hegel, Georg Wilhelm Friedrich, *Jenaer Systementwürfe III: Naturphilosophie und Philosophie des Geistes. Vorlesungsmanuskript zur Realphilosophie*(1805-1806), *Gesammelte Werke*, hrsg. von der Rheinisch-Westfälischen Akademie der Wissenschaften, Hamburg 1968, Band 8.
Herskovits, M., *Cultural Relativism*, M. Herskovits (ed.), (New York: Vitage, 1973).
Herder, Johann Gottfried, *Ideen zur Philosophie der Geschichte der Menschheit, Erster Teil, Sämmtliche Werke*, hg. v. Bernhard Suphan, (Berlin, 1877–1913), Bd. 13.
Heuß, Alfred, *Verlust der Geschichte*, (Göttingen: Vandenhoeck & Ruprecht 1959).

Horkheimer Max und Adorno Theodor W., *Dialektik der Aufklärung. Philosophische Fragmente*, (Amsterdam 1947/ Frankfurt a/M.).

Imhof, Paul/ Biallowons, Hubert, *Karl Rahner im Gespräch. Band 2: 1978-1982*, (München, 1983).

Jankélévitch, Vladimir, *Der Tod*, (Suhrkamp: Frankfurt a/M., 2005).

________, *Pardonner?* (Paris: Pavillon, 1986).

________, "Von der Lüge," *Das Verzeihen. Essays zur Moral und Kulturphilosophie*, hg. v. Ralf Konersmann, (Frankfurt am Main, 2003).

Jüngel, Eberhard, *Gott als Gemeimnis der Welt*, (Tübingen, 6. Aufl. 1992).

_____, *Tod*, (Gütersloh: Gütersloher, 1971).

_____, "Vom Tod des lebendigen Gottes. Ein Plakat," *Unterwegs zur Sache. Theologische Bemerkungen*, (München, 1972).

Kant Immanuel, "Der Streit der Fakultäten," *Schriften zur Anthropologie, Geschichtsphilosophie, Politik und Pädagogik*, 1964.

____________, *Idee zu einer allgemeinen Geschichte in weltbürgerlicher Absicht* (1874) Akad.-A. 8.

____________, *Über Pädagogik*.

____________, *Zum ewigen Frieden*. Neue vermehrte Auflage. Königsberg, Friedrich Nicolovius, 1796, *Kant Werke* 9.

Kasper, Walter, *Der Gott Jesu Christi*, (Mainz. 1982).

Keesing, Felix M., *Cultural Anthropogy,* (New York: Rinehart and Co., Inc. 1958).

Kroeber, A. L., & Kluckhohn, C., *Culture: A Critical Review of Concepts and Definitions*, (New York: Vintage Books 1952).

Kümmel, Friedrich, "Die Bedeutung der 'memoria' für die Zeitanalyse Augustins," *Über den Begriff der Zeit*, (Tübingen, 1962).

Landberg, Paul Ludwig, *Die Erfahrung des Todes*, (Frankfurt a/M., 1973).

Lapsley, Michael, "Confronting the Past and the Creating the Future: The Redemptive Value of Truth Telling," *Social Research*, Vol. 65 No. 4, Winter 1998.

Lévinas, Emmanuel, *Autrement qu'être ou au-delà de l'essence,* (Nijhoff: La Haye, 1978).

______, *Entre nous. Essais sur lepenser-à-l'autre*, (Grasset: Paris, 1991).

______, *Ethique et Infini. Dialogues avec Philippe Nemo*, (Paris: Fayard, 1982).

______, *Face to Face with Levinas*, ed., by Richard Cohen, (Albany: SUNY Press, 1986).

______, *Gott, der Tod und die Zeit*, (Passagen: Wien, 1996).

______, *Le temps et l'autre*, (Fata Morgana: Montpellier, 1979).

______, *Totalité et Infini. Essai sur l'Exteriorité*, (Nijhoff: La Haye, 1980).

Locke, John, *An Essay Concerning Human Understanding*, 『인간 오성론』, 1690.

Lyotard, J.—F., "Beantwortung der Frage. Was ist Postmodern?" *Tumult* 4 (1982).

Marcuse, Herbert, "The ideology of death," H. Feifel (ed.), *The meaning of death*, (New York/London 1959, ²1965).

Marcuse, Herbert & Harvey Kaye, Harvey, *The Powers of the Past; Reflections on the crisis and the promise of history*, (Harvester, 1990).

Moltmann, Jürgen, *Das Kommen Gottes. Chirstliche Eschatologie*. (Gütersloh, 1995).

________, *Der gekreuzigte Gott. Das Kreuz Christi als Grund und Ktitik christlicher Theologe*, (Gütersloh, 6. Aufl. 1993).

________, *Kirche in der Kraft des Geistes*, (München, 1975).

________, *Der Weg Jesu Christi. Christologie in messianischen Dimensionen*, (München, 1989).

Nietzsche, Friedrich, *Also sprach Zarathustra, Nietzsche Werke VI-1*, (Berlin, 1968).

________, *Werke in drei Bände*, hrsg. v. Karl Schlechta, (München, 1982), Bd. 1.

Nygren, Anders, *Agape and Eros*, trans. by Philip S. Watson, (Philadelphia: The Westminster Press, 1953).

Oakeshott, Michael, *On History*, (Oxford: Blackwell, 1983).

Pannenberg, Wolfgang, "Die Aufgabe christlicher Eschatologie," *ZThK* 92 (1995).

________, *Grundfragen Systematische Theologie, Bd. II*, (Göttingen, 1991).

________, "Schöpfungstheologie und moderne Naturwissenschaft," *Gottes Zukunft- Zukunft der Welt(FS Moltmann)*, (München, 1987).

________, *Systemtische Theologie Band I*, (Vandenhoeck & Ruprecht, 1988)

________, *Systemtische Theologie Band II*, (Vandenhoeck & Ruprecht, 1991).

________, *Systematische Theologie Band III*, (Vandenhoeck & Ruprecht, 1993).

________, *Theologie und Reich Gottes*, (Gütersloh, 1972).

Platon, *Menon*.

_____, *Philebos*.

_____, *Protagoras*.

_____, *Sophist*.

_____, *Theaetetus*.

_____, *Timaios*.

Plinius, *Naturalis historiae* (Naturkunde).

Plotinus, *Enneads*.

Poirié, F., *Emmanuel Levinas, Qui êtes-vous?* (Lyon: La Manufacture, 1987).

Popper, Karl, "The Myth of Framework," E. Freeman (ed), *The Abdication of Philosophy and the Public Goal*, (La Salle, 1976).

Putnam, Hilary, *Realism and Reason*, (Cambridge: Cambridge University Press, 1983).

______, *Reason, Truth, and History*, (Cambridge: Cambridge University Press, 1981).

______, "Truth and Convention: On Davidson' s Refutation of Conceptual Relativism." *Dialectica* 41.1–2 (1987).

Quine, W.V.O., "On Empirically Equivalent Systems of the World," *Erkenntnis*, v. 9.

Radcliffe-Brown, A. R., "On social structure," *Journal of the Royal Anthropological Institute of Great Britain and Ireland*, 70 (1940).

Rahner, Karl, *Theologische Prinzipien der Hermeneutik eschatologischer Aussagen*, Karl Rahner, *Schriften zur Theologie Band VII*, (Einsiedeln/Köln/Zürich, 2. Aufl. 1971).

______, *Zur Theologie des Todes, Mit einem Exkurs über das Martyrium*, (Herder Verlag: Freiburg, 1958).

Ricoeur, Paul, *Du texte à l'action. Essais d'herméneutique II*, (Paris: Esprit/ Seuil 1986).

______, *Essays on Biblical Interpretation*, (Fortress Press: Philadelphia, 1980).

______, *Figuring the Sacred, Religion, Narrative, and Imagination*, (Fortress Press: Minneapolis, 1995).

______, *Gedächtnis, Geschichte, Vergessen*, (Wilhelm Fink: München, 2004).

______, *Liebe und Gerechtigkeit*, (Tübingen, 1990).

______, "Myth as the bearer of possible worlds II," *Dialogues with contemporary continental thinkers*, ed., by R. Kearney, (Manchester, 1984,).

______, "Philosopher après Kierkegaard," Michael Theunissen und Wilfried Greve (Hg.): *Materialien zur Philosophie Sören Kierkegaards*, (Frankfurt a. M. : Suhrkamp, 1979).

______, *Politics and Soical Essays*, (Ohio University Press: Athens 1974).

______, *Réflexion faite*, (Paris: du Seuil, 1995).

______, *Soi-même comme un autre*, (Paris, du Seuil, 1990).

______, *Temps et récit*, (Paris: Seuil, 1983-5).

______, *Wege der Anerkennung*, (Suhrkamp: Frankfurt/M., 2006).

Rosenzweig, Franz, *Der Stern der Erlösung*, (Frankfurt am Mein, 1988).

Sapir, Edward, "Cultural anthropology and psychiatry," *Journal of Abmornal and Social Psychology*, 27 (1932).

Schindler, A., *Monotheismus als politischen Problem? Erik Peterson und die Kritik der politischen Theologie, Studien zur evangelischen Ethik*, Band 14, (Gütersloh, 1978).

Schleiermacher, Friedlich, *Der christliche Glaube*, (1821), 2. Aufl. 1830.

Schmitt, C., *Politische Theologie II. Die Legende von der Erledigung jeder politischen Theologie*, (Berlin, 1970).

Shalon, Perlamn, *Interstate Relations: Civilization of the ancient mediteranean*, Greece and Rome Charles Scrigbner.'s Sons, (New York, 1988).

Sölle, Dorothee, *Atheistisch an Gott glauben. Beiträge zur Theologie*, (Olten, 1968).

____, *Das Rechteinanderer zu werden*, (Neuwied und Berlin, 1971).

____, *Stellvertretung, Ein Kapitel Theologie nach dem Tode Gottes*, (Stuttgart, 1965).

Spiro, M. E., "Culture and personality," *Psychiatry* 14 (1951).

Taylor, Walter W., *A Study of Archaeology*, (American Anthropological Association Memoir 69, 1948), 98-110.

Theunissen, Michael, "Die Gegenwart des Todes im Leben," *Negative Theologie der Zeit*, (Suhrkamp: Frankfurt a/M., 1991).

Tillich, Paul, *Love, Power and Justice*, (Oxford University Press: New York, 1954).

_____, *Theology of Culture*, (London: Oxford University Press, 1959).

Tylor, Edward B., *Primitive Culture. Researches into the Development of Mythology, Philosophy, Religion, Art and Custom*, (London: John Murray 1871).

Vorgrimler, Herbert, *Hoffnung auf Vollendung. Aufriss der Eschatologie, Questiones Disputatae 90* (Freiburg, 1980).

Vos, G., *The Kingdom of God and the Church*, (New Jersey: Presbyterian and Reformed Pub. 1972).

Waldenfels, Bernhard, *Deutsch-Französische Gedankengänge*, (Frankfurt a/M., 1995).

Ware, Bruce A., "An esposition and critique of the process doctrines of Divine Mutability and Immutability," *Westminster Theological Journal* 47/2 (1985).

Weizsäcker, Carl Friedrich von, *Die Tragweite der Wissenschaft, Bd. 1. Schöpfung und Weltentstehung. Die Geschichte zweier Begriffe*, 2. A. 1966.

White, Leslie A., *The Concept of Culture*, (Minneapolis: Burgess 1979).

Wolff, H. W., *Anthropology of the Old Testament*, (London: SCM, 1974).

» 찾아보기

인명색인

강영안 18, 97, 121, 122
김균진 58, 105, 106, 133, 140
김영한 77, 227, 232, 235, 241
김준수 201, 204
문성훈 200, 204
안병직 163, 172
이기상 88, 104
정기철 168, 185, 186, 219, 222
정성한 197, 241

데리다 109, 124, 125, 192, 193
데카르트 70, 116, 180, 200, 202
레비나스 8, 90, 91, 93, 97, 102, 106, 107, 108-125, 149, 170, 193-194, 212, 244, 245
리쾨르 7, 17, 22, 27-33, 35, 36, 42, 45, 65, 66, 70, 72, 73, 75, 77, 79, 80, 82, 83, 91, 102, 103, 107, 108, 123, 125, 136, 165-170, 172-190, 193-209, 212, 216, 221, 231, 237, 239-244, 246
모랭 98, 107, 245
매퀴리 234
몰트만 9, 38, 53, 138, 142, 143, 147, 152-158, 160, 219, 220, 222, 228
사르트르 91, 103, 104, 107, 108, 119, 159, 200
아리스토텔레스 35, 54, 79, 88, 94, 166, 168, 181, 203, 205, 210, 212, 232, 233, 237
아우구스티누스 9, 24, 56-57, 77-79, 83, 102, 137, 161 166-169, 173, 181-182, 228, 210, 233
판넨베르크 9, 47, 51, 54, 56-63, 145, 158-161, 219, 221, 222
퍼트남 68, 69, 71
플라톤 19, 25, 56, 78, 87, 88, 91-94, 115, 120, 125, 165, 166, 168, 173, 176, 196, 206, 233
타우렉 109 123 124 125
코젤렉 170 177
커니 119 120 125
하이데거 8, 17, 28, 34, 64-66, 70, 75, 83, 88-115, 116-122, 125, 135-138, 141-145, 149, 150, 159, 178, 211-212, 240, 244-245
휘트로 39, 40

Adorno 15, 25, 106
Aristoteles 25, 88, 166, 212
Augustinus 78, 79
Barth 49, 51, 77, 89, 160, 221, 222, 229
Bultmann 33, 237, 238, 240
Cassirer 17, 21
Derrida 124, 193
Descartes 94, 202
Gadamer 34, 64, 92, 137, 178
Geertz 7, 23 , 43
Jankélévitch 15, 27, 99, 196
Jüngel 53, 89, 136, 139, 153, 158
Kant 25, 26, 48, 233
Lévinas 93, 109, 110, 112-118, 121, 124, 149, 170, 194, 195
Marcuse 106 188
Moltmann 59 143 154-157 222
Nietzsche 135, 188
Pannenberg 56, 59, 60, 61-62, 77, 89, 159-160, 221-222
Platon 25, 56, 78, 87, 92, 165, 166

어휘색인

교회 149, 196-199, 211, 213-218, 221-231, 238, 241
기억 165
기억의 내용과 방법 165
기억의 진리 168, 169, 210, 211
기억의 정체성 169, 201, 207, 211, 213
기억의 정치화 8, 171, 174
기억의 문화 185, 243, 246
기억의 현상학 165, 186
들음의 윤리학 8, 193
망각 102, 163, 171-175, 178-189

망각의 정치학 188
망각의 종말론 186, 189
망각의 해석학 181,186
문화
물질문화 18, 23-24, 75
상징문화 20-21
정신문화 18, 23, 26, 75
문화 상대주의 63, 69, 71-72, 75-76
문화신학 47
문화인류학 19, 22, 27, 29
문화 해석학 30, 32, 42, 44-45, 47, 76, 217-218
보편윤리 73
복음과 문화 78
시간 22. 37, 101
신의 죽음 7, 130, 135, 150
역사 58, 111, 172, 213
역사서술 172, 175
역사의 인식론 172, 175, 180
용서
용서의 목적 193, 199
용서의 범위 198
용서의 속성 192
용서의 주체 191
용서의 조건 196
용서의 필요성 193
용서의 종말론 191
예수 그리스도의 죽음 85, 130, 151, 152, 153, 158, 160, 246
이야기 신학 79
인정
인정과 기억 205
인정으로서의 용서 199
인정의 과정 201
죽음
죽음의 기원 128
죽음의 본질 95-99, 144, 154, 158, 244
죽음의 사유가능성 98, 244
죽음과 시간 101, 116, 147
죽음의 사회화 91, 104, 244
죽음의 신학 90, 126, 138, 145, 159
죽음의 존재론 91, 92, 106, 114, 244
죽음의 철학 87, 91, 108
종말론 72, 81, 157, 189, 191, 194
증언의 해석학 172, 179, 209
책임윤리 90, 108, 109, 194
통일신학 231, 232, 239
하나님 나라 60, 80, 147
해석학 13, 15, 23, 27, 42, 76, 186
허무주의 7, 8, 10, 15, 17, 69, 132, 243
화해 8, 16, 81, 128, 158, 163, 187, 192, 199, 213, 215, 233